幕末維新史の研究

田中　彰著

吉川弘文館　刊行

日本史学研究叢書

目次

〔凡例〕

(1)引用史料は一部読み下したところがある。
(2)年月日表記は、改暦（陰暦明治五年十二月三日にあたる日を陽暦明治六年一月一日とした）までは陰暦を用い、陽暦年をカッコ内に併記した。
(3)本文は、とくに断わった箇所のほかに、初出論文の文意を変えない限りで若干加除し、注にはその後の文献を補足したところがある。
(4)敬称はすべて省略した。

挿表目次

挿図目次

序章　研究の軌跡と本書の課題

一　維新変革の政治的主体の問題

本書は、かつての私の著書『明治維新政治史研究』（一九六三年）の延長線上の著作である。この『明治維新政治史研究』が、西南雄藩のひとつ長州藩を中心に維新変革の政治的主体の形成過程を分析したのに対し、本書はその軸足を主として徳川幕府側においている。本書は、前著と一部重なりつつも、その後の研究動向のなかで、久世・安藤政権以降の幕府が、尊攘運動にいかに対応し、倒幕運動に拮抗しつつ、幕府を中心とした新しい統一国家（「大君」制国家）をつくり出すために、どのような構想をもっていたか、を主として追及したものである。と同時に、前著の政治的主体形成過程の図式にも、批判を踏まえて若干の修正を加えている。

その間の私の三十有余年にわたる研究の軌跡における軸足の置き方の変化は、明治維新史の研究動向とも重なるところがある、といえよう。

そこで私の研究の軌跡を主軸としながら、やや研究史ふうにこの間の事情を述べ、最近の研究のなかでそれぞれの章（課題）を位置づけて序章としたい。

『明治維新政治史研究』を刊行した一九六〇年代前半ころまでは、西南雄藩の藩政改革のなかからいかに倒幕の政治的主体、つまり討幕派（武力倒幕派）が形成されたのかという問題をめぐって、熱気溢れる諸研究があいついだ。たとえば、そのひとつを挙げれば、私の右の著書に対する芝原拓自著『明治維新の権力基盤』（一九六五年）による批判がある。両書に対する客観性を保つために、やや長い引用になるが、中村政則の文章によってみることにしよう。(1)

中村はまずつぎのようにいう。

田中と芝原の書物は、ほぼ同じ時期を対象としているが、その把握の仕方は極めて対照的である。田中は、「維新変革の政治的主体がいかにして形成され、いかなる性格をもっていたか」という視点から明治維新の政治過程を歴史的に跡づけていく。これにたいし芝原は、明治維新が「上部構造として侵略的な天皇制絶対主義、その経済的土台としての軍事的・半封建的日本資本主義」の構築に帰結していった点を重視し、むしろかかる諸関係にみちびいた維新の政治過程の特質はどこにあったのかというように逆の方向から問題をたてなおしていく。

こう述べた中村は、さらに両書の内容の相違のいくつかを、つぎのように指摘する。

まず、政治的主体の形成過程をどうみるかがまったくちがってくる。田中は、藩政改革派―尊攘派―討幕派―維新官僚の形成・転回の過程として把えてみせたが、芝原はこれを単線的だとして、むしろ前三者の複線・複々線的な相互依存（対立・内訌を含む）として把えるべきことを主張する。階級闘争の把え方にしても、田中が尊攘派から討幕派への形成・転回の過程で草莽層の横断的結合や民衆との結びつきが実現されて、維新変革主体勢力がしだいに分厚い層をなしていくことを強調するのにたいし、芝原は、徹頭徹尾、維新主体勢力の封建的反動性・非合理的暴力性を強調する。さらに芝原にあっては、幕末・維新の激動期に登場する一般農民層も下士層に利用され動員される存在にすぎず、ある場合には「物言わぬ軍事と政治の客体」とまで位置づけられるに至っている。幕末経済のブルジョア的発展の政治史上の取り扱い方にしても、田中が改良的武士階級の経済（政策）的対応としておさえ、そこから討幕派の重商主義的富国策を導きだして維新官僚につなげようとするのにたいし、芝原は、あくまで権力的対応としておさえ、これを権力の赤裸々な政治的・軍事的簡素化集中化と把握し、幕末経済の発展度は権力による隷農制強化一本でおしとおすというちがいをみせている。（傍点原文、以下同）

続けてさらに氏は述べる。

ただここで若干触れておきたいのは、両者の外的契機の処理の仕方と人民闘争の把え方の相違である。ひとことで外的契機の導入といっても、論者によってそれがいかに違うものであるかを、両者ははっきりと示した。田中は、藩政改革派と尊攘派との連続面よりむしろ断絶面を強調し、尊攘派の登場をもって明治維新政治史の起点としたが（天保改革＝絶対主義への傾斜論批判）、ここには明らかに外圧にたいする田中の方法的苦心がある。すなわち、尊攘派における藩体制の否定の論理、草莽層の横断的結合の組織論の提起、ナショナリズムの萌芽などをすべて外圧との関連で把えなおし、これが討幕派に継承されていったとき、はじめて反幕諸勢力が成立するという把え方である。明らかなように、田中は外的と内的の両契機を媒介する環として維新変革の政治的主体を措定している。これにたいし芝原は列強資本主義の脅威と「ブルジョア的発展」、農民一揆という内外からの衝撃を何よりも権力の危機として把える。だから改革派・尊攘派・討幕派はあくまでも危機に瀕した支配機構を再編・強化する領主的前衛諸勢力と位置づけられる。芝原が明治維新の政治過程を「旧領主的・特権的諸身分の反革命的総結集の、軋轢にみちた暴力万能の集権過程」であると把えて、田中の単線的把握（あるいは政治的リアリズム・重商主義一本の討幕派＝絶対主義主体論）を批判するとき、そこには明らかに内外の両契機をすべて権力問題（なかんずく軍事）に収斂し統一させる方法的立場があるからなのである（これによって、芝原の書物は、服部の「厳マニュ論」の呪縛から解放された唯一の幕末維新政治史の書となっただけでなく、維新政権の開明性の一片をも認めないですむ論理を構成しえたわけである。だが、その代償として人民闘争の役割を過小評価する欠陥をもつことになったことも否めない）。このように、外的契機と内的契機とがきりむすぶ場をどこに見出すかによってまったく異なった解答がでてくることにわれわれは注意したいのであって、それだけに外的契機の導入などということをいう場合には余程の自覚的操作が必要とされるのである。これは人民闘争の把え方にも影響してくる。

中村の指摘にもあるように、両書の相違の基本には、「外的契機と内的契機とがきりむすぶ場」をどこに求め、どうとらえるかがある、といってよい。芝原がそれを徹底的な封建反動（権力問題＝軍事集中）で位置づけているのに対し[2]、私は封建的な対応にもかかわらず、それがもつ客観的な役割として、その主観性を越えたナショナルな側面（それは「前期的」といわれる条件付ではあるが）をもたざるをえない特質を認めようとしているところにある[3]（本書第六章「幕末の社会と思想」参照）。

そうした特質は、たんに尊攘派（尊攘運動）にとどまるものではない。いわゆる公武合体派といえども、外圧への対応のなかでの政治勢力である。もとよりそれは幕末期の体制矛盾とからむ。

幕府は、「内憂外患」に直面した体制の再編・強化のために、「公」としての朝廷（天皇）の伝統的権威に結びつこうとした。他方、西南雄藩も「公」と結んで体制への割り込みを策そうとした。後者は主として長州藩を中心とした航海遠略策を中心とした動きと、薩摩藩の率兵上京軍事力を背景とした幕政改革の要求をめぐる動静となることはよく知られている。

それは幕末期における朝廷と幕・藩関係と関連するが、かつて尾佐竹猛《たけき》はその著『明治維新』（上巻・中巻・下巻一・二、一九三四〜四九年）で、幕府の「崩壊過程は即ち朝権進出の過程である」といった。そして「多年政権の外に在らせられた朝権が一歩一歩進出するや幕政は一歩一歩退出し、爰《ここ》に、その終滅を見るに至ったのである」（上巻六七頁。平仮名ルビは田中、以下同）と述べた。この二つの権力における一進一退の相関関係を体制の問題として大久保利謙は「公武合体体制」と名づけたが、[4]それは同時に、この期の幕藩体制の構造の変容とも関連する。遠山茂樹は、幕末期の幕藩体制の構造の特質を「一言でいえば、自立することのできない幕府と諸藩が、互いに寄りあい、持ちあってはじめて存立できた」と指摘した。[5]

この「寄りあい、持ちあっ」た幕・藩関係と朝廷（天皇）との関係が、外圧を契機にどのように変化し、その力関係がいかに変わったのか、それと流動する政治勢力の拮抗・挫折・交錯・転生などの過程とがどう関わるのかは、それをとりまく列強勢力との複雑な関係ともからめつつ、なお今後綿密に追及されなければならない。

本書第四章「幕府の倒壊」は、それらを念頭においた論稿であり、そこではさきの『明治維新政治史研究』における政治的主体形成過程の図式を、「藩政改革派—尊攘派・公武合体派—討幕派—維新官僚」と修正している。その修正点「尊攘派・公武合体派」という表現は、本書第四章第二節の2が「尊攘運動と公武合体運動の対立・交錯」となっていることに端的に示されている。つまり、この二勢力とその運動は、たんなる対立、たんなる拮抗ではなく、対立・交錯しつつ発展するのである。いうなればそれは弁証法的な発展によって討幕派の形成へと帰結するのである。

この討幕派の論理は、本書第六章や第八章でくり返し引用する慶応元年（一八六五）九月の大久保利通から西郷隆盛宛ての「非義」の「勅命」の書翰に典型的に示されている。

あらかじめ要約的にいえば、「非義」の「勅命」は「勅命」でないという論理は、一方では「勅命」の絶対性を認めながらも、他方、「勅命」が「勅命」であるための正当性を「天下万人御尤」という世論の納得（その判断は討幕派）に求めている。それは天皇（朝廷）の絶対性をかかげた尊攘派の論理を継承しつつも、判断の基準を世論（公論）におき操作しようとしている。それは公武合体派が朝廷を相対化し、政治的に利用しようとする論理と重なっている。いうなれば討幕派は、この天皇の絶対性と天皇を相対化するという複合論理の上に立っていることを示している。そして、この論理は討幕派から維新官僚への転生のなかで、明治天皇制の論理となっていく、といえよう。

二　「大君」制国家構想をめぐって

ところで、本書は、第一章を久世・安藤政権から筆を起こし、第六章までを幕末期に当て、第十五代将軍徳川慶喜政権にいたる幕府の政治的主体（実力派吏僚層の形成）の変化を追っている。

かつて「余は幕府の遺士なり」と自負した福地源一郎は、「幕府滅亡論叙」（明治二十五年十一月二十日）で、それまでの明治維新史は、「皆明治維新の偉業を叙述するを主とし、幕府の事は之を客位に置き、否々寧ろ之を敵位に置て筆を下せるを以て、明治維新史と云ふべきも、幕府衰亡史とは云ふ可からざるなり」といい、「抑《そもそ》も幕府を主として此間の事実を叙述するの史なくば、天下後世何を以てか此間の真相を知るを得んや」と述べて、「幕末史即ち幕府衰亡史を稿するの志」によって、明治二十五年（一八九二）に『幕府衰亡論』を公刊した。そこには、幕末史は幕府中心のものでなければならないという、「遺士」福地の気概が込められていた。それは「勝者」の維新史への批判であり、意地でもあった。

以後、渋沢栄一編『徳川慶喜公伝』（全八冊、一九一八年）という大著が編まれたものの、幕府中心の幕末史の研究が必ずしも主流になったわけではなかった。(6)

それは戦後の維新史研究といえども例外ではなかった。それは本書第一章の「はじめに」でもふれているように、戦後の歴史学会を主としてリードしたのが、そのマルクス主義歴史学であったこととも関連があろう。つまり、戦後のマルクス主義歴史学は、歴史における「進歩」の歴史を探究しようとする歴史学だった。その影響もあってか、敗れた側の幕府の歴史よりも、封建制としての幕藩体制を崩壊に導いた西南雄藩側の歴史に多くの研究は力点を置いた。それは長州藩を中心に明治維新史に迫ろうとした私の研究とも重なるところがあった。

確かに私は「勝者」の側の西南雄藩から明治維新へアプローチしてはいたが、同時に私の関心は「勝者」のなかの「敗者」へも向けられていた。たとえば、一九五四年の私の最初の論文「長州藩改革派の基盤」(『史潮』五一)は、奇兵隊ないし諸隊のもつ意味を探ろうとしたものではあったが、その延長線上には、明治初年の諸隊反乱(「脱退騒動」)を視野に入れていた。奇兵隊ないし諸隊は、明治初年の再編成を機に弾圧され、解消されてしまう「勝者のなかの敗者」でもあったのである。この分析は一九五六年、「明治絶対主義政権成立の一過程」(『歴史評論』七五)として発表された。[7]

このような「敗者」の視点を明確に著書として表明したのが『明治維新の敗者と勝者』(一九八〇年)にほかならない。[8]

こうした研究プロセスのなかの「敗者」の視点は、幕府の政治的主体、つまり実力派政治勢力としての吏僚層の形成の追及と相まって、本書の基本的な視座のひとつとなっている。それは第一章から第四章にいたる幕府側の「大君」制国家構想の問題へと向けられ、さらに第五章「統一国家への模索」では、漂流民ジョセフ・ヒコ(浜田彦蔵)に焦点を当てつつも、「大君」制国家への流れを、「未発の選択肢」を含めてとらえようとしているのである。[9]

この「大君」制国家構想の具体案のひとつとして、私は西周の「議題草案」を主たる分析の対象とした。これには尾佐竹猛著『維新前後に於ける立憲思想』(『尾佐竹猛全集』第一巻、一九四八年)をはじめとして先学の研究がある。[10] この西草案をめぐっては、これを徳川慶喜の大政奉還の背景にあった政体構想として説明することはふさわしくない、という批判もある。(11)

いうなれば、この西草案は、慶応三年（一八六七）十一月というその提出の時期や、慶喜側近への提出先（推定）の問題、あるいは慶喜のそれまでの政治路線とのズレ、慶喜と西との関係などから、果して慶喜自身の新しい統一権力構想とどれほど重なるのか、疑問視されているのである。現在までのところ、西草案と慶喜との関係を直接示す史料がない以上、これらの指摘を一概に否定することはできない。

しかし、本書第五章でみるように、幕府内部にはヨーロッパの議会制度の知識を参酌しつつ、公議政体論に拠りながら、「大君」つまり徳川氏（当面は徳川慶喜）を権力の実質的な中心的担い手とした新政体構想（国家権力構想）へのとどめようもない流れのあったことは事実である。ましてやこの西草案が、大政奉還という討幕派に肩すかしをくらわせての徳川慶喜の政治的画策後に提示された構想であることを考えれば、慶喜の主観いかんにかかわらず、徳川氏中心の「大君」制国家構想というにふさわしい具体案として分析することは、意味あることといわねばならない。それが慶喜自身の考えていた構想の射程内での位置づけに問題は残るとしても、本書の第四章および第五章のような分析は、今後の研究に役立つものと思われる。

「大君」制国家構想の周辺を探る意味で、この第五章では、これまでほとんど分析されることのなかったアメリカへの漂流民ジョセフ・ヒコの国家体制への関心と、彼がアメリカ合衆国憲法を参看しながら立案した日本の国家体制構想（「国体草案」）を紹介し、若干の分析を試みている。(12)

この「国体草案」も、幕府要路に提出されたといわれているものの、不詳の部分が多い。なお今後の検討をまたなければならないのである。

だが、その後のヒコが長州藩、とくに木戸孝允（桂小五郎）と伊藤博文（俊輔）らと密接な関係があったことは注目してよい。また、それと関連して、ヒコと坂本竜馬とが直接接触している事実は、これからの検討すべき課題である。維新政府の樹立における竜馬の政治綱領にみられる近代的要素は、河田小竜を介して漂流民ジョン万次郎（中浜万次郎）からえられたものとこれまでは解されているが、右の事実はむしろヒコと竜馬の関係をクローズアップさせるのである。これまた課題は今後に残されているが、第五章はそうした問題提起も含んでいる。

さて、さきの「大君」制国家構想は、ついに陽の目をみることはなかった。戊辰戦争による「大君」制国家への道の破産である。

三 「時代の危機」意識と藩際交易

ところでこの「破産」を含む幕末期の劇的ともいえる大激変が、開国を契機にしておこり、それまで二世紀半にわたって強固さを誇ってきた幕府の支配体制が、わずか足かけ十五年で崩れ去ったのはなぜなのか。

もとよりそれは外圧とからむ。その外圧による半植民地化の危機の有無をめぐっては、遠山・井上論争、遠山・芝原論争などのあったことは周知のことである。

そのことを踏まえたうえで本書第二章「外圧と危機意識」は、「国際的条件と国内的状況、さらにそのもとでの認識・行動の主体という三つの要件をからめて総合的に検討」することを提言し、その基礎作業の一環として、ペリー来航を契機とする支配・被支配層への危機意識の広がりの具体相をみようとしたものである。

とりわけ、一八六二年（文久二）の幕府派遣の千歳丸《せんざい》に乗り組んだ高杉晋作・中牟田《なかむた》倉之助をはじめとする諸藩の藩士が、太平天国軍と対峙する英・仏軍の駐留する中国上海の実態を前にして、何を見、何を感じ、それを日本の現状とどう結びつけてみているか、そしてその危機感が、当時の日本の有識者層（志士や知識人・豪農商など）にどのように広がり、さらに危機意識が民衆を含めて「時代の危機」となることをみようとするのである。この危機感が「時代の危機」として認識されて人びとをとらえたとき、それこそが大きな歴史の奔流となって時代をつき動かす、とみている。近世中期以降幕藩体制は、その矛盾の深化と拡大によって、徐々に崩れはじめていた。しかし、その体制が、ペリー来航以後一挙に音を立てて崩れた秘密を解くひとつのカギを、「時代の危機」意識に見出そうとしているのである。

この危機意識の全国的な広がりは、とりも直さず人びとのあいだの情報とその伝達の問題でもある。

この情報伝達は、市場の形成と不可分といってよい。

最近の幕末維新史の力作、井上勝生著『幕末維新政治史の研究』（一九九四年）は、多くの頁をこの市場の問題にさいているが、そのなかで井上は、つぎのようにいう。

長州藩の経済政策も、西日本をほぼ覆い、畿内から江戸・東北・北陸に及ぶ、広域的な藩際交易が展開し、進んだ事例としては畿内の豪農商や武州の豪農層との連携も見ることができる。こうして藩体制による地域的市場の展開の範囲を越えた広域の領主的市場が企画されるのは、生成されつつある第一次国内市場を封じ込め、その成果を藩が吸収する運動である。豪農商と結んだ産物交易の内容も、検討すれば、交易に参画した豪農商は新興の産業商業の勢力ではなく、交易企画の主導権も雄藩の手に掌握されていた。長州藩の個々の経済政策は試行錯誤して展開するが、在来の幕藩体制の市場関係を破壊して従属商人を設定する側面を示し、大坂では大坂商業資本が連合して長州藩の新経済政策について幕府に出訴する事件が起きていた。長州藩の藩際交易の展開は、幕府と

対抗する方向ももっていた。（序章、五〜六頁）

ここにいう「長州藩の藩際交易」、とりわけ長州藩と薩摩藩との交易の詳細な事実を明らかにし、分析したのが、本書第三章「薩長交易の歴史的意義」である。

この論文を執筆した当時の私の所感では、こうした藩際交易は、幕末期には国内市場の形成とともに各藩間で盛んとなり、この論稿をきっかけに他の多くの諸藩間の研究も進み、その実態が明らかになるだろうと予想していたのである。

しかし、その後の藩際交易の研究は必ずしもそれほど進んでいるとは思えない。そうしたなかにあって井上は、長州藩の藩際交易をとりまく、長崎・上方（京都・大坂・大和周辺）・江戸周辺（武州・浦賀を含む）の地域（非領国地域、あるいは非領国に近似した地域）、つまり「当時の日本の商品市場の『中央市場』」（一〇五頁）とも関連させて追及し、それらの商人の性格を雄藩の「従属商人」と規定し、さらに藩際交易を政治史と結びつけて考察しているのである。(13)

四　維新政権の国内的国際的規定性

さきに、戊辰戦争による「大君」制国家への道の破産といったが、幕府側とても座してそれを待っていたわけではもちろんない。

ただその場合の最大の疑問は、慶応四年（一八六八）一月三日、旧幕府軍と新政府軍とが最初に衝突した鳥羽・伏見の戦いの直後、徳川慶喜がごく一部の側近のみを引き連れて、なぜ急遽夜陰にまぎれて大坂湾上の幕艦開陽丸に乗り移り、江戸へ帰ったかである。公式的には天皇をかつぐ新政府軍とのこれ以上の衝突を避け、恭順の意をあらわすためとされているが、慶喜東帰後の旧幕府軍側は、江戸を拠点にもう一度大勢の挽回をはかろうとする動向を示していたのである。

事実、日本の情報を比較的詳細に伝える上海の週刊新聞『ノース・チャイナ・ヘラルド』は、一八六八年三月十四日（旧暦二月二十一日）の「日本」と題した記事のなかで[14]、徳川慶喜は、みずからの拠点江戸で兵力をたて直し、戦闘を再開するにちがいないといわれていると報じ、実際に慶喜の江戸東帰以来、多数の兵士と多量の軍需物資が集積され、旧幕府側の大名の軍隊を輸送するために多くの汽船が借り上げられ、その軍事力は緒戦の敗北時よりもさらに強化されている、と述べていたのである。

「にもかかわらず」とこの記事はつづく。そこでは慶喜が和平にかたむき、家督を譲って公的な生活から退いたことにふれ、彼には権力に野心はなかったのだということを付け加えていた。おそらく前半の記事は、慶喜をめぐる江戸の客観的な情勢を伝え、後半は東帰後の慶喜の行動を、慶喜の主観に比重をおいて述べたものとみてよいだろう。

戊辰戦争は、翌明治二年前半期にかけて江戸から東北・北越へ、さらに箱館へと戦線を拡大し、結局、五稜郭の陥落で終結した。旧幕府軍は新政府軍によって軍事力で制圧されたのである。

この戊辰戦争をどうとらえるかは、第八章「維新政権論」第四節でふれているように、明治維新の把握全体に関わる。

世界史的にみれば、封建国家から近代国家へのいわば革命期の戦争としては、戊辰戦争の期間はヨーロッパと比較すべくもないほど短期的だったといえるが、この戊辰戦争の影響は、新政府の権威確立にとって大きな意味をもっていた、といってよい。

だが、幕府は倒れたが藩は残った。前述したように、「寄りあい、持ちあ」いの幕藩関係である以上、もはや藩がそのままで存続することはありえない。

この藩をどのように吸収して新国家＝明治国家を構築するか。その「過渡期のなかの過渡の政権」が維新政権である。第七章「藩政改革と維新官僚」は、維新政権下の藩体制が、維新官僚によってどのように解体・吸収されていくのかを、山口藩を例として扱い、第八章は、維新政権をとりまく要件や維新官僚の論理、構造や特性などを内外の要件のなかで論じたものである。つまるところ、この維新政権は、明治二年（一八六九）から同四年にかけての、版籍奉還・廃藩置県の過程を通して藩を新国家へ吸収した。その目指すところは、岩倉具視いうところの「明天子賢宰相ノ出ツルヲ待タストモ、自《おのずか》ラ国家ヲ保持スルニ足ルノ制度ヲ確立スルニ非ラサレハ不可ナリ」[15]（明治二年〈一八六九〉一月）という天皇制官僚国家だったのである。

ここでいう維新政権は、慶応三年（一八六七）十二月九日の「王政復古大号令」から明治四年（一八七一）七月十四日の廃藩置県にいたる政権を指すが、これとても諸説がある。

明治維新を「復古」と「維新」の複合とみる見方は早くからある[16]。それとは意味を異にするが、原口清著『戊辰戦争』（一九六三年）は、鳥羽・伏見の戦い以前の新政府を「王政復古政府」とし、以後廃藩置県までを「維新政府」とよんで区別し（七一〜七二頁）、宮地正人[17]は、明治二年七月の職員令の制定を太政官政府の成立として維新政府の画期とした。また、松尾正人は『維新政権』（一九九五年）と名づける単著を公にした。松尾の維新政権の範囲は、第八章と重なる。

維新政権をみる視角には、外圧を重視する説と内部矛盾説とがあるが[18]、これらの諸説の存在それ自体、維新政権の性格の複合性の反映とみてよいだろう[19]。

かつて私はつぎのようにいったことがある。

世界史的にも異例とされる廃藩置県＝統一国家の形成過程の主動因を、外圧とみるか内圧とみるかで大きく見解はわかれたわけだが、これは二者択一というわけにはいくまい。明治維新こそは一九世紀後半の世界資本主義と、日本の内部的要因とが不可分にむすびついた変革だからである。かりに外圧が主動因にみえても、それが現実に展開するときは、あくまで、国内矛盾ときりむすんで進行する。国内矛盾も幕末、とりわけ開国以後あらわになってきてはいたが、それだけでは一挙に廃藩置県というかたちでは現象化しなかったにちがいない。この内外要因の不可分な、あるいは相互媒介的な動因のありようを、実体に即してみていかないかぎり、明治維新の分析は不可能だろうし、維新をめぐる「革命」論はゆたかにはなるまい(20)。

維新政権は、廃藩置県によってつぎの段階へと移行した。明治天皇制国家の成立である(21)。

それは、天皇を中軸とした伝統的イデオロギーを欧米の近代的国家制度で装うものでなければならなかった。そのためにこそ、明治四年（一八七一）十一月、廃藩置県後四ヵ月にして、右大臣岩倉具視は、使節団四六名と随従者および留学生六一名、計一〇七名の大集団を率いて横浜港から一路アメリカへと出発した。この岩倉使節団は米欧一二ヵ国を一年一〇ヵ月にわたって回覧した(22)。その報告書『特命全権大使米欧回覧実記』（全一〇〇巻、明治十一年〈一八七八〉刊）は、その「例言」（明治九年一月）で、明治維新の大変革は、「人為」ではなく、ほとんど「天為」に等しい、と述べた。そこでは、ドイツ帝国の成立（一八七一年）やほぼ統一されたイタリア（一八七〇年）が念頭におかれ、日本のこの大変革は、世界の「気運ノ変ニ催サル、ニアラザルハナシ」と断言されていたのである。それは同時代の明治維新の世界史的位置づけでもあったのである。

注

（1）　井上光貞・永原慶二編『日本史研究入門』III、一九六九年、三〇六～三一〇頁。

（2）「外圧」の性格をめぐる論争で芝原説を批判する石井孝は、尊攘運動の性格ないし評価については、芝原の主張を支持する（石井孝『明治維新と外圧』一九九三年、参照）。

（3）宮地正人は『日本近現代史1　維新変革と近代日本』（一九九三年）の「総論」で、「一八三九年から四二年のアヘン戦争を契機に、このような近世的な東アジア国際秩序（「一六～一七世紀という、真の意味の世界史の始動期に、東アジアに進出した重商主義段階のヨーロッパ列強に対し、中国・日本・朝鮮・ヴェトナム等の東アジアの強力な封建国家群が国家的・権力的に採用した封鎖的・統制的対応体制」〈四頁〉を指す――田中注）そのものが崩壊しはじめるのであり、外圧に対抗しつつ国家を形成しようとする東アジア各国の必死の試みの中で、東アジアにおける新たな国際秩序形成の動きが一九世紀後半に急速に展開することとなる」（五頁）ということを前提にして、つぎのようにいう。

往々にして封建的なものとして一括されがちの攘夷主義の問題も、近世的な東アジア国際秩序の解体と結びつけて考える場合、新たな視角が浮んでくるだろう。「扶清滅洋」をかかげた義和団の運動や朝鮮の衛正斥邪をスローガンとした義兵運動にしろ、ヴェトナムの抗仏勤王運動や幕末期の攘夷運動にしろ、それらは、それぞれ広汎な民衆をも含みこんだところの、国家の従属化と解体に抗して展開された強力な民族運動であったのである。（七頁）

さらに氏が、「幕末維新変革の始動力が欧米列強によって与えられた以上、その変革の担い手たちを、一国史的発想で規定することは出来ない。その社会の構成諸集団は、それぞれ自己の階級的・集団的利害と結びつけながら民族的課題に対処し、民族運動形成において主導権を掌握しようとする。あらゆる集団はその可能性を与えられている」（九頁）と述べていることと、本書の政治勢力のとらえ方は共鳴するところがあるといってよいだろう。

（4）大久保利謙「幕末政治と政権委任問題」（『大久保利謙歴史著作集』第一巻、一九八六年、三頁）。原口清は、この「公武合体体制」という大久保のとらえ方は「賛成できない」（原口「近代天皇制成立の政治的背景」〈遠山茂樹編『近代天皇制の成立』一九八七年、一四八頁〉）という。

（5）遠山茂樹「日本近代国家形成の国際的・国内的条件」（『遠山茂樹著作集』第二巻、一九九二年、二〇五頁）。

（6）拙著『明治維新観の研究』（一九八七年）。とくに第六章参照。

（7）これらの奇兵隊（諸隊）をめぐる諸問題については、拙著『高杉晋作と奇兵隊』（一九八五年）にまとめられている。

（8）拙稿「『敗北の美学』から『敗者の視座』へ」（『大岡昇平集　7』〈一九八三年〉月報16）参照。

（9）幕府側に視点をおき、従来の外圧に対する「幕府無能無策説」を批判し、それへの見直しをはかろうとした著作の代表的なものとしては、加藤祐三『黒船前後の世界』（一九八五年）、『黒船異変』（一九八八年）などがあり、『日本の近世18　近代国家への志向』（田中彰編、一九九四年）所収の「ペリー来航と日本開国」では、「日本側は、軍事格差を冷静に認識し、そうであれば外交能力による解決しかありえないと自覚し、総力を外交に注いだ。能動的な強い自立・独立意識がそれを支えた。幕府の力量の高さが交渉条約をもたらした大きな要因である」（六三〜六四頁）と述べている。

　また、小野正雄『幕藩権力解体過程の研究』（一九九三年）は、幕府の倒壊をみる場合、たんに幕府の倒壊としてとらえるのではなく、「幕藩権力はいかにして解体したのか」（「はしがき」一頁――傍点田中）という観点から検討する要がある、と述べている。

（10）たとえば、石井孝『戊辰戦争論』一九八四年、七二〜八〇頁等参照。

（11）たとえば、佐々木克は、(1)西草案は、「あまりにも慶喜の権限が強大過ぎるのに対し、天皇＝朝廷の位置が低過ぎないか」、(2)「西構想が、慶喜＝幕府側の唯一の政権構想であったと断定できる根拠はなにもない」（「最後の将軍徳川慶喜と戊辰戦争」〈小西四郎編『徳川慶喜のすべて』一九八四年、一一五〜一一六頁〉の二点を挙げる。

　原口清も、第一に、佐々木の(1)を敷衍して、「慶喜の従来の政治路線と西構造の内容上の差違」、つまり天皇（朝廷）と慶喜との距離のへだたりがあることを指摘し、第二に、「慶喜と西との実際の関係、すなわち慶喜の西に対する処遇如何の問題」、別言すれば、「現実政治のことでは西はまったく無視されていた」というのである。「以上の二つの根拠により、大政奉還の際の慶喜の政体構想を知る手がかりとしては、『議題草案』を採用することふさわしくないと思う」と述べている（原口清「明治太政官制成立の政治的背景」〈『名城商学』三八―一、一九八八年〉。また、前掲原口「近代天皇制成立の政治的背景」でも、「西の構想に規定された徳川氏の優越性は、倒幕派的な公議政体構想と区別する意味で徳川的公議政体構想と呼ぶことは許されようが、これを徳川絶対主義構想とか徳川統一政権構想とか呼ぶことは許されない。事実、西の構想そのものには、よほど無理な拡張解釈でもしないかぎり、絶対主義的性格を発見することはできない」（一四六頁）と述べている。

（12）本文前述の西周「議題草案」およびジョセフ・ヒコの「国体草案」は、校訂の上、田中彰編『日本近代思想大系1　開国』（一九九一年）に収められている。

(13)　ここで井上が「従属商人」と規定し、服部之総の発想を批判する具体的例示のひとつに、服部も引き合いに出している白石家《しらいし》がある。

長州竹崎の薩州問屋白石家については、私も旧著『幕末の長州』（一九六五年）で、下関を拠点とする市場経済に果たした役割について述べ、同時に白石家がいかに薩摩・長州・筑前・久留米・肥後・秋月・岡・大村・安芸・対馬の諸藩や京都などの志士たちのアジトとなっていたかをみたことがある。このアジトに顔を見せた志士の数は、薩・長・土を中心に比重の差はあれ、総計一五一名にも達していた。彼らは明らかに白石家を拠点としてここに情報をもたらし、情報を交換することによって彼らの行動や視野を広げているのである。白石家の当主白石正一郎が高杉晋作の奇兵隊結成のバックになっていたことはよく知られている。この正一郎は字は資風、橘円と号し、和歌もよくし、淡路国出身の国学者鈴木重胤（平田篤胤没後の門人、のちに鉄胤から破門された）の門下でもあった。「白石正一郎日記」を含む白石家文書（『白石家文書』〈一九六八年〉、『白石家文書・補遺』〈一九八九年〉、長府博物館所蔵の白石家文書）などをみれば、彼と国学者との交際や志士との情報交換の一端は確認できる。

いま服部の言葉を借りながらここでの情報の切口から志士と豪農商との関係をいいかえれば、「政治の志士」たちは、彼らの入手する情報をもって各地の「経済の志士」（豪農商）たちにそれを伝え、「経済の志士」たちは、この情報をもとに市場の開拓や交易を広げると同時に、「経済の志士」たちを根城に全国をわたり歩く「政治の志士」たちの情報の集約・伝達の拠点となったのである。その情報交換のなかで、「経済の志士」は「政治の志士」へと変貌する側面をもち、「政治の志士」は「経済の志士」の市場網の一環を担い、彼らは時代推進の担い手の役割を果していったのである。政治と経済は情報によって密接に結びつけられ、その相関関係のなかで激動の幕末史を彩ったといえるのである。

こうした情報を切口とした分析は、今後さらに方法論の検討とともに推進されなければならない。

その意味で宮地正人『幕末推新期の文化と経済』（一九九四年）をはじめとする「風説留から見た幕末社会の特質」（『思想』八三一号、一九九三年）、「幕末政治過程における豪農商と在村知識人」（前掲『日本近現代史1　維新変革と近代日本』所収）、「幕末平田国学と政治情報」（前掲『日本の近世18　近代国家への志向』所収）などの一連の論稿は注目してよい。

かかる観点からいえば、井上の著作は、経済の深みや広がりから政治史をみようとした作品となっているが、いまひとつ情報という方法論的なクッションをおくことによって、さらに経済と政治との関連を豊かなものにするように思われる。それは本書第二章が、危機意識を問題とし、とくに「時代の危機」意識に幕末期の秘密を説くカギを見出そうとしていることと密接に関連する。

(14)『外国新聞に見る日本』第一巻・一八五二〜一八七三、本編および原文編、一九八九年、本編四三四〜四三五頁、原文編四六〇〜四六一頁。

(15)『岩倉公実記』中巻、六八五頁。

(16)徳富蘇峰は、維新の政体は「恰も復古三分、維新七分の雑種政躰と謂はざるを得ず」と述べ、「此二語は当時に於ける敵対の二大主義を代表し来れる者の如し、即はち王政維新派とは時勢の急流に沿ふて、泰西的の典型に拠り、我新政府を建設せんと欲したる者にして、王政復古派は我邦の王代を手本として新政府を建設せんと欲したる者の如し、彼等は破壊的に於て一なり、徳川政府を顚覆するに於ては相提携して運動せり、然れども善後の処置に至りては、一は縦横に旧慣を破壊して出色の政を為し、其材料、模範を泰西に採らんと欲し、他は保存し得らるゝ者は強て破壊することを為さず、古代の儀則に拠りて、新政府を建設せんとなしたる者の如し、語を切に之を言へば、一は欧米の制度を斟酌して、直ちに我邦に適用せんと欲し、他は令義解、大宝律令等を以て一国を経綸せんと欲したるなり」(「維新改革史に関する管見(其一)」〈『国民之友』第六五号、明治二十二年十月十二日〉)という。「復古」と「維新」をこう規定しつつ、その比重を三分七分とみているのである。

(17)宮地正人「廃藩置県の政治過程」(坂野潤治・宮地正人編『日本近代史における転換期の研究』一九八五年、所収)。なお、坂田吉雄『天皇親政』(一九八四年)は、「王政復古」と「王政維新」とを区別し、「明治維新の中心事業は封建制社会の変革、すなわち、廃藩置県とそれに続く身分制の廃止という社会的変革にあったが、このような社会的変革の構想は、王政復古成就の後になって始めて現れたものであって、王政復古の過程の中では、まだ誰の頭にも浮んでいなかったからである」(七頁)という。

(18)たとえば外圧(国際的条件)重視説は、丹羽邦男『明治維新の土地変革』(一九六二年)に代表してみられ、内部矛盾(内政重視)説は原口清『日本近代国家の形成』(一九六八年)などにみられる。もとよりいずれの説にせよ、それは相対的にいってのことであって、一方の要因をまったく無視しているわけではない。

(19)幕末維新全体にわたってだが、永井秀夫は「国際環境とそれへの対応がどのように内政に反映したか、その結果として明治国家にどのような特質が与えられたか」という問題関心から、『明治国家形成期の外交と内政』（一九九〇年）をまとめ、井上勝生は前掲『幕末維新政治史研究』で、「法の世界システム」、つまり「万国公法」の世界から明治維新にアプローチし、そこに「後発国型権力の形成」ないし、「後発国型変革」を見出そうとした。「一九世紀中葉に、現代史を規定する真の世界史、さまざまの形態の国々が規定しあう構造的な世界史がほぼ完結した。明治維新は、この真の世界史が形成される不可欠の一環であった。そこにおける世界史は、『外圧』というレベル以上のものであり、世界史が明治維新を規定し、明治維新が世界史の一部を構成したのである」（三六九頁）と述べた。

ここに最近の明治維新史研究のひとつの到達点ないし特徴をみることができる。

(20) 小学館版『日本の歴史24　明治維新』一九七六年、一四七～一四八頁。

なお、本書が対象とした幕末維新史の研究を、戦後の時代潮流のなかで、やや思想史に重きをおいてはいるが、研究史として手際よく整理した論稿に、菊地久「同時代の維新史研究」（溝部英章ほか『近代日本の意味を問う』〈「政治思想史の再発見Ⅱ」〉一九九二年）がある。その注には、本書に関係のある多くの著書や論文が掲げられ、位置づけられている。

(21) 廃藩置県の研究史や文献については、松尾正人「廃藩置県研究史」（同『廃藩置県』一九八六年、所収）や高橋秀直「廃藩置県における権力と社会」（山本四郎編『近代日本の政党と官僚』一九九一年、所収）の「はじめに」等参照。

(22) 大久保利謙編『岩倉使節の研究』（一九七六年）、田中彰・高田誠二編著『『米欧回覧実記』の学際的研究』（一九九三年）、拙著『岩倉使節団『米欧回覧実記』』（同時代ライブラリー、一九九四年）等参照。

第一章　幕末の政治情勢

はじめに

幕末政治史の研究の現状は、戦前戦後のいくたの成果や論争をふまえながら、十九世紀後半という世界史的状況のなかで、反幕府的な政治勢力がいかに形成され、どのような展開過程を経て討幕運動をおし進めていったのか、そして、そのことが明治天皇制国家の性格規定にいかなる歴史的役割を果したのか、という問題に焦点がしぼられている感がある。

各藩、とくに西南雄藩の個別分析を通して、藩政改革派・尊攘派・討幕派ないしは公武合体派・大政奉還派などとよばれる政治勢力の分析がなされ、また、都市特権商人・豪農豪商・地主・中農層などといわれている諸階層、あるいは、百姓一揆に象徴される農民勢力などの具体的追及が行なわれるとともに、これらの政治諸勢力・諸階層ないしは農民勢力間の指導・同盟関係いかんが問われているのである。そして、そこには経済過程から政治過程にいたる、表面微妙な、しかし根底には相当のへだたりをもった理解の相違がひめられている。

いきおいそこから明らかなことは、反幕派の攻撃の対象となった幕府および佐幕諸藩、あるいは圧倒的部分を占める日和見諸藩の研究は、皆無といわないまでも分析の主要な対象からは脱落しており、せいぜい右の研究に必要なかぎりで追及がなされているという状況にとどまる。そしてこうした傾向は、天皇制史観が天皇帰一＝一視同仁的たてまえから、幕府すらいかに王政復古＝明治維新に参加したかという視角でこれを研究の対象（ないしは史料的補強）とした戦前の研究状況よりも、かえって戦後の方が著しい、といえる。

この現象は、史料的制約というよりも、マルクス主義歴史学を主軸とした戦後の歴史研究の展開と無関係ではない、と思われる。というのも、マルクス主義歴史学が、歴史の発展・進歩をその史観の根底におく以上、まず関心の対象とされるべきものは、まさにその発展・進歩を担ったものであり、当然旧体制のシンボルであり、打倒される側である幕府その他は二の次とならざるをえないのである。

明治維新が、果たしてこの旧体制とどれほどの断続をもっているかは、こうした研究状況の克服の過程でやがて明らかにされるべきひとつの課題であるが、本章はこのような研究の現状と水準のなかで、幕末幕政改革に視点をおき、それを推進した政治勢力がなんであり、それがどのように変化しつつ、それとの対決を迫る反幕諸勢力と対応したか、そしてその歴史的性格はどのようなものであったのか、などに課題を限定し、以下若干の分析を試みたいと思う。

一　久世・安藤政権の歴史的意義

1　政権成立の前景

久世・安藤政権の分析に入る前に、それが成立する時点の歴史的条件に関する一、二の問題を、幕藩体制との関連で指摘しておきたい。

すなわち、この時点では、幕藩体制の支配の頂点をなす幕府権力は、もはやそれ自体、幕・藩関係において質的優位を現実には示しえなくなってきている。幕藩体制下の幕府権力の優位性を質的に規定した一つの条件としての改易・転封権は、天保改革における転封権行使の変形ともいえる上地令が、水野忠邦の失脚の直接の原因とならざるをえない状況下では、すでに実質的には行使不可能となっていた。軍役の徴収権にしても、後述するように、文久の参勤交代制の緩和が、幕府の改革意志よりも、むしろ現実にはそうしなければ、より以上の幕権の失墜となるという理由のもとで行なわれていることは象徴的ですらある。

そして、戦後の経済史研究の教えるところでは、鎖国以来の幕府の経済的独占権も、この時点では急速に解体しつつあった。鎖国をもって幕府が不変の「祖法」とした一つの要因は、商品流通の外への展開を阻止し、一定の枠のなかでそれを循環させ、その循環のかなめを幕府がおさえることを通して、国内経済と国際経済とを一方では断絶させ、他方ではその断絶によって貿易の独占権を自己の手中におくことにあった。

ところが、農民的商品経済の発展は、その幕府のかなめを通さないで独自の展開を示し始めていた。幕府の独占的な体制は、内側から、つき崩されつつあったのである。諸藩に比しての尨大な天領の存在は、幕府支配の基礎を量的に支えてはいたが、それすら百姓一揆を中心とした反封建闘争の激化によって、生産物地代を原則とする本百姓搾取の原則は崩壊せしめられつつあり、幕府支出の増大と相まって、幕府財政の赤字を決定的たらしめていた。

こうして、幕府の支配体制を規定した質的、量的条件は、一つ一つ崩れつつあった。大政奉還の頃、坂本竜馬が、江戸の銀座を京都に移せば、将軍職はそのままでも、「名ありて実なければ恐るゝにたらず(1)」といっているのは、当時の幕府支配の優位性を規定する残された条件が、わずかにどこにあったかを示して示唆的である。

そして、ペリーの来航によって幕藩体制に衝撃的にうち込まれた楔は、幕府支配の崩壊を不可逆的なものにしてしまった。「今を距たる数十年前、蒸気船発明以来は然らず、風波順逆の構え無く、日に増し月に盛に、迅速に四海を横行するが為に、僅に四五十日にして、皇国漢土には往来する事と罷成候故に、彼国人の詞にも、蒸気船開てより万里隣家の如しとは往来の親近に出来るを申候也。然ば方今幕府開港の令を発せずとも、決して夷船は屢々四方の海岸に相見るべく、既に来馴候上は俄に追払の令を下候共、中々容易に承伏仕間敷」[2]（傍点田中、以下同）とは、文久三年（一八六三）十一月の薩摩藩伊地知正治の意見書の一節だが、産業革命以来の先進列強資本主義による外圧は、幕府の一片の法令を遙かにこえた世界歴史の必然性の上にのったものであることを説いてあますところがない。

インドや中国における外圧のもたらした結果に対する情報を、比較的的確にえていた幕府のとるべき方法は、いかにしてこの不可避的な開国への道を、自己の支配体制の基本を保持しつつ、最小限の摩擦によって歩んでいくか、そのためにはいかに時間をかせぎ、いかなる手段で対処するかにあった。そのためには、この「四方の海岸」から迫りくる外圧に対しては、権力の再集中・再統一をはかり、これに対処するあらたな軍事力を創出することが、幕府にとっては緊急の課題とならざるをえなかったのである。

にもかかわらず、のちにみるように、幕藩体制の構造それ自体によって、その軍事力の創出すらも、集中化と分散化の矛盾に直面せしめられ、結果的には幕藩体制という伝統的、固定的な体制を一身に背負った幕府は一歩たち遅れ、他方、外圧の軍事的衝撃を直接受けとめた西南雄藩の方が、「近代」的軍事力創出にさきんじ、また、結果的には、統一権力の構築を具体化せしめてしまったのである。

こうして、幕藩体制崩壊途上で、幕府支配権の喪失を決定的にした開国は、イデオロギーの面でも画期的な役割を演じた。

すでに、本居宣長の『玉くしげ』などにみられるように、「朝廷」→「大将軍家」→「御大名」という政権の下降委任、すなわち「御任《みよさし》」の論理で幕藩支配を正当・合理化する試みがなされていたが、この幕藩政治における委任論理は、幕府の御三家水戸藩の水戸学を通して幕末の現実的課題のなかで政治化していった。

通商条約の調印の勅許を、「御任」の根元としての天皇に求めた幕府の指向と、下降委任の責任主体としての諸大名に、開国に対する意見聴取を試みた幕府の処置は、この「御任」論理の委任体系のなかで天皇と諸大名との結節点をなす幕府にとっては、当然のことであった。しかし、この幕府の指向と処置とがもたらした結果は、幕府の意図をこえた。

開国問題が、将軍継嗣問題という支配の頂点をめぐる、それだけに派閥対立を激化させた国内問題と結合したとき、封建支配者層内部は大きくゆれ、分裂した。井伊政権の出現による独裁・強暴的な政治力の行使となったとき、それは一つの極点に達するとともに、それへの反応は大老井伊直弼の暗殺となってはね返った。そして、尊王と攘夷という、本来は幕藩支配体制と矛盾しない、むしろ幕府が自己支配強化のイデオロギーとしようとしたものが、逆に反幕府の旗じるしとなり、政治的な実践綱領として、幕末の舞台に登場せしめられてしまったのである。

久世・安藤政権は、かかる時点で成立した。

2　政策とその意義

いわゆる久世・安藤政権は、井伊政権に連なっていた安藤信睦《のぶゆき》（信正）が、ひき続いて幕閣にとどまるとともに、万延元年（一八六〇）閏三月一日には、一橋派の色濃かったため井伊より排斥されていた久世広周《ひろちか》の老中返り咲きにより、この二人を中心として成立した。そして、文久二年（一八六二）三月から六月にかけて、安藤および久世が政権から身をひくまで続いた。(3)

「目今関東の覇権は最早地に墜ち候て、昔日の強盛には之無く、井伊掃部頭は大老の重職に居候て、自己の首領さへ保護仕り難く、路頭に於て浪人の手に相授け申候。是れ明確たる一証に御座候」[4]と、岩倉具視をしていわしめた幕府の権威の失墜、支配体制の危機のなかにあって、当時台頭・激化しつつあった尊攘派の名分論を幕府の側に奪うためにも、久世・安藤政権は公武合体（「公武一和」）政策を推進せざるをえなかった。

そのそもの起こりは、安政五年（一八五八）の幕府の違勅調印という政治情勢のなかで、それへの攻撃の拠点が朝廷におかれたことに端を発した。「非職無役の堂上方天下の御政事をかきまはされ候より、惑乱を生じ候」と幕府側は認識していたから、この状態を封ずるためには、「十七ヵ条の御改復」すなわち、「禁中並公家諸法度」にみられる幕藩成立当初の幕朝関係へ復帰すべく幕府は意図した[5]。幕朝関係を、皇女の降嫁という形で融和することによって、幕藩当初における朝廷の政治からの疎外の状態にひき戻し、幕府独裁権を確立しようとしたのである。

しかし、久世・安藤政権の段階では、その意図は修正されていた。すなわち、万延元年（一八六〇）七月の老中連署による幕府の孝明天皇への奉答書では、外圧の危機を強調し、その外圧に対する攘夷という天皇の意志を、七、八年ないし十年後に実現するためにも公武一和による人心一致が必要であり、公武一和が実現しないかぎり攘夷の実現も覚束ない、と述べているのである[6]。そこには朝廷の政治からの疎外ではなくて、逆に天皇の意志を政治のなかへひきこむことを通して、幕府の意図の貫徹をはかろうとしていた。

もちろん、その場合、天皇の意志のひき込みは、尊攘派がその抽象的名分論によって天皇を絶対化し、かえってのちに自縄自縛に陥ったのに対して、ここでは尊攘派の名分を奪い、幕権強化の挺子とするという一定の政治的枠組みのなかでのものであった。そのことは和宮降嫁問題が一転再転、さらに三転する過程で、結局のところ天皇の意志は幕府のそれに従属させられてしまっているところをみても明らかである。

そのかぎりにおいて、和宮降嫁問題をめぐる久世・安藤政権の公武一和政策の論理は、この政権の下で外国奉行を勤めた水野忠徳（癡雲）の次の論理へ定着するものをもっていた、といえる。すなわち、水野はいう。「日本全国を挙て焦土となすとも、攘夷を御実行遊ばされ度が叡念なり」というが、天皇は「日本全国を挙て焦土にせざるが御天職にてましますﾞ」はずであり、「其御天職を尽させ玉ふ御為には如何なる思召も枉《まげ》させ玉ふべきに、焦土となるも攘夷を行はんとは、恐れながら御一己の御好みを以て天下に易させ玉ふと申すものにて候ふ」（ルビは田中、以下同）と。

ここにみられるものは、天皇の意志は明らかに「日本全国」＝国家に従属すべきものであるという論理である。「幕府の官吏には勿論是迄に多少の過あるに相違なけれども、国内の論難を排して幕議を定め、余が如き不肖の身を顧みずして条約の全権を受け、外国公使と幾多の談判を重ね、和親貿易の条約を結びたるは何の為ぞ、我大日本帝国を安全に保たんが為に非ずや[7]」という水野の立場からは、国家それ自体が幕府によってのみ支えられているのであるから、幕府の政策遂行に必要なかぎりでの天皇の意志の尊重（そのための公武一和）であり、それが阻害される場合には、「廃帝」という形で天皇排除の可能性もあったのである。久世・安藤政権は、こうした論理に定着すべき方向を指向しつつ、公武一和政策を通して幕権の強化をはかろうと試みた。

この公武一和政策にみられる久世・安藤政権の意図は、幕末期の幕府には一貫していたといってよい。あとでふれる幕府の天皇からの庶政委任の確認も、その一つのあらわれであったのである。だが問題は、当時の外圧下の歴史的状況のなかで、こうした幕府の権力統一者としての主体性が、現実的にどこまで貫徹しえたかにある。

確かに遠山茂樹が指摘するように[8]、和宮降嫁問題と両港両都開港開市延期問題という幕府が意図的に提出した政策と、この政権下に発生する露艦対馬占領事件という「偶然」的事件とが相合して、幕府の外交政策がイギリス外交にリードされた側面をもったことは事実である。しかし、この外国側にリードされるという側面は、たんに久世・安藤政権のみにとどまらず、その後の幕府政権に常につきまとったものであり、それがもっとも極端には慶応期の徳川慶喜政権の性格となってあらわれてくるわけである。したがって、この側面からのみで久世・安藤政権の「主体的な力」を否定し去ったのでは、この政権の意義を十分把ええないように思われる。

そのことを検討するためにも、この政権のもっとも特徴的な政策、すなわち軍政改革への指向と、全国的市場支配の意図をみる必要がある。

文久元年(一八六一)二月、久世・安藤政権は三百石以下の旗本・御家人に拝借金などを下付し、翌月には旗本・御家人等の困窮の実情にかんがみて、むこう五ヵ年間の倹約令を発し[9]、さらに「方今世界の形勢一変いたし」という情勢の変化に対して、旗奉行・鎗奉行・持頭・先手に「極老之者」を任命しないこととした[10]。しかし、これらはいずれも消極策に過ぎなかったが、五月にいたって、「鎖国の御制度御一変遊ばされ候上は、御軍制も亦御一変遊ばされず候ては相成り難き義に付」、積極的な軍政改革の構想をうち出すために、勘定奉行・講武所奉行・軍艦奉行・大小目付等をして「海陸御備向幷御軍制取調御用」たらしめた[11]。

この軍制掛によって作られた計画案は、陸軍については歩・騎・砲三兵による親衛常備軍編制をめざしたものであり、その一案では三兵の総計は約一万三六二五人である[12]。海軍については、艦船四三艘・乗組員四九〇四人による江戸・大坂港警備艦船隊案および将来の全国六沿岸艦隊(艦船三七〇艘・乗組員六万一二〇五人・運送船その他七五隻・乗組員三七五〇人)の編制を予定したものであった[13]。その軍政改革案は、次節にみるように文久軍政改革にひきつがれてその一部が実行に移されるが、「基礎一定仕らず[14]」という根本的な問題をさておいたまま暫定的計画案として立てられたものであった。

こうして根本的な障害を認識しつつ、軍制掛の設置によって、以後の軍政改革の方向をうち出したのは久世・安藤政権だったのである。

次にその経済政策をみてみよう。

開国をめぐる貿易問題の重要性については、すでに安政四年（一八五七）四月の海防掛より勘定奉行への上申書が、「行末治乱の基と相成、御国脈にも響候義に付」[15]と述べているように、幕府にとってはその死活を決する重要事と認識されていた。そして、この貿易問題は、同時に幕府の全国的市場支配のいかんにかかっていた。だから幕府は、安政期以降くり返し全国的市場の支配を意図しているわけだが、「仮の御主法」として出された万延元年（一八六〇）閏三月のいわゆる五品江戸回送令は、こうした幕府の意図の上に、久世・安藤政権が成立早々に出した周知の幕令である。そして、その意図は、翌四月の国益主法掛の任命によって一段と具体化した。

すなわち、大目付・町奉行・勘定奉行・目付・勘定吟味役等が国益主法掛となり、ついで五月には老中久世広周・若年寄遠藤胤統がその担当となり、さらに専任職員の任命も行なわれた。[16]かくて、翌文久元年（一八六一）になると、国益主法掛を中心として、諸士救済策・物価引下令・荒地起返・国益会所・鋳銭策・陶器輸出策・器械試造・玉川上水水元模様替・糸価調節などの実施または調査をはじめ、献策あるいは伺に対する評議がなされ、幕府の経済政策は具体的様相を帯びてきた。[17]

国益主法掛による一連のこの政策は、その源流を佐藤信淵の学説に発していた。これを具体的におし進めていった中心人物は信淵の学徒天野三左衛門（はじめ喜三郎、諱は康煕）であったことは、すでに先学によって明らかにされたところである。[18]国益主法掛の諸政策のなかでも、会所の設置は幕府の全国的市場支配の中心機関としての重要性をもち、それだけにこの会所への産物買集め方式をめぐって対立した見解が生まれた。一つは、「都而商賈を管括して一挙にして利権を官に帰せん」というものであり、もう一つは、「預備の財充実せざるの間、不馴の官吏をして俄かにして商を括り、天下の方物を全轄して漏さざらん事は勢ひ危きを以て、先づ商と相和し、是を懐口にして使ひ、漸を以て其利権を移し握らん」というものである。[19] 前者は大小目付を中心とした急進派、後者は勘定所役人を中心とした漸進派によって主張されたものであった。

当時の勘定奉行と目付の幕権内部の役割について福地源一郎は、「藤田東湖が烈公に対して答へたる如く、幕政の実権は閣老と御勘定奉行・御目付および奥御右筆組頭（内閣書記官長の如き職——原注）との間にありと云へるも、決して誤見に非ざるなり」といい、勘定奉行勝手方は「啻に会計のみならず、都て百般の政治に於て、御目付と与に閣老の顧問となり、補佐となりて之を翼賛する」と述べている。[20] それはこの二役職が門閥・門地にかかわらず、人材の抜擢・登用をしていたからであった。今や全国的市場の支配方式をめぐって、幕権内部でもっとも実力をもっていたこの二役職を中心とした二派が相対立したわけである。

さきの天野は勘定所派＝漸進派の立場であった。というより、彼はその登用の過程で勘定奉行以下に知己をえていたから、[21] 彼の理論を支持していた勘定所派が漸進論をとった、というべきかもしれない。久世・安藤政権はこの漸進派の立場をとった。文久元年（一八六一）九月、大小目付は主法掛を罷免され、十二月には天野と中村勘兵衛が国益主法掛頭取となった。[22] この国益主法掛の意図は、全国の産物を江戸・大坂の会所へ総括するにあったが、現実的には当面江戸に会所を設け、諸家国産と関八州および甲・信・豆州の産物を豪農商を手先にして集荷しようというものであった。そして、文久二年（一八六二）二月に国益会所が設けられ、五月から掛役人が詰めて執務を始めた。しかし、実際の機能を果たさないうちに七月、国益主法方は廃止された。[23]

かくて、幕府内部のもっとも現実的な勘定所派の漸進論による最小限の意図すらも実現しなかったことは、第一に、幕府が農民的商品経済を背景に台頭しつつあった豪農商を掌握しえなかったことを意味し、佐藤信淵の絶対主義的国家論が、現実的には幕府の意図にもかかわらずその基礎をもちえなかったことを物語る。それは幕府の機構が固定守旧化して弾力性を失い、在地の実情に応じた政策をとりえなかったからにほかならない。「旧局には旧染の習弊ありて物を厭塞すること」[24]という天野の言葉はそれを示している。

第二に、先に述べた大小目付＝急進派と勘定所＝漸進派の対立の問題がある。久世・安藤政権が後者の案をおし進めたことは、前者の反発をかった。すなわち、坂下門の変後ようやく傷癒えて出勤した安藤に対して、「大目付并御目付衆より不同意」が申し立てられた。とくに目付藤沢九太夫（次懐）のごときは、もっとも強硬論を主張し、「安藤侯此後御勤ならば、御目付衆は定めて転変仕る可く、左なく候へば、安藤侯御退職に相成り申す可しとの風説之有り」といわれたほどであった。その理由とするところは、「士たる者、後疵を受候儀は恥と致候事にて、況乎大官の者尚更の事なり」[25]というにあったが、その根ざすところはむしろ深く、国益会所をめぐって表面化した幕権内部の実力派政治勢力の対抗関係にあった、といってよい。文久二年（一八六二）六月の老中久世の退職とも関連して、天野構想になる国益主法が「杜撰無稽の仕法」だから廃止すべきだという風聞があった。[26]これはおそらくその反対派から出されたものと思われる。

それにしても、幕権内部に大小目付派、あるいは勘定所派という政治勢力が形成され、しかも安藤の再登場をも許さないほどの強い発言力と政治力をもち始めたことは注目に価する。それは井伊政権が安政大獄断行に当たって、寺社奉行・町奉行・勘定奉行・大目付・目付のいわゆる五手掛の一部が、井伊の意見に反対した際、井伊はただちにこれを罷免・交迭した事実[27]とはまさに対蹠的である。

以上みてきたように、久世・安藤政権は、一方では軍政改革案をうち出し、他方、全国的市場支配をめざした経済政策を実施しようとした。それは実現をみなかったものの、天野のいう「西洋者」の「兵権と経済の二つを以国を建る」[28]という統一権力構築への基本路線をふまえた具体策の端緒であったといってよい。そして、その過程で、幕権内部にしだいに形成された実力派政治勢力によって、政権それ自体の動向が規定され始めたことは見逃してはならない。以後の幕末幕政改革は、紆余曲折を経ながらも、この久世・安藤政権下にうち出された基本路線の実現をめざし、ここに端緒的に形成され始めた幕権内部の実力派政治勢力によって、それはおし進められていくのである。

二　公武合体運動の展開

1　幕府の文久軍政改革

文久の幕政改革は西南雄藩の登場によって開始されていく。

まず長州藩は文久元年（一八六一）三月、直目付長井雅楽《うた》のいわゆる航海遠略策をひっさげて開国策による公武合体に乗り出し、七・八月と久世・安藤幕閣に入説した。そして、この航海遠略策は久世・安藤政権の支持のもとに、翌文久二年（一八六二）三月にかけて朝廷へともち込まれていくのであるが、これはひとつには長州藩内部の尊攘派の台頭による、藩是の「破約攘夷」への転換、他のひとつは、薩摩藩島津久光の東上によって挫折した。

島津久光のうち出した公武合体策は、その東上出発に当たっての諭書が述べているように、「浪人軽卒の所業」、すなわち尊攘派と明確に一線を画しながら幕政改革を図ろうとするものであった。[29]久光自身の言葉を借りれば、「三百年来徳川家の鴻恩を蒙り、殊に亡兄薩摩守義臨終の節、国政の義は勿論、天朝幕府の御為宿志を継述致し、精々尽力候様」という「遺托」[30]を継ぐという、幕府との対決を避けて幕藩体制内での改革を指向したいわゆる藩政改革派路線[31]

の延長線上のものである。それは長井の航海遠略策も同様であり、長州藩安政改革派の、天朝には忠節・幕府へは信義・祖先には孝道という、幕藩体制を前提とした藩是三大綱を一歩も出るものではなかった。

この久光の東上は、当時の民衆が開国以来の経済混乱に伴なう物価高に悩んでいただけに、「薩州家上京御引合にて、諸色直段も下直の場に到り申す可く」[32]と、その政治改革に期待をかけさせた。かくて、久光のおす改革案によって、文久二年七月、一橋慶喜は将軍後見職に、松平慶永（春嶽）は政事総裁職についた。

だが、久光の公武合体策は、表面上は攘夷を装いつつおし進められた。「攘夷は内々ながらとても出来ざる事なれども、京都にては攘夷の思召故、どこ迄も攘夷の名がよろしく候」[33]という政治的判断の上に立っていたからである。だから、当時の「探索書」は、久光が攘夷を旨とし、天皇を輔翼し、幕府の開国を拒んで復古するというその「内実」は、幕府に貿易の利を奪われた薩摩藩の「怨恨」から発したものであり、「将来自己将軍の位を奪ひ、自在に開国貿易仕る可しとの策にて、全く尊王忠誠の心には御座無く候」[34]と指摘しているのである。その点、長州藩の航海遠略策が、藩内の諸物産の増産をすすめ、蒸気船の買入れによって「内地の交易は申迄も之無く、外国へ航海の儀」をもめざし、乗組の者には「士にして商を兼候心得」をもたせるよううたっている[35]のと相通ずるものがある。

事実、両藩は、文久期には薩長交易を推進し、政治情勢の変化によって文久末から元治にかけてそれが一時中断するや、薩摩藩は芸州との交易を開始し、また軍備費用捻出のために、長崎を中心として土佐・柳川・宇和島などの諸藩と交易を計画し、あるいは南部藩との取り引きを行なって交易に対する積極的姿勢をとっているのであり、長州藩も薩長交易のほかに、五島・小倉・越前・会津・対州などと交易を行ない、その尊攘運動と表裏しながら交易圏を拡大して、全国的市場への乗り出しを試みているのである[36]。

だから、西南雄藩の公武合体策が、あるいは開国策を掲げ攘夷をうたい、あるいは朝廷をかつぎ幕府をたてようとも、所詮その帰するところは、幕府の貿易独占＝全国的市場支配に対する反対運動であり、そのための政権割り込み策であったのである。

文久二年七月、この西南雄藩公武合体策によって慶喜・慶永の就任なるや、間髪を入れず国益主法方が廃止されたのも当然であった。独占＝支配をめざす久世・安藤政権の経済政策は後退し、以下にみるように文久幕政改革が軍政改革に集中するのも十分理由のあることなのである。そして、後述するように、参預（参豫）会議の分裂によって公武合体派が解体を遂げるや、実現はみないものの、幕府の国産統制計画が復活・具体化するのもこれまた十分関連のあることなのである。

さて、文久二年（一八六二）七月、大学頭林昇は、将軍上洛問題に関する建白書で、当時の幕府財政窮乏の現状にふれ、そのしわよせのいきつくところ、一触即発の「一揆等の患も計り難く」、たとえそうでなくても将軍上洛の出費は軍備充実を「御手薄」にしてしまう、と述べている。(37) ここには、軍備充実を至上の課題としていた幕府の矛盾が素直に表明されている、とみてよい。だから、この至上の課題を実現するためにはあらゆる手をうたねばならなかった。

この期の冗官冗員の淘汰にしても、参勤交代制の緩和にしても、帰するところ「富国強兵」を図るためであったことは、文久二年閏八月の軍制掛の意見書および翌九月の建白書が明白に指摘しているところである。(38) これらの意見書は、いずれも日本が「四面海」であるという条件から、外圧に対して海軍の設置・充実こそが焦眉の急であることを強調するのであるが、そのことのもたらす矛盾を指摘しつつ、つぎのようにいう。すなわち、一方では「皇国の海軍首尾応援して一身の手足を運するが如くならざれば更に其益之無く」、他方、封建制度の下では、諸大名への海軍の「分托」は当然である。しかし、参勤交代制の緩和により在国在邑し、もっぱら富国の策につとめて「隠然割拠の勢已に萌し」ている諸大名に「分托」する時は、彼らは「専ら自国（藩――田中注）を守り」、「弱肉強食の禍四分五裂に至らざれば相止み申さず」、だから結局、海軍の「大権を国家にて御統轄」すべきであるが、それも容易ではないから、とりあえず江戸・大坂両港の計画書を提出する、というのである。

ここには、軍事力の、一方では個々の藩への分散化、他方では幕府への集中化という、幕藩体制下の軍事力創出過程の必然的にもたらす構造的矛盾が、苦悩にみちて述べられている。参勤交代制の緩和が、幕府内部の強い反対にもかかわらず、「たとひ採用せずとも、故意に犯さんとする者は規制をも顧みざるべきが故に」[39]あえて行なわれなければならなかったという当時の幕・藩関係のもとでは、この「皇国の海軍」創出の矛盾は決定的な形とならざるをえない。元治元年（一八六四）五月の幕府の神戸海軍操練所の開設が、「天下の海軍を立て、普ねく諸藩と士民とを論ぜず、人物を集め、其器に応じ、将となし士となし、門地の旧弊を止め、学術を以て募り、皇国興起の一大海局と成さん」[40]という勝海舟の意図にもかかわらず、いやその意図のゆえに、そこにもたらされる危険が大きかったからこそ、彼は激徒養成の嫌疑で江戸へ召還、免職させられてしまわなければならなかったのである。

とするならば、文久幕政改革の時点で、こうした矛盾を回避する唯一の途は、幕藩関係を含めた軍政改革ではなく、幕府自身のみの軍事力をいかに改編するか、という以外には残されていない。

すでに、歩・騎・砲三兵の編制計画のあったことは前述したが、それは文久二年（一八六二）十二月・慶応元年（一八六五）五月の兵賦令および翌慶応二年（一八六六）八月の軍役令となって進められる。ここではその兵賦および軍役の率や内容は省くが、これは旗本・御家人ないしは天領からそれぞれの石高に応じて差し出されるものであり、その「給料」が旗本・御家人持ちであるという点では、なお個々の小領主から完全に切り離されてはいないけれど、軍事力は「銃隊」に編制され、「陣営」におかれて幕府の直轄軍事力化されているのである。[41]

この軍政改革によって三兵編制がどの程度実現したのか。元治元年（一八六四）末と思われる史料にもとづく井上清の推定では、騎兵と撒兵（歩兵の一部）は当初の予定通り、歩兵および砲兵はそれぞれ予定の二分の一および三分の一の編制をみた、と考えられている。(42)

こうした軍政改革の一応の進展が、局外者の眼には、「幕庭兵力は弥以盛成る由(43)」と映じ、第二次征長に際しても、征長軍の編制・装備の古色蒼然たるなかで、この三兵のみは目立っていた。当時の戦況の実情を分析した芸州口の征長先鋒総督紀州藩主徳川茂承は、家老橋本六郎左衛門をして、「公辺三兵隊をば、敵も殊の外恐れ、味方も専ら依頼仕候」、「精兵合せて三万、悉皆三兵隊に御編成《マヽ》、早々御差向下されたく候事(44)」と、幕府に建白せしめているのである。

しかし、そのことは、幕府の軍政改革の全面的成功を意味してはいない。むしろ、その実情を知悉しているものにとっては、慶応元年（一八六五）三月頃の状況は、「その実口外へ出して三兵などとは言ひ兼ねる」というほどのものであった。その理由を幕府の当事者自身は、「文久の三兵改革は其事固より一時の仮定に出て、且つ中間種々の障あり、夫れにつれて事功挙らず、今以て一定の規律立たざるのみならず、目的さへも未だ確定せず、却て苟且に出で(45)」と述べている。では、そのよってくるゆえんは何であったのだろうか。

その第一は、幕権それ自体が、もはや体制的権力としての機能を果たしえなくなったことにある。そこには一方では閣老以下が責任を回避し、他方では大小目付層が実権を振い始める。すなわち、文久改革の評議には、「老中も若年寄も概ね姑息偸安にして、改革の誠意なく、『いづれとも橋・越二公の御英断にあるべし』といひて、事毎に責任を避け(46)」る態度をとっていた。当時の「風説」は、こうした閣老の責任回避のなかで、後見職慶喜の不満をしり目に、「此節天下の御大政、春嶽侯、大久保越中守殿（忠寛、文久二年五月～七月大目付・外国奉行兼帯、七月～十一月側衆――田中注）御両人の御手に相出候由」と述べているが、その内情は、「大小御目付は大半越中守殿御親類にて、先づ何贓御改革の事件御座候と、前夜春嶽侯御屋敷へ越中守殿入らせられ、夜半過迄御相談、御両人にて御極遊ばされ、翌日御出勤、御評議の席にて越中守殿仰せ出だされ候。春嶽様は固より御承知の御事故、直に御断決、大小御目付は越中守殿と御続柄の事故御同論、右にて天下の御大政大略に極り申候由」(47)といわれており、当時の実権が大久保忠寛（一翁）を中心にそれをとりまく大小目付層にあったことを指摘している。

栗本鯤（鋤雲）は、この目付の役割について、「老中始め三奉行の重職と雖も、監察の同意を得るに非ざれば事を決行する能はず（中略）監察の権此の如く幕府に行はれしかば、政治の改更ごとには必ず先づ此局を一変し、然る後諸司に及ぶが故に、諸司風を聞いて廷旨の有る所を知り、迎へて自ら釐革するを得策と為すに至れり」(48)と述べている。事実、この監察＝目付層は、「病気と称して出勤なく、他皆此議に同じて、応命せず」という有様で、海舟をして「総裁閣老の命といへ共、行われず」と歎かしめている。(49)こうした現象は当然幕命の朝令暮改を生む。「当時の形勢、一善ありと雖も、傍議其不弁を論ず。又閣老転ぜば其善なるも、また止む」とは、文久二年（一八六二）十一月当時の幕府の「軍制改正」の評議をめぐっての状況を示す言葉だが、(50)慶永もまた、「昨日の論定せし処は、今日の事務の為に空茫に属し、左件を弁じ候間に、右件は無用の如く相成り、事理徹底貫通仕らず(51)」と述べている。

第二は、幕府機構の伝統的固定化である。それは人材の登用を困難ならしめ、当然政策決定過程における停滞化現象となる。慶永らは文久改革における服制の改革が、わずか一年で旧に復するという伝統的守旧化の状況が現出していることを指摘しているが、(52)これが改革一般の傾向であったことは、例えば海舟と慶永との「御内話数刻、且江戸の閣老えの御談三条」のうちの一条からも察せられる。(53)

こうした傾向は当然人材登用に当たって、身分的伝統を打破できず、「文久以後幕府漸く世態の推移を察して人材擢用の議時に起らざるにはあらざれども、旧制・先規の自縄・自縛に悩みて、毎に断行の機会を失ひしなり(54)」といわれているのである。だから、これは軍政改革に当たってもその弊は免れず、軍制掛は三兵の「役々は身分高下次三男等に拘らず、業前を以て仰せ付けられ申さず候では相叶い難く候」と述べているのに対し、幕府の指令は、「此義成丈次三男よりは仰せ付けられず[55]」と否定的な回答を与えているのである。こうした状況であってみれば、その政策決定に当たって、「先日より寄合警衛其他の議ありといへ共、未だ一事も起ることなし。旧弊を脱せず、伺申上等の手数多くして、空敷時日を移す。英傑上に出ざれば、終に此弊止むべからず[56]」といわれているような停滞化が起こっているのも、けだし当然だったのである。

以上の第一・第二に指摘した現象は、一見矛盾している。しかし、それは崩壊寸前の幕府支配機構内部の様相の楯の両面ともいうべき現象といってよい。幕権内部の幕閣の責任回避と大小目付層を中心とした実力派政治勢力の台頭は、幕権の下降とその実質的所在を示し、こうした実力派政治勢力の形成・台頭が、伝統固定的な幕府機構といたるところで激突し始めたのである。そして、これらの実力派政治勢力は、この文久軍政改革を通じてしだいに軍事吏僚的側面をもつ足がかりをうるのだが、そのことはあとでふれるとして、次の第三点に移ろう。

第三点としては、軍政改革それ自体の問題があげられる。まず、兵賦・軍役が幕府の直轄化とされながら、なお、個々の小領主（旗本・御家人）を介在させていることは、のちの慶応幕政改革における兵賦・軍役の全面的金納切りかえに際して指摘された次のような欠陥となる。

すなわち、個々の兵賦（軍役）は各小領主ごとに身分・貧富など異なり、その部隊編制は「烏合の衆」であり、したがって「隊中一和は勿論、此隊中より撰挙仕候隊長の号令に決て服従は仕間敷」、軍事力における指揮権行使の不可能という決定的欠陥を生む。また、兵賦徴発は、人足欠乏からその賃金相場を引き上げ、逆に一段と兵賦徴発を困難にしていくという現象をも惹起する[57]。加うるに天領への賦課は、当然一種の夫役労働として、農民の上に転嫁される。それは、信濃幕府領御影陣屋支配の佐久郡七五ヵ村にみられるように、慶応三年（一八六七）十月および十一月の「村々役人総代のもの共一同」よりの兵賦農民全員帰村の歎願ともなり、[58] また、第二次征長に際していたるところで幕府の背後をおびやかした軍夫徴発反対の一揆ともなるのである。[59]

これらの諸矛盾の原因は、そもそも広範な国民的基礎をもってヨーロッパで創出された三兵戦術を、幕藩体制下の封建的基礎の上にそのまま採用しようとしたところにあった、といえる。慶応幕政改革では、その質的変容が試みられなければならないゆえんなのである。

2　尊攘派と幕府の対応

政事総裁職松平慶永が三転四転、開国説と破約攘夷との間で動揺し、また、一橋慶喜が将軍後見職辞退の表明とその翻意をくり返しているのは、京都を中心とした尊攘派の台頭と、外圧に直面した現実の幕府の政治的立場との板ばさみにあったからだといってよい。事実、尊攘派は文久三年（一八六三）前半期を極点として台頭した。

この尊攘派の運動について、ここでは本章に必要なかぎりでその性格と歴史的役割について要約しておこう。

第一は、尊攘派は列強資本主義の外圧を攘夷という形で否定的媒介として成立した。

第二には、文久期の時点では、その掲げる名分的スローガンの攘夷は、しだいに戦術化され、彼らは自己の行動を通して、みずからの政治目標をつかみ始めていた。

第三に、こうして尊攘派が外圧を否定的に媒介としながら、自己の政治目標を明確化しつつあったことは、尊攘論そのものの封建的名分論的発想にもかかわらず、のちにみる幕府の買弁的性格に対して、客観的に尊攘運動をしてナショナルな側面を代位せしめる役割を果たした。この側面は尊攘派の否定の上に成立した討幕派に非連続の連続として受けつがれていく。

第四に、吉田松陰に代表される「草莽崛起」論の系譜の上で、それをふみこえたところに成立した尊攘派は、文久期には草莽の横断的結合という組織論を提起した。この組織論は、開港を契機とする当時の商品流通の拡大を基礎に、豪農商を結節点とする一定のコミュニケーションの成立という条件に支えられたものではあるが、それはなお組織論そのものの未成熟、したがってその指導・同盟関係の弱さ、その基盤の結節点としての豪農商の全国的市場に対する限界性などのゆえに、全国的規模では成立しなかった。

第五の特質は、この組織論とうらはらな関係になるが、尊攘派はこの期に尊王に絶対的価値をおくことを通して、幕藩体制を原理的に否定する論理を内在せしめた。だから尊攘派は草莽の横断的結合という、まさに幕藩権力をぬきにしての組織論を提起しているのである。したがって、その権力ぬきの組織論の上に立つ実践行動は、大和五条(天誅組)の変・生野の挙兵・筑波の天狗党の乱、あるいは禁門の変と、すべて権力から離脱したところでの武力蜂起となっているのである。

そのことは第六の尊攘派の尊攘論理の限界性とも関連する。すなわち、尊攘派の尊攘論理は、政局の変転のなかで危機意識が深まれば深まるだけ、朝廷=天皇という名分的凝集点にその絶対的価値を求め、そのゆえに、例えば「文久三年八月十八日の政変」に象徴されるように、天皇の意志という名分的絶対価値が奪われてしまえば、みずからの提起した組織論すらも飛びこえて、一挙にその名分奪回に直進して、きわめて抽象的激情的な挙兵運動へと転化してしまうのである。そこにあるものは全国的組織の代わりに孤立分散化した激情的な挙兵と敗北があるのみなのである。

このような封建的名分論理は、その対民衆観にもあらわれる。個々の尊攘派で相当の落差はあるが、彼らは対民衆接近を試みつつも、なお儒教倫理を脱却しえず、結局のところ生野や五条の変にみられるように、民心離反の前に自己を潰え去らせてしまわなければならなかったのである（本書第六章参照）。

それにしても、こうした尊攘派が台頭して京都をとりまき、それによって朝廷が幕府に圧力をかけるという情勢は、幕府にとっては明らかに憂慮すべき状態といわねばならない。

文久二年（一八六二）九月、慶永の破約攘夷説に反対する町奉行小栗忠順は次のようにいう。「政権を幕府に委任せらるるは、鎌倉以来の定制なり。然るに近時は京都より種々の御差綺《きしいろ》ひあるのみならず、諸大名よりも様々の事を申立る事となり、夫が為已定の政務に変更を要する事あるに至れるは、以の外なる政府の失躰なり。此上赫然権威を振はざらば、終には諸大名に使役せらるるにも至るべし」(60)と。ここには、目付・外国奉行・勘定奉行と経てきた幕府の実力派吏僚の一人小栗の面目躍如たるものがある。

十月、老中板倉勝静《かつきよ》・老中格小笠原長行《ながみち》（図書頭）も、慶喜宛に連署して、攘夷によって朝意に迎合して一時を弥縫するのではなく、叡慮を曲げるべく「百諫千争之道」を尽くすべく建言した(61)。それは「苟且《こうしょ》の見識」たる破約攘夷説に対する批判をこめたものではあったが、それにしても小栗の強硬な姿勢には明らかに一歩を譲っていた。「幕府にては京都を嫌するの甚しく、勘定奉行・目付・大目付等は実に京都を讐敵と思ふなり。さすがに老中辺にては、旗本ほどにには嫌忌することなし」(62)といわれているのである。

これは幕府内部で尊攘派反対のもっとも強硬な意見が奈辺にあったかを端的に示している。それこそこれまでみてきたように、幕府内部の実力派政治勢力としてしだいに形成されてきたものだったのである。そして、この実力派吏僚層と幕閣との間には、尊攘派に対する態度をめぐって懸隔が生じつつあった。そのことはつぎにみる小笠原「率兵上京」にも尾をひいている。

小笠原「率兵上京」といわれるのは、文久三年（一八六三）五月下旬、老中格小笠原長行を首領とし、元勘定奉行水野忠徳・町奉行井上清直・目付向山一履・同土屋正直・同設楽寛・神奈川奉行兼外国奉行浅野氏祐（伊賀守）らが、イギリスより借入れの二隻の汽船を含む五隻に、幕府の三兵軍事力を乗せて京都へ向けて上京した事実をさす。(63)『官武通紀』によれば、この軍事力の内訳は騎兵奉行ならびに騎兵方約一五〇人、歩兵奉行ならび歩兵方約一〇〇人、歩兵一二〇〇人、外国御用出役約一五〇人、合計歩・騎合わせて約一六〇〇人とされている。(64)

この小笠原「率兵上京」については、石井孝の研究によって、生麦事件の賠償金問題にからむ英・仏代表による幕府軍事援助計画と幕府側の対応とが明らかにされ、「半植民地型政変の企図」をもつ買弁的な「尊攘派打倒クーデター計画」だといわれたものである。(65)

条約義務履行のため、断固たる方策をとるべきことを要望するイギリス代理公使ニールらに応えて、さきに挙げた人々を中心に当時江戸の「留守幕府」（将軍以下は在京都）として成立した小笠原政権が、きわめて買弁的性格をもっていたことは、「率兵上京」を前に文久三年（一八六三）五月十七日に行なわれた、横浜沖停泊中の仏艦セミラミス号上での「江戸の幕閣」代表若年寄酒井忠眦《ただます》とイギリス代理公使ニール、フランス公使ドゥ＝ベルクールおよび両国提督らとの秘密会談によって明らかである。

だが、この小笠原政権による「率兵上京」は、石井孝が主張するように、現実に武力的手段により京都尊攘派打倒をめざすクーデター計画であったのだろうか。

紙数の関係で論証は一切省き、本稿に必要なかぎりでの結論だけ述べよう。

小笠原「率兵上京」は、京都の朝廷に対する鎖国＝攘夷政策放棄の「説得」であり、小笠原政権はそれを可能とみた。したがって当面軍事力の行使は必ずしも現実には考えられていない。それを必要とするのは尊攘派が「大君を攻撃する場合」だが、それは酒井の言葉を借りるなら、「もうすこしたってから」なのである。幕府権力保持のための軍事力発動による内乱をも想定したドゥ＝ベルクールの教唆や、さらにそのための英仏連合艦隊の護衛すらも提案されているのに、「江戸の幕閣」代表酒井が、「今度は閣老だけで京都に行く」とそれを拒否しているのは、十分理由があった。

もちろんそれは、究極的には、「もしもわれわれが外国の援助をうけいれるなら、はてしない内乱が起こり、誰もその終局を知らないであろう」という、さきの会談にさき立って四月に行なわれた幕府・英仏会談の際の外国奉行竹本正雅の言葉に端的に示されている、封建支配体制の全面的崩壊という彼らの何よりも恐れた事態の発生を危惧したからではあるが、軍事的援助を一応拒否しているのは、小笠原「率兵上京」が、軍事力の発動を現実的にその前提としていなかったからである。

それは石井孝が説くように、幕府に対する反対派＝尊攘派が、中国の太平天国のような「異質的勢力」ではなく、「同じ封建的権力内部の反対派」であったからではない。小笠原らは必要なら外国軍事力も、あるいは外国の経済的援助をも拒否しないどころか、むしろそれに積極的ですらあるという、極めて買弁的性格をもっていたことは石井孝自身も強調し、後述する慶応幕政改革からも明らかなところである。にもかかわらず、一応拒否の態度をとっているのは、「率兵上京」の目的自体に基本的要因があったとみなければならない。それが失敗に終わったときには、「兵力の支持を求めるため、必ずここにもどってきて、その処置を公使・提督に一任するであろう」という酒井の言明は、「率兵上京」が軍事力発動を現実に考えてのクーデター計画でなかったことの証明であると同時に、次の段階、すなわち、軍事力行使を必要とする場合には、幕府の主体性すら放棄して外国側に処置を一任するという、彼らの買弁性の何よりの証拠である。前述した幕府の文久軍政改革の三兵の実力を、当局者が知っておればなおさらである。

小笠原「率兵上京」の目的が以上のようなものであり、それが実行されようとし、そして失敗に終わった事実は、一体何を意味するのか。

第一には、当時の幕府が、「京都の幕閣」と「江戸の幕閣」とに分裂していたことである。「風説書」は、「幕府にても此節朋党相分、江戸御老中と京都御老中と隔意に相成、江戸御老中方にては、板倉（勝静――田中注、以下同）・水野（忠精）二侯は王朝方に相成候抔、兼而不満に存じられ候哉に相聞得申し候。又、江戸御役人方の中には、承久の故事抔御主張成され候方も御座ある哉にて、何れ将軍御滞京中は、互に情意相通ぜず候様に御座候」(66)と指摘している。「率兵上京」に関する英仏との交渉が、「京都の幕閣」ぬきで行なわれた理由もここにある。

第二に、この「江戸の幕閣」を支持していたのは、さきにも指摘した老中とはしだいに懸隔を生じつつあった幕府内部の実力派吏僚層であり、尊攘派に対する強硬派であった。こうした尊攘派に対する強硬派の底流は、小栗忠順に代表される。しかし、彼は文久三年（一八六三）四月二十三日、「四月中旬陸軍所より兵賦千人・大炮八挺・騎馬百疋相達、京都へ罷登、大樹公迎取、和親交易の勅諚懇願致すべき旨評定一決せり」(67)と、当時の「江戸時勢探索報知」が述べている計画のゆえをもって、勘定奉行兼歩兵奉行を罷免された。にもかかわらず、小栗はその後もなお神奈川奉行浅野氏祐や三兵軍事力の幹部を動員して、「再旧悪を企候由」(68)と伝えられているのである。ここには、幕府の実力派吏僚層がしだいに文久軍政改革を機に軍事吏僚的性格を帯び始めていることが示されているのだが、こうした実力派吏僚層を中心とした尊攘派に対する強硬派勢力を、小笠原「率兵上京」内部で代表していたのは水野忠徳であった。(69)

そして、第三には、第二の事実にもかかわらず、対尊攘派への強硬論を主張する実力派吏僚層は、この「率兵上京」段階ではなお幕権内部でその主導権を握りえなかった。「率兵上京」の「謀主」と当時の「風説書」(70)が目している水野ですら、小笠原長行が大坂上陸後、「京都の幕閣」の反対をおしきって「上京する断」を下さず、「会・桑の異議あるが為に空しく其機を誤り、彼等をして志を遅くせしむるは千載の遺憾なり」(71)と語らなければならなかったのは、そのことを示している。そして、そのことがまた、この「率兵上京」それ自体の目的をさきに述べたようなものたらしめたともいえるのである。軍事吏僚的性格を帯びつつ、尊攘派に対して強硬な態度をとる実力派吏僚層が、幕府内部で主導権を握るのは慶応期をまたなければならない。だが、その時には尊攘派はすでに脱皮・転生し、討幕派へと変わっている。

3　公武合体派の解体

小笠原「率兵上京」後約二ヵ月、文久三年（一八六三）八月十八日に薩・会両藩を中心に画策されたいわゆる八・一八の政変は、長州藩を中核とした京都尊攘派の一掃に成功した。

小笠原「率兵上京」失敗の一因は、小笠原とは姻戚関係にあり、朝廷内部でこれに相応ずべく工作していた姉小路公知が、五月二十日、いわゆる朔平門外の変で暗殺されたことにあったといわれているが、この姉小路の暗殺をめぐる嫌疑から薩摩藩は乾門の守衛を免じられ、薩摩藩士の九門の出入は禁止されていた。[72]この薩摩藩は京都における形勢挽回を策した。そして、長州に対する対抗意識から、京都守護の任に当たっていた会津藩と提携し、その連合軍事力の下に、公武合体派公卿の参加をえて、「周到細密な計画」を立て、「尊攘派が何等此の大密謀を感知しなかった」という秘密性を保持して、電光石火、政変を断行したのである。[73]

かくて、この政変は天皇をして「去十八日以後申出候儀は、真実の朕存意」[74]といわしめ、尊攘派にとってはもっとも手痛い名分論の急所をついていた。尊攘派の軍事力として文久三年三月設置された親兵も、「烏合の徒、元帥の任も御座なく」[75]、無用の存在として解散させられた。尊攘派に組する諸侯の退京と前後して、島津久光をはじめとする公武合体派諸大名は入京し、幕府の尊攘派対策に一歩さきんずる形で、公武合体派はふたたび勢いをもり返した。

この公武合体派大名の中心島津久光は、今や開鎖の権は外国にあり、「此権我に帰する事は、武備充実の外に策略あるべからず」といい、また、大政の将軍委任は至当であり、そのためには何よりも「幕府の政権を依然小身の閣老に委ねられては、天下の人心もはや其制馭に服せざるべければ、更に大身の諸大名にも政権を執らしむるの制を創めざるべからず」[76]と、雄藩大名の幕政参加の必要を強調した。これはまず「後見邸会議」となり、慶喜はそこで「従来の幕習を脱却する」ために、「中興」ではなくして「創業」の方針で「時勢に適する政躰を確立」することを宣言せざるをえなかった。[77]

これは「御簾前の朝議に参預せしめらるる」[78]という形で、一橋慶喜・松平容保・松平慶永・山内豊信・伊達宗城、加うるに島津久光という公武合体派雄藩大名を参加させてのいわゆる参預会議となって、文久三年（一八六三）十二月末から翌元治元年（一八六四）一月にかけて具体化した。「参預の方々よりは頻りに幕議に与る事を求め、幕府よりは力めてこれを拒む」[79]という、雄藩大名と幕府の対立は当然であったが、幕府の側も、この会議を通して朝廷統制への足がかりをえ、むしろ幕権補強にこれを利用しようと意図していた。

しかし、こうした対立の底流は、長州藩処分問題、とくに横浜鎖港問題をめぐって表面化した。すでに文久三年九月、慶喜は横浜鎖港談判に着手するよう朝命を受けていたが、それは現実には不可能であった。けれども幕府がこれを推進しようと試みたのは、朝廷の攘夷的意向を迎えることによって幕権補強に資するためではあったが、――しかし、これは英・仏・米・蘭四国連合艦隊の圧力のもとで、条約勅許・兵庫先期開港・税率改正を迫られるや、逆に幕府をこの外圧と朝廷との間で窮地に追い込んだ――その背後にはより現実的な要因がひそんでいた。

すなわち、第一に、開港以後幕府の五品江戸回送令にもかかわらず横浜を中心とした生糸貿易は躍進した。その一指標を表1にみれば、文久二〜三年（一八六二〜三）の飛躍的進展は一目瞭然であろう。このことは蚕糸業に従事する農民のブルジョア化を促し、同時に貿易を志向する在郷商人（在方荷主）を進出せしめて、その産業資本転化への萌しすら惹起せしめた。(80)それは明らかに幕府権力の基礎の解体を指向せしめる必然性をもった。

第二に、幕府と結ぶ江戸問屋特権商人と対抗する在郷商人は、一種の浪人を手先として江戸問屋に抵抗し、また、貿易に進出しようとする領主権力と結びついた。当初はこの領主権力は上州沼田藩主・上総国請西藩主・越前国勝山藩主など、いずれも小藩にすぎなかったが、やがてこれは幕府の生糸貿易抑圧政策の進展と相まって、文久三年十一月の薩英戦争講和締結を機に、貿易進出に一段と積極化してきた薩摩藩と結びつくに至った。(81)すでに薩摩藩が幕府の貿易独占に反対し、それへの割り込みを策していたことは前述したが、薩摩藩はオールコックのいう、幕府の貿易独占へ「不平を生ずる輩」(82)の最大かつ急先鋒だったのである。

表1　外国側報告の日本生糸輸出額

年　度	A			B
	数　量		価　格	数量
	梱	ピクル	ドル	梱
1860〜61	11,318	9,055	3,369,864	——
1861〜62	11,915	9,532	3,844,023	2,593
1862〜63	25,891	20,712	9,493,400	5,283
1863〜64	15,931	12,744	6,374,685	5,436
1864〜65	——	——	——	706

注　「年度」は7月1日より翌年6月末日まで．ただし，Bの「数量」の年度は7月1日より翌年9月26日まで，Aは『横浜市史』第2巻，378頁所収第33表より，Bは同書445頁所収第43表より，ともに外国側資料が典拠．

とするならば、参預会議において慶喜が、「開国はともあれ、薩州の開国論には決して従ふべからず」(83)という幕議を代表して、強硬に横浜鎖港を主張したのは十分理由があったわけである。ここで譲歩することは幕府の自滅を意味した。

それにしてもかつて開港をとなえた幕府が鎖港を主張し、攘夷を主張した雄藩大名が開港をとなえるという逆転的現象を示していることは、この時点では開鎖問題が、さきにふれた尊攘派にとどまらず幕府や公武合体派においてすら戦術化していることを物語っている。ともあれ、こうして幕府は貿易制限を強行し、それは生糸貿易額にもあらわれた（表1参照）。元治元年（一八六四）四月および六月に、幕府は、桑の間地への植えつけのほか田畑への新たな植えつけを禁止し、生糸・茶は外国人向けではなく、従来通りの製法に従い、かつ価格を引き下げるべく命じた。[84]これは当時勘定組頭横山源七の主張した、江戸に「諸色取締会所」を設け、その下に在方商人や横浜商人をも把握しようとした、文久二年(一八六二)以後中絶していた全国的市場支配をめざす、幕府の国産統制計画の復活の意図の一環でもあった。[85]

こうした根深い意図を背後に蔵していただけに、参預会議における幕府と雄藩大名との対立は決定的となり、元治元年三月、会議は分裂・解体した。参預雄藩大名は相ついで帰国した。そして、横浜鎖港主張の背後にあった貿易抑圧=全国市場独占支配の幕府の意図も、四国連合艦隊下関攻撃後におけるイギリス公使オールコックを主導とする圧力の前に、同年九月の糸問屋買取制廃止によって破産を遂げなければならなかった。[86]

この参預会議解体後の四月に、幕府に課されたものは、文久三年三月につぐ再度の庶政委任であった。今度の委任には、「但、国家の大政大議は奏聞を遂ぐべき事」という但し書が加えられると同時に、横浜鎖港・海岸防備・長州処分・人心安定といういずれも実現困難な重要事項四ヵ条が、幕府の責任として確認されていた。[87]

それは久世・安藤政権の公武一和政策以来、一貫した幕府の意図にもかかわらず、現実には幕府の意図の一定の限界をこえて朝幕関係の主客が顚倒したことを示している。そして、天皇は、もはやたんなる伝統的名分的権威の象徴ではなく、現実政治のなかにその役割を果たし始めたのである。討幕派はやがてこの天皇を先取りしてしまうのである。

三　慶応幕政改革の性格

1　幕府非主流派路線の論理

八・一八の政変で一挙に京都から潰え去った尊攘派は、翌元治元年（一八六四）の禁門の変にその挽回を策したが、かえってみずから没落を早めた。当時、幕権回復の機会たらしめようとした幕府の第一次征長令と、危機に直面した列強資本主義の対日政策の打開を図ろうとした四国連合艦隊の下関攻撃という内外の圧力の前に、長州藩を中心とした尊攘派は屈しなければならなかったのである。

この尊攘派没落のなかから、やがて登場してくるのが討幕派であるが、ここではその特質を私なりに要約しておこう。

第一に、討幕派は尊攘派の対民衆観からしだいに脱却し、民衆に対して主体的な認識をもった。討幕＝統一権力創出という自己の政治目標実現のためには、民心安定を旗じるしに、豪農商層を通して把握した百姓一揆的エネルギーすらも自己の陣営に組みこみ、民衆の支持を求める細心の留意を払ったのである。この討幕派と民衆との関係は、たんなる民衆「利用」論で理解すべきではなく、一つには民衆を「利用」できるこの派の姿勢をみるべく、一つにはあとでふれる討幕派の政治的リアリズムをよみとるべきなのである。

第二には、この民衆観と対極的位置にある天皇観をみなければならない。尊攘派はその名分的抽象性の論理のゆえに、天皇の絶対化によってかえって自縄自縛に陥らざるをえなかったが、討幕派は現実の政治過程で、幕府の弱体化と逆比例して重みをます朝廷＝天皇を、自己の政治的リアリズムのなかでこなし始めた。「非義の勅命は勅命に非ず」という大久保利通の言葉はそれを象徴的に示す。それは勅命の絶対化という指向とはうらはらに、その指向が自己の政治目標と合致したかぎりのものであることを前提とする。ここにはのちの維新官僚の論理の萌芽がある。

第三の特質は、高杉晋作らが藩権力奪取をめざした馬関挙兵から、そのいわゆる割拠論といわれるものにみられる。尊攘派がその組織論の度外においた藩権力を討幕派はふたたび導入したのである。しかし、この場合の藩権力は、もはやかつてのそれと同じではない。それは討幕を通して実現される「皇国」＝統一権力創出にいたる手段＝道具としての藩権力にすぎない。これは幕藩体制の原理的否定を内在させた尊攘派の論理を受けついでいると同時に、もう一段高い次元の政治意識の上に立ったこの派の政治的リアリズムの何よりの表現である。したがって、その組織の内容も、一方では、こうした藩権力に集約される集中的軍事力への再編を行なうとともに、他方では、現実に存在する幕藩領主的要素も一概に排除されることなく、一定の限界のなかで最大限に活用されるのである。

このような政治的リアリズムは、尊攘派と討幕派とを画する明確な一線であるが、ここに第四の特質として、討幕派がもはや実現不可能な攘夷を名実ともに放棄し、はっきりと開国路線をうち出すことは当然であろう。

しかも、外圧を否定的媒介として成立した尊攘派の否定の上に立つ討幕派の開国は、あとでもみるように、それを経なかった幕府主流派政治勢力のそれとは大きな相違をもつ。幕府の買弁的性格に対して、とにもかくにも討幕派が主体性をもって半植民地化への危機を回避しえたゆえんなのである。この開国路線は、全国的市場支配の企図と表裏の関係にあるが、政治的リアリズムをもつ討幕派は、その経済的側面において、豪農商も寄生地主もあるいは都市特権商人も、自己の基盤に組みこむことを否定しない。そこには尊攘派の基盤の狭さは克服されている。それは後述する幕府の全国的市場支配の「商社」が、依然都市特権商人のみに頼らざるをえないのと対蹠的でさえある。

い。最後に、軍事力にすべてをかけて幕府との対決を図ろうとする武力討幕派としての特質を指摘しておかねばならない。武力挙兵という点ではまぎれもなく尊攘派の系譜をひくが、それが孤立分散的でなく、政治的リアリズムの上に組織され、「富国」と「強兵」とを密着させた武力倒幕論、すなわち高杉のいう「大割拠」論に立っている点は注目してよい。それは、倒幕への妥協的平和的移行を試みる公議政体＝大政奉還派とは決定的な相違となり、また結果をもたらす。

このような特質をもつ討幕派は、慶応元年（一八六五）閏五月に着任し、フランスと対抗するイギリス公使パークスに支持される。しかし、このイギリスの対日政策を示すサトウの「英国策論」的倒幕策は、四藩会議自壊後の幕府の攻勢の前に実行不可能となり、幕府と討幕派との対決は必至となる。(88)

ではこの幕府内部にはいかなる政治勢力が存在し、その路線はどのようなものであったのか。

すでにみた小笠原「率兵上京」の失敗は、幕府内部の実力派吏僚層よりなる尊攘派に対する強硬派政治勢力が、なお幕権の主導力たりえず、これに続く八・一八の政変は、そうした幕府に対して雄藩公武合体派が一歩さきんじたことを意味した。しかし、禁門の変後の政治情勢のなかで、幕府内部の強硬派はふたたび息をふき返し始めた。

さきに免職された小栗忠順が勘定奉行に返り咲いたのは、元治元年（一八六四）八月十三日であり、「率兵上京」の責を問われていた小笠原の赦免が行なわれたのも同月である。そして翌九月一日、幕府は、事実上は無視されたものの、参勤交代制の強化復活令を出したのである。ついで十一月一日、勝海舟はその管轄下の神戸海軍操練所での激徒養成の嫌疑で軍艦奉行を罷免され、代わって小栗忠順が、十二月十八日、勘定奉行より転任した。(89)この勝の罷免とそれに代わる小栗の軍艦奉行任命とは、決定的かつ象徴的意味をもつ。というのは、これ以後小栗に代表される政治勢力が幕府の主流派となり、次節でみるように、慶応幕政改革の主導権はこの派に握られるからである。

しかし、以下にみてゆく非主流派[補注]的な勝の政治路線が存在したことの意義は大きい。なぜなら、幕末の政治過程で、戊辰戦争によって幕府の主流派政治勢力が決定的崩壊をみるまで、その主流派の買弁的性格を幕府内部から批判し、直接間接に規制し、討幕派とともに日本の半植民地化の危機を回避せしめた客観的役割を果したからである。

　では、勝海舟に代表されるこの幕府非主流派政治路線とは、いかなるものであったのだろうか。

　慶応元年（一八六五）から翌二年にかけては、幕府にとってはもっとも不利な、それだけに討幕派にとっては有利な決定的政治情勢が生まれつつあった。

　慶応二年（一八六六）六月、この情勢を松平慶永は老中板倉勝静への演説案でつぎのように指摘する。すなわち、第二次征長は「人心の帰向」を定めがたくし、諸藩の疑惑を深め、かつ賦役の増加と物価騰貴によって「士民困究の姿」を顕然化させ、これにつけこんでの人心煽動によって、いかなる「禍胎変乱」が画策されるかも知れない。まして、「防長の激徒等擣虚《とうきょ》の施策」を計ってひとたび京摂に動乱が起こるや、天下の大勢は中断し、「漕運の路」もとだえて征長計画はゆきづまってしまい、かつ兵庫開港問題の停滞を口実に、外国側の圧力が加えられるかもしれない。こうした内外の困難によって征長は「御苟且の御所置」となり、幕威は失墜して「患害蝟集《いしゅう》御安危御浮沈の事機此時に相決すべく」というのである。[90]

　ここには封建支配の危機的様相が深刻に訴えられている。勝海舟もすでに慶応二年四月二十八日付の書翰で、「下民一時の蜂起も計り難く、人心の離散は日に相見、是は尤恐るべし」[91]と、その危機状況のなかで、もっとも恐るべきものが何であるかを指摘していた。だから翌五月に兵庫・大坂一帯の一揆・打ちこわしの情報をうるや、「嗚呼天下の形勢斯くの如し。晩春我が竊《ひそか》に愁《うれ》ふる処あり、書記して越老公に呈せり」[92]と、その日記に述べているのである。

　封建支配を根底からゆすぶる一揆・打ちこわしのこうした危機に加うるに、列強資本主義の圧力があった。「英仏は速に対・岐・佐（対馬・壱岐・佐渡――田中注、以下同）所有と致すべく、亜（アメリカ）は南七島、魯（ロシア）は蝦（蝦夷地）を有すべし。今一際暴に成候と淡島（淡路島）も覚束無し」(93)と、日本周辺島嶼を列強が分割占有する可能性すら認識したのは、勝とともに「政治界の複星の如く其進退を共にしたりき」(94)といわれた大久保忠寛（一翁）である。勝もまたこの危機状況を主体的にうけとめていた。だから彼は、「長防の英に得る所三十数万金、又、英の都督鹿児島・宇和島に到りて、其交際益々厚しと。夫《それ》払郎西《フランス》は餓狼也、英は饑虎也」(95)として、この「餓狼」や「饑虎」に「遺肉」を与えるかのような薩長や幕府主流派の英仏接近の危険性を強調した。

慶応二年五月、突如勝は閣老に呼び出され――この月、軍艦奉行に再任――、小栗をはじめとする幕府の「顕要の官吏」と密談した。その際、幕府の危機の打開のためにフランスから「金幣幾許、軍艦七隻」を借り、それによってまず長州、ついで薩摩藩を討ち、「更に其勢に乗じ悉く削小して郡県の制を定めむとす」と幕府の秘策をうちあけられたとき、勝が「議論も無益と思ひ只唯々たる而已」という態度をとったのは(96)、そこにもたらされる危機を感じとっていたからであった。と同時にこの「唯々たる」彼の態度は、その政治的限界を示して象徴的である。しかし、ともかく勝はこうした立場から「天下の大勢を深察せず、払郎《フランス》察に頼みて大に国内を併呑せんとす」(97)る小栗一派には批判的だったのである。

文久三年（一八六三）三月、勝は、「今幸に彼（外国――田中注、以下同）兵力を以て我邦を圧せんとす。此好機会失ふべからず。（中略）彼また此地（摂海）に来れば、速に其いふ処の償金を与べし。而後彼が暴挙を咎て、断然としてこれを絶つべし。若彼許容せずんば、此地に一戦を起し、天下の人民をして勝算なきことをさとらしむべし。其実は、唯一敗塗地、国内真の憤発を待而已」(98)と述べた。これは必ずしも現実論とはいえない仮定論であり、かつ尊攘派より数歩後退しているが、外圧否定を通して民族的エネルギーを結集し、そこにナショナルな側面を客観的に代位せしめようとした尊攘派の論理と一脈相通ずるものをもっている。

そして、慶応期の時点では、勝は「尊王攘夷」は「損土攘夷」だと尊攘運動を否定し、それは「終に国家を誤候に至り申すべく、支那鴉片《アヘン》以来に比較候得ば、更に一二層を降り、行末印度の同轍を出でずと歎息仕候[99]」と述べている。彼はまた、封建制と開国の矛盾を鋭くついて、「封建の制を以て海外に通信交易仕候に至りては、別に一大政法御座無く候ては瓦解は目前に御座候[100]」という。その「一大政法」は、封建的割拠主義をこえたものでなければならない。すでにみた神戸海軍操練所設立の意図にもそれはみられた。山路愛山が、勝の立場を、「眼中既に幕府と薩長となきなり。憂ふる所は日本国の独立にして、関心する所は外国の干渉なり[101]」というゆえんである。

さきの、慶応二年五月の召命密談の後、大坂に到って老中板倉勝静に答えた勝は、「（小栗らの）郡県の議は万国交際起るに当て当然の議なるべし。唯今我徳川氏邦家万世の為に諸侯を削小し、自ら政権を持して天下に号令せむとするは大に不可なるべし。真に邦家の為を以て此大事業を成さむと欲せば、先自ら倒れ自ら削小して顧みず、賢を選み能を挙げ、誠心誠意天下に恥なき位置に立ち、然後成すべき也[102]」といった。ここには統一権力構築のための幕府の自己否定の論理がある。この論理の上に勝の政治路線は、諸列強と国際関係を結び、軍事・商業・科学・産業・金融などの基礎を固め、「幕府を正し、有司を撰み、侯伯の意見を合せ」て、「天下の至情」に基づいた公議政体論的国家体制へと定着する[103]。

それは大久保忠寛が主張し[104]、また、「この種の案で最も詳密かつ卓越した」ものを示しているという老中格大給《おぎゅう》恒《ゆずる》（松平乗謨《のりかた》）の意見書に紹介された見解[105]、すなわち、上下議事院の設置を通して、王政・諸侯会議の名目の下に、実質的には幕府の支配権を保持しようとした、いわゆる公議政体派の国家論に通じている。勝が、幕府主流派の主戦論に対して、戊辰戦争における討幕派との武力衝突をできるだけ回避しようとしたのも、その政治路線から帰結された討幕派に対する政治行動にほかならなかったのである。

2　慶応幕政改革とその政治的主体

慶応幕政改革は、慶応二年（一八六六）七月、一橋慶喜が「我が意の如く弊政を改革[106]」することと引き換えに宗家を相続し、九月二日、仁をもって「政事の目的」とすること以下八ヵ条の改革基本方針[107]をうち出してから開始された、といえる。そして維新史料編纂会『維新史』第四巻は、この慶喜の慶応改革を内部から援助したブレーンとして表2の人物を挙げている。これらの人物の経歴を辿るときつぎのことを指摘できる。

老中およびここで目付になっている一橋家用人を除いては、改革の主体は第一に、大小目付の役職を必ず経ていることである。

第二には、外国奉行ないしは軍事関係諸奉行（並）を経ていることである。

第三は、改革の中心人物小栗忠順・栗本鯤が勘定奉行に位置していることであり、いうなれば、第一・第二の経歴をもった実力派吏僚が経済吏僚を中心に結集していることである。

第一の点は今までみてきたように、これは勘定奉行とともに幕府の人材登用の道であり、それは必然的に幕府内部に実力派政治勢力を形成してきた。しかし、ここで注目すべきは、この段階では、この第一の点よりもむしろ第二・第三の点、すなわち、久世・安藤政権以来の政治展開の過程で、彼らは外交・軍事吏僚的性格を色濃くもち始め、それが経済吏僚的性格とともに、この改革の政治的主体の性格を規定していることである。

というのは、この第一点、すなわち大小目付層は、もはやこの時点では当初の役割の意味を失い、逆にその地位をたてに権威化し、実質的には形骸化しつつあったからである。すでに慶応元年（一八六五）五月、大久保忠寛は松平

表2　慶応改革主要ブレーンの役職・氏名・経歴

役　職	氏　名	経　歴（慶応2年9月2日まで）
老　中	板倉勝静	奏者番・寺社奉行
	稲葉正邦	京都所司代
	小笠原長行	奏者番・若年寄・老中格
大目付	永井尚志（のち若年寄格）	徒頭・**目付**・勘定奉行・外国奉行・軍艦奉行・京都町奉行・**大目付**・寄合
外国奉行	平山敬忠（のち若年寄並）	**目付**・外国奉行
勘定奉行	**小栗忠順**	使番・**目付**・外国奉行・小姓組番頭・勘定奉行・町奉行・歩兵奉行・陸軍奉行並・寄合・軍艦奉行・海軍奉行並
	栗本鯤	**目付**・先手過人・軍艦奉行並・外国奉行
目　付	原　市之進	一橋付用人雇
	榎本亨造	一橋付用人
	梅沢孫太郎	一橋付用人雇

注 『維新史』第4巻，550頁および「公式重職補任」（『維新史』付録所収）より作成.

慶永へ、幕閣内部が征長に傾いて、それが「閣辺計にも之無く、大小監等都て芙蓉辺皆同意見」だという現状は、「何事も壅《よう》病よりに候事にて、下情通ぜざる故[108]」だと指摘した。また、翌慶応二年二月には、「大小監等はややもすれば御威光論より上には出でず候。只々頼むべきは永井主水計と存候[109]」と、大小目付層の権威主義的状況を述べて、当時大目付・外国奉行兼帯の永井尚志に望みを託していたのである。この大久保に対して松平慶永も、「大小監の御威光論云々、是第一の病源と存じ奉り候」といい、「只今にても我に威光ありと思ひ候へば大なる間違ひにて、我は唯々踏み候道理を肝要といたし候得ば、他より威光は付け候者と存じ奉り候[110]」と、大小目付層の「威光論」の誤りとその本末顚倒ぶりを批判し、これこそ幕府の「病源の第一」だと返翰を書き送っているのである。

こうした幕府内部の大小目付層を中心とした「威光論」＝権威主義が、かえって幕権を弱体化していることは衆目の一致するところであった。慶応二年四月、熊本藩主細川慶順《よしゆき》（越中守）は、「若又、御根本の御取堅め御座無く、此儘幕府の御威光を以万般の御指揮遊ばせらるべしとの御趣意に在らせられ候得ば、列藩益々危疑を抱、人心内に背、士気外に破、如何成変態を生じ、終に分崩割拠の形を成し申すべき哉と真以恐懼奉り候」[111]と、幕府への建白書で指摘した。みられるように、ここには、かつての人材登用による実力派吏僚としての大小目付層の姿はない。だからこそ慶永は、慶応二年九月、徳川慶喜に、「過日申上し大小監察等御精選の事は、其後如何決せられしや」と聞き、慶喜に勝海舟や大久保忠寛の名をあげて推薦しているのである。しかし、慶永は続けてつぎのようにいう。「(勝を)監察等に御撰用ありては却て其材を縮めらるる事にもなるべければ、矢張軍艦奉行の儘用ひられて然るべし」[112]と。ここには形骸化した大小目付と、当時の軍艦奉行の果たす役割との対比がみごとに示されている。

以上述べてきたような性格をもつ改革の政治的主体が、十五代将軍徳川慶喜の下、その改革構想を、ボナパルティズムの代表、フランス公使ロッシュに求めたことは周知のことである。

それは長州再征によって失墜した幕権を、内政・外交・軍事・財政・経済の諸般にわたる改革で、新たな徳川統一政権を構築することによって挽回しようとしたものであった。

従来の老中月番制は、慶喜を補佐する専任老中板倉勝静を中心とした陸軍・海軍・国内事務・会計・外国事務五局の創設にとってかえられ、将軍をとりまく官僚機構化が図られた。人材登用への努力がなされ、布衣以上の諸役に対して足高役料等を廃して、老中以下の役金が定められたのもそのあらわれである。財政の整理についても積極的に新税の賦課・殖産貿易の振興・鉱山の開発などが講ぜられようとした。[113]そして、「諸大藩の権力を削」[114]り、中央統一権力の強化を図るに必要な軍事力も質的に変革されようとした。

この軍事力の質的変革の具体的内容は省略するが、[115]要するに、文久軍政改革の矛盾を克服するにあった。旗本・御家人の兵賦・軍役はすべて金納化され、幕府による傭兵化の方向がうち出され、全軍事力は銃隊編制組織への指向をもったのである。そして、その組織・訓練および軍事戦略指導にはシャノワン大尉以下のフランス軍事教官団が当たった。海軍も拡張の方向をとり、「門地世禄の旧習」を破ることが上申され(116)、改革の中心人物勘定奉行小栗忠順は、「海陸軍備の振はざるを深く憂ひ、百万計画して(中略)大に皇張する処あらん」とした。しかし、「奈何せん、当時上下否隔人心潰離し、外に又種々掣肘する処あるを以て、其事終に成に及ばずして止む(117)」といわれなければならなかったのである。すでに慶応元年一月には、この軍事改革の一環としての工廠建設の約定書が幕府とロッシュとの間に取り交わされ、これに基づいてフランス海軍技師ヴェルニーを中心として、横須賀および横浜製鉄所が建設され始めた(118)。

こうした軍事改革における幕・仏関係は、経済政策の面でもその関係を必然化した。製鉄所建設のための費用をフランスへ支払うために、幕府の生糸独占とフランスへの直輸出が提案されたからである。それはフランスにとっては対日独占計画の一環であり、幕府もまた、慶応元年十一月の町奉行・勘定奉行・勘定吟味役よりの産物会所設置上申(119)にみられるような、懸案の全国的市場支配を推進しようとしたのである。フランスの巨商五、六人と日本の巨商五、六人とによる「交易組合」の結成が計画されるゆえんである(120)。結局、それは兵庫開港勅許直後の慶応三年(一八六七)六月、山中善右衛門(鴻池屋)ほか一九名を「商社取立用向」に、嶋屋市之助ほか一〇名を「商社世話役」に任命し、都市特権商人による兵庫「商社」として具体化し、「横浜におけるよりもっと体系的な方法で、兵庫貿易の独占」が企てられた(121)。七月には幕府は江戸・大坂両地に「国産改所」設置令を下して諸藩専売仕法の統制をねらったが、実施に至らないうちに幕府は倒壊した(122)。

こうした軍事・経済政策実現のために、財政難にあえぐ幕府にとってもっともよりどころとなったものはフランスからの借款であった(123)。幕府が統一権力構築を急げば急ぐだけ、現実的には栗本鯤をして「今日に逼《せま》り策の行ふべきなし。恃む所は一の仏国公使レオン・ロセスあるのみ」[124]といわしめた姿勢をとらざるをえなかった。それは、「小栗・山口・栗本輩の説とかや、仏に結び、京師を廃し、諸侯を潰し、郡県に成さむと。恐歎、是も仏に九州一円遣られ候はば整ふ可き也。此一事は極密と聞く」[125]という買弁化の道であった。これは同時に、京師＝天皇を排除し、諸藩を解体させて幕府による中央集権的統一権力をめざしていたことも明瞭である。もし、ロッシュが構想し、幕府が受けいれ構築しようとしたこの統一権力を、仮りに「徳川絶対主義」と名づけるとすれば、それは石井孝がいうように、「フランスからの援助によってのみその権力を確保しうる、買弁的絶対主義であるということができる」[126]のである。

このいわゆる「徳川絶対主義」の買弁性は、外圧を否定的媒介として成立しなかったところに生まれた、といえる。そこには、主観的にも客観的にも尊攘派および討幕派ないしは勝路線にみられたナショナリズムの代位的側面の片鱗すらない。そして、「当時の官員聚斂甚敷して、下者の心を離せんことを憂ひて、頻に内命あり、志を奮て、忠諫せんとす。如何せむ、言路壅塞して通ぜず、司農小栗上野、小野内膳が輩跋扈して、上者是に圧せらる。気を張て進言する者之無く、雷同して党あり」[127]といわれているように、人心離反についての「忠諫」をも受けいれないこの派の性格ともなっている。と同時に、そのようなこの派の「跋扈」によって「上者是に圧せら」れ、かつ「雷同して党」をなすという状況が、遂に最後まで幕府内部で彼ら主流派の地位を保持せしめ、彼らをして討幕派に対して主戦論を主張せしめたのである。

今不測の変に当て、人心恟々、官吏唯衆多を頼みて、計策なく、過激時の勢を察せずして漫に干戈を動かさむとす。其説を成す者は、水野癡雲、小栗上野、糟屋筑後、大小監察、陸軍の士官等、大言して算なく、空議因循、亦如何せむ哉[128]

といわれているのである。だから、この慶応幕政改革をおし進めた主流派政治勢力の崩壊は、戊辰戦争という討幕派による軍事力発動にまたなければならなかった。そのことは、客観的には、まさに討幕派の政治路線貫徹のための内乱という決定的条件をつくらしめた。

かくして、その内乱過程で幕府のこの主流派政治勢力は、一旦その権力の座を失うや、「或は事変に狼狽して、退隠を乞ふ者、亦上国へ馳登て、其領国を保たむとする等、人心恟々、其方向を失す」(129)と、封建為政者の末路をあらわに露呈するのみだったのである。

注

（1）慶応三年十月十三日、坂本竜馬より後藤象二郎宛の手紙（『坂本竜馬関係文書』第一、四一八頁）。

（2）『続再夢紀事』第二、二五九頁。史料の読み下しおよび句読点・傍点・ルビは断わらないかぎり引用者による。以下同じ。

（3）久世・安藤政権の評価については、旧幕臣福地源一郎・田辺太一・栗本鋤雲から山路愛山・三宅雪嶺などにいたる、この政権ないしは安藤の役割を高く評価した見解と、他方、旧幕臣勝海舟から徳富蘇峰（猪一郎）にいたる、それへの否定的見解とが共存している。そのこと自体、この政権の性格の複雑性を示すが、戦後の研究でも石井孝（『学説批判　明治維新論』）と遠山茂樹（歴史学研究会編『明治維新史研究講座』第三巻、『遠山茂樹著作集』第二巻、一三四〜一三五頁）では異なっている。ここでは、この政権の正負の両側面を、以後の幕末幕政改革史の中で位置づけ、その歴史的意義を問いたいと思う。なお、拙稿「安藤信正」（北島正元編『江戸幕府』下）参照。

（4）『岩倉公実記』上巻、三八四〜三八五頁。

（5）安政五年九月二十五日、長野主膳より宇津木六之丞宛の手紙（「井伊家秘書集録」〈『維新史』第二巻〉、七五六頁所引）。

（6）維新史料編纂会『維新史』第二巻、七七〇〜七七一頁。徳富猪一郎『近世日本国民史久世安藤執権時代』一二九〜一三九頁。

（7）以上引用は、福地源一郎『懐往事談』九九〜一〇一頁。

（8）歴史学研究会編『明治維新史研究講座』第三巻、二八頁。『遠山茂樹著作集』第三巻、一三五頁。

（9）「昭徳院殿御実紀」文久元年二年二十八日条および三月二十四日条（『新訂増補国史大系』第五一巻、二八〜二九頁および四二〜四三頁）。

(10) 右同、文久元年三月二十五日条（右同、四四頁）、「陸軍歴史（下）」（『海舟全集』第七巻、一二八頁）。
(11) 「昭徳院殿御実紀」文久元年五月十一日条（『新訂増補国史大系』第五一巻、八一頁）、「陸軍歴史（下）」（『海舟全集』第七巻、一二八頁）、「海軍歴史」（『海舟全集』第八巻、二五二頁）。この軍制掛のなかには、当時外国奉行小栗豊後守（忠順）、軍艦奉行並勝麟太郎（海舟）らがいた。
(12) 「陸軍歴史（下）」（『海舟全集』第七巻、一三五頁）。井上清『日本の軍国主義』Ⅰ、七三〜七六頁参照。ヨーロッパにおける三兵戦術の創始過程とその日本への移入過程については、小山弘健『近代軍事技術史』（とくに一〇三頁以下）、同『近代日本軍事技術史概説』第一章、参照。
(13) 「海軍歴史」（『海舟全集』第八巻、二六四〜二七二頁）。『維新史』第三巻、一九四頁。
(14) 「陸軍歴史（下）」（『海舟全集』第七巻、一二九頁）。
(15) 『大日本古文書』（『幕末外国関係文書之十五』）八二七頁。
(16) 本庄栄治郎『増訂　幕末の新政策』二一八〜二二一頁。
(17) 右同、二二三〜二四二頁。
(18) 北島正元「幕末における徳川幕府の産業統制」（『東京都立大学人文学報』一七号）、石井孝「佐藤信淵学説実践の企図」（『歴史学研究』二二二号）参照。
(19) 北島前掲論文、七七頁。
(20) 福地源一郎『幕末政治家』二四三〜二四五頁。
(21) 石井前掲論文、五〜六頁および一頁。
(22) 本庄前掲書、二二一〜二二二頁。石井前掲論文、六頁。北島前掲論文、七六頁。
(23) 石井前掲論文、六〜七頁。本庄前掲書、二二九〜二三〇・二四三頁参照。
(24) 「六日之菖蒲」（石井前掲論文、七頁所引）。
(25) 「安藤対馬守殿始末」（『官武通紀』第一、八二頁）。
(26) 石井前掲論文、七頁。

(27) 福地『幕末政治家』一二九〜一三〇頁、『維新史』第二巻、六二四〜六二五頁。
(28) 「銅貨之儀ニ付再応申上候書付」(石井前掲論文、二頁所引)。
(29) 『維新史』第三巻、七一〜七二頁。
(30) 文久二年四月十六日、島津久光建白書(『再夢紀事』二〇〜二二頁)。
(31) ここでいう藩政改革派とは、天保・安政改革のなかで形成された政治的主体をさす。それは主観的には幕藩体制の維持をめざし、そのかぎりでは本百姓経営の維持こそがその一貫した方向である。しかし、天保期以降の客観的な体制矛盾の状況はそれをそのままでは貫徹せしめず、とくに弘化・嘉永以降の外圧の影響は決定的であり、そこに対応的側面がうち出されてくる。この主観的方向と対応的側面は、基本的には相互矛盾の方向規定性をもつ。藩政改革派は、この相互矛盾の方向規定性をもつ論理を一身に体現した存在で、長州藩の安政改革などにはその典型をみることができる。そして公武合体派は、この藩政改革派の延長線上に、「御任」=委任論理を導入して文久期以降の政治情勢のなかで転生した政治勢力であり、そこには幕藩領主的支配の温存がはかられる。その定着点が幕藩体制からの妥協的平和的移行をめざした大政奉還派なのである。拙著『幕末の藩政改革』、同『明治維新政治史研究』および本書第四章参照。
(32) 「京都風説書」(尾佐竹猛『明治維新』上巻、二五七頁所引)。
(33) 「逸事史補」(『松平春嶽全集』第一巻、二九六頁)。
(34) 「薩州始末」一(『官武通紀』第一、一二二頁)。
(35) 末松謙澄『修訂　防長回天史』参、四六〜四七頁。
(36) 拙稿「幕末薩長交易の研究」(『史学雑誌』六九―三・四号)。本書第三章所収。
(37) 「公方様御上洛始末」(『官武書紀』第一、二七三〜二七六頁)。
(38) 「海岸御備向大綱取調申上候書付」「海軍御建興之義に付申上候書付」(「海軍歴史」〈『海舟全集』第八巻〉二六一〜二六四頁)。以下の引用はこれによる。
(39) 渋沢栄一『徳川慶喜公伝』二、九九頁。
(40) 「海舟日記」文久三年十月十九日条(『海舟全集』第九巻、四二頁)。

(41)「昭徳院殿御実紀」文久二年十二月三日条（『国史大系』第五一巻、四五四〜四五六頁）。「陸軍歴史（下）」（『海舟全集』第七巻、一三七・二三二〜二三四・三七一〜三七三頁等）。「御政治御改革始末」（『官武通紀』第一、三七一〜三七三頁）等。なお、大山敷太郎『農兵論』、井上前掲書参照。

(42) 井上前掲書、八〇〜八三頁。

(43) 慶応元年五月十三日、在熊本横井小楠より在長崎岩男俊貞・野々口為志宛の手紙（山崎正薫『横井小楠遺稿』四五七頁）。

(44)『七年史』下（「丙寅記」下、六〜七頁）。

(45) 小栗忠順・浅野氏祐の言葉（『栗本鋤雲遺稿』一二四頁）。

(46) 渋沢栄一『徳川慶喜公伝』二、九五頁。

(47)「松平春嶽老始末」（『官武通紀』第一、三四〇頁）。

(48)『栗本鋤雲遺稿』二六〇〜二六一頁。

(49)「海舟日記」文久三年十二月九日条（『海舟全集』第九巻、五一頁）。

(50) 右同、文久二年十一月六日条（『海舟全集』第九巻、七頁）。

(51)「文久二年八月被指出愚衷」（『松平春嶽全集』第二巻、九一頁）。

(52) 文久三年十一月二十九日、松平慶永・伊達宗城建白書（尾佐竹猛『明治維新』上巻、三一二〜三一三頁所引）。

(53)「海舟日記」文久三年二月二日条（『海舟全集』第九巻、一〇頁）。その一ヵ条にはつぎのようにある。「大阪《ママ》の諸役等、兎に角簡易の御趣意に反き、物事甚手厚く、事毎鄭重に有之、先達図書頭上阪《ママ》の折は、少しく簡に赴きたりしが、又此度は旧弊を以て万事取扱ふ、詰り私営甚敷より発する事ながら、厳重命下らずは有べからず云々」。

(54) 渋沢栄一『徳川慶喜公伝』三、四四八頁。

(55)「陸軍歴史（下）」（『海舟全集』第七巻、一六七〜一六八頁）。

(56)「海舟日記」文久三年三月十三日条（『海舟全集』第九巻、一二頁）。

(57)「御軍役金納に御改革之義に付申上候書付」（「陸軍歴史（下）」〈『海舟全集』第七巻、二三五〜二三七頁〉）。

(58) 田村栄太郎『近代日本農民運動史論』四一五〜四一七頁。

(59)右同、四一八～四二〇頁。「百姓一揆年表」(黒正巌『百姓一揆の研究(続篇)』附録所収)。
(60)『続再夢紀事』第一、九二頁。
(61)『七年史』上(「壬戌記」下、五〇頁)。
(62)「逸事史補」(『松平春嶽全集』第一巻、三〇六頁)。
(63)『維新史』第三巻、四四六頁。石井孝「生麦事件後における英仏両国公使の幕府援助提案と幕府の対応」(『東北大学文学部研究年報』第九号)。石井『増訂 明治維新の国際的環境』第二章第四節、第五節(二二二頁以下)参照。
(64)「小笠原図書頭殿御上京始末」(『官武通紀』第一、五七〇頁)。
(65)石井前掲注(63)論文。石井孝「幕末における半植民地型政変の企図」(『歴史学研究』二五二号)。以下の事実および引用は断わらないかぎりこの両論文による。
本文でふれる秘密会談で、「江戸幕閣」の代表、若年寄酒井忠毗は、英・仏両国の公使(代理公使)および両国提督らに、この計画で幕府が成功すれば、大坂・兵庫が開かれ、これに反して失敗すれば、「兵力の支持を求めるため、必ずここにもどってきて、その処置を公使・提督に一任するであろう」と言明している(石井前掲注(65)論文、三二頁、傍点田中)。企図が失敗したときとはいえ、兵力の支持を外国側に求めるのみならず、その「処置」すら「一任」といっているところには、この「江戸幕閣」の性格を示して余すところがない。

なお、本文のなかで「論証は一切省き」と述べた「尊攘派打倒クーデター計画」についての石井説への批判は、拙稿「幕府の尊攘派打倒クーデター計画説について」(『日本歴史』一七一号)で論じた。これに対する反批判は、石井「小笠原閣老『率兵上京』の性格について」(『日本歴史』一七三号)にみられる。
(66)「小笠原図書頭殿御上京始末」(『官武通紀』第一、五七四頁)。
(67)『改訂 肥後藩国事史料』巻三、八七三頁。
(68)右同、八七三頁。
(69)福地『懐往事談』一二一頁。
(70)「小笠原図書頭殿御上京始末」(『官武通紀』第一、五七五頁)。

(71) 福地『懐往事談』一二〇〜一二一頁。
(72) 石井前掲注(63)論文、一七一頁。『維新史』第三巻、四三一頁。
(73) 『維新史』第三巻、五六〇〜五六一頁。
(74) 『孝明天皇紀』第四、八四九頁（引用は「定功卿手録」）。『続再夢紀事』第二、一二一頁。『官武通紀』第二、五〇頁。『維新史』第三巻、六四二頁。
(75) 「隆祐卿手録」（『維新史』第三巻、六四四頁所引）。
(76) 『徳川慶喜公伝』二、四一八〜四二〇頁。『維新史』第三巻、六五七頁参照。
(77) 『続再夢紀事』第二、三〇二〜三〇三頁。『徳川慶喜公伝』二、四三六〜四三七頁。
(78) 『続再夢紀事』第二、三三二頁。
(79) 右同、三九一頁。
(80) 『横浜市史』第二巻（第二篇とくに第一・二章参照）。石井『明治維新の国際的環境』一七七頁。
(81) 『横浜市史』第二巻、四一一〜四一二・四二八〜四三〇頁。
(82) 「英公使『アールコック』論時弊書」（『連城紀聞』第二、一四〜一五頁）。「開国起原（下）」（『海舟全集』第二巻、五八八〜五八九頁）参照。
(83) 『徳川慶喜公伝』三、二二頁。なお、二六〜三三頁参照。
(84) 『横浜市史』第二巻、四三三〜四三五頁。
(85) 右同、四三五〜四三六頁。石井『幕末貿易史の研究』四六九〜四七九頁。
(86) 『横浜市史』第二巻、四五五〜四五八頁。石井『明治維新の国際的環境』第二章参照。
(87) 『七年史』上（「甲子記」一、九八〜九九頁）。『維新史』第三巻、六九八〜七〇〇頁。
(88) 石井『明治維新の国際的環境』第四章参照。「英国策論」については、田中彰編『日本近代思想大系1　開国』二八八頁以下参照。
(89) 『維新史』第四巻、一二六〜一二七・三六五頁。「公武重職補任」（『維新史』附録、所収）。

(90)『続再夢紀事』第五、一六七～一六八頁。
(91)右同、一三三頁。
(92)「海舟日記」慶応二年五月二十三日条（『海舟全集』第九巻、九二頁）。
(93)文久三年十月十五日、大久保忠寛より松平慶永宛の手紙（『続再夢紀事』第五、一九八頁）。
(94)山路愛山「海舟先生を論ず」（民友社編『勝海舟』中、二三頁）。
(95)慶応二年仲秋、勝海舟より淀閣老宛の手紙（『海舟全集』第七巻、五一一頁）。
(96)「解難録」（『海舟全集』第九巻、三三四頁）。なお、二七〇～二七一・四八六頁参照。
(97)「海舟日記」慶応三年三月二十五日条（『海舟全集』第九巻、一一二頁）。
(98)「海舟日記」文久三年三月十六日条（『海舟全集』第九巻、一三頁）。
(99)慶応元年十月五日、勝海舟より松平慶永宛の手紙（『続再夢紀事』第四、三五二頁）。
(100)慶応元年十二月三日、勝海舟より松平慶永宛の手紙（『続再夢紀事』第四、三九七頁）。
(101)山路前掲論文（『勝海舟（中）』五〇頁）。
(102)「解難録」（『海舟全集』第九巻、三三四頁）。
(103)慶応二年七月二十三日、勝海舟意見書（『続再夢紀事』第五、二七六～二七七頁）。
(104)日本史籍協会『続再夢紀事』第五、五六頁。
(105)『淀稲葉家文書』三三四～三四二頁。遠山茂樹『明治維新』二三三頁。尾佐竹猛『維新前後に於ける立憲思想』五三～五四頁参照。本書第五章参照。
(106)渋沢栄一『徳川慶喜公伝』三、三八二～三八三頁。
(107)『淀稲葉家文書』一四八～一四九頁。『維新史』第四巻、五五五～五五六頁。
(108)慶応元年五月二十九日、大久保忠寛より松平慶永宛の手紙（『続再夢紀事』第四、一八九頁）。
(109)慶応二年二月四日、大久保忠寛より松平慶永宛の手紙（『続再夢紀事』第五、六三頁）。
(110)慶応二年二月十日、松平慶永より大久保忠寛宛の手紙（『続再夢紀事』第五、六八頁）。

(111)『続再夢紀事』第五、一二三頁。
(112)『続再夢紀事』第六、三八〜四〇頁。
(113)『維新史』第四巻、五五七〜五六〇頁。石井『明治維新の国際的環境』五七五〜五八六頁。
(114)『淀稲葉家文書』二一五頁。「平山敬忠日記」(『徳川慶喜公伝附録』七、一七頁)。
(115)井上前掲書、第一篇第二章、同『日本現代史Ⅰ　明治維新』一九二頁以下等参照。
(116)「海軍歴史」(『海舟全集』第八巻、二八五頁)。
(117)右同(『海舟全集』第八巻、二九七頁)。
(118)石井『明治維新の国際的環境』五〇五頁以下。『横浜市史』第三巻上、二三七頁以下。
(119)本庄前掲書、三二七頁以下。
(120)石井『明治維新の国際的環境』五三五頁以下。
(121)『大阪市史』第四下、二六〇六〜二六〇七頁。石井『明治維新の国際的環境』六二二頁。
(122)本庄前掲書、三三三頁。
(123)石井『明治維新の国際的環境』五八三頁、なお、五四五頁以下参照。
(124)『栗本鋤雲遺稿』二二五頁。
(125)「海舟書簡」年不明四月十九日佐藤与之助宛の手紙(『海舟全集』第十巻、六三頁)。
(126)石井『明治維新の国際的環境』五八六頁。
(127)「海舟日記」慶応三年三月二十五日条(『海舟全集』第九巻、一一二頁)。
(128)右同、明治元年二月一日条(『海舟全集』第九巻、一二〇頁)。
(129)右同、明治元年二月十一日条(『海舟全集』第九巻、一二三頁)。
(補注)　初出論文では、第三節の1の見出しおよび本文で「反主流」という表現になっていたが、「反主流」はすべて「非主流」に改めた。

第二章　外圧と危機意識

一　半植民地化の危機はあったか

1　半植民地化の危機をめぐる論争

幕末期の危機については、早くから「黒船」来航（ペリー来航に象徴されるが、この場合は「黒船」来航一般を指す）にともなう幕藩体制の危機の深刻化、それに対する幕府の対応というのが一般的であり、多くの幕末史の叙述のなかにそれはうかがえる。

たとえば、井野辺茂雄著『幕末史概説』（一九二七年）はつぎのようにいう。

要するに欧米列強の圧迫は、日本をして鎖国政策を固執するを許さず、いやでも国を開かなければならぬ状態に迫つたのが、弘化・嘉永年間の情勢であつた。（三九頁）

しかし、戦後の研究はそれを明治維新史研究の方法論の課題とし、日本の幕末期において半植民地化の危機があったかどうかの問題を自覚的に提起したのである。それは一九五一年にともに刊行された遠山茂樹著『明治維新』と井上清著『日本現代史Ⅰ　明治維新』であり、この両者による論争が遠山・井上論争である。遠山は、経済的にはともかく、政治的・軍事的な半植民地化の危機を否定したのに対し、井上は半植民地化の危機をクローズアップし、全面的な反論を加えた。

この遠山・井上論争をさらに十九世紀後半の東アジアに広げ、独立を保ち資本主義化した日本と、列強の半植民地と化した中国とを対比しての論争が遠山・芝原論争だった。

その詳細は省略するが、要するに遠山は、日本と中国との岐路は一八五〇～六〇年代ではなく、日清・日露戦争期、つまり世界が帝国主義段階に入りこむ時点にあったのだとし、また、朝鮮問題こそが形成期の帝国主義世界に組み入れられた東アジアの統一的把握のカギになると主張し、一八六〇年代後半から八〇年代前半までは、東アジアの外圧は「若干ゆるんだ」とみたのである。そして、日本の大久保政権の政策と中国の近代化をおし進めた洋務派の政策とは、「本質的には方向を同じくするもの」とした（洋務派が買弁的性格を濃くするのは日清戦争の時期からだ、とみる。『遠山茂樹著作集』第四巻、参照）。

これに対し芝原拓自は真っ向から批判を加え、十九世紀後半から帝国主義段階にかけての世界資本主義の運動法則は、東アジアにも貫徹しようとしているのであり、それゆえに遠山説にみられるような、帝国主義段階の前夜だから世界資本主義の外圧が「若干ゆるんだ」ということはない、とし、日本と中国の近代化の基本的な同一性、つまり明治維新と洋務運動、大久保政権と洋務派勢力とを同一性においてとらえる見方を批判し、文久三年（一八六三）以降の幕府と、そのめざした方向こそが、中国の洋務運動と基本的に歴史的性質や方向を同じくしている、と主張したのである（文献を含め詳しくは、拙稿「東アジアのなかの明治維新」〈田中彰編『日本史(6)　近代1』〉参照）。

芝原の主張はさらに体系化され、その大著『日本近代化の世界史的位置』（一九八一年）に結実する。この芝原の主張は、個々の論点はともかく、発想のうえでは遠山・井上論争における井上説の延長線上での遠山説批判にほかならなかった。

これに対し、遠山は、一九七二年刊の『明治維新』第二二刷の改訂版（以下、改訂版と称する）で、井上らの批判を半ば受け入れる形をとって以下のように述べた。

「旧版では『インドを植民地化した十七世紀のイギリスの対印外交と、十九世紀五、六〇年代の対日外交の性格を同一視して、わが国の独立の危機を、当時の国際環境に直ちに想定することは誤りである』と述べた。これにたいし井上清氏をはじめ多くの批判を受けたが、たしかに外圧それ自体の中に植民地化の危機を包蔵していたと考うべきである。とくにインドの植民地支配とそれに密接にからまる中国へのアヘン貿易とを保持強化する必要が、日本にたいしても強硬な態度をとることを促した」（そして、以下に、オールコックの『大君の都』第三三章の一節が引用されている）。

ここでの遠山の論及は、遠山の『明治維新』の改訂版全体にも関連するから、その後まとめられた『遠山茂樹著作集』第一巻「明治維新」所収の「1　明治維新」の補註全体で確認する必要がある。

それはさておき、遠山がそれらの批判に対して、「たしかに外圧それ自体の中に植民地化の危機を包蔵していたと考うべきである」というとき、この論争は一応の決着をみたかのような感を呈している。しかし問題は、幕末における半植民地化の危機の有無についての決着がついたというほど簡単ではあるまい。事実、当初の遠山の主張のように、半植民地化の危機を否定的にみる見解も依然なくはないのである。

その代表的なものは、最近の石井孝著『明治維新と外圧』（一九九三年）にみられる。

『増訂　明治維新の国際的環境』（一九六六年）や『日本開国史』（一九七二年）などの著書をもつこの著者は、芝原の幕末における日本の「半植民地的分割化の危機」説に対して、一八六〇～七〇年代に「世界の工場」として自由貿易による繁栄を謳歌したイギリス資本主義の、特殊な政治理念としての「小英国主義」の幕末国際政局における展開過程を跡づけることによって、正面から芝原説への反論を試みているのである。

石井はいう、「当時のわが国際的地位は、いまだ半植民地というべきではなく、パクス＝ブリタニカという国際体制のもとで、不平等条約により資本主義の市場たるべく規制された従属国というのが適当であると、著者は思っている」（『明治維新と外圧』四二頁）と。

やや冗長にわたるほど、幕末における半植民地化の危機の有無の評価にふれたのは、この問題はいまも多くの論点をはらんでおり、今後もなお検討を要する課題を残していることを強調したかったからである（本書第六章第一節参照）。

2　時代をつき動かす意識

ここでひとつのエピソードを紹介しよう。読売新聞社『日本の歴史10　明治維新』（一九五九年）の編集のときである。私はその巻の担当責任者である遠山茂樹編集委員を手伝い、執筆にも加わった。

その第四章「加わる外圧、民族の対応」の原稿を検討する際、同席していた執筆陣の井上清と石井孝との間で、「四国連合艦隊下関を攻撃」の文章のうち、民衆の対応のところで真っ向から意見が対立した。井上はこの列強の外圧の危機には民衆は老若男女が果敢に抵抗したと主張し、石井はそれに猛烈に反論した。編集会議の雰囲気は険悪となり、両氏の感情は一触即発ともいえる状況となった。そこで和歌森太郎編集代表委員はその仲をとりもち、私に両者の意見を尊重しながらその部分の叙述をせよ、と命じたのである。

苦慮の末私は、下関での戦闘に参加したフランス士官ルサンの戦闘終了後の状況報告の一節、「大砲を船に積み込むのには、日本人らがわれわれの使役に加勢してくれた。かれらの大部分はその首領のいない時は、戦争の中止になつたことのよろこびを隠そうとしなかつた。われわれの砲弾の爆発する音を声で真似ながら、だれにむかつても、戦争がいやだつたことをいつていた」という引用を生かしつつも、そのあとにつぎの一文を書き加えた。「しかし、奇兵隊やその他の諸隊および農商兵の一部は勇敢に抵抗した。しかも、このころ奇兵隊などに入隊志願のものはきわめて多かった、といわれている。それほどの情勢であったから、もし、この攻撃がたんに砲台の破壊にとどまらず民衆の土地や家におよぶようになったら、かれらもだまってはいなかっただろう。けれども、連合艦隊の陸戦隊は、海岸から内地深くは進撃しなかった。それは全住民を敵にまわすことの不利を思ったからであろう」（一一二頁）。

史料の語る歴史の冷厳な事実に歴史学は忠実でなければならない。一方では危機に対して闘う民衆の姿を描けという主張と、それに反対する主張とを、史実に即して叙述した苦肉の策が右の文章である。このような意見の対立は、いまなお存在するといってよい。

ところで、私は、幕末期における列強資本主義の意図や論理、あるいは当時の国際的な諸事件の事実を客観的に検討し、半植民地化の危機の有無を判定することは、それなりに必要とは考えるものの、その危機にいかに対応するかという政治的主体（民族的主体）ないし政治・社会勢力のあり方とからめなければ、この問題は現実的な形としては深められないように思う。

かつて田中正俊はその著『中国近代経済史研究序説』（一九七三年）で、「ヨーロッパに成立した資本主義が中国や日本に対し、その世界市場を一方的に展開してくるという事実関係に発しながらも、東アジア諸国の社会的勢力が、それぞれの国内的・階級的条件をふまえて、経済的・政治的にこれにいかに対応し、これによって、みずからをいかなるものとして創出し、いかなる状況を実現していくかという主体的なかかわりあい方を決定的な要因として、相互媒介的な実体関係の具体的な総過程が、唯一の現実として成立するのである。そしてそれが、資本主義的世界経済の構造的な内容を構成して、近代東アジア社会およびその内部の諸国それぞれの歴史的運動方向を規定すると同時に、西洋近代資本主義の歴史的性格をも規定し、近代世界史の新たな矛盾の発展とその法則性とを規定してゆくのである」（六五〜六六頁、傍点原文）と述べている。

いまこれまでみてきた半植民地化の危機の問題に即していうならば、国際的条件と国内的状況、さらにはそのもとでの認識・行動の主体という三つの要件をからめて総合的に検討しないかぎり、たんに半植民地化の危機の有無の評価だけでは問題の解決にはなるまい。

もとより、この問題は困難な課題である。本章ではこの課題に踏み込む前提として、いうところの政治的主体ないし政治・社会勢力における幕末期の危機意識を主としてとりあげたい。この危機意識こそが、幕末期の時代のもっとも根底にあって時代をつき動かしたとみるからである。

二　「黒船」による衝撃

1　外圧への国家観と対応策

儒教的な名分論からいえば、外圧は「夷狄」のなせるわざであり、この「夷狄」観に立って水戸藩の学者会沢正志斎（名は安）は、文政八年（一八二五）の著『新論』の冒頭で、「謹んで按ずるに、神州は太陽の出づる所、元気の始まる所にして、天日之嗣（天皇を指す——田中注、以下同）、世宸極《よしんきょく》（天子の位）を御し、終古易らず。固より大地の元首にして、万国の綱紀なり。誠によろしく宇内に照臨し、皇化の曁《およ》ぶ所、遠邇《えんじ》（遠近）あることなかるべし。しかるに今、西荒（西洋）の蛮夷、脛足の賤を以て、四海に奔走し、諸国を蹂躪し、眇視跛履《びょうしはり》（みずからの力を顧みず無理に行うこと）、敢へて上国（日本）を凌駕せんと欲す。何ぞそれ驕れるや」といい、『新論』の論ずべき第一の問題をつぎのように述べた。

一に曰く、国体、以て神聖、忠孝を以て国を建てたまへるを論じて、遂にその武を尚び民命（人民の生活）を重んずるの説に及ぶ。（『日本思想大系53　水戸学』）

彼が「夷狄」観に対峙させて、「国体、以て神聖」というとき、天皇を中心とする日本の国家体制は、「神聖」なる理念的国家観として示されているのである。

この理念的国家観は、現実の幕藩体制をこえている。そして天皇（朝廷）を基軸とする国家が理念としてうたわれているのである。外圧が抽象的な段階では、それは観念以上のものではなかったが、外圧が現実の問題となってくるや、この国家観の枠組みのなかの価値観の中軸にあった天皇（朝廷）は、現実の政治を担っていた幕府と連動して動き出すのである。朝廷の海防に関する沙汰書（弘化三年〈一八四六〉）や幕府のペリー来航に対する朝廷への奏聞（嘉永六年〈一八五三〉）、あるいは幕府が外圧を、「祖法」をこえた「国家之御一大事」としてくりかえし述べていることなどがそれを示している。それは支配者側の危機意識が抽象から徐々に現実へと転じ、具体的な対応を迫られていることを物語る。

外圧への対応の範囲は、ときとともに広げられる。幕府がペリーのもたらしたアメリカの国書を翻訳し、ただちに諸大名以下幕府有司・儒者・浪人・町人にいたるまで意見を徴したことはよく知られている。

幕府が外圧の問題を朝廷に奏聞することは、危機に直面した幕府が朝廷（天皇）という伝統的権威をみずからの危機意識のなかに引き込むことであり、他方、諸大名以下庶民に至るまで意見を徴することは、外圧の危機感を支配層内部からさらに被治者層にまで広げることである。両者は相まって、権力の集中と支配の拡大強化をはかったものであることはすでに指摘されている。危機意識は支配層・被治者層を問わず上下に浸透せしめられるのである。

さきの幕府の諸大名以下の諮問による回答書は、「湯蛮彙議《てきばんいぎ》」には七一九通収められ、そのうち大名からのものが二五〇通、幕臣からのものは四二三通、藩士一五通、学者二二通、庶民九通となっている、という。これらの回答の大前提として共通しているものは、いずれも「国家之御一大事」という危機意識であるが、その危機意識をどこまで現実的なものとして捉えたかによってその回答はさまざまである。地位・身分・階層・教養・職業、さらに情報の多寡などによって、千差万別といってよい。主戦論から拒絶論・許容論などそれぞれ幅は広いが、諸大名のものには、意見を述べているようで実は意見なしないし現状維持論というものが多いのである。

幕臣の一人向山源太夫（字は篤、号は誠斎）は当時小普請組大久保筑前守支配下にあったが、「寛猛両様之策」、つまり「寛」＝貿易許容策と「猛」＝貿易拒否・海防強化策の二方策の意見書を提出している（『日本近代思想大系1　開国』所収）。彼は「寛猛両端之内、早々御英断有レ之候」と幕府首脳にその選択を迫っているのである。実務吏僚であるだけにその意見は、前者は一六ヵ条、後者は一八ヵ条にわたって述べられ、醒めた目で危機を捉えている、といってよい。

もうひとつ興味ある意見書を紹介しよう。それは新吉原町江戸町二丁目、久喜万字屋の「遊女渡世」、四二歳の藤吉の意見である。藤吉は一〇〇〇艘の漁船をかき集めて酒と肴をどっさり異国船に持ち込み、酒宴を催して宴たけなわのとき切り込め、というのである。が、勝利の暁には吉原町の一角に船宿を許し、また、江戸大火のときには焚出しや御救い小屋の御用を仰せつけられたい、と反対給付も要求している。危機をチャッカリみずからの商利に結びつけているのだから、遊廓経営者の面目躍如といってよい。商人としての庶民のしたたかさがそこにはある。

2　危機感と好奇心と

ところで、蘭学や洋学に通じた知識人たちは、早くから危機意識をもち、幕府に警告を発していた。それらは、海外情報をある程度得たうえでのものだったから、為政者にとっては弱点を突かれることになる。彼らの著作が人心を惑わすとして、いち早く発禁となり、弾圧が強行されるゆえんである。

しかし、実際に「黒船」がやってくる事態になると、もはや取り締まるすべもなくなる。危機意識はつぎつぎと人びとをとらえてやまなかったからである。

浦賀へ異船来りたる由に付き、私只今より夜船にて参り申し候。海陸共に路留《みちどめ》にも相成るべくやの風聞にて、心甚だ急ぎ飛ぶが如し、飛ぶが如し。

これは嘉永六年六月四日付で吉田松陰が父の友人、在江戸長州藩邸の瀬能《せのう》吉次郎にあてた手紙である。当時松陰は江戸にいたが、その前日の三日の夕刻、ペリーは浦賀に来た。この報に接するや、松陰はおどる心をおさえきれずこの手紙を書いたのである。もし国許への飛脚が出るようならば、この手紙をそのまま父あてに託してほしいと添書きをしている。「僕壮健にて英気勃々の様子も相分るべく候。事急ぎ別に手紙を認むる能はず」と。「黒船」来航に気負い立つ松陰の姿が浮かぶ。

さらに松陰は、六月二十日付で萩にいる兄、杉梅太郎あての手紙に、浦賀に行って「黒船」を眼前にしたときの様子を記している。「幕吏腰脱《こしぬけ》、賊徒瞻驕《せんきょう》、国体を失ひ候事千百数ふべからず。佐久間〔象山〕及び近沢生〔啓蔵。浜田藩士〕其の他慷慨の徒〔旧知の人なども之れあり――原注、以下同〕多く浦賀に会し、日々賊の様子、幕府〔浦賀奉行〕四藩〔彦根・会津・河越・忍〕の守備などを見、彼を悪み此れを悲しみ、悲憤兼ね去る」と〔『吉田松陰全集』〈普及版〉第八巻)。

ここには、松陰や佐久間象山ら有識者たちの危機感と、これまでの幕府の無策ぶりへの激しい批判がうかがえる。

ペリー来航の報は六月十七日、紀州にも届いている。紀州藩の藩校学習館の督学(館長)川合梅所の妻小梅《こうめ》は、その日記の同日条に、「いこく(異国)船おいく\そうどう(騒動)に付、御かための為に人々出立。いこく人ののぞみは、いづ(伊豆)の大島をかり申度、不承知に候へば手向ひするとの事にて、九十軒《ママ》に三千人程づゝ乗組候船山の如くみゆるよし也」と記す。さらに七月二日の条には、「かてゝまぜていぎりす・ふらんす国の船来り、い(伊)豆の嶋をかり度よし。もしいはい(違背)ならば手向ひもするいきほい也」とも述べる。第一回のペリーの「黒船」四隻の浦賀来航は、噂が噂をよび、イギリスやフランスの船もやって来た、と人びとに伝えられたのであろう。ここでも伊豆の島々を租借したいと申し入れがあり、それが叶わなければ一戦も辞さないという外圧の危機感が人びとをおおっているのである。

ペリー艦隊の来航は、日本のいたるところで一種のパニック状態をひきおこすほどのショックを与えた、とみてよい。このような噂や恐怖感は、実際に「黒船」を眼前にする地域から遠ければ遠くなるほど、逆に波紋は大きくなっていたのである。

一方、「黒船来航風俗絵巻」(埼玉県立博物館所蔵)は、二度目のペリー来航、つまり嘉永七年(安政元〈一八五四〉)のときの、これを眼前にした人びとの様子を描いたものだが、そこにみられる庶民の「黒船」に対する表情は、さきのパニック状況とは対照的で興味深い。

沖に浮かぶ「黒船」に〝それ一大事〟と早馬を飛ばす役人とはまったく異なる庶民の姿がこの絵巻にはある。海岸の茶店の「黒船見物無用」の立札を尻目に、そこに張られた柵を踏み倒して談笑し、沖に浮かぶ数隻の「黒船」を眺めている情景もあれば、下駄ばきで片手に遠眼鏡の男もいる。女連れでキセルをくわえながら海上の「黒船」をのんびり眺めている着流しの男もおり、宿屋の二階から女とともに遠眼鏡で「黒船」を熱心に見つづける人間も描かれている、といった具合である。あるいはまた、「黒船」や「異人」の絵、「異人」兵士の人形などが売られ、その店の前では武士や町人などがそれを興味深げに眺めたりしている。そこには差し迫ったような緊迫感や危機感は読みとれない。むしろ、人びとの「異国」船や「異国」人に対する好奇心が満ち溢れている、といった風情である。

それは安政元年（一八五四）に書きまとめられた小嶋又次郎の「亜墨利加《アメリカ》一条写」も同様である。筆者の小嶋は、箱館（のち函館）の中心街内澗《うちま》町（現末広町）で雑貨酒類の販売店を開いていた商人で、町名主を務めていた。又次郎の妹美那子は、五稜郭の築造責任者であり蘭学者だった箱館奉行支配諸術調所教授武田斐三郎《あやさぶろう》に嫁いでいる。

ペリー艦隊はこの箱館にも来航し、上陸する。幕府はこまごまとそれへ対応する取締令を出しているが、おっかなびっくりの庶民は、いざアメリカ兵が上陸するや、ペリーらの買物や「異人」兵士たちの行動に好奇の眼を向け、さほど恐怖心はみられない。「魔術か」と噂された写真機の物珍しさにひかれ、数人の女たちが写り、また役人の何人かも写されたりしているのである。

これらは日常生活のなかで「黒船」や「異人」を間近に迎えた者たちの状況だが、全国的にいえば、情報としての「黒船」来航は人びとの危機感をあおったといってよい。だからこそ、陸奥国伊達郡金原田《かねはらだ》村（現福島県伊達郡保原《ほばら》町）の豪農に近い農民菅野《かんの》八郎は、二度目のペリー来航時にわざわざ神奈川まで「黒船」を見に行っているし、田植えの合間に彼が書いたという「あめの夜の夢咄し」には次のように述べているのである。

金川（神奈川）へ行て見るに、山の如き異船八艦あり。何れも帆柱三本づゝ、其帆柱之高き事、近海岸の山よりよほど高ふして、そら（空）をつらぬく歟《か》とうたがわれ、大炮を打放す事度々也。其音天《あめ》つ地にひゞき、百らい

（雷）のげきするごとくにして、近辺の老児は家外へ出る事不レ叶、家の内にひれふして、むしろ（薦）をつかむ老人（あり）、へそをかゝへる児あり、みゝをふさぐ女子もあり。□□□なんども言斗《いうばか》りなし。

（『日本思想大系58　民衆運動の思想』）

それは土浦出身の屈指の豪商で国学者でもあった色川三中《みなか》も同じである。彼の日記『片葉《かきば》雑記』にも、外圧の危機とそれに対する為政者の態度への批判が述べられている。当時の知識人といえる豪農商の一部はとくに危機意識にいち早く目覚めていたのである。

このように「黒船」来航の投げかけた危機感は、政治的にも社会的にも広がり、支配者層・被支配者層の区別なく、好奇心と恐怖心、推測と不安などをこもごもおりまぜつつ、「異変」として人びとを包みこんだのである。それはときに風聞となり、いっそうの危機感をあおる。その風聞のなかには、日本が外国側のいうことをきかなければ、『小梅日記』のように、「手向い」つまり攻撃をするというものもあれば、『波濤新聞』（幕府勘定方大沢賢介蒐集の情報史料）のなかの「落し文」のように、軍艦を日本中の海岸に差し向け、その数百艘の軍艦によって「日本はみじんに相成」り、また戦争によって「尚以安く奪取候事致し安く」というものもあったのである（『日本近代思想大系1　開国』所収）。

しかし、危機意識をもっとも深刻に受けとめたのは、中国（清国）の上海で、その地の実情を目のあたりにした藩士たちだった。

三　藩士たちの上海体験

1　幕船千歳丸の「従者」

文久二年、幕府は外交関係ぬきで出貿易を試行するために、幕船千歳《せんざい》丸を上海に派遣した。同年四月下旬から七月中旬にかけてである。この千歳丸は、ヘンリー・リチャードソン船長が上海―長崎間貿易に用いていた英船アーミスティス号を幕府が購入し、千歳丸と命名したものだった。だから派遣のときも、リチャードソン船長（夫人も含む）以下の乗組員一六人がこれを操船した。

派遣されたのは、幕府の江戸役人勘定吟味役根立助七郎以下五名とその従者八名のほか、長崎地役人（医師を含む）七名・従者九名、長崎会所役人三名・従者三名、商人三名・従者三名、賄方六名、水夫四名の計五一名である。乗組員を合わせれば総計六七名ということになる。

この江戸役人の従者八名のなかに納富《のうとみ》介次郎（佐賀藩士、後述）・日比野輝寛（尾張高須藩士、後述）・名倉予何人《あなと》（浜松藩士。名は信敦、字は先之、通称重次郎。予何人〈「いなた」ともよむ〉は号、松窓ともいう。東洋・西洋へ五回の外遊体験をもつ。維新後外務省出仕）・中牟田倉之助（佐賀藩士）らとともに長州藩士高杉晋作もいた。そのほかに会津・熊本・阿波・大村などの諸藩士もおり、薩摩藩士五代才助（変名才蔵、友厚）が水夫として乗り組んでいた。

幕府の役人のもとに各藩の藩士が「従者」とか「小者」などの名目で乗り組むことは、すでにそれまでの幕府派遣の遣外使節団でなされていたわけだが、上海出貿易の一行においても諸藩から選ばれた有能な藩士たちは、従者や水夫の名目で乗り込んでいた。それは幕末期の幕府と諸藩、幕臣と藩士との関係の変容した有り様を物語っている。

その第一は、幕臣とその従者という形式をとっているところになお幕藩体制下の幕府と藩とのタテの関係が影を落としているものの、もはや幕府だけでは対外問題に対応しきれない、新しい幕府と藩との関係が示されている。逆にいえば、こうした形式をとりつつ、対外関係に関心をもつ自覚的な藩が、幕府の政策のなかに割り込みをはかりつつあった、といえよう。

しかも千歳丸の場合、従者たる高杉らは、当初から幕府の役人たちを軽蔑していたところがある。高杉は「内情探索録」で、千歳丸名付けの親である長崎奉行高橋美作守和貫を「頗ル俗物」といい、江戸からこの上海行のために来た江戸の役人たちもその多くは「高橋党」であって、彼らはみな俗物ばかりだから、貿易交渉は商人や長崎の地役人任せの連中だ、というのである。彼が長崎奉行高橋を俗物ときめつけるゆえんは、そもそもこんどの上海行の「根起」は、「必竟長崎商人共鎮台高橋某ニワイ路ヲ遣ヒ、商人共私之利ヲ得ントナス也」と断じているからである。高杉の手記には、随所に幕府の役人たちを見下げている字句を見出すことができる。

第二には、より重要なことだが、この従者や小者たちこそが、新しい世界、新しい国際社会において、欧米世界の普遍的な価値観をより敏感に受けとめ、一方では彼らの伝統的な世界像を大きく揺さぶられるとともに、他方では幕藩体制の秩序やイデオロギーに対して深刻に反省する存在だったことである。これは幕府の派遣した欧米への使節団に共通したひとつの特徴であるが、この上海行で千歳丸に乗り組んだ藩士の場合でも同じだった。そして、この従者や水夫の名をかりて乗り組んだ藩士たちが、新しい時代への扉を、先頭を切って開いた人びとだったのである。高杉晋作・中牟田倉之助・五代友厚らの名をあげるだけでそれは十分だろう。

2　高杉らの上海記録

彼らの上陸した上海は、当時「太平天国」軍がその地に迫り、それを迎えつつ清軍およびこれと結ぶ英・仏軍との戦いが続けられていた地域だった。上海に危機が迫るや、みずからの権益が侵害されるとみた英・仏軍は、それまでの中立政策を一変して清軍側に立ち、太平軍の上海侵入を防ごうとした。

高杉らの上海上陸の第一夜は、夜明けとともにこの太平軍と清軍との間での銃声によって目覚めさせられたのである。高杉は「上海淹留《えんりゅう》日録」の冒頭に書く。「五月七日。払暁、小銃の声陸上に轟く。皆云はく、是れ長毛賊と支那人と戦ふ音なるべし。予即ちおもへらく、此の言信なるは実戦を見ることを得べし。心私に悦ぶ」と。いうところの「長毛賊」とは「長髪賊」ともいわれ、太平軍のことを指す。

高杉は上海出発前の長崎滞留中、アメリカ聖公会宣教師ウィリアムズと宣教師フルベッキからアメリカの南北戦争（一八六一〜六五年）や中国の「太平天国」革命の話を聞き、「外乱ヨリ内乱ノ方可レ懼キト云心持チナリ」（「長崎淹留雑録」）と記していた。その太平軍との戦いが実見できると心躍る思いをおさえきれなかったのである。太平軍を相手に清軍と結んで戦うイギリスについて、宿舎宏記館（宏記洋行ともいう。オランダ商館の隣り）で高杉と同室だった中牟田倉之助は、手記に次のようにいう。

英吉利斯《イギリス》は、表は為二清朝一、長毛賊を防ぐと申し、内には長毛賊に好器械などを渡し、私に耶蘇教を施し、其実は、長毛賊を以て清朝を破らしめ、己清朝を奪ふ落着ならん。又長毛之方には、予め耶蘇教を信じ、英吉利斯などを己が身方に致し、遂に清朝の天下を奪ひ度、落着なり。天下を奪候得ば、英吉利（ママ）との儀は如何とも可二相成一と策謀なせし様思はる。

（中村孝也『中牟田倉之助伝』二二八頁）

この上海近傍で勢力を強めた太平軍と対峙する清軍および英・仏軍のなかにあって果敢に戦ったのは、アメリカ人ウォード（中国名は華爾）の率いる常勝軍だった。高杉らが宏記館に入ったのは五月九日である。その日、この常勝軍の活躍ぶりは一行の耳に入ったようだ。

日比野輝寛の日記「贅肬録《ぜいゆう》」の同日条は、つぎのように記す。

頃日松江青浦ニテ賊匪（太平軍――田中注、以下同）ソノ境ヲ寇掠ス。故ニ米士華爾（ウォード）兵卒ヲハゲマシ勇ヲ奪ツテ賊ヲ追フ。殺傷尤モ多シ。故ニ西路ノ賊、鋭気大イニ剉《ざ》ス。然ルモ兵力ノ不足ヲオソレ、上海ニ来リ兵ヲ請フテ防守厳ナルヨシ。

高杉も翌十日、「黄昏、和蘭人来りて告げて曰く、長髪賊上海三里外の地に至る、明朝必ず砲声を聴くべしと。官人之を聞きて大いに警《いまし》むるも、予却て喜ぶ」（「上海淹留日録」）とメモしている。一行が上海に到着当時の上海の雰囲気の一端をうかがい知ることができよう。

高杉晋作の上海行の日記や記録は、総称して『遊清五録』（『日本近代思想大系1　開国』所収）といわれる。すでに引用した「内情探索録」「上海淹留日録」「長崎淹留雑録」のほかに「航海日録」（A・B二種類と「続航海日録」よりなる）「外情探索録」がその内訳である。この『遊清五録』は、高杉が「真の知己」に幕府上海行の実情を知らしめて、「他日我邦の外国行の鑑」にしようとしたものだった。高杉のこの『遊清五録』や同行者の日記類は、彼らが上海の実情をどう受けとめ、そこでなにを感じたかを如実に語ってくれる。以下これらの史料によりながら、みていくことにしよう。

高杉は上海の街に、中牟田倉之助と連れ立ってよく出かけた。中牟田は英語を解し、英会話にも便利だったからである。高杉自身は中国人と漢文での筆談を交わしている。

五月二十一日は古道具屋へ行き、書画をみて過ごした。「此の日終日閑坐す」と「上海淹留日録」に記し、そして彼はいう。

因りて熟《つらつら》上海の形勢を観るに、支那人は尽く外国人の便益と為れり。英《イギリス》、法《フランス》の人街市を歩行すれば、清人皆傍に避けて道を譲る。実に上海の地は支那に属すると雖も、英仏の属地と謂ふも、又可なり。

上海は中国の地であって中国にあらず、イギリスやフランスなどの外国人は上海の街を闊歩し、清国の人びとは彼らを避けて道を譲る有り様だった。すべてが外国人優先で、上海はあたかも英・仏の植民地のようではないか、と憤然とした彼の実感が伝わる。

高杉はこのような上海の実情を知れば知るほど、その感を深くした。

「外情探索録」のなかで、彼は述べる。清国は英・仏人に頼んで太平軍を防いではいるが、その軍事費用を誰が出しているのかと聞いたところ、イギリス人は軍事費はイギリス自身が出しているといい、清国人は自分の方で出しているといっている。はなはだあいまいだ、と。これは高杉にとっては重大な関心事だった。そのような関心の延長線上で彼は多くの知識人と筆談しているが、その一人顧某に次のような鋭い問いを発している。

貴邦（清）は堯舜以来堂々正気の国なり。而るに近世に至りて、区々たる西洋蛮夷の猖獗する所は、則ち何ぞや。

初めて外国の地を踏んだ高杉である。ここで「西洋蛮夷」という表現をしていたとしても、それは当然だろう。顧は答える。

是れより国運は陵替す。晋の五胡、唐の回紇《かいこつ》、宋の遼、金、夏、千古慨きを同じうす。

高杉はたたみかけて問う。

国運の陵替するは、君臣の其の道を得ざるが故なり。君臣其の道を得れば、何ぞ国運の陵替あらんや。貴邦の近世の衰微は、自ら災ひを為すのみ、豈に之を天命と謂はんや。

こう言われれば、顧も認めざるをえない。

甚だ是なり、甚だ是なり。

高杉は、儒教国清の国家としての自律性を問い詰めているのである。だから、同じく顧に上海の実態を問いただしていう。

聞くならく、上海中の賞罰の権は尽《ことごと》く英仏の二夷に帰すると。信なりや否や。

顧は答える。

英仏は只だ英仏の士民を管す。本国の事務に至りては、自ら本国の官ありて弁理す。

高杉はさらに続ける。

城外の地は尽く英仏の管する所に係るか。

やむなく顧は答えた。

北門外は英仏に帰す。余は仍《な》ほ本朝に隷す。

（以上、「外情探索録」巻之二）

3　上海で考える日本の危機

こうした情況をみれば、「上海形勢、大英属国ト謂フテモ好キ訳也」（「外情探索録」頭書）と高杉はいわざるをえなかったのである。この地を踏むことによって中国の代表的都市のひとつ上海は、イギリスの「属国」の観を呈していることを知った。いや、イギリスのみではない。フランスも支配しているのである。

とすれば、この現実は「我邦の人と雖も、人を須《もち》ひざるべけんや。支那の事に非ざるなり」（「上海淹留日録」）という以外にない。彼は、日本を想起して危機感を深めているのである。それは「上海雑記」の著者納富介次郎にしても、「贅肬録」の日比野輝寛にしても、同じだった（いずれも東方学術協会『文久二年上海日記』一九四六年、所収）。

納富は一行の代表格、勘定吟味役根立助七郎の従者として参加し、佐賀藩士納富六左衛門の次男である。高杉は彼について「納富画工之由也。未ダ年少也」（「内情探索録」）という。その納富は上海の関税権がイギリスに握られていると記したあとで、次のようなことをある日本人の話として書いている。

ある日、その人は上海城内のあちこちを見てまわり、日暮れになったので帰ろうとしたら、もう城門は閉められ、往き来はできなくなっていた。七つの城門はいずれも英・仏軍が分衛して、朝は六時に開き、夕方は五時に閉められていたのである。

名倉予何人の「支那聞見録」（文久二年）によってこの上海城の警備を若干説明すれば、上海城の楼櫓には必ず「支那ノ旗旌」がたてられており、大砲を架し、清朝政府軍の兵士と英・仏軍の兵士とが多数守っており、警衛ははなはだ厳重だった。英・仏軍の兵士は銃を肩にかけて門の外側に立っており、門の内側には清国兵数十名が駐紮《ちゅうさつ》していた。とりわけ、西門の警備は厳重で、重要視されていた。それはこの西門が太平軍に対する要衝路にあたっていたからである。

ところで、さきの人が上海城の門にさしかかると、そこを守衛していたフランス兵はその人が日本人であることを知って門を開けてくれたものの、これに便乗して清国人が通ろうとすると許さなかった。折しも清国の役人が肩にかつがれた輿に乗って外から入ろうとした。フランス兵の制止をきかずその役人が通ろうとするや、フランス兵は怒り、持っていた杖で連打し、遂に引き返させたというのである。「嗚呼清国ノ衰弱コヽニ至ル、難ズベキコトニアラズヤ」と、納富はその抑えがたい心情を書き留めている。

高須藩士の日比野は当時数え年二十五歳。名は掬治、号は掬成。倫次郎《ともじろう》ともいい、輝寛は諱である。藩士原田鎌斎の次男で日比野家を嗣ぐ。第一次征長へと藩論が決まるや、藩を離れて高杉らと事を謀ろうとしたが、捕えられて郷里へ護送され、ただちに江戸詰となった。維新後は公用人、貢士、のち大蔵省に出仕したが、明治十一年（一八七八）退官、京都に移住して文雅の生活に入り、大正元年（一九一二）、七十五歳で没した。

この日比野は、六月七日、蜀の名将関羽を祀る関帝廟を経て、孔子をまつった孔聖廟に入ろうとして、イギリス兵におしとどめられた。通訳の説明でようやくにして入れてもらうことができたのである。彼は嘆く。

　豈ハカランヤ、コノ堂々タル聖廟英人ノ住スルトコロトナリ、学校ニ唔咿《ごい》ノ声ナク、タダ喇叭《ラッパ》操兵ノ声アリ。嗟《ああ》、世ノ変ズル何ゾ甚ダシキヤ。李鴻章数万ノ兵ヲヒキヰテ野外ニ賊ヲ防グ。ソレ狐ヲ駆ツテ虎ヲヤシナフカ。何ゾ失策ノ甚ダシキヤ。

孔子の聖廟は、中国にとってはどこよりも聖域ではないか。その聖域をこともあろうにイギリス兵たちに占拠され、城内の学校からは本を読む声はひとつも聞こえない。聞こえてくるのは外国兵士たちのラッパや操練の声ばかりである。李鴻章が数万の兵を率いて太平軍を防ぐというが、そのために手を結ぶ外国軍によって孔子の聖廟がこんな有様では、逆に中国の危機を増大させるようなものだ。大失策ではないか、というのである。日比野も魂まで売ったような中国の半植民地化の実情に憤然としているのである。

だから彼はいう、「蓋シ外ニハ洋夷ノ猖獗、内ニハ賊匪ノ煽乱アリテ災害並ビ至ル。善者アリトイヘドモ、如何トモスベカラザルカ。夫レ清国ノコ、ニ至ル、豈他アランヤ。地ヲカシ五港ヲヒラクニアリ。嗟殷鑒《いんかん》トウカラズ。近ク一水ノ外ニアリ。オソルベキナリ」（「贅肬録」五月十日条）と。

太平軍に対するために、外国軍たる英・仏軍と手を結ぶ清朝のあり方へのこの痛烈な批判は、そのまま幕末日本への危機感としてストレートに連なっている。日本が戒めとしなければならないものが、すぐ隣りの中国でおこっているではないか。「オソルベキナリ」という一節に、それははっきりと示されている。

四　上海の日本情報と日本の上海情報

1　上海における情報と関心

アヘン戦争の結果、開港された広州・福州・厦門《アモイ》・寧波《ニンポー》・上海の五港のうち上海は、清国第一の港で関税額は莫大だったが、その利益はイギリス側におさえられていた。日比野のいうところの大意を示そう。

つらつら考えてみると、清国はその関税の利益を利益とすることができない。夷狄を近づけるなとは聖人のもっとも戒めたところである。舶来品はそんなに日常不可欠のものではないのだ。ただ愚かな者たちの耳目を驚かす新奇な器やぜいたく品にすぎないのだ。それがたとえひとつやふたつであってもその害は甚しい。そもそも洋夷は、よだれを流しながら万里の波濤をこえてやってくるものだ。交易和親を名目としつつもその意図は、土地を手に入れ、金で人民を手なずけ、あるいはおどし、あるいは邪教やアヘンで民の心までもたぶらかそうとする。そうすることによってだんだんとその地を蚕食し、国を併呑しようとするのである。

こういった彼は、次のように続ける。

清国スデニソノ術中ニ陥リ、至ラザルトコロナク邪教ニ化シ、鴉片《アヘン》ニ溺ル。嗟危哉、夫レ邪教ノサカンナル、既ニ述ブ。鴉片モ上海ノミモ年々舶来スル二十万斤《(ママ)》、ソノ価洋銀百二十万。嗟、コレ実ニ慨《なげき》以テ歎ズベシ。天津ノ条約ヲ看ルニ、唯一二ノトルベキアリ。西洋各夷ノ書簡必ズ漢文ニテ蟹字《かいじ》（西洋文字）ハ通達セズ、コレ小事ニ似タルモソノ関係頗ル大ナリ。如何ナレバ清吏敢テ蟹字ヲナラハズ。洋夷却テ漢字ヲ学ブニ至ル。ソノ国体ニアヅカル、豈鮮々ナランヤ。

この「贅肬録」には、さらに続けて次のような一文がある。

夜人アリ云フ、英国ノ蒸気船入港シ云フ、日本伏見ニテ大ナル変（伏見での寺田屋騒動を指す――田中注）アリ。夫レ洋夷ノ鬼子ヲ何ヲ以テ伏見ノ変ヲ知ルヤ。蓋シ天津ノ土富沙姓ノ類アツテ竊カニ告グルカ。今ヤ万里ヲ隔絶シ、ソノ虚実知ルベカラザルモ、洋夷ノ速カニ我国事ヲ知ツテ流言スル、実ニ悪ムベク又オソルベシ。嗟々。

（以上、「贅肬録」六月十一日条）

日比野は、清国が列強によって半植民地化される情況もさることながら、これら列強がいち早く日本の情報をキャッチし、その情報を流していることに対する畏怖を感じていたことがわかる。

これは、高杉も同様だった。彼の「上海淹留日録」六月十三日条には、中牟田とともに一人のアメリカ人に会ったことが書かれている。この一米人は横浜滞在の経験もあって日本の情勢をよく知っており、大坂が開港されたら私はまた日本へ行くだろう、という。そして、昨日の新聞をみると、将軍はすでに大坂開港を許そうとしているのに、大名たちがこれに反対しているから、開港はおくれるだろうと述べ、さらに、この反対する大名のうち水戸がもっとも強大だというが、それは本当かと尋ねた、というのである。そこで中牟田は言葉巧みにはぐらかし、本当のことはいわないで別れた、と記している。

また、六月二十八日条には、中牟田同道で高杉が新聞店にいくと、そこでの責任者はイギリス人であった。彼は横浜から来たばかりの新聞を読んで聞かせてくれた、というのである。その内容は必ずしもはっきりしたものではなかったものの、貿易をめぐって日本では「動揺」がおこっており、諸大名は京都へ上り、もはや江戸への参勤をしなくなった。とりわけ薩・長と細川藩・黒田藩の四藩が挙げられている、という。そして、このイギリス人は高杉らに、日本の諸大名は外国人を長崎や箱館などに追いやって、あえて大坂には近づけないようにし、他方、将軍の方は大坂で交易をはじめてもよいといっている。「故に夷人は皆大君の方を誉むるなり」と伝えたのである。これを聞いた高杉は、「懼るべし、懼るべし」と心境を書き留めている。事実は必ずしも正確でないにしろ、日本の情報がすぐに上海に伝わり、しかもそれは列強と幕府側とが貿易をめぐってしだいに接近しつつある、というものだったのである。

上海での太平軍に対する清国側と英・仏との結びつきが、清国の半植民地化をいっそう進行せしめていることを、この上海の地で目のあたりにしていただけに、こうした日本をめぐる情報は、高杉らの危機意識をいちだんとかりたてたのである。高杉が「懼るべし」を連発し、日比野が「嗟殷鑒トウカラズ」といい、納富が「歎ズベキコトニアラズヤ」という背後には、日本を中国の二の舞にしてはならない、という彼らの「ナショナリズム」（このカッコの表記については本書第六章第一節参照）が働いていたことは否定すべくもない。

高杉ら幕末の各藩より選ばれたこの藩士たちは、日本を離れ、上海という異郷の地に立って日本という国を客観化してみつめた。そして、同時に中国の半植民地化の進行の実態を目のあたりにしつつ、それを日本に重ね合わせたのである。それは彼らには幕末日本の危機そのものとして映じた。日本にいたときとは比較にならない危機感が彼らの心をおおい、彼らをとらえてはなさなかったのである。

高杉は中牟田とともに六月十八日（「上海淹留日録」は十七日とするが、抹消された下書きの十七日には、「終日閑居、無他行」とあり、十八日が以下の行動に該当する。名倉予何人の「支那聞見録」も十八日となっている）、イギリス兵たちのいる砲台に行き、アームストロング砲をみてそれを図に描き、「方今我邦に伝はる所の大砲は、大概筒口より玉薬を入る。此の砲は然らずして、筒後より玉薬を入る。故に甚だ便為り。英人アルムストロンクの新たに制する所なり。其の名を以て其の砲に名づく。此の砲六口、上海に在りと云ふ」（「上海淹留日録」）と書いた。中牟田はこのアームストロング砲のことをただちに名倉予何人に伝えている。

名倉はイギリス人の発明になるこの「新奇ノ大砲」のことを中牟田から聞いて「精巧ヲ極ム」と記し、「未ダ斯術ヲ秘シテ外邦ニ伝ヘズト云」と述べ、さらに項を改めてアームストロング砲の操作の技術に及んでいる（「支那聞見録」、六月十八日と日時を特定）。彼らのこのようなアームストロング砲に対する強い関心は、たんなる新発明の砲に対する好奇心というよりも、彼らの危機意識に発し、幕末日本の危機に対する現実的な対応が、このアームストロング砲という威力ある兵器への関心として表出しているとみるべきだろう。それがつぎのような名倉の採長補短の発想に連なっていることはいうまでもない。

余因テ謂フ、本朝ノ人トテモ頑固ニシテ西虜ヲ悪《にく》ムノ余リ、渠《かれ》ノ製スル器械マデモ之ヲ厭フモノアリ。大抵其人義気アリテ死ヲ鴻毛ヨリ軽ンズルニ至ル。又西虜ヲ称誇シテ好ンデ其器械ヲ玩《もてあそ》ブモノアリ。余其人を看ルニ大抵義気モナク、本朝ニアリナガラ本朝ヲ尚ブノ意モ薄シ。然ラバアナガチニ頑固ナルヲノミ悪キト云ベカラズ。人々自ラ熟慮シテ義気ヲ不レ失様ニ、渠ノ所レ長ヲ取テ我ガ短ヲ補フベキコト勿論ナリ。　（「支那聞見録」）

2　民族的危機意識へ

このような高杉ら藩士たちの危機意識は、彼らが帰国したあと、多くの同志たちに伝えられた。そして、あとでみるように彼らの日記その他は写本となって各地の知識人層へ情報として伝達された。

高杉の場合、上海からの帰国直後、蒸気船一隻の購入を独断でオランダに注文した。長州藩内での異論をおさえて、藩要路の周布《すふ》政之助は画策したが、結局相手方の都合で実現しなかった、という。高杉がこうした行動に出たのは、清国の「衰微」は「必竟彼れ外夷を海外に防ぐ之道を知ざるに出し事に候」とみたからであった。

高杉はいう、「其証拠には、万里之海濤を凌ぐの軍艦運用船、敵を数十里之外に防ぐの大砲等も制造成さず、彼邦志士之訳せし海国図志なども絶版にし、徒に固陋之説を唱へ、因循苟且、空しく歳月を送り、断然太平之心を改め軍艦大砲制造し、敵を敵地に防ぐの大策無き故、如レ此衰微に至り候事也」と（「続航海日録」）。そして、日本は「已に（清国の）覆轍を踏むの兆」があると高杉は断じているのである。

七月十四日、千歳丸で上海から長崎に帰り着いた高杉は、長州に帰ったが、江戸差遣を命じられて八月十六日富海《とのみ》を発して上京の途につき、二十三日京都に入った。二十八日には在京中の藩主毛利敬親《たかちか》に謁して、清国の形勢と実情を陳べた。

このころ、久坂玄瑞も京都藩邸にあって志士間の画策をしていたから、高杉は久坂と接触し、清国の情勢を伝えた。久坂が閏八月二十八日に草した「解腕痴言《かいわんちげん》」には、「近頃上海ヨリ帰リタル男ヨリ聞クニ」とある。この男とは高杉とみてまちがいない。その「解腕痴言」で久坂はいう。

夷狄ハ哮噉呑噬貪饕《こうたんどんぜいどんとう》（ほえくらい、嚙みのみ、むさぼること）ニシテ厭《あく》コトヲシラス、如何ニモ忌々シキ者ニコソアレ。（中略）英仏ノ力ヲ恣ニシテ皇国ニ向ヒテ才ヲ用ヒサルハ、支那ノ長髪賊ノ勢威甚タ熾ナル故ナルヘシ。万ニ一モ長髪賊英仏ニ屈セハ、英仏ノ我ニ寇スルコト必然ナラム。（野史台『維新史料叢書』二論策、復刻版）

この有名な一節は、明らかに高杉の危機感が久坂の危機意識となっていることを示している。そして、そこでは太平軍の英・仏軍への抵抗が、直接日本の危機に関わるとしてとらえられているのである。

こうして危機意識は、高杉・久坂のほか大和弥八郎（国之助）・長嶺内蔵太《くらた》・志道聞多《しじぶんた》（井上馨）・松島剛蔵・寺島忠三郎・有吉熊次郎・赤禰《あかね》幹之丞（赤根武人）・山尾庸三・品川弥二郎一一名の、「百折不屈、夷狄を掃除し、上は叡慮を貫き、下は君意を徹外他念無之、国家の御循となるべき覚悟肝要たり」という「血盟書」（文久二年〈一八六二〉十一月）につながる（『東行先生遺文』一九一六年）。

高杉がその筆頭署名者である。この「血盟書」への参加は、以後翌六三年一月まで相つぎ、滝弥太郎・堀真五郎・山田市之允（顕義）・佐々木男也・吉田栄太郎（稔麿《としまろ》）・野村和作（靖）ら一四名が追加署名（血判）をしているのである。危機意識は同志をしだいに広げていったことがわかる。

そして、十二月十二日には、高杉をリーダーとして久坂・志道・大和・長嶺・有吉・赤禰・堀・山尾に白井小助・伊東俊輔（博文）・福原乙之進の一二名による品川御殿山新築中のイギリス公使館焼き打ちとなる。

それが儒教的名分論による攘夷行動の側面をもっていることは「血盟書」の文言でも読みとれる。が反面、高杉らが上海でみた世界の情勢や清国の半植民地化の実情、そして、その危機意識をふまえての行動であったことも否定しがたい。

とすれば、それはたんなる攘夷のための攘夷とはいいがたい。むしろ幕府と争うための攘夷であり、半植民地化への抵抗であり、ひいては来たるべき開国のための攘夷行動というべきかもしれない。清国の轍を踏むまいという危機意識がそこにあり、それは民族的危機意識（「ナショナリズム」）にまで高められつつあった、といってよいだろう。

五　「時代の危機」として

1　豪農商層への情報伝播

いま、民族的危機意識といったが、もとよりそれは封建的なものと未分離の萌芽的なそれであることはいうまでもない。しかし、そうしたものであるにせよ、上海で日本の危機を実感した藩士の日記や見聞録が日本の知識人、とりわけ豪農商層に伝わっている事実に注目したい。

佐藤三郎によると、山形藩領内の旧家や新潟県との県境に近い米沢藩領内の郷士の家から、さきの名倉の「支那聞見録」や「海外日録」の写本などが見つかっていることが報告されている（佐藤三郎『近代日中交渉史の研究』九四〜九五頁）。

この報告を、私は幕末期における危機意識の広がりのひとつの証左とみる。その第一は、これらが千歳丸派遣と何ら関係のない地域で発見されていること、第二には、これらの日記・記録類の所蔵されていたのが、いずれも旧家（豪農商層）や郷士の家であったことである。

危機感は前記のような藩士層から豪農商層への情報伝達によって広がっているのである。

日本近代史家宮地正人は、「風説留から見た幕末社会の特質」（『思想』八三一号）で、幕末における政治情報のあり方を、北関東（大久保真菅〈一八一〇〜六四〉家、草分百姓的豪農）・武州（林信海、名主・豪農）・江戸（堀口貞明〈一八〇四〜六九〉、名主→山地代官的な役、のち神奈川奉行支配調役）・名古屋（小寺玉晁〈一八〇〇〜七八〉、名古屋藩陪臣）・高岡（坪井信良《しんりょう》

表3　蒼龍館文庫「外国地理」書名一覧

著編者	書名	巻・訳等	出版者（社・板）	発行年	冊数等
箕作寛(省吾)	『坤輿図識』・同補	5巻・補4巻	夢霞楼倉板	弘化2～4(1845～47)	7冊
匹懿孛隣雋(蘭)	『地学正宗』・同図	杉田玄端訳	江戸・須原屋伊八	嘉永3～4(1850～51)	7冊 図2冊
	『八紘通誌』欧邏巴部	箕作阮甫訳 初編・二編	〃	嘉永4(1851) 安政2(1855)	6冊
禕理哲(米国)	『地球説略』		寧波・華花聖経書房	1856	1冊
魏源重輯	『海国図志』籌海編，上下	塩谷甲蔵・箕作阮甫校	江戸・須原屋伊八	嘉永7(1854)	2冊
〃	『海国図志』印度国部，附夷情備采，上中下	林則徐訳	〃	安政3(1856)	3冊
〃	『海国図志』英吉利国部，上中下	林則徐訳・塩谷宕陰・箕作逢谷校	〃	安政3(1856)	3冊
〃	『海国図志』俄羅斯国部，上下	〃	〃	安政2(1855)	2冊(『海国図志』巻36・37)
〃	『海国図志』普魯社部	塩谷甲蔵・箕作阮甫校	〃	安政2(1855)	1冊(『海国図志』巻38)
〃	『海国図志』墨利加洲部	中山伝右衛門校8巻	江戸・和泉屋吉兵衛	嘉永7(1854)	6冊
徐継畬	『瀛環志略』	井上春陽10巻 森萩園・三守柳圃訓点	江戸・内野屋弥平治	文久1(1861)	10冊
Cornell, S. S.	*Cornell's Primary Geography, for The use of Schools*: 上下	題簽「地学初歩」宇田川榕精訳	江戸・渡辺氏蔵板	慶応2(1866)	2冊
大鳥圭介(編)	『万国綜覧』			万延元(1860)	1冊
福沢諭吉(訳編)	『世界国尽』	6巻	慶應義塾板	明治4(1871)	3冊
	『万国地理小学』	青木輔清訳	東京・和泉屋吉兵衛	明治7(1874)	3冊
	『職方外紀』	艾儒略訳編			1冊
長久保赤水	『地球万国山海輿地全図説』	表紙「改正万国図」		刊年不明	1枚
	『掌中輿地万国全図』		京都・石田松雅堂	刊年不明	1枚
大屋愷敆	『射号万国地図』東，西		金沢・石川県学校板	明治6(1873)	2枚
後藤七郎右衛門	『万国精図』		京都・風見庄左衛門	明治19(1886)	1枚
	『大清一統図』	独乙人原撰・新発田収蔵校		刊年不明	1枚
	『異朝名数』				1冊
	『世界奇談』上中下	久保扶桑訳述	横浜・丸屋善八	明治8(1875)	3冊
Salzmann, C. G.	*Reizen der Kweekelingen van Schnepfenthal*		Amsterdam・M. Schalekamp	1800	217頁
	『英吉利国　総記和解』	正木篤訳(林則徐訳の重訳)	江戸・常惺簃	嘉永7(1854)	1冊
陳逢衡	『暎咭唎紀略』	荒木謇之進訓点	江戸・和泉屋吉兵衛	嘉永6(1853)	1冊
	『亜米利加総記』完坤乾	広瀬竹庵訳	雲竹小居蔵板	嘉永7(1854)	3冊

	『美理哥国総記和解』上中下補	正木篤訳『海国図志』より訳出したもの，墨利加洲沿革総説和解，美理哥国総記補輯和解を付す	江戸・正木仙八	嘉永 7 (1854)	4 冊
葛拉墨児	『合衆国小誌』	小関高彦訳	知芳室	安政 2 (1855)	2 冊

注　『蒼龍館文庫目録』の「外国地理」によるが，原本により一部修正・補訂した．『国書総目録』参照．

〈一八二三～一九〇四〉、町医次男、医家佐渡養順家養子、のち幕府医学所教授・幕府奥医師）・紀州日高郡（羽山大学〈一八〇八～七八〉、在村蘭方医。菊池海荘〈一七九九～一八八一〉、豪商）などの事例によって詳細に分析し、次のように述べている。

> 幕藩体制下では、豪農商と在村知識人は、本来的に政治と情報から疎外されるべき存在だったのである。それにも拘らず、全国的規模において、豪農商と在村知識人は、独自に、あらゆる政治情報を蒐集し交換し分析し、それをもとに自らの政治的位置を確認し、自らの政治的立場を――その社会的身分からいって第一線においてではないにしても――創りあげていった。このような全国的な豪農商や在村知識人による、文字通りの衆人環視の情況下において、幕府は一九世紀後半に入りはじめた国際政治に対処しつづけなければならなかったこと、このことこそが、幕末社会の最も基底的な底流としておさえておかなければならない核心だ、と筆者は考えている。問題は開国か鎖国かという政策論議のレヴェルにあるのではない。急速に形成されつつあった国民的輿論＝「公議輿論」と幕府の専制的・家産制的政治支配との間の構造的矛盾のレヴェルに存在していたのである。

宮地は全国的な豪農商層に政治情報が広がり、それがいうところの「公議輿論」を成立せしめた基礎になったことを強調しているのである。

いま宮地も例としている越中高岡の代々の医家佐渡養順家についてみれば、この佐渡家の旧蔵書を中心とした和・漢・蘭医学その他の史料は蒼龍館文庫（佐渡家の書庫名）として金沢市立図書館の「近世資料室」に収められている。『蒼龍館文庫目録』（金沢市立図書館）によれば、その数一千余点、四二六三冊となっている。

そのなかには異国船に関する多くの史料や各国と結んだ条約や税則類の写し、中浜万次郎（ジョン万次郎）の海外見聞録『漂客談奇』（建部棹手写、嘉永七年〈一八五四〉）以下の漂流記や徐継畬《じょけいよ》『瀛環志略《えいかんしりゃく》』（一〇冊）をはじめとする、表3のような地誌に関する諸本が含まれている。

これは一例にすぎないが、『海外新話』五巻、『満清記事』（坪井信良手写、佐渡三良句読）などもある。これらの諸本には随所に朱書がなされている。たとえば、『海国図志　墨利加《メリカ》洲部』八巻（六冊）の巻一には一七ヵ所（一ヵ所抹消）、巻二は四ヵ所、巻三は一ヵ所、巻四・五（一冊）は五ヵ所、巻六・七（一冊）は四ヵ所、巻八は二ヵ所、計三三ヵ所に朱書があり、『亜米利加《アメリカ》総記』（三冊）の第一冊には一三ヵ所、第二冊八ヵ所、第三冊六ヵ所という具合で、その第一冊の本文「軍艦百六十艘」のところには、「邦按《あんずるに》海国図志作二戦艦百十艘一」と朱書がなされているのである。「邦」は佐渡家九代目の養順のことで、名は在邦、通称は三良といった。坪井信良（蘭学医坪井信道《しんどう》の養子）はその実弟である。いかにこれらの諸本が熱心に読まれたかがうかがわれる。

また、『地球万国山海輿地全図説』の欄外には、次のような朱書がなされている。

邦与二大図一校讐《こうしゅうす》（書物を対照してその正誤異同を正す意――田中注）。世界ハ丸キモノナルヲ人々其理ヲ疑フ。故ニ二極星ノ高下ニ於テ其丸キ道理ヲサトラシム。因テ図説ト云。譬ヘハ、南海ジヤガタラノ北北極出地、一度北ニ向テ日本へ来レハ極星三十六度、ヲロシヤへ行ハ五十度、夜国ニイタレハ九十度、極星人ノ頭上ニアリ。是ヲスグレハ極星反テ後ニ見ユ。マス〳〵行ハ赤道ノ下ニ至ル。南極星出レ地ヲ見ベシ。天ハ一昼夜ニ九万里廻ル。矢ヨリモ疾シ。其正中ニ在故ニ海水モ溢レズ、天上地下ノ居所皆同陰陽ノ妙、運天ノ義ウタガフベカラス。（句読点

は田中）

医家佐渡家の蔵書へのこのような書き込みは、当時の知識人におけるアヘン戦争以後の日本をとりまく世界認識への関心の表象であり、それはとりも直さず彼らの危機意識のあらわれにほかならない。

宮地の言葉をもう一度借りると、「アヘン戦争における清国の惨敗は、日本知識人の対外認識を根底から覆した。欧米のアジア侵略が、日本の隣国で文化的母国である清国に城下の盟を強制しえたとすれば、次に日本はどうなるのか。正にこの危機意識をバネとして幕末の歴史認識は出発し、そして結局そこに戻っていく。換言すれば、それは『危機としての現代』認識なのであ」る、ということになる。

本章の論旨に即していいかえると、こうした知識人（豪農商層を含めた）のアヘン戦争以降にみられる危機意識に、「黒船」来航以後の日本の現実の危機感が重なり、さらにこれまでみてきたような上海体験に端を発する藩士層の具体的認識による危機感がおおいかぶさり、知識人層への情報伝達によって危機意識は全国的な広がりをもつことになる。宮地のいう幕末期のいわゆる「公議輿論」は、いうなればこの危機意識がその底流をなすといってよいだろう。そして、それは急速に一般民衆をも包み込んで深まりを示していくのである。

2　時代の危機

いま急速にといったが、ここで情報伝達の速度を垣間みておこう。

ペリーの来航は嘉永六年（一八五三）六月三日だった。すでにふれた『小梅日記』の来航記事は、同月の十七日である。紀州には二週間で届いている。土浦の色川三中あての最初の「黒船」情報は、千葉横町近江屋仁兵衛が六月四日の朝には早くも認め、以後相次いで三中に発せられている。筑前宮浦《みやのうら》（現福岡市西区）には第一報が六月十日に届

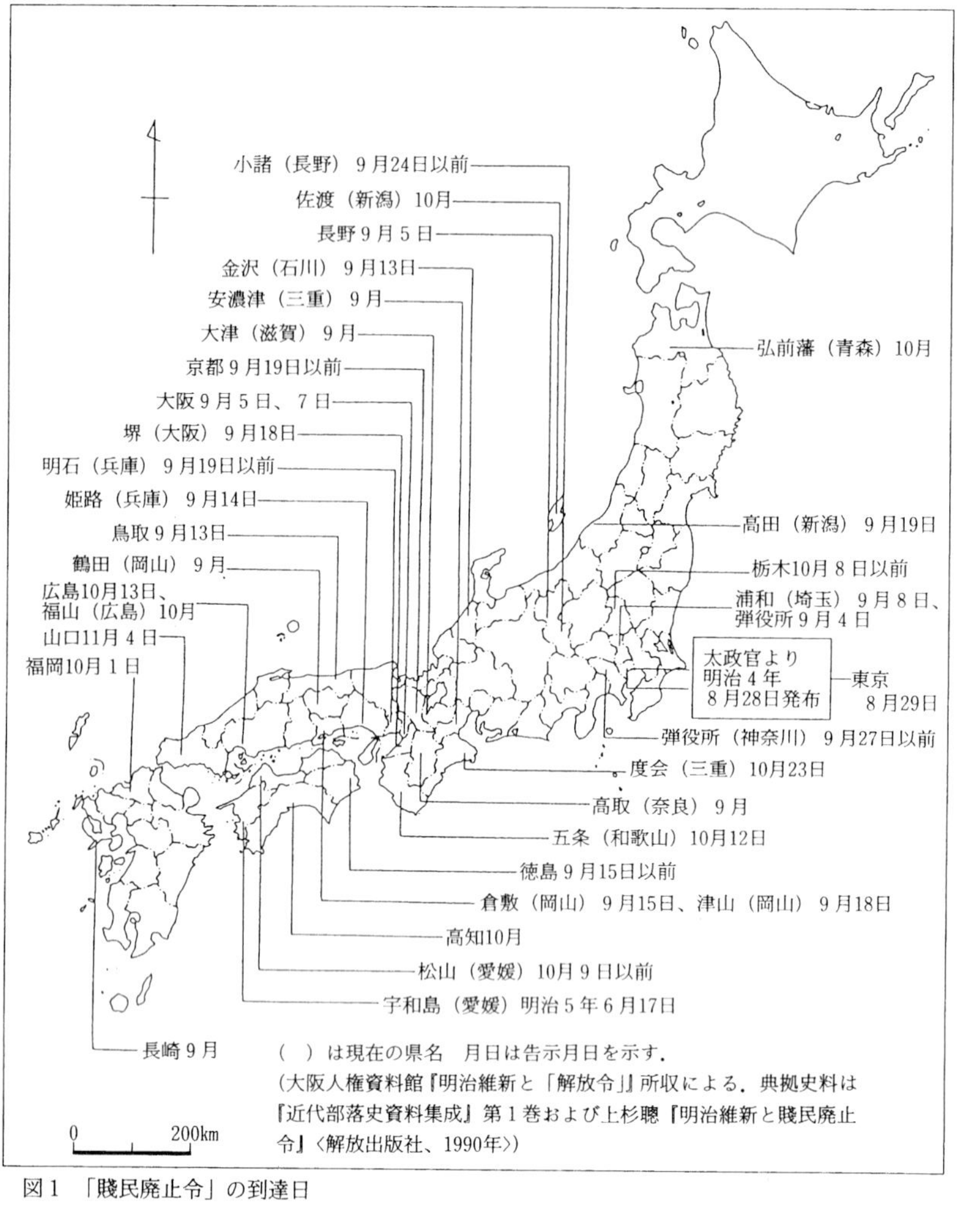

図１　「賤民廃止令」の到達日

き、詳報は十三日に入っている。宮浦は「五ケ浦廻船」という廻船集団の拠点だったから、江戸・大坂・長崎・下関・対馬からの情報はいち早くもたらされていたのである（津上悦五郎著・高田茂廣校注『見聞略記』）。

それを、図1の「賤民廃止令」（太政官布告は明治四年〈一八七一〉八月二十八日。いわゆる「解放令」）の各地への到達日と比較してみるがよい。この布達伝達にはこの問題独自の事情があったにせよ、それにくらべ「黒船」情報の伝達が予想以上にはやい速度で伝わっていたことがわかる。それは危機意識の浸透の広がりと深さとも関わるだろう。

考えてみると、嘉永六年のペリー来航から慶応三年（一八六七）まで、足かけ一五年で幕府は崩壊した。二世紀半にわたって続いていた強固な幕藩体制が、わずか一五年たらずであっという間に崩れ去ったのは、さまざまな要因があったにしても、その根底には時代をつき動かし、時代を激変たらしめた歴史の奔流があったからにほかならない。それは近世中期にはじまり、一八三〇〜四〇年代の天保期に顕在化した幕藩体制の矛盾に規定されていたことを誰しも否定はしない。

だが、それを認めたうえで、ペリーの「黒船」来航以降、かくもはやく、かくも激しい形で時代の流れが動き、おしとどめることのできない勢いで幕府の倒壊を現出せしめたものは何か。

それはアヘン戦争の情報が伝わるなかで、「黒船」来航に端を発し、支配者層・被支配者層を問わず包みこんだ幕末期の危機意識が、人びとをとらえて離さなかったからではなかったか。とりわけ、時代の動向を敏感に受けとめ、半植民地化の中国上海における体験をふまえた藩士層や自覚的な豪農商層を含めた知識人が、その危機意識を増幅しつつ民衆にまで及ぼしていった意味は大きい。

危機意識が広く深く、かつはやく全国的に浸透し、あるときには意識的に、あるときには無意識的に人びとをとらえたとき、危機は時代の危機となる。幕末期の危機意識は、まさにその時代の危機として人びとに受けとめられ、人びとをつき動かし、時代を変えていったのである。

このような危機意識を大前提に置かなければ、幕末変革のあの大激動は理解できないだろう。

〈付記〉本文中に引用した名倉予何人に関する史料については、京都大学文学部国史研究室所蔵本の写しを松沢弘陽氏のご好意により見ることができた。記して謝意を表する。

第三章　薩長交易の歴史的意義

はじめに

――研究史と問題の所在――

幕末貿易史については、われわれはすでにすぐれた成果をもっている。山口和雄著『幕末貿易史』（一九四三年）と石井孝著『幕末貿易史の研究』（一九四四年）がその代表的著作であることは誰しも異論あるまい。

ところで、これらの著作での主題は、あくまで幕末開港による外国貿易であり、その実体とそれのもたらす国内市場への影響が、主として幕府を中心として分析されており、[1]したがってそこでは、この時点における諸藩間の国内交易の問題はほとんどふれられていない。しかし、国内交易の問題は、幕府および諸藩がそれぞれ「富国強兵」をめざし、その軍事力・経済力を動員して、新しい権力体系の構築を次第に明確化させていた幕藩体制倒壊の直前という時点を考えれば、極めて大きな意味をもっているといわなければならない。国内市場が、開国という外からの衝撃によって大きく変動する中で、諸藩間の交易はどのように成立し、いかなる展開をとげつつあったのか、それは従来の幕府を頂点とする全国市場の体系とどのようなかかわりあいをもつのか等々。もちろん、それは幕府の動向ともからむが、[2]ここでは諸藩間、とくに西南雄藩としての長州藩と薩摩藩に焦点をしぼりたい。この両藩は尊攘・倒幕運動の主要な勢力を占めていたから、この両藩への追及は維新史解明の基礎作業になると考えるからである。

ところで、この長州藩と薩州藩との交易問題については、戦前では服部之総の興味ある発言にもかかわらず(3)、その後それをおし進めた分析はほとんどないといってよい(4)。

戦後、薩長交易を「長州藩からみた」という限定の下に分析したのが関順也の論稿であり(5)、私も若干ふれるところがあったが(6)、その後石井孝は関の意義づけに対する批判を行なうと共に、「藩際交易」について関説し(7)、さらに一九五八年度の歴史学研究会大会での吉永昭の報告が(8)、この問題を取上げて注目すべきものとなってきた。

このような研究史の上に立って、主題について考察を進めていこうとするのであるが、現在までの研究史では事実の確定それ自体がなお十分に果たされていないので、本章ではできるだけ実証的に事実を追及し、今後の研究の基礎としたい。

一　幕末薩長交易成立前の交易路線

安政三年（一八五六）十二月、長州藩萩城下には雲浜・梅田源次郎の姿があった。彼の長州訪問の目的については、明倫館学頭小倉尚蔵の藩政府宛の届書には、「(梅田は) 山崎闇斎学専門にて篤学簡要之修業方と相見申候」(9)とあるが、雲浜の真の目的は長州と上方との物産交易を開くことにあった。それは「下拙甚ダ深慮有レ之候事ニテ、他日御国(長州――田中注) 天朝ヲ御守護被レ成候基本ト可二相成一奉レ存候」(10)という政治目的の路線の上に立つものであった。

彼を長州藩当路にひき合わせたのは当役浦靱負《ゆきえ》の家臣秋良敦之助(11)、彼が自己の胸中を説いた長州藩の相手は相談役坪井九右衛門であった。

この頃長州藩は、坪井を中心として「産物取立」策に積極的方策を打出し、「勧農産物江戸方御内用掛り」を任命して藩内の農民的商品生産を自己の基盤に組込もうと意図していたから、[12]この梅田の提案は坪井に受け入れられ、雲浜は長州の物産用掛となった。長州藩は翌安政四年五月に、京都藩邸の宍戸九郎兵衛を「物産取組内用掛」に任命し、閏五月には坪井自身「物産御用掛」となって京都・大坂・大和へ乗り出し、五年正月には大和高田の豪農村島長兵衛、長次郎父子が長州へ来て物産方吏員と協議し、まず大坂に販売所を設置して交易の実現を図るに至った。[13]

この時、雲浜に連なっていたものは、先の村島父子の他に、その分家で雲浜の後妻千代の実家村島内蔵進、洛外川島村の庄屋・郷士・豪農商山口薫次郎とその親族小泉仁左衛門、商人松坂屋清兵衛、門人・医師乾十郎、大和五条の木綿問屋下辻又七、備中連島の豪農商三宅定太郎、十津川の郷士、肥後の松田重助（変名波多野右馬之亮、当時在京坂）等である。[14]

かくて、長州よりは米・塩・蠟・半紙・干魚等を山城・丹波・大和の諸国へ、京坂および大和からは呉服類・小間物・薬種・材木等を長州へ送ることとした。[15]この間、梅田と坪井との間に若干の摩擦もあったが、[16]この上方・長州交易は軌道に乗った。やがて、雲浜は安政五年（一八五八）九月、京都で幕吏に捕縛されて獄死し、[17]雲浜のこの産物交易の計画は、備中連島の三宅定太郎によって継承される。三宅はこの地の綿を長州へ送り、幾多の取引を重ねたもののこれは遂に失敗に終った。[18]

この梅田雲浜―三宅定太郎の交易路線をさらに九州まで拡大して薩長・備中の交易網をつくりあげようとしたのが平野国臣であった、といわれている。[19]すなわち、雲浜は先の安政四年正月、長州萩から帰京する前、足を馬関から博多へのばし、筑前亡命中の薩藩士北条右門やこの平野国臣に会っていたが、[20]国臣は安政六年（一八五九）、備中の三宅と長州支藩清末領の下関竹崎薩州問屋白石正一郎とを説いて、備前・備中の生綿・鉄材と薩州の山藍との交易計画案を成立させ、これらの産物を積んで三宅の第一船は国臣を乗せてその年三月に竹崎に着いているのである。[21] この計画は種々の故障でその年の暮れる前に挫折するのだが、[22] この平野の薩長・備中交易を梅田↓三宅交易路線（上方－長州）の単なる継承・拡大とみ、その一環にある薩長交易を以下述べる薩長交易と同質とみることには問題があるであろう。というのは、梅田↓三宅路線の場合には長州藩の藩権力自体がこれに乗り出してタッチしているが、平野の場合には白石正一郎であって、次節でみるように白石は長州の本藩権力とは直接関係はない。長州側からいうならば平野路線はいわば民間交易にすぎないのである。

ここでとりあげる薩長交易は藩権力の介入した交易なのである。だからこれは平野路線の挫折にもかかわらず、いやむしろその挫折の上に成立する。

かかる安政期の交易路線の交錯の中で、本章の主題である薩長交易はいかにして成立するか、それをつぎにみていこう。

二　薩長交易の成立

1　薩長交易の成立過程

以下述べる薩長交易[23]成立以前に、すでに問屋商人による若干の取引は行なわれ、[24] 安政三年（一八五六）からは薩州の藍玉買入れをめぐっての動きがみられるが成功せず、[25] 薩長間の交易取組について本格的な工作が開始されるのは、さきにふれた白石正一郎[26]の登場によってである。

すなわち、彼は薩州産藍の長州売込みを意図していたが、[27]安政五年（一八五八）七月、薩州仁牟礼佐兵衛・長州浜崎問屋小野屋治右衛門と共に、長州藩に対して、薩州の「藍を始其余之品々」と長州の「木綿・塩其外之品々」との交易を、馬関を中心として実現すべく内願した。[28]ところが、藩当局は、「勧農方之者より順々願出候ハヾ可否共何分之御詮議をも可レ被二仰付一、無レ左候而ハ難二相運一」（「覚」）という態度をとったから、白石は直ちに勧農御内用懸り中野半左衛門[29]・同山本寅蔵のところへ「示談」に行き、中野・山本はその趣を受けて藩に内願した。

藩は、これらの勧農産物御内用懸りと相談の結果、「先ツ御互之処ニ而御交易相試候様、左候而御双方様共御国益筋ニ相備申候御見詰被レ為レ在候ハヽ、至二其節一願之通御詮儀可レ被二仰付一」（安政五・八、中野・山本より仁牟礼・白石宛「覚」）と、いわば商人による相互取引をまず行ない、その結果「国益」の見通しがつけば藩自体がこれに乗り出そうという、慎重かつ巧妙な態度をとっている。[30]この商人相互取引試行の返事を受けた白石・仁牟礼・小野屋は、すでに準備していた薩州側からの藍玉の見本を中野・山本へ預けると同時に、長州側からの若干の見本を受け取り、また、代金・相場などに関しても提案を行なったりした。[31]

しかし、この交易についての具体的な打合せは、安政五年九月朔日、下関詰の薩州笘船役頭高崎善兵衛・白石正一郎他二人の一行が中野の処へ訪問することによって行なわれている（一行は翌二日帰関）。そして、この会合で、薩州側の「永々御交易相調候様仕度」という積極的意向が明らかにされると共に、長州産の鯨骨のごときは、薩州が「脇方よりは高直ニ御引請申候」という独占購入の意図ももらされている。[32]

かくて九月中旬、白石は中野の名代、前大津殿敷村通船御用達中川源八郎を同道して薩州へ向け出発、[33]十一月の帰国まで薩州で交易取組の折衝に当たっている。[34]この折衝によって、薩州側は川畑清右衛門[35]を係として、長州藩へは「藍玉交易を第一ニして黒砂糖・鰹・硫黄・琉球産物之器物・錫類其他御入用之品」を送り出し、長州側からは「鯨骨・山たて牛馬之骨之事・木綿・岩国縮ミ・塩・かんてん・素麺・鯨油其外」（安政六・二、「覚」）を買入れることを取りきめている。帰国した白石は、「さつま之方御取結び余り隙入申候而ハ不都合と奉レ存、甚気せき」（安政五・十二・十八、白石より中川源八郎宛）、「此機会不ニ取失一様」（安政五・十二・十三、白石より中野源蔵宛）と、急速に薩長交易を軌道に乗せて、「一日早ク相運バセ、早ク一ト車廻リ候様ニ」（安政五・十二・四、白石より中野半左衛門・源蔵宛）と中野へ積極的に働きかけている。[36]

かくして、中野半左衛門・山本寅蔵は薩長交易に関し藩と幾度かの交渉を重ね、交易品目についての検討も行なって、[37]安政六年（一八五九）二月二十日、飯田源助を通して藩へ次のような願書を提出した。

申上候事

御国と薩州と産物御交易之儀断之趣有レ之、去年夏私共ヨリ御伺申上候処、先ツ於に下申合取計候様、左候而永続之御目途御座候ハヽ其節ニ至リ何分之御沙汰可レ被ニ仰付一との御事、其砌被ニ仰聞一其辻を以書替仕双方ともに纔宛手本物取替し相試申候。

一、藍玉外ニ外ニ鰹節、煙草、硫黄

右薩州より差出可レ申との事、尤都而彼国産物ハ藍玉を主ニして御役座相立、御家老様始藍玉御懸りと申名目ニ而御座候間、此度之義も藍玉交易と申候事ニ御座候。左候而前断之物ニ申合之上、向物之分差出し可レ申との事。

一、鯨骨、牛馬骨

外ニ

塩、木綿類、鯨油

但、御国より御差向可レ被レ下候との事

右之品々ニ而直組相立交易可レ仕、双方引合不レ申節ハ勿論取組不レ申事。

一、黒砂糖ハ大坂座方之外脇売一切不二相成一候へ共、御国御入用御座候ヘバ、少々配分之道立も可レ有二御座一候。是ハ追而時宜ニ随ひ御相談可レ申承との事。

一、唐物類之儀ハ至而厳重之御取締リニ而、一切売買不二相成一、此段ハ承知致置候様との事。

一、於に下交易相試之儀、薩州様ニおゐてハ順々御役人方御聞届相成達二　御聴一候付、当御国ニおゐても向々御役人様之御聞届被二仰付一候趣御彼方様へ通し不レ申候而ハ、私共申分計ニ而ハ彼地より被二罷越一候御衆中御帰国之上甚不都合ニ相成、存外之迷惑ニも相成申候間、去年被二仰聞一候通於に下相試候儀ハ聞届相違無レ之候段、御彼方様へ御通達被二仰付一候様取計之儀重畳に被二相頼一候事。

一、此節改而御願申上候筋ニ而ハ無二御座一、去年被二仰聞一候通於に下交易試候儀ハ御聞届相違無レ之候段、御通達之御取斗被二仰付一被レ遣候様幾重も奉二願上一候事。

一、於に下少々交易相試候ニ付而ハ、仮令損失有レ之候共、全御役所へ奉レ懸二御厄害一候訳ニ而ハ無二御座一候事。

一、一両年も於に下現場相試弥　御国益御目途相立候ハヾ其節可二申上一候間、宜敷御詮儀ニ仰付可レ被レ遣候事。

右前書之廉々被二聞召一上、昨午年御授被二仰付一候通、於下交易試之儀御聞届被二仰付一候段、御役方へ相通り候様奉二願上一候。左無二御座一候而ハ去年書替シ之次第旁彼方へ対申訳ケ無レ之、進退相迫リ、先方ニおゐても去年之一条違約ニ相成候而ハ、帰国ノ上是迄筋道不二相立一参リ懸リニ付、何分御約定通取斗候様重畳被レ申候事ニ付、千万恐多御儀ニ御座候へ共旁之趣被二聞召一分、何分先方へ対道理相立候様偏ニ宜奉二願上一候。此如宜被レ成二御沙汰一可レ被レ遣候。以上。

勧農御内用懸り
中野半右《ママ》衛門
山本寅蔵

飯田源助殿

この願書に対して、同日「於に下交易御免之御書下ケ可ニ被仰一付」（「日記」同日条）と、藩から交易許可が下り、ここに薩長交易は成立したのである。

2　薩長交易成立をめぐる二、三の問題

以上みてきた薩長交易の成立過程から、われわれはつぎのことを確認しうる。

(1)　薩長交易の当初の積極的推進者は、下関の薩州問屋白石正一郎であって、彼は馬関を中心とした交易を意図した。しかし、長州藩はこの白石の意図を、安政改革の過程で設置された勧農御内用懸りを通してでないと取り上げなかった。

(2)　この薩長交易に対し、長州藩の藩当局は、藩権力末端に連なる豪農商（勧農御内用懸り）に全責任を負わせて試行させ、利益の見通しが確定した上で藩自体が乗り出そうという慎重さを示している。

(3)　これに対し薩州側は、当初より交易永続の意図を示して積極的に乗り出している。

(1)の問題は、(3)ともからみ、政商的問屋商人白石正一郎が、薩藩の意図をいち早くよみとって自己に最も有利な馬関を中心に薩長交易を試みようとして積極的工作を行なっていたわけであるが、長州側はこの「第三者的な商業資本」の要求を却下して、あらためて、勧農御内用懸りという長州藩の特権豪農商を通じてこれを取り上げたのである。

これは一体何を意味するのか。

当時、長州藩は安政改革の実施の最中であり、各宰判の庄屋・大庄屋クラスの村落支配者・豪農商を勧農御内用懸りに任命し、彼らをいかに自己の基盤に組み入れるかが改革の成否を決していた。次第に発展しつつあった農民的商品経済を領主権力が掌握しようとした安政改革の「産物取立」策は、これら勧農御内用懸りの村落支配者・豪農商を無視しては不可能だったのであり、領内市場の支配はまさに彼らにかかっていたのである。(38) そこに、白石という「第三者的」な問屋資本と藩とは直ちに結びつかず、あらためて勧農御内用懸り中野・山本にこれをゆだねたゆえんがあった。(1)の問題は、この長州藩における当時の藩権力の改革路線の上での対応だったのである。

ところで、(2)及び(3)の薩長両藩の交易をめぐるあり方の相違は何に由来するのであろうか。

まず積極性を示した薩摩藩の場合からみていこう。

今ここで薩藩の領内経済構造全般についてふれる余裕はないが、幕末期におけるこの藩は、その生産力の低位、商品生産の未発展、これに逆比例した領主権力の強大さに規定されて、領内における商品流通は、「藩庁のはげしい収奪と厳重な農村商業の統制によってきわめて狭い枠の中に閉じ込められなければならなかった」(39)し、資本の存在形態にしても、藩権力と結びついた商品流通過程に寄生する前期的性格を色濃くもたざるをえなかった。

薩長交易成立期における状態も、そうした基本的性格を一歩も出ず、むしろ藩権力による産物取立政策は一層強化されつつあったのである。安政五年七月の一史料が、「薩州表御産物之儀は、前々ヨリ産物方御役所被二立置一候得共、乍レ恐御思召之通不レ被レ為レ行歟、近年御手許ニおゐて御取斗被レ遊候段、内々奉二承知一候」（傍点——田中、以下同）といっているのはそれを示している。

かくて、薩摩藩は山田宗右衛門・重久玄碩・井上庄太郎を産物政策の係に任命し、彼等は町人明石録兵衛に「綿植付之儀」を命じ、さらに藍についても、「年増多分ニ被二仰付一、御製作も一入御手数被レ遊」、「近々ハ阿波之藍玉よりも進上品々御製造被レ為レ遊度御思召ニ而」、阿波藍玉製法に通じた下関今浦の紺屋職三原利兵衛を雇って、その製法改良に努めるなどしている。他方、仁牟礼等は、「御国産を以諸国産物与御交易之儀、乍レ恐　太守様甚御好被レ為レ遊候御儀与奉二推察一」、「先年肥前様御国産ノ酒与日州表御手山ゆす灰与御交易」を成立せしめたりしている[40]。

このような当時の薩藩の動向は、農民的商品経済の未発展、それに基づく領内市場の狭隘さに規定されて、一方においては、上から藩権力によって物産政策を強行せざるをえず、他方においては、領外に市場を求めて、領主経済の危機克服の方途を見出さなければならなかったことを物語っている。いみじくも一史料は次のようにいう。

元来交易ノ儀ハ殆ト百年来薩州家ニテ内々被レ行居候処、自国而已ニテハ其偏土狭隘ノ土地柄故、家来小松彦八郎ト申者ニ被二申付一、越後新潟・加州金沢・摂州兵庫・奥州仙台・下総銚子以上五ケ所ノ町人共ヲ利潤ヲ以御引込、内々交易被レ致、其元入等ハ薩州家ニテ致居候……[41]

ここまでみてくると、薩藩が商業資本と密着しながら、薩長交易に積極的に乗り出してくる必然性は明らかになったであろう。薩藩の積極性は、領内の農民的商品経済の発展のゆえではなく、むしろその逆による、といってよい。

ではこれに対する長州藩の(2)の態度は何に基づくものであろうか。この藩の農民的商品経済は、薩藩とは異なって一定の枠の中ではあるがある程度の発展を示しつつあった。そしてそれに対応して藩は安政改革の過程で、領外への商品流通は制限しつつも藩内商業は大幅に認めている[42]。この点、薩藩のように領内市場の狭隘さのゆえに、領主財政の克服を直ちに領外市場に求めざるをえないという政治経済構造とはやや異なっていた、といえる。

しかし、この藩にとっても、薩長交易が白石という「第三者的」な資本の積極的働きかけに応じて、いわば受身の形で成立するのは、この藩内の農民的商品経済の発展それ自体の要求から、この交易が成立したものでないことを物語っている。それは交易産物の試用や集荷過程をみてもいえるのであって、(43)「自由」な商品流通の上に立ったものではない。交易を「於レ下相試」とはいっても、この「下」は単なる民間商人ではなく、あくまで「勧農御内用懸り」であることもこのことと関連し、これらの村落支配者・豪農商を自己の基盤に組み入れ、しかもそれを最大限に利用しつつ「富国強兵」策を図ろうとしていた当時の長州藩の権力の姿勢が、そのまま薩長交易に反映されている、といえるのである。

三　薩長交易の展開と中断

1　薩長交易の開始

安政六年（一八五九）八月、薩藩は下関に薩長交易のための役所を設立し、高崎善兵衛を「藍玉懸り・交易懸り見聞役・横目助」とし、その「附役」として萩原謙介を任命して薩長交易および備中藍玉取組に当たらせた。と同時に、鹿児島町人明石録兵衛・野元安右衛門が「長州交易支配人」となり、郷士仁牟礼左兵衛が「交易用弁」となって薩州からの産物を二艘の船で下関へ送った。それには藍玉（五〇〇俵、内四〇〇俵は備中へ）・琉球反布類・硫黄・琉球ぬりもの（若狭もの）・琉備後類その他の見本が積み込まれ、長州からの見返りの産物としては、鯨粕・山たて・綿・木綿類・かすり・塩その他が要望されて、「何にても御相談可レ仕」といわれ、その品目は明石・野元が検討し、高崎が立会って請け取ることとした（安政六・八、中野半左衛門「覚」）。

ところが、当時長州藩では「産物一条共に近年防長御国中為二潤色一御取締被二仰付一候事に而急々御吟味も運兼候」

（万延元「覚」）という状態であったので、薩州の高崎、「御手先」有沢左兵衛および野元は度々中野へ「示談」交渉した。長州藩当局は、「此御交易御取結相成候得ば、往々防長之潤色にも可二相成一哉」と考えつつも、「初度より屹度御取結に相成り而も自然御双方様間に御不弁理之廉」が生じてはという懸念から、中野に一任して試行を行ない、「其上御双方様御為筋に相成儀に候はゞ、到其節に御相談とも可レ仕」（前掲「覚」）と、当初からの態度を堅持した。

表4　万延元年10月・薩長交易品目および数量・代銭

	品目	数量	代銭	備考
			貫　文	
長州から薩州へ	米	550石	7,150.000	1石ニ付13貫文替
	塩	29,600俵	4,144.000	100俵ニ付14貫文替
	繰綿	5本	116.144	1本ニ付23貫228文替
	白木綿	1,600反	1,611.644	
	上包白木綿	13反	9.100	
	大和嶋	65疋4反	194.216	
	柳井嶋	8反	17.824	
	染地形付類	(記入ナシ)*	1,565.737	
	半紙	15丸	198.000	1丸ニ付60貫入 10束ニ付2貫200文替
	鯨骨粕	314表	420.379	貫目正味1727貫600目
	計		15,426.052	
薩州から長州へ	藍玉	250俵	4,017.606	玉藍、すくも藍
	琉球木具類	1式	750.410	
	琉球反布	394反	1,123.448	
	煙草	1式	1,463.317	
	名取網	868尋4合	321.834	
	鰹節	57貫110匁	141.137	
	硫黄	221俵	1,134.473	
	麻苧	140斤	50.298	
	琉備後大島表取合	75束	234.760	
	計		9,237.299	

注　「請取申物数之事」より作成.
*　万延元年7月3日，中野は薩州貿易のための形付木綿1,289反（正銀14貫304匁5分5厘）を吉田新兵衛・同孫兵衛より受取っている．これはこの染地形付類の一部であろう（万延元・7・3「覚」）．

かくして、中野によって交渉は着々進められる。薩州からは中野その他の薩摩への派遣方申入れがあり、中野から長州藩当局へ現地見聞の申請が出され、藩は万延元年（一八六〇）五月その薩州行を許可し、中野は産物方元締手子役吉松平四郎および中川源八郎と共に七月二十日下関を出発、八月四日鹿児島着、同地に前年閏三月から滞在していた長州藩宮市《みやいち》町人藤井又兵衛と共に、十一月十日帰国するまで現地薩州にあって交易取組に当たった。[44]

交渉には、薩州側からは聞届掛り・「平士」加藤平八、[45]上町年寄・大年寄格・藍玉方懸り西村六右衛門、下町年寄・琉球紅花懸り柿本彦左衛門、年寄酒匂十兵衛等が当たり、[46]個々の交易品目についての具体的検討がなされている。この中野等の薩州行に際して「為御試」長州および薩州からそれぞれ送付した交易品目及び数量は表4の如くである。

ついで、文久元年（一八六一）三月には、薩州交易支配人柿本彦左衛門が来萩、その月十七日の「日記」には、「巳ノ年（安政四年）以来之御取組今日相調太慶《ママ》至極」と中野をして書かしめ、二十四日には下関伊崎新地の産物会所は中野一任となって、彼は会所番役を命ぜられ、弐歩銀を下附されて、[47]薩長交易は本格的に軌道に乗った。[48]長州は産物方の人事刷新を行なってその強化に乗出しているが、[49]翌文久二年（一八六二）の政治情勢は、藩当局者をして「富国強兵」策の一環としてこの交易に一層関心を寄せしめている。[50]

ところで、この薩長交易の各産物は、それぞれの藩領でどのような生産状況にあり、またどの程度の需要と供給を示し、交易は各領内市場といかなる関係をもっていたであろうか。それをつぎにみることにしよう。

2　薩長交易の産物

(1)　長州藩

まず、長州藩側からの産物についてみていこう。

米

米は薩摩藩側からの要望強く、[51]砂糖の見返り品として取組まれているが、万延元年（一八六〇）中野は薩州行前には一〇〇〇石を交易に当てるべく提案し、藩はそれを本勘から出すことを許可している。[52]

表5　文久2年交易米集荷状況

数　量	集荷米名
500石	伊勢本締所積差米
1,180	吉　田　米
284	船　木　米
200	小　郡　米
836	美　禰　郡　米
3,000石	計

注　文久2年6月「覚」より作成.

翌文久元年（一八六一）以降は、薩州の砂糖二五〇〇挺に対して米三〇〇〇石を、毎年大坂抨直段で下関において十一・十二・正月の三ヵ月間に引渡すという取極めをしている。(53) 中野は「日記」に、「北国米弐万石薩わたし之事」（文久二・四・十八）と記しているから、この北国米の仲継交易額は相当大きかったものと推測される。

藩内の米三〇〇〇石の集荷方法は、文久二年の例では表5の通りである。すなわち、各宰判に割り当て、中野より各宰判大庄屋宛に廻送を依頼し、藩の権力機構を通して集荷している。(54)「御本勘残り米之内　御国産之物々薩刕産物ト御交易取組」（万延元・六・二十七、秋本藤作より中野宛）といわれていることと思いあわすならば、薩長交易に当てられた長州藩の米は各宰判の貢租米の一部で、決して農民の商品化された余剰米ではない、といえよう。

牛馬骨・鯨粕

これは「薩州向物注文之第一」（安政六、高崎より中野宛）といわれ、「御取穫《ママ》之鯨骨は不レ残薩州江御渡被レ下候様」（安政五・九「覚」）と強く薩州側から要求せられていたものである。(55) したがってその独占購入のため、「已後脇売不二相成一様御取締可レ被レ下候。自然薩州舟差越直買いたし度申出候共、右決被二相達一積方不二相成一如二御申聞一可レ被レ下候」（安政六・十二・二十七、高崎より中野源蔵宛）と長州側へ申入れをしている。

藩では中野の要請に応じて、各宰判に「一手ニ買集方」を許された新特権商人をおき、彼らは中野の支配下にすべてを一任されて牛馬骨・鯨粕の買集めに当たる。(56) 需要が大きく「余程売行ニ相見」（万延元・九「覚」）といわれていただけに、ここに従来の問屋商人とこの独占的買付の新特権商人との間に対抗関係が生じてくる。すなわち、従来の問屋は、独占買入れの新特権商人に対して「一向承引不レ仕」、彼らはこの新商人の手に負えず、藩当局の善処を要望する程だったのである。[57]そして翌文久二年に至ってもこの抵抗は続き薩州への抜売も盛んに行なわれているのである。[58]この牛馬骨・鯨粕の積出しは、直接農民の利害に関わっていたから、[59]常に「村々御百姓衆気請宜敷心配仕候廉も相立、尚往々御弁利宜取捌方可ㇾ仕候。第一は地下向折合宜迷惑ニ相成不ㇾ申儀肝要之事」（安政六・九「御願申上候事」）と、強調されなければならなかった。さきの問屋商人と新特権商人との対抗関係の背後を規定していたものは、基本的にはこの農民の動向であった、といってよいのである。

こうした藩の新特権商人による独占交易に対する抵抗は、単に長州藩内の問屋商人のみではなく、薩藩側の商人からも起こっているのであって、長州の牛馬骨を瀬戸内農民から買集めて、鹿児島骨粕会所に差出し、その上で買集めの半分を「申請」していた鹿児島町人は、「表向売出し相成不ㇾ申」という長州側の仕法の統制強化に対して、「表方売捌御免被ニ仰付一候様」（万延元・十二・十八「乍恐口上書を以御伺申上候事」）と願い出て、反対の態度を表明している。牛馬骨・鯨粕が農民に密着したものであったがゆえに、薩長両商人層のこうした動向となってあらわれたのである。

綿・木綿・反物類

このうち、大和綿・大和木綿（縞）は大和の村島長兵衛から購入しているものであるが、これらの産物は薩州側から「引享宜しく候」と好評であり、柳井縞も同様好評で年間二万反の取引を約定している。したがって柳井縞に対しては産地である大島・上関両宰判へ頭取を定めて、下関より注文があり次第送付する様にしている。その他山口染地・白木綿・形付類も交易品目にのぼっているが、白木綿・形付類には藩は必ずしも積極的ではない。[60]

薩藩では江州（近江）反布類その他の購入に年間一八万両位あてられていたといわれ、この江州より入込みの商人が万延元年に残らず立退きを命ぜられたと、中野はその年五月九日の「日記」に記しているから、長州藩に対する反布類の需要も、このことと無関係ではあるまい。そして、その反布類の一部は琉球などへ送られていた、と考えら

れる。(61)

半　紙

半紙は長州藩においては専売品の主要な一つであったから、藩は薩州向け半紙は米同様「御本勘ヨリ差遣可レ下候」(万延元・四「覚」)とした。薩摩藩も百田《ももだ》紙を漉出してはいたが、これは毎年二月と三月の間に琉球へ送り、「いか程ニても限り無二御座一候」といわれる程需要のあるものであった。万延元年、薩藩はこの百田紙を翌年正月迄に一万束(一束五〇〇〜五五〇文)注文したい意向を長州側に示している(万延元・九「覚」)。長州藩産の吉田半紙は寸法がこの百田紙に「向兼」ねていたので、長州藩はその需要に応えて吉田宰判で漉立を行なうべく、この生産に対して前貸銀等の積極的奨励策をとっている。(62)

塩

従来薩摩藩は、塩は諸国から買入れていたが、「御取組相成候へハ、長劦之塩斗リ薩州一手ニ取入可レ申候事」(安政六・十一、中野「覚書」)という意向を示した。そこで、長州藩は万延元年、三田尻塩を産物方から二〇〇〇石送り出すこととし、俵の破損を防ぐため塩だけは下関からでなく、直接三田尻より薩州行の船に積みこむこととした。(63)

これに対して薩州側から、二〇〇〇石全部売捌けば鹿児島周辺の製塩に対する「気分ニも相拘」わるので、「少々見合」せてほしい意向が示されている(万延元・九「覚」)。その後文久二年(一八六二)十二月、柿本彦左衛門は中野に対して、「塩四五万石御買入可レ仕」(「日記」文久二・十二・十)といっているから、以後薩藩の需要は増大しているとみてよいであろう。

石　炭

長州産の石炭は、「塩浜焼には下品に御座候へ共、於二蛮国一実用最上」(64)といわれ、安政三年以降興膳《こうぜん》昌蔵《しょうぞう》・来原《くりはら》良蔵《りょうぞう》等の画策で、長崎への売込みを開始していたが、[65]薩長交易に当たっては薩州側は、「石炭無限御入用ニ御座候」（「日記」万延元・九・六）という程の需要性を示し、これに対して長州側では水戸晋九郎[三]が世話方となり、年間三〇〇万斤宛取組む予定で、万延元年にはとりあえず五〇万斤を送ることとした。[66]

その他

鉄銑・鈒・鯨油・素麵・房寒天・昆布・数ノ子等々があげられている。[67]

(2) 薩摩藩

長州藩が薩藩に交易産物として望んでいるものは、藍玉・砂糖・煙草・鰹節・硫黄・錫・わかさ物（琉球ぬりもの）・琉球反物・備後表・七嶋表・茶碗類・苧網・苧等である。[68] このうち若干のものについて説明を加えておこう。[69]

藍　玉

すでに第二節・第三節でみたように、薩長交易は当初藍玉[70]を第一としてあげ、さきの表4のように、万延元年（一八六〇）には二五〇俵をまず長州へ送っているが、[71]「素より阿州藍と立競候而は迚も追付物に無レ之」という薩州藍は、必ずしも好評ではなく、「藍玉所掛之紺屋共にも立合、縮ル処押而開方之段申候而も無理成事は不ニ相調一」（万延元・九）といわれ、次第に滞貨した。また紺屋からの代銀徴収も思わしくなく、藩への五〇俵分の代銀上納すら「当惑仕候」（元治元・二「御歎申上候事」）と、交易懸り頭取平原平右衛門は述べている。

砂　糖

薩摩藩の砂糖惣買入制度については、すでに詳細な考証があるので省略するが、[72] 当時大坂市場で取扱われた三種、すなわち唐砂糖（長崎輸入糖）・和製砂糖（薩藩以外の諸藩産出糖）・黒砂糖（薩藩産出糖）の内、薩藩の黒砂糖の大坂廻着高は、一二〇〇万斤であった。これは、惣買入実施後六年を経た天保六年（一八三五）以降は、すべて蔵屋敷における入札売となり、取締りが強化されている。

薩長交易開始当時、この大坂廻着の砂糖には「上之向」、すなわち「官物」と、「薩州船持之商人共数十人丸印と相唱、自分砂糖役所送同様之手数を以大坂江積登、彼地入札落札直段ニ而申請候而売買免許之分」たる、いわゆる「商物」とがあった。そして、大坂には「御定問屋」が五〇軒あり、すべてこれを通じて仲買の手に渡って売り捌かれ、脇売は禁止され、さきの丸焼印も「抜物之砂糖ニ不レ紛様之取斗振」のためであった(73)。

天保元年（一八三〇）から同十年までの薩藩の砂糖売払額は、年々平均二三万五〇〇〇両に及んでいたが(74)、天保末年頃から「和製砂糖年々相殖、天草辺にも製造する様に成立候て、日々砂糖直成ミ下落一、終には御改革之方法も難ニ相立一は必定(75)」という状態になったため、「和製之砂糖諸国一統相止ミ候様」薩藩は幕府へ願い出、幕府はその旨諸国に沙汰したが、「現場和製相止候様立行不レ申」、したがって、「天草製之分薩摩一手ニ引受、薩州ヨリ御悩被レ成度御下意ニ而」、安政四年（一八五七）からそれが実施された(76)。

こうした状態のとき、薩長交易の問題が起こり、長州側は「砂糖之儀ハ是非共御交易之道明キ候様」（万延元・八「覚」）と強い要望を示したのである。薩州側は当初一万挺位を大坂表座方仕法から取り除いて長州に向ける意向を示したが（安政六・二「覚」）、「琉球御座方物ハ大坂積登リ之仕法筋出津旁至而六ケ敷、垂光（ママ）其外地方出来之分弁理宜敷」（安政六・十一「覚書」）として、琉球以外の垂水や天草砂糖を当てようとしている。そのため薩長両藩よりそれぞれ一万両ずつの出資も計画されているが(77)、万延元年、とりあえず五〇〇挺送ることとし、しかもそれは一旦大坂へ送り、「大坂着落札直段を以御定問屋へ申請候道理として鬮取、下ノ関迄積下」（万延元・九）す、とした。「御定問屋」五〇軒の「気方」にかかわることだったからである（同上）。

その後、年々の取組高は二五〇〇挺で、先にみた長州米三〇〇〇石と引当の形にされているが（文久二・一「申上候事」）、文久二年（一八六二）には薩州より下関直請の相談も行なわれている。(78) と同時に、同年以降は、「下取組之筋無ニ相違一候得共、請払之大都合は赤間関都合役座におゐて締り方被ニ仰付一、時々産物方より申達次第薩州方交易支配人と中野半と請払之趣見届之上、其辻検使印締りを以産物方江届出被ニ仰付一候事」（文久二・六）と長州藩は取締りの強化を図っている。

こうした長州藩の薩藩からの砂糖購入は、必ずしも藩内の需要に基づいたものではなく、むしろ北国や後述する五嶋その他への売捌きを試みようとするためのものであった。すなわち、「砂糖之義ハ座方有レ之事ニ付、御国中売捌ハ急ニハ相運兼可レ申、其内北国船へ売捌之儀ハ差支リ無レ之」（安政六・十一・一、守永・田村より山本彦左衛門宛）といい、また、「是迄天草砂糖不レ残於ニ下ノ関一商ひ有レ之、北前船其外積帰ニ付、何程御引受相成候而も少しも売捌之差閊無レ之段、門屋（ママ）ヨリ申出仕候」(79)とも述べている。転売を意図した問屋商人の要求が背後にあったのである。

ちなみに、文久二年（一八六二）七月八日の下関会所における二五〇〇挺の請取人は表6の通りである。

しかし、この砂糖の売捌き状況は、必ずしも順調ではなかったらしく、同じこの年には「去年御渡申上候砂糖弐千五百挺　御国様に而ハ御捌方も

表6　文久2年7月黒砂糖売捌状況

那覇黒砂糖　　2,500挺

数量	売捌先	備考
500丁	萩廻り	
200	寺田新兵衛	山口町人
70	大恵丸直助	
100	平原平右衛門	小郡商人，交易懸り頭取
50	紙屋政左衛門	
25	石井清作	小郡津市目代・庄屋同盟の一人
10	大黒屋文吉	山口町人
400	大谷友一郎	のち産物方支配人
450	水戸晋九郎	のち五嶋交易御用掛り
5	高井三郎助	小郡勧農御内用懸り
30	藤井又兵衛	宮市町人
20丁	住吉屋辰二郎	
50	中野屋治兵衛	
400	福井屋仁平	越前藩御用達
20	岸屋茂平	
35	山田屋源次良	
145		残り

注　「薩長交易記録」(13)を中心とし，備考欄はその他の資料を参照した．なお，人名表記は史料のまま．

六ツケ敷」(文久二・四、鬼塚・柿本より中野宛)といわれ、そのため か長州側の薩藩への米三〇〇〇石の譲渡も非常に遅れて、薩藩より催促を受けている(同上)。

煙　草

薩摩藩の国分煙草の江戸販売公許は文政十二年(一八二九)十月であり、大坂を中心とした上方地方への移出は嘉永・安政頃からという。この上方移出にはそれまで清水産の煙草があてられ、西南地方に売捌かれたのは国分につぐ出水煙草で次のようにいわれている。

出水郷ノ土商等カ云フ所ニ依レハ、出水煙草ハ概略二十万斤ノ内出水郷ノ地ニ産スルモノハ年々十五六万斤、野田郷ニ産スルモノ壱万斤、高尾野郷ハ五六万斤ノ割合ナリ。野田ハ出水ニ下ル事一等、高尾野ハ野田ニ下ル事更ニ二等ナリ。其内十万斤ハ長崎、五万斤ハ肥後、残リテ五万斤ハ佐賀・下ノ関ニ出ス割合ナリ。依テ長崎ノ刻種ハ一切出水ナリ。文政ノ末頃ヨリ江戸ニ売リ込ミタレトモ、其以前ニハ多ク松前函館ニ廻シタリト云フ。実ニ然ルヤ否ヲ知ラス。(80)

と。

安政六年(一八五九)、長州側は「煙草御取入相成詰所交易之余慶を以最寄ニ而煙草刻立被二仰付一候ハヽ、産業も多分ニ相成御国之利潤抜群之義と奉レ存候」(安政六・八、中野「覚」)として積極的に買入れ、下関で刻煙草として京坂各地に売り捌こうとした。そして、この煙草の売捌きは浜崎町々人河野屋弥兵衛と萩瓦町々人山下七三郎に行なわせるよう中野は藩へ申請している(万延元・十一「申上候事」)。

その他

鰹節は大坂市場で土佐節につぐ良品とされ、薩摩節の称のあった国産品であり、(82)硫黄は硫黄島が上品の産地として知られ、天保改革の際採取法を改良して産出も増え、大坂に売り出して利益も多くなったものである(83)。錫は薩藩側は「入用員数被二仰下一候ハ、積登せ可レ申」（安政六・一、中野父子より山本彦右衛門宛）といい、同時に長州側からの要求もあって錫細工人も送ろうとしている（安政六・五「長州様薩州様御産物御交易ニ付存付之儘左之通」）。その他交易産物のなかに琉球産物の多くあることは注目してよい(84)。

以上の長・薩両藩の交易産物の検討から、特徴的な二、三の点を要約すると、つぎのようなことがいえよう。

(1) 長州藩にしろ、薩摩藩にしろ藩専売品とそうでないものとが含まれている。したがって交易の展開が、直ちに農民的商品経済の発展と結びつくものではない。それはそれぞれの藩権力のあり方と領内経済構造の差にかかわっている。

(2) 長州藩の場合、専売品はもちろん、他の交易産物もおおむね藩の統制下におかれているが、牛馬骨・鯨粕にみられるように直接農民の動向に規定されて、従来の問屋商人と新特権商人との対抗となり、更に抜売も行なわれている。このことは交易産物のなかには領内生産—領内市場と結びついて、農民的商品経済のある程度の発展への可能性をみうる側面のあったことを示している。

これに対し、薩摩藩の場合、専売品以外の産物が交易品目に含まれているから、かかる側面も考えられるわけであるが、史料的制約もあって、その点を明らかになしえない。しかし、ここではむしろその藩権力と経済構造から考えて、発展への可能性よりも、藩権力や特権商人の収奪の強化の側面が強いといえるであろう。

(3) ともあれ、両藩についていいうることは、この交易の前提には藩専売制があり、交易の展開によって、両藩における差をもちつつ領内市場発展への可能性は考えられるけれども、その可能性は弱く、むしろこの交易は遠隔中継交易の色彩を色濃くもっていた、といえる。すなわち、薩藩の場合、長州よりの米は、もちろん自領内の不足を補う面もあったが、隷属下にあった琉球への見返り品としての面が強く、半紙にしても同様である。長州の場合でも、薩藩からの砂糖は必ずしも領内消費ではなく、北国や五島その他への転売であり、煙草の場合も同様といえる。

薩長交易の基本的性格はこうしたところにある。後述するように薩長交易が未発展に終るのはかかる性格に基づくものであり、かかる性格を基本的にもつ限り、やがて幕藩体制の崩壊と共に、それと運命を共にしなければならなかったのである。

しかし、そのゆえに薩長交易のもつ意味を矮小化して考えることは慎まねばなるまい。この薩長交易を基軸として、薩長両藩の交易圏は拡大し、さらに交易中断再開後の薩長交易は、それ以前と大きく変化を遂げるからである。薩長交易の基本的性格と、そのゆえにもつ限界を確認した上でそれをつぎにみていこう。

3　長州交易圏の拡大と薩長交易の中断

(1)　長州交易圏の拡大

この薩長交易は、米・砂糖についてみると、文久三年（一八六三）春までは契約通りに行なわれ、文久三年もあらためて交易取組がもたれ、その年十月には薩藩の砂糖二五〇〇挺と長州藩の米三〇〇〇石との取組契約が柿本および中野の間で取交わされているから、(85) その年までの薩長交易はほぼ順調に行なわれたものと考えられる。こうした薩長交易の展開に伴って、長州藩の交易圏は次第に拡大している。いうまでもなく、それは「当時勢ノ国家ノ大利益者航海之外無レ之儀」（文久元・八、丹下某より中野宛）という論理の上に立ってのことであった。

長州・五島交易

長州・五島の交易取組交渉は、文久二年（一八六二）はじめに開始され、(86) 長州側からは産物掛水戸晋九郎が「五嶋御交易御用掛り」となり、中野半左衛門もこれに当たっている。(87) 一方、五島藩は、下関における「五嶋掛」に豊前田町の町人大木又二郎を当て、下関居住の川口助太郎他二人の町人を「五嶋表産物用達」としている。(88) この五島交易の場合も、その開始に当たっては薩長交易のときと同様に、「御目途も難二相立一ニ付下任セニして」（元治元・二、水戸・中野より田門虎十郎他宛）と、水戸・中野へ試行をゆだねているが、長州側からは米・塩・紙等を移出し、さらに琉球の砂糖を転売し、五島からは心太草《ところてんぐさ》・櫨実・鰹節・菜種・小麦・干鰯等を移入している。(89)

各交易品目の数量は明確でないが、文久二年、産物方は中野へ三田尻塩二万四二石三斗二升五合を五島交易として渡すことを許可しているし、また、同年の五島宛の砂糖は四五〇挺を当てている。この砂糖は薩州よりのものが長州で捌けなかった残りを当てたものである。(90)

この長州・五島交易も、あとでふれるような政治情勢の下に、文久三年（一八六三）十月には「只今之御様子ニ而ハ当分交易事も取組六ツケ敷」（文久三・十、水戸・中野「覚」）といわれているが、翌元治元年（一八六四）には、「当春為レ試心太艸櫨実等之被レ入二約定一、是等之処ヨリ漸く与双方共ニ情実相分リ候上、日々増盛ニ被二相行一致二永続一候様有レ之レ度肝要之儀」（元治元、宛先不詳）といわれ、中野は「何分今少時勢平穏之上は面白御取組ニ相成可レ申」（元治元・二・八、中野より佐々野藤平宛）と、希望を述べてはいるものの、当時の政治情勢や、長州藩側の「心太草之儀ハ近年御買上不レ被二仰付一ニ付、左様御承知置」（慶応元・四・九、木原良平より中野宛）という態度をみれば、五島交易も暗礁に乗りあげていたようである。

その後、「五嶋ヨリ心太艸入船之事ニ付申越ス」（「日記」慶応元・八・十二）と中野は記しているから、交渉は一応継続していたと思われるが、やがて中野の滞納金のこともあって一旦中断し、交易が再開されたのは慶応二年（一八六

六）末から翌三年にかけてである。(91)

長州・小倉交易

文久二年（一八六二）には、小倉藩との交易交渉も行なわれ、閏八月には小倉制産方（産物方）手附豊島屋茂兵衛から中野へつぎのような「覚」が提出された。

覚

一、米　　四万石（ママ）──
一、生　蠟　百万斤
一、種子実　三千石
一、櫨　実　四拾万斤
〆
右ハ是迄大坂為レ登仕来候得共、御交易御調熟ニ相成候得ハ大坂表之儀ハ幾重先及ニ熟談一、御国方江送リ込ニ相成候様至（ママ）法立御座候所、御会所江申出候様ニト之儀ニ御座候。
一、石　炭　但、山数御座候ニ付掘方多少ニ寄而堀（ママ）方増減仕候。
一、石がら　但、右同断、焼方増減仕候。
一、牛馬骨　就御沙汰筋合之モノ取調候所、凡壱ケ年ニ三万斤位トノ事に御座候。
〆
右ハ未ダ取極候儀モ無ニ御座一間、比段御届申上候。
一、牛馬皮　壱ケ年三千枚

但、此皮（マヽ）　七歩　馬皮　三歩
右ハ例年有高是レ迄大坂表座方之者江遣シ来リ候得共、万一御入用筋モ御座候得ハ送リ方仕可ニ申上一候。
一、小倉織、御袴地、御羽織地、馬乗御袴地、火事羽織地、男女御帯地
但、御注文次第如何程ニ而モ織立差出可ニ申上一候。
一、楮　皮　未タ取調不レ仕候得共、凡弐百駄程見込御座候。
一、椎　茸　昨年ヨリ出来立之儀ニ付当秋七八拾（マヽ）
一、菅　糸　右同断、当年三百斤位
右之通国産物之内仕払ニ相成候分書附差上候。　以上。

小倉制産方手附
豊　嶋　屋
茂　兵　衛

（文久二年）戌閏八月
長州御産物方
中野半左衛門殿

小倉藩は、米・生蠟・種子実・櫨実・牛馬皮等、従来大坂表へ出荷していたものをはじめ、石炭・石がら・牛馬骨、あるいは小倉織・楮皮・椎茸・菅糸等の国産物を長州との交易に当てようとしているのである。「大坂表之儀ハ幾重先及ニ熟談一」という考慮の下ではあるが、大坂表輸送の国産物が直接長州へふりむけられていることは注目してよい。これに対して長州側から何を小倉藩へ移出したかは明らかでないが、中野の豊嶋屋茂兵衛宛の書翰（文久二・八・十一）によれば、薩州交易品の染藍の売捌き方を依頼しているから、薩州交易品の市場開拓を意図していたと思われる。

長州・越前交易

「彼局（産物局）も北国通商之御趣意者愈々盛なる趣」（文久元・八、丹下某より中野宛）と一書翰は述べているが、文久二年三月には越前藩御用達福井屋仁平と中野との間に、「砂糖と糸之交易之談」が成立している（「日記」文久二・三・十七）。これに基づき、長州藩は薩州交易による黒砂糖四〇〇挺を福井屋へ渡し、その代金の一部として「西洋銀」一〇〇〇枚を受取っている(92)。

この福井屋の背後には、越前製産方頭人岡嶋恒介および三岡石五郎（由利公正）、さらに肥後藩士横井平四郎（小楠）が立っており(93)、あの越前藩における橋本左内―横井小楠―由利公正という系譜による理論―献策―実践の過程を経て設立された物産総会所に基く富国策(94)の一環が、長・越交易となっているのである。

長州・会津交易

文久元年（一八六一）八月、会津藩と交易交渉がもたれている。これは会津側から長州の周布政之助へ申込まれたものであるが、当時会津藩が「蝦夷地を領地ニ被レ下置候而開墾之儀被二仰付一、猶又、北越之沿海ニ而五六万石替地被二仰付一」たことから「航海交易」を思い立ち、幕府より「君沢形船」を一艘借り請け、「試ニ大坂・下関・長崎ヨリ北海を乗廻り、所々ニ而産物交易之手組を目論見」ようとしたものである。しかし、会津藩はこうした点に不案内なため、先ず大坂へ蔵屋敷一ヵ所を設立して会津目付勝手方役人外嶋桟兵衛が周布に話をもちこんだのである。

これを受けた周布との交渉の過程で、長州からは塩を送り、会津側からは蝦夷地の魚類・材木類等を送るとしており、その他に長州側は銅銭類・蠟を求め、会津の塗物・絹類・布類も交易品目にのぼっている(95)。

その後の経過は不明だが、長・会両藩の政治的対立はこの交易の継続を不可能ならしめたであろうことは想像に難くない。

長州・対州交易

文久二年（一八六二）正月には対州の商人が「産物之事」について中野の処へ来ているが（「日記」文久二・一・二十七）、翌三年四月五日には中野は対州に対し「薩州銅之一条」申入れを行ない、「委細承知、此間も御咄申候通永続之取組いたし度、此度之義は纔ニ候へ共、夫も如何様共可レ仕」という意向の下に、翌日は有合せ二万斤の中一万斤はすぐ渡し、「残リ一万斤ハ外ニ筑前之町人之周旋ニ而、鹿児島ヨリ相談之分江相わたし可レ申」と返答を受けている（「日記」文久三・四・五〜六）。薩州交易にからんで、長・対交易も行なわれたことを示している。

その他

文久元年五月、下関を出帆の天神丸の保次郎に対し、長府海防方懸役人は、「当防長両国繰綿其外備中産物入用候間、帰着之上村役人衆中へ申談示交易取組致呉度、諸品をも多分入用ニ候間頼置旨」（文久元・六「乍恐口上書を以奉申上候」）を申し入れた。これを受け「委細承知」した備中国吉浜村庄屋勘右衛門は、備中産物の繰綿・畳表・煙草・五倍子・木綿等の積出しを提案し、交易の希望を長府産物懸りの金子部へ返答した（文久元・六「乍レ恐書附ヲ以奉ニ申上一候」）。

これは、長州支藩の長府産物懸りとの交渉なので、果して長州本藩がこの備中交易にどれだけ乗出したかは不明であるけれども、第一節にふれた梅田―三宅路線の関係や、この史料自体が薩長交易記録の中にあることを考えれば、長州・備中交易の成立も十分考えられる（なお、薩州が備中へ藍玉を送っていたことは第三節1参照）。

以上、若干の例からわかるように、文久期薩長交易の進展と共に、この期には長州藩の交易圏は西南・奥羽・北陸諸藩へと拡大しているのである。

(2)　薩長交易の中断

このように文久期に入って薩長交易が順調に進展し、これをめぐって長州藩の交易圏は次第に拡大する姿勢をみせるに至ったが、しかし、文久二年（一八六二）から長州藩をめぐる政治情勢は大きく変わっていった。

すなわち、五月には長州藩は航海遠略策を却下、七月には藩議は「即今攘夷」に決した。翌三年五月、馬関では攘夷の火蓋は切られ、中野は柿本宛に「関地も追々諷々敷事ニ而苦心仕候」（文久三・八・二十六）と述べている。そして、八・一八の政変、「薩賊会奸」という薩摩や会津藩との対立もあって交易も大きな影響を受けざるをえなかった。

「戌（文久二）冬分ヨリ御交易之砂糖早々売払申渡心懸り仕候へ共、京摂之間不隠（ママ）時節ニて所詮時会不レ宜」（慶応二・五・十四、北条瀬兵衛「申上候事」）といわれているが、文久三年十月には、薩藩交易品である硫黄の売捌きに当たっていた萩瓦町町人山下七三郎の硫黄代ニ五年賦上納願に付して中野は、「近来之萩表之成行ニ而商売日ニ増シ相劣へ、甚以当惑仕居候」（文久三・十、中野より佐藤寛作他宛）と述べている。交易は次第に様々な障害にぶつかり始めたのである。

元治元年（一八六四）二月には産物方仕法替による撫育方への合併、翌三月、それに伴なう「是迄御損失ニ相成候産物之儀」の廃止、「塩試蠟其外御徳益相備候物品愈引締取立諸方取組」という統制の強化、さらに四月の馬関産物会所の武具方借上[96]等々によって、「関地近来之形勢困居申候」（元治元・二・八、中野より木場直八宛）という状態になってきた。

「去年来之御時合ニ而、何と無く延引ニ相成居候へ共、いづれ之国之御交易を以なりとも永続之手段仕、御趣意筋相貫キ度存念ニ御座候」（元治元・四、中野「申上候事」）という中野の意図にもかかわらず、「去夏以来之行勢ニ而、薩州之交易之儀先達而より被二差止一、就而ハ初発御取聞キより彼是不二容易一御配意ニ付、為二御試一下任せニして取組被二相任せ一、近々ハ御利益被二相備一候様相成候処へ被二差止一、初発ヨリ之御苦心残念千万存候」（元治元・三・十四、差出人不詳中野宛）と、ここに薩長交易は中断した。「不レ遠平穏之期可レ有レ之迄与奉レ存候。左候へ共如何様共又々面白キも御取組出来可レ仕」（元治元・二・八、中野より藤原友勝宛）と、時勢の落着をまたざるをえなかったのである。

かくして藩は、従来の「弐歩銀」下付を砂糖のみとし、米には下付しないこととした。これは、「最初御授通り弐歩銀被二仰付一候而も、中々雑用ニ行足リ不レ申、大ニ難渋之為体」（元治元・四、中野「弐分銀之義ニ付申上候事」）であった交易支配人の中野にとっては大きな打撃であった(97)。

薩長交易は、その経済的理由よりも、政治情勢の変化によって、いわば外的な理由で中断した。だから、薩長交易の中断にはかかわらず、民間にはひそかに薩州産物を買入れるものがあったのである(98)。

こうした情勢に追打ちをかけたのは、第一次征長令に基づく幕府の長防二州に対する禁輸令であった。いわく、

毛利大膳父子叛逆ニ付、近国之面々江追討被二仰付一候ニ付而者、武器其米穀等を始諸国より長防之両国江輸入候儀不二相成一、万一海上陸路とも運輸致候もの有レ之候ハ、近隣国々おいて急度差止、尤時宜ニ寄討留候而も不レ苦候間、其段相心得、右運輸之品々ハ差留候領主々々ニおいて取上置、其段可二申聞一候。（「御書付留」(99)）

もちろん、この幕令がどこまで徹底したかはわからないけれども、少なくともこの時点における政治情勢を考慮にいれれば、文久期以降の長州藩の交易圏拡大が挫折したことはまちがいない。

そして、この期に長州藩尊攘派は決定的な打撃をうけている。交易圏拡大の挫折に新たな転換をもたらすためには、この没落尊攘派の中から討幕派への転生をまたなければならない。そのことを述べる前に眼を薩摩藩に移そう。

四　薩摩藩をめぐる交易圏の拡大

薩摩藩と芸州藩との交易の成立は、さきにみた馬関における政治情勢ないしは薩長関係の政治的険悪化によって薩長交易が次第に不調化し、ついで中断するという過程と表裏していると考えられる。すなわち、文久三年（一八六三）下関において、「薩州御用聞町人」柿本彦左衛門・鬼塚惣助と「芸州御用聞町人」桑原儀三郎の代人とが会合、物産交換の協議をなし、柿本・鬼塚が広島へ渡航して、芸州勘定所掛員とこの件に関する定約を結んだことにより始まる、とされる。(100)そして、翌元治元年四月中旬には、薩州より市来正右衛門（四郎）が、芸州よりは吟味役村上仲之助・小鷹狩助之丞・船越寿左衛門等が御手洗町に会合、翌五月からはこの御手洗で諸品の受渡しが開始された。これは明治三年（一八七〇）春まで続行された。(101)

この交易には、薩州からは生蠟・種油・錫等（しかし「蠟・錫ハ販路狭マキ故歟」、後には天保銭および西洋品・絹布類端物等）が芸州藩へ移出され、一方、芸州からは米穀を主として、繰綿・銅・鉄あるいは木綿・塩・平釜等が薩藩へ送られた。(102)

これらの数量は必ずしも明確ではない。(103)慶応元年（一八六五）分の芸州よりの米穀はおよそ三万三〇〇〇余俵、鉄九千七百余束といわれ、(104)また、他の史料には「年々産物売払高」として表7のごとき数字があげられており、これは薩藩が年間買入れた産物を長崎へ送付して売払った額と思われ、その品目からみておそらく芸州交易によるものであろうから、薩藩が芸州から買入れた数量及び代金は厖大であったと考えられる。(105)

これに対し、薩藩から芸州への移出高は不明であるが、交易品目に薩長交易にはみられなかった外国貿易品が含まれていることは注目してよい。この期の交易が軍事的要請の下に、長崎による国際貿易とからみ始めていることが看取できるのである。[106] そのことは次の事実によっても更に確認できる。

慶応二年、薩摩藩は外国から購入した蒸気船万年丸を芸州へ譲渡し、その代金未払分は芸州の「国産之諸品」で受け取り、これを長崎へ回送して外商への支払いに当てるべく交渉しているのである。[107] こうした軍事的要請は、単に薩芸交易にとどまらず、長崎を基軸として薩摩藩の交易圏を次第に拡大させつつあったのである。

すなわち、元治元年（一八六四）、薩藩は新造軍艦代金二〇万両支払のために、薩藩の菜種油（杯数不定）・砂糖（一万六八〇〇挺）を大坂で販売し、それによって土佐の樟脳（元治元年正月より七月迄に土佐より長崎へ回着数二〇万斤、年四〇万斤位可能）・製茶（年々五〇万斤位）・白糸（年二〜三万斤可能）、柳川の茶・白蠟（八万斤位）、宇和島の干藻（約六万斤位、代金一万両）等を買入れ、長崎へ廻して艦船の代価支払いに当てようとする「方案」をたてているのである。[108]

また、薩藩と南部藩との交易もこの頃開始される。元治元年三月十六日に京都で国産交易に関する約定書が交換され、この趣旨は海軍調練のため諸入費補いかたがた交易を取組み、相互の便を計る、というにあった。南部藩からの硝石・大豆・昆布・銅に対し、薩州からは、絹布類・木綿類・古着類・綿類・砂糖・煙草・薬品・塩・鰹節等が送られた。[109]

この期の、こうした薩摩藩の交易に関する積極的な姿勢は、「近来木綿幷綿高直ニ相成、旧冬以来別而莫太ニ相成候訳ハ、薩州ニ而皆買入交易致候ニ付、当方払底ニ相成候故之儀と町方ニ而専ら取沙汰之由」[110] といわれていることからもわか

表7　薩藩年間長崎売払い高

品　目	高	代　金	備　　考
米	20,000石	120,000両	1石ニ付6両賦
鉄	50,000束	125,000両	1束ニ付2両2歩賦
繰　綿	10,000本	60,000両	1本ニ付6両賦
白木綿	400,000反	100,000両	1反ニ付1歩替
計		405,000両	

外ニ長崎仕送り之品々
御種人参　茶　イタラ貝

注　「芸州交易事件」（「石室秘稿」所収）より作成.

るであろう。国際勢力とくにイギリスと密接な関係にあった薩摩藩は、国際貿易と国内交易の接点長崎を基軸にして、その交易圏を拡大し、「富国強兵」策を遂行しつつあったのである。[111]

五　薩長交易の再開とその意義

1　薩長交易の再開

赤間関も我断然不レ令レ愧ニ国体一やう開港すべし、不レ然は幕薩は不レ及レ申、遂には外夷の妖術に陥るならむ、五大州中江防長の腹を推出して大細工を仕出さねば大割拠は成就不レ致ならむ。[112]

高杉晋作のこの言葉は極めて意味深い。馬関開港は「五大州中江防長の腹を推出」す必須の前提条件なのである。彼が元治元年（一八六四）末から慶応元年（一八六五）初めにかけて、あえて馬関挙兵を挑んだのは、かかる彼の戦略論に立っての上であった。それは尊攘派の殻を脱ぎ捨てた討幕派の道でもあった。

下関新地諸役の三年宥免・囲籾五〇〇〇俵売払[113]等の民心収攬策がとられ、ここを橋頭堡として遂に藩権力の主導権は討幕派が握った。彼らによって行なわれた慶応元〜二年の藩政改革は官制・軍政・財政の諸改革を中心としたものであったが[114]、越荷方の改革はその主要な一環をなしていた。すなわち、撫育局を中心とした大規模な産業政策の計画と実施に基づき、その原料の購入と製品販売の市場獲得のため、馬関を中心とした交易は一切越荷方が握ったのである。そしてこの越荷方会計は本勘と区別し、利益はすべて海軍費にあてることにした。[115]

かくて藩は、木戸貫治（桂小五郎）を慶応元年八月下関に出張させて、応接場および越荷方対州（実は薩藩）交易事務を管理させ(116)、ついで九月には高杉にも同様の指令を発して、「桂小五郎申合取計候様(117)」と、木戸と共に越荷方頭人たらしめたのである。馬関統一論が彼らによって主張されるのもこの時であるが、藩は庚申と癸亥の二艦の他に三艦を購入して、平時にはこれをもって交易のため対州（薩藩）および北国回航をすべく意図した(118)。ここに薩長交易が再び浮かび上がってくる。

九月九日、藩は「比度薩州と御取結之趣有レ之(119)」として薩摩船厚遇の藩令を下した。「此度薩之通ヲ開キミ子エル金拾万両余払出候」（慶応元・九・十九、中野父子より小野金吾他宛）と、中野の家に泊った木戸は中野へ語っているが、この相手の薩州の担当者は、中断以前の薩長交易に関係していた酒句十兵衛（変名斎藤伊右衛門）であった(120)（同上書翰）。だから、再開交易の運営をスムーズに行なうためには、中断前の経験者を登用しなければならない。桂・高杉の下で越荷方の主管をしていた大塚正蔵は中野へ次のような書翰をよせた。

此度越荷方役所御仕法替諸産物売捌其外多端之丁場ニ相成、誠ニ僕壱人ニ被レ任当惑至極ニ御座候。手子も四五人雇取候得共未出浮不レ申、頭人高杉・桂両人出張何分現場之駈引御存之通り不案内き之（マヽ）文庫と御考察可レ被レ下候。夫ニ付御用談トシテ尊兄表番頭格ニして、早々御出関相成候様、別紙ヲ以御代官所江申越山口江も申越候間、此状着兎も角も御出張越荷方へ御入込ミ可レ被レ下候（慶応元・十二・四、大塚より中野宛）

中野は病気を理由に出関を拒むが、遂に慶応二年正月、越荷方へ赴き(121)、薩州の酒句と交易交渉を開始するのである(122)。

そして、交易産物についてはつぎのようにいわれている。

一、米穀之類於二関地一御売米有レ之中、入用高其日落札直段を以売渡可レ申候事。

一、俵物之儀ハ下地商人方取締有レ之儀ニ而、於二現場一直段宜取組相成候ハヽ、出高之内を以て時々駈引可レ致候事。

一、牛馬骨之儀ハ相応之直段買取候ハヾ可レ致ニ売渡一候事。
一、紙類之儀も諸郡より御売米方被ニ差廻一候内、直段宜敷買取候ハヽ、売渡可レ致候事。
右御国中（長州）産物之内彼方（薩州）望之品前書之通御座候事。
一、黒砂糖御国中入用見へ(カ)当リ下直ニ相調候ハヽ、買入之取組可レ致、尤北国辺売捌口開ケ上時之駈引を以多分取組可レ致候事。
一、国分葉粉之類職人見紗之上下直ニ相当リ候ヘハ取組同引(ママ)。
右彼国産物御国向之内。

（慶応二・一、宛先不詳）

石炭之事、肥前ニおゐて幕領之炭山買請、薩州ヨリ堀方(ママ)致候。就而ハ仕法相立外国へも売渡申候間、当御国之分品柄宜敷直段引合候ハヽ、如何程ニ而も引受可レ申、見本被ニ差出一候

（慶応二・一・二十三「薩州斉藤伊右衛門右手折之廉書」）

これらの史料をみれば、再開時の両藩のきおい立った姿勢を行間に読みとることができる。

かくして、慶応二年（一八六六）正月二十九日には二艘の船に積まれた表8のような産物が下関に着いている。[123]以後の交易額は明確でない。慶応二年末に、越荷方の一ヵ年の利益は一万一〇〇〇両計と中野は「日記」（十二・十二）に記しているが、そのなかに薩長交易の利益がどの程度含まれていたかは知るべくもない。その後、この薩長交易がどのような実体であったかは明確な数字をつかみえないが、少なくとも明治初年まで継続されていたことは事実である。慶応四年（明治元年・一八六八）正月の一書翰が、「砂糖・煙草・鰹節も十二月上旬薩州積出候品々未ダ関着不

表8　慶応2年薩長交易再開初入荷品目・数量

品　目	数　量
黒砂糖	1,050挺
種子油	49樽
上生蠟	189丸余
薬種類其他	100俵
煙草	100丸
鰹節	43俵余
イス灰枕青	5～6俵

注　「覚」より作成.

レ仕、決而上国争戦(ママ)之模様も不二相分一ニ付、九州之内繋船見合居候にも難レ斗由にて、笘船ヨリ急廻渡被二着出一候儀ニ付、何様不レ遠御着船可レ仕申事に御座候」（慶応四・一・二十七、藤井久(又カ)兵衛より中野宛）といっているのをみればわかる。

しかし、再開後の薩長交易がその後大きな展開を示したとは考えられない。[124] 明治三年（一八七〇）十二月現在では、この交易の収支は、長州側からいえば、不足金二七六四両一歩余で結局赤字を示している。この不足金取立方については、「尤是等ノ事件表立候而ハ如何敷義モ候ハヽ、御消込被二仰付一候哉、大金之儀殊ニ他藩取引之儀ニ付、何分之御詮議被二仰付一度奉レ存候事」という「産物方内勘申出」に対して、「只今ニ至リ藩庁ヨリ掛合難二仰付一ニ付、於二撫育署ニ一之御勘定ハ先御取消ニ被二仰付一置、追而返弁相成候節ハ受方等何之沙汰可レ被二仰付一候事」と藩は回答を与えている。[125]

2　再開薩長交易の意義

前節でみたように、再開された薩長交易は、その交易産物などをみる限り中断前の交易と大差は見受けられない。とすると、この再開は以前の単なる延長であったのであろうか。次の二点からその点を検討してみよう。一つは交易の運営方式、もう一つは砂糖交易の問題から。

再開薩長交易は、越荷方の改革の一環として、高杉・木戸の登場によって開始されたことからわかるように、再開時の場合は以前の「下任せ」方式ではなく、越荷方が運営の主体なのである。

もちろん、実際の交渉には中野が登用されるわけであるが、これは「薩州交易之品ニ付而ハ、肥前御益相備リ候程之見付も無レ之、役所直右手合いたし候而も何歟煩敷義も出来可レ申ニ付、弁理駈引而已として取鎮一条、御用達中野半左衛門其外を以左通右手合可レ被レ仰哉」（慶応元・一、宛先不詳）といわれているように、実務の煩雑を越荷方が避けるため「弁理駈引而已として」登用しているのである。したがって「万事薩人と半左衛門申合候而も、こばみ候節ハ山口可ニ申出一、政府捌とも可レ仕」（慶応二・三・五「御尊父様」宛）と、最終的には藩自体がこれに当たろうとしている。だから、再開された五島交易の際も、「五嶋ヨリ登り荷物皆々越荷会所之方ニ而御売捌」という方式をとり、したがって今まで口銭をえていた問屋は、「右様相成候而ハ今日之煙も立兼候」（慶応三・二・二、播磨屋甚兵衛より中野宛）と訴えている。

それのみではない。従来の薩長交易の中心人物であった中野に対してすら、薩州・五島交易の未納金の早急な上納を督促し、「此余不束《ママ》せしむるニおゐてハ、地録・家財其外御取揚一廉被ニ仰付一方も可レ有レ之候事」（慶応二・十、産物方より中野宛）と、藩は強硬な態度をとっている。再開交易の性格の特質が余すところなく示されているといえよう。

再開された薩長交易は、従来の藩権力に結びついた豪商支配の方式から、藩権力自体による直轄化に変わってきたのである。この変容は、この期の藩政改革にみられるように、従来の指導・同盟関係が変化し、いわゆるルッター的＝騎士的同盟の騎士的浪士的要素に指導権が移ったことを意味している。[126] いわば討幕派「官僚」が主導権を握り、「富国強兵」という絶対的要請にすべてを直結させようとしたところに、こうした変容がもたらされたといえるのである。かくて、より高度な政治的性格の下に交易は再開されたのである。[127]

第二の砂糖交易の問題は、その交易路線の変化である。すなわち、従来は一旦大坂へ送られ、そこから再び下関へ積み下されていたのが、再開後は馬関で「直キ売」・入札制が断行されている。[128] これは「大坂表某共筋ニ携り候者至而不レ請之儀」（慶応二・一・二十三「斎藤伊右衛門右手折之廉書」）、「至而工合よろしからず」（「日記」慶応二・一・二十三）といわれているにもかかわらず、あえて断行されているのであり、「程能参リ候ヘハ、馬関ハ不レ及レ申、大ニ御国益ニ相成可レ申と奉レ存候」（慶応二・三・十二、中野より水戸宛）と長州側の歓迎しているところである。

この馬関直売・入札制は、「(斎藤)伊右ェ門(酒匂十兵衛)壱人之働きにて漸次取斗申候」(前掲「斎藤伊右衛門右手折之廉書」)といわれている。そのためか、長州越荷方は酒匂に対して最大限の便宜と努力を払っている。すなわち、薩州からの砂糖に対して、越荷方は、「越荷方ニオイテハ砂糖不ㇾ残其儘御蔵入、暫時現金取替払繰巻、彼是大当惑仕居候。尤秋口ニ相成候ハ、売口モ可ㇾ有ㇾ之、夫迄ノ処金ノ手大困窮仕候」という状態にもかかわらず、「此度現金不㆓持帰㆒テハ帰国難㆓相成㆒趣モ有ㇾ之候由」という酒匂に対して、「実ニ不便次第ニ付、越荷方ニ丸カズキニ仕、左之趣ヲ以不ㇾ残現金相渡」し、酒匂を帰国させている。この時渡した金額は合計八六〇〇両余にのぼっている。(129)

この馬関直売・入札制は、その規定によってもわかるように、長州藩越荷方直結の仕法であり、越荷方直轄によって従来の大坂への輸送を馬関で中断し、薩摩藩もこれに応じて大坂「御定問屋」の意志を乗り越えているのであり、馬関が西南雄藩交易路線の拠点化されようとしている。すでに前にみた小倉藩との交易にもそのことはうかがわれたが、慶応元年(一八六五)以降の政治情勢の中で一層それが推進されたといえる。薩長交易再開時の砂糖交易の馬関直売・入札制は、その端的な表現であった、とみることができる。(130)

これは、明らかに大坂を頂点とし、そこに集中していた幕府の全国市場支配の交易路線の切断を意味する。かつて島津斉彬はいった。

長崎ヲ措テ下ノ関ヲ開クトキハ、中国ノ半ハ、四国ノ半ハ、北国ハ一円、九州ハ勿論、咸此地ニ開市スルヲ宜シトスルノ見込ナリ。(中略)公義(幕府)カ下ノ関ヲ長州ノ領分ニ与ヘタルハ拙策ナリ。公義ハ今ノ世振ヲ考フルニ長崎其外九州ノ諸所ニ少シツヽノ公領アランヨリハ、下ノ関・小倉ノ二ケ所ハ公領トシ、取締ヲナサハ咽ヲ占メル訳ニテ九州ノ諸大名ハ進退動クコト難キ場所ナリ。(131)

高杉のあの馬関開港の戦略論を思いあわせるとき、意味するところは明白である。しかも、この斉彬がひき合いに出している長崎は、薩州が拠点として握りつつあったことはさきにみた。薩長交易の再開は、この馬関と長崎の結合をも意味している。薩長西南雄藩はこの二つの港を拠点とし、それを結合させることによって西日本交易市場の支配へ踏み出していた、といえる。

そして慶応二年十月、薩州の五代才助（友厚）が馬関に来訪、長州側の木戸をはじめ広沢兵助（真臣）・久保松太郎らと会見し、翌十一月、坂本竜馬の周旋の下に、薩長の「商社」の設立によって、「馬関通船之儀ハ何品ヲ論セス、上下共ニ可レ成差止メ、譬ヘ不ニ差通一候而不レ叶船ト云ヘトモ、改不ニ相済一趣ヲ以テ可レ成引止置候儀、同商社之最緊要タル眼目ニ候事」と「商社示談箇条書」を議決し、[132]「於レ関大交易相始、日本之諸品不レ残買受、大坂江相運ひ大商方」（「日記」慶応二・十・二十一）を行なうべく企図したとき、それは薩長交易の限界を大きくふみこえて、薩長両藩の主導権下に全国市場の統一とその支配を目指していた、といえるであろう。そこには幕府との対決が不可避となってくる。[133]

むすびにかえて

この薩長交易の再開から、薩長による「商社」設立、そして全国市場の支配という企図は、それぞれの藩の内部事情や意見の齟齬もあって、結局、計画通りには実現をみなかった。[134]

しかし、慶応二年（一八六六）という時点を考えるとき、そこに一つの問題が提出されてはいないだろうか。いうまでもなく慶応二年は、薩長同盟が成立し、倒幕運動に一時期を劃したときである。そして、仲介に坂本竜馬と中岡慎太郎が登場していることはあまりにも有名である。その坂本は、大坂・兵庫・下関・北国要地・箱館・松前を拠点として「商売取組(135)」を企図した海援隊の中心人物であり、中岡は「大坂辺の豪商と結び、洋商公会の法に習ひ商会を結び、下ノ関、大坂、長崎、上海、香港へ、其局内の者を出し、大に国財を養ひたらば海軍の助になるべし、其の余の事は思案無レ之(136)」といい、何れも西日本の交易市場を足場として全国市場支配（さらには外国貿易）へ乗出そうとする路線を打出している。

これらの事実を考えあわせるときに、慶応期という時点で薩長を中心とする西南諸雄藩が、幕府と決定的に対立する一つの争点とその背景が浮かび上ってくる。軍事同盟としての慶応二年正月の薩長同盟の成立は、かかる路線の上で、政治的軍事的に幕府との対決をより決定的たらしめた役割をもった、ともいえる。

さらに、芸州藩をはじめとする交易関係は、この期の関係諸藩の政治動向とあながち無関係ではあるまい。

注

（1）諸藩の問題は本文にあげた山口『幕末貿易史』第三章第三節第二項でわずかに関説されている。

（2）その最近の主な研究としては、石井孝著『明治維新の国際的環境』、北島正元「幕末における徳川幕府の産業統制」（東京都立大学人文学会『人文学報』第一七号）、石井孝「佐藤信淵学説実践の企図」（『歴史学研究』〈以下、『歴研』と略称〉一二二号）等参照。

（3）服部之総『黒船前後』再版本。戦後、『歴史随筆集 Mocds cashey』及び角川文庫版『黒船前後』に再収。『黒船前後・志士と経済』岩波文庫。なお、角川文庫版所載の松島栄一「解説」参照。

（4）服部の史料となったと思われる佐伯仲蔵編著『梅田雲浜遺稿並伝』（以下『遺稿』『伝』と略称）、平野顕彰会編『平野国臣伝記及遺稿』、春山育次郎『平野国臣伝』等の他、管見の及ぶ限りでは山内修一『葛城彦一伝』および北島正元『梅田雲浜』等にわずかにふれられている程度である。

（5）関順也「長州藩からみた薩長交易の意義」（『山口経済学雑誌』七―九・一〇）。

（6）拙稿「長州藩における藩政改革と明治維新」（『社会経済史学』二二―五・六）、一九五八年度歴研大会封建部会第四回準備会報告「幕末における西南雄藩間の交易」。
（7）石井『明治維新の国際的環境』四一九〜四二一頁。
（8）吉永昭「専売制度と商品流通」（『歴研』二二九号）。
（9）末松謙澄『修訂　防長回天史』弐、一九〇頁、佐伯『伝』一三三頁。
（10）安政五年三月二十二日（以下安政五・三・二十二と略記）梅田より赤禰忠右衛門宛（佐伯『遺稿』九八頁）。『防長回天史』弐、一八九頁参照。
（11）秋良については木村礎「秋良敦之助小伝」（『明治大学短期大学紀要』二号）参照。
（12）拙稿「討幕派の形成過程」（『歴研』二〇五号）。拙著『幕末の藩政改革』第四章参照。
（13）佐伯『伝』一二七頁、『防長回天史』弐、一九〇・二三五頁参照。
（14）佐伯『伝』一四三頁、服部『黒船前後』六六頁、北島『梅田雲浜』一四六頁等。
（15）佐伯『伝』一四三頁、北島『梅田雲浜』一五四頁、服部『黒船前後』四二頁。服部の菜種は薬種のミスプリントと思われる。
（16）佐伯『遺稿』九八頁、同『伝』一二九頁、北島『梅田雲浜』一六〇頁参照。
（17）その頃長州藩内でも藩政改革の主導権は坪井派から周布政之助一派に移り、周布派は坪井派の路線を修正・発展させる（前掲拙稿「討幕派の形成過程」参照）。この周布派の時勢に応ずる「三策」の中、「第三策」で「京都近辺産物取組其外」にふれている（『防長回天史』弐、二四一〜二四四頁）。
（18）服部『黒船前後』六八頁、北島『梅田雲浜』一六〇頁。備中の産物では梅田の生存中に、「綿・鉄・小倉さなだ其外」が問題にされている（年不詳四・十四、梅田より中野や常七宛〈白石家文書〉、藤井貞文氏の御好意により借覧）。備中連島は旗本山崎家知行所五〇〇〇石の一部。三宅は山崎家の民政顧問格であり、商人および六十余町の地主でもあった。文久期には田八町に減少したといわれる（服部『黒船前後』六八頁、春山前掲書、二四三〜二四六頁・二六三頁）。
（19）服部『黒船前後』六八〜六九頁。
（20）佐伯『伝』一四〇〜一四一頁、前掲『平野国臣伝記及遺稿』三〇頁。
（21）前掲『平野国臣伝記及遺稿』六九頁、春山前掲書、二五二頁、服部『黒船前後』六九頁。

(22) 前掲『平野国臣伝記及遺稿』六九〜七一頁、春山前掲書、二五三〜二五五頁・二五八〜二六三頁、服部『黒船前後』七〇頁。挫折の理由には、山藍の品質粗悪、薩摩産輸入に反対する備中藍問屋仲間とそれに結びつく領主権力の妨害、国臣の罹病と使用人の急病死、薩摩藩の政変等々が挙げられている。

(23) この薩長交易の史料は、成立経過を主とした「薩長取組記録」と、その展開の経過史料を集録した「産物方諸記録」「薩州御交易記録」「御交易其外御用物控」「越荷方産物方薩州交易諸記録」「越荷方産物方其外諸記録」「越荷方産物方其外公事諸記録」「交易物産其外合併諸記録」「交易物産其外公用諸記録」などという様々な名称の附された一連の中野家文書記録である。山口県文書館毛利家文庫蔵のものは、その写であるが、以下引用の史料は断らない限り、これらの諸記録所収のものである。なお、以下「日記」というのは「中野半左衛門日記」(写)のことをさす(毛利家文庫蔵)。

(24) 例えば、年不明だが薩州領日向国諸県《もろがた》郡志布村中山三左衛門は、長州の鮪・鯨・牛骨類を買入れており、嘉永六年(一八五三)には長州藩は向う五ヵ年間(安政四年まで)、萩町の伝右衛門・多十郎および三田尻宰判の長五郎三人に、鯨・牛骨類と薩州よりの硫黄・白蠟等の取引を許可している。これに対し、都濃《つの》郡浅江村川口問屋三右衛門は、長州藩内の鮪・鯨・牛骨の独占買上げによって薩州の中山三左衛門との取引を安政四年四月に藩に歎願している(安政四・四「御内々申上候演説」)。

(25) 安政三年、「萩東田町岡吉兵衛事御願申上、薩州藍玉御国江買入之儀御願申上被レ遂ニ御許容一、御客屋御当人様ヨリ薩州御役所江御文通被ニ仰付一候所、仲人之意味違ニ而御取組出来不レ仕、空敷相成候由」(「覚」、なお、慶応元・八「御歎申上候事」参照)。さらに翌四年六月には、「薩摩と萩と藍之御取組有レ之候由にて、ハギ御客やヨリ川善へ飛脚来り居候事」(「日記」六・十一)と藍玉交易の動きがみられ、十一月頃には、「下ノ関北国問屋河崎屋善七手伝併薩摩屋岩吉と申者共、御当地(長州――田中註、以下同)へ山建(牛馬骨のこと)積下り候而、藍玉仕組立之一条取次いたし呉候様無拠任相談……」(安政六・十二・五、明石録兵衛より中野半左衛門・山本寅蔵宛)と、問屋筋の動きがみられる。

(26) 白石正一郎は字は資風、卯兵衛(資陽)の長子で弟が廉作。この兄弟の幕末の活躍は有名である。

この資本の性格について奈良本辰也は、長州藩と結ぶ特権商業資本に対して「第三者的な商業資本」と規定し(『改訂増補近世封建社会史論』六一〜六二頁)、井上勝生は序章でふれたように「従属商人」と規定する(『幕末維新政治史の研究』一一四〜一一六頁)。西郷吉兵衛(隆盛)は、安政四年十一月十三日初めて白石と会い(「白石正一郎日記摘要」〈毛利家文庫蔵〉)、「風儀雅品」

「叮嚀の者」と言っており（同日付、市来正之丞宛、『大西郷全集』第一巻、七三頁）、平野国臣も筑前藩主への建白書の中に、「是迄薩州長州南国之御産物交易之御取次に携り候正直なる者」（服部『黒船前後』七二頁）と述べている。

(27) 前掲西郷より市来宛（『大西郷全集』第一巻、七四頁）。

(28) 安政五・七「口上手扣」。すでにこの年正月以降、白石廉作が薩州へ行き、薩藩の高崎善兵衛・旧薩藩士工藤左門（のち藤井良節）等も白石を来訪し、交渉は活潑に行なわれている（「白石正一郎日記」〈『維新日乗纂輯』第一、三～四頁〉参照）。

(29) 前大津宰判殿敷村中野半左衛門（一時、半右衛門ともいった）は、以下みるように薩長交易の中心人物である。文化元年（一八〇四）八月六日生、幼名豊蔵、中野家八代の当主で、天保以降豊浦川の水利に意を尽し、安政三年（一八五六）勧農産物御内用懸りとなり、その後、見嶋鯨組惣都合役等に任ぜられ、大庄屋格でもある。明治六年（一八七三）豊浦郡第一〇区副戸長となるが、同年歿（中野家文書〈写〉、拙稿「中野半左衛門」〈河出書房新社『日本歴史大辞典』所収〉参照）。中野源蔵はその子。幕末期の現状を示すと思われる「防長田畠十丁余所持之名前」（山口県文書館蔵）では同家は一三町余と記載されている。

(30) 「白石正一郎日記」安政五年八月十日条には、「薩長藍玉御取組併ニ其外ノ品々御交易事相調フ」（『維新日乗纂輯』第一、四頁）とある。また、下関市教育委員会編集・刊行『白石家文書』所収の「日記中摘要」八月十六日条には「中野半左エ門ヨリ御産物手本類送リ来ル」とあり、十九日条には「さつ人仁牟礼左兵衛帰薩、手本物相渡す」と記されている（同書、五六頁）。

　長州藩の交易に対する本文のような態度は、すでに白石や中野等の薩長交易内願書の提出以前に定っていたようである。中野の「日記」安政五年六月十二日条には、「薩州之事、於レ下売払致見候様との御事」とあり、翌日条にも「薩州御産物ニ付河谷高山より之交通之現書差出候事、於レ下引受売捌候ハゝ聞届は慥ニ致置、追而御役所ニ御引相ニ可レ被二仰付一、先ツ一応於下ためし候様との御事」とある。

(31) 安政五・八、小野屋・白石・仁牟礼より山本・中野宛「覚」、安政五・八・十七、白石・仁牟礼より山本・中野宛書翰等。

(32) 安政五・九「覚」。この薩州側の意向は、御趣方懸リ頭人三原藤五郎により示されたものと報告されている。薩州の積極的意向の背後には、「表方は藍玉之御交易之御名目ニ而候得共、薩州産物当御国江之向物品々可レ有レ之と存候。於二下関一御渡申候ヘバ大坂登せ方減少、船手之無理も大ニ宜敷」という理由があったことは注目してよい。

(33) 白石は九月朔日の会合で、薩州行に当たって中野か山本の同行を申入れているが、用向繁多という理由で断られると、「御用達之仁ニ而も何卒罷下候様」と頼んでいる（前掲安政五・九「覚」）。そこで中野等は「御内伺之上」中川を同行させているのであるが（安政六・二「覚」）、このように白石が藩権力に連なっている役向きの者の同行を懇願しているのは、さきの交易内願の際の長州藩の態度からの必要性もさることながら、薩州側においても積極的に交易乗出しを企図していただけに、白石という長州藩権力と直接的な関係をもたない一商人だけでは甚だ心許なく、「正一郎抔国抔江差越候砌ハ、御役先之御方様御一人仰付添被レ下候様仕度、いつれ永年之御親結容易之計方ニ而ハ、御互ニ臍落も出来兼可レ申候」（安政五・八・十三、高崎善兵衛より中野宛）と、役向の者の同道を要求しているからである。

（34）「白石正一郎日記」（『維新日乗纂輯』第一、四頁）参照。

（35）川畑清右衛門は、もと垂水村の豪家で「薩州第一之金持」といわれていたが、当代清右衛門の時に諸士に取立てられ、当時綿方織屋方水車方役所々勤で、「万事此御方ニ駈引被二仰付一候由、壱万両弐万両之御仕入ハ川畑様之御手元ニ而調候趣御屋敷等も至而立派」と報告されている（前掲安政六・二「覚」）。

（36）白石がこうした態度をとった背後には、鹿児島町人明石録兵衛との交易取組における対抗関係があったと思われる。例えば安政五年十一月八日付の次の一書翰をみよ。

「此度白石罷越、頻リニ心配仕候而願済仕候趣ニ御座候。其内ニハ明石六《ママ》兵衛当りと少々故障も有レ之候へ共、全ル《ママ》処中直り仕候而取組ニ相成候様子、明石心服ハ白石を除キ中野氏山本氏を相人ニ取組度下意、白石ハ明石を除キ取組度下意之由ニ御座候」。なお、安政五年十二月五日の明石より中野・山本宛書翰、参照。

明石録兵衛は、奥州仙台の菓子商であったが、二〇歳頃江戸に出て薩州御用の菓子屋に奉公し、「漸々御意ニ相叶」って登用され、天保十年（一八三九）頃薩摩表に来た用向所勤の町人である（安政五・七、仁牟礼・白石「覚」）。

（37）例えば「日記」安政六・二・十四、十五、十七、十八、条等参照。

（38）事実、安政三・四年の坪井九右衛門一派による改革の頓挫は、その支配の失敗に基づいたものであり、これをうけた周布一派はこの失敗点を修正して成功した。前掲拙稿「討幕派の形成過程」および前掲拙著『幕末の藩政改革』参照。

（39）山本弘文「薩藩天保改革の前提」（『経済志林』二二－四、一四〇頁）。なお、同「薩摩藩の天保改革」（『経済志林』二四－三）参照。

(40) 以上、引用は安政五・七、仁牟礼・白石「覚」。肥前と薩州の交易は、肥前へ柞灰を嘉永五年（一八五二）より出し始め、「安政四巳年ヨリ御手許御計ヲ以テ肥前佐賀御藩主様ト彼方産物米ト御交易ヲ被レ始候事」（島津家文書「斉彬公史料」〈東京大学史料編纂所蔵〉安政四年所収「山本藤助家記抄」）といわれている（『鹿児島県史』第三巻、三九頁参照）。柞灰は柞樹の皮を焼いたもので、有田の陶器に用いられた。薩摩産は品質劣り、日向の深山に産するものが良質とされた。肥前側でこの薩肥交易に当たったのは用達商人野中元右衛門である（『鍋島直正公伝』第五篇、四二一頁）。

(41) 「官武通紀巻五（文久二年）薩州始末二」（『官武通紀』第一、一二〇頁）。

(42) 前掲拙稿「討幕派の形成過程」、前掲拙著『幕末の藩政改革』参照。

(43) 例えば、薩州藍の見本の試用の過程をみると、中野半左衛門・山本寅三（共に前大津勧農御内用懸り）から田辺伝吉を遣わして、山口勧農御内用懸リ三輪惣兵衛・小郡同林勇蔵・同高井三郎助宛に頼み（安政五・八・十、中野・山本より三輪・林・高井宛）、それを受けて林・高井は「紺屋頭取之者へ申聞せ、仲間中申合せ、手板付見等いたし候上買得之俵数申出候様」（安政五・九・二、高井・林より山本・中野宛）と、勧農御内用懸リ→紺屋頭取→紺屋仲間という藩権力末端組織を通じて行なっている。
また、見本の集荷過程をみても、船木からは木綿五反、小郡からは木綿六反、山口からは形木綿五反、熊毛からは縮十反、萩からは伊予島其外等々と、それぞれ各宰判の勧農御内用懸リを通じて中野・山本が買集め、白石へ渡している（安政五・十、中野・山本より田村吉右衛門他二名宛）。

(44) 万延元・四、中野「申上候事」、万延元・五「手形」、同七・十九「覚」、万延元「覚」、「日記」万延元・八・十四、万延元・十一、中野「申上候事」等。

(45) 加藤平八（郎）は、薩州一・二の豪商で「平士」に登用され、琉球王用掛りや大坂表砂糖・紅花等の独占的用達をつとめ、柿本・酒匂の後援者として薩長交易に当たったといわれる（前掲関論文、五八頁）。天保改革の時は産物方に附属して琉球の島々の牛馬皮の大坂売出しに当たっている（『鹿児島県史』第二巻、四八九頁）。なお、山本弘文「天保改革後の薩藩の政情（一）」（『経済志林』二六－一）所収の彼に関する史料参照（一〇二～一〇三頁）。

(46) 万延元年「覚」。「日記」同年八月六日・七日条。有沢・野元は下関より鹿児島迄中野等と同道しているが、彼らが中野等との交渉に当たっていないのは、薩州側内部で意見の対立や交易の主導権争いがあったためであろうか。「日記」八月二十四日条には次のようにいう。「有沢事、西村六右衛門参リ候処、同人咄ニ、交易之一条ニ付、支配人之義を加藤氏、垣元（マヽ）・酒匂三人ニ而願出候段、拙者をはぶき候趣意甚以不レ届ニ付、拙者ハ御断申心得と立腹之様子ニ相見へ候、咄相之内ニ藍玉方ヨリ三度呼ニ来候得共、病気と号し出勤被ニ相断一候、何卒程能相治リ候へかしと申候事」。なお、「日記」万延元年八月五日～十一日条参照。

(47) 文久元・三・二十四、産物方よりの任命書。「日記」文久元・三・二十三、二十四参照。
弐歩（分）銀というのは、「御交易品何ニよらす代銀ニ当る弐歩方」を下付され、その代わり「諸失費請負之道理ニして払出」すようになっていたものである。従って、「一ヶ年ニ砂糖代凡三百〆目、米代凡三百〆目両条ニ而六百〆目之辻は、年々取組ニ相成候。左候得ハ弐分銀拾弐〆目可レ有レ之、夫を以取渡り致候様、其上ニ而石炭等之取組出来候へハ、臨時之徳益ニ相成可レ申候間、其心得を以心配致候様」というようなものであった。当時、中野は、この弐歩銀下附に対して周布政之助の処へ礼を述べに行っている（元治元・四、中野「弐分銀之儀ニ付申上候事」）。

(48) 今までみてきたいきさつによって判るように、薩長交易の長州側の表面からは白石は姿を消している。しかし、彼が依然として薩州の意を受けて馬関における物産買集めに活躍していることは、その日記の文久元年十二月二日条の次の一節をみれば判る。
「昼前大里船三艘ニテ（薩州より）廉作帰リ来ル。森山新蔵君（薩藩士、号は棠園）及波江野休右衛門同道、金弐万四千五百両持帰ル。右ノ内三千金当家へ拝借被ニ仰付一、弐万金ハ米御買入ノ御手当、千五百両ハ早船十艘御造立ノ御手当ナリ」（『維新日乗纂輯』第一、一九～二〇頁）。これは「不日泉州公（島津久光）天下ヲ澄清セント御上京アルニ付、上国へ輸送シ事変ニ備フル為ナリ」（「国家ニ効労アル者取調書」〈山口県文書館蔵〉所収、「旧長府藩士大場伝七略歴」）といわれている。

(49) 産物方掛に益田弾正・福原越後・前田孫右衛門等、産物方元締には佐藤寛作・山県源八・阿武茂一郎等が任命され、元締座に大塚正蔵・吉松平四郎・神田源兵衛が名を連ね、薩長交易懸りは中野半左衛門である（「薩州御交易記録」一〇）。

(50) 例えば、周布政之助について、「富国強兵之御計策教御事、周布公様別而交易一条ニ被レ寄レ心候事ニ付、万事此時ニ御座候間、余モ手続ノ御事専一ニ奉レ存候」（文久元・六・二十六、吉松平四郎より中野宛）といっている。

(51) 薩藩の近世後期の米産額は略五〇万石前後といわれるが（『鹿児島県史』第二巻、三六六頁）、万延元年九月、中野が鹿児島へ滞留している時、藤井又兵衛は中野へ「（薩藩は）米は五千石壱万石位は年々御入用可有御座との事」（「日記」万延元・九・八）と報告している。だから長州よりの米輸送に対して、「米之事市中一等大ニよろこび候よし」（「日記」同・九・十二）といわれているし、したがって逆に米の藩外からの移入が停止すると、たちまち「藩内米穀賈之上下共ニ困頓」（島津家文書「忠義公史料」〈東京大学史料編纂所蔵〉文久三・五）という状態となる（この場合、前年の凶作も一因となっている）。「忠義公史料」の編者は、この薩藩の米の需要供給について、「人口不相応穀類不足ナルノミナラス、琉球大島其他各島ハ砂糖産出ノ地ナルカ故、穀作ヲナサス、穀類ハ皆内地ヨリ輸送ス。一歳輸送ノ数凡ソ四万石ニ内外セリ」（「忠義公史料」文久三・一）と述べている。ここにでてくる琉球に関しては、例えば、弘化元年（一八四四）、琉球に来航した仏艦将よりの書翰に答えた琉球国中山府布政大夫向永保具の返書の一節に、「当国は海辺の辺鄙にて土地も悪敷、米穀も払底にて誠に金銀銅鉄等も無之、国中は土民日々之食事も不行届、諸道具も不揃之事故、古来より宝島（薩摩）へ致通商、当国出産之荒物を以同所の米穀其外諸品と交易し可也に用弁致し……」（鹿児島新聞附録『贈従一位島津斉彬公略伝』二一丁表）といわれている。このことからも判るように、薩藩の米の問題は単に藩内のみならず、琉球と密接不可分の関係にある。

(52) 万延元・四、中野「申上候事」。この一〇〇〇石の内、約四〇〇石は下関渡しとし、約六〇〇石を薩州へ積下す予定であったが（万延元・九「覚」）、実際に送ったのは一一二頁の表4のように五五〇石である。

(53) 文久元・三、柿本彦左衛門より中野宛。長州藩の米の産額は、『防長風土注進案』の天保末年の統計では、五一万六九四三石であり、藩外（主として大坂）への売却高は化政年間でほぼ六〜七万石、多い年で八万石以上といわれている（『山口県文化史』通史編、五五九〜五六〇頁）。

(54) 文久二・六「覚」、文久二・六・七、林勇蔵より中野宛、同六・十六、中野より枝村助之進宛等。

(55) 薩藩は天保改革時、生産力をたかめるため牛馬・鯨・鰹の骨粕を肥料として大いに使用し、とくに骨粕方を設置して江戸・東海道・江州・中国・四国・北海・山陰道・九州・壱岐・対馬等と殆ど全国から購入し、各郷数ヵ所に倉庫を建てて配分していた（土屋喬雄『封建社会崩壊過程の研究』四三五頁、『鹿児島県史』第二巻、三四七〜三四八頁）。

(56) 安政六・八、中野「申上候事」、文久元・三「申上候事」、文久元・三・七、吉松より中野宛等。

(57) 文久元・三「申上候事」。例えば、「兼而内々薩摩問屋」であった熊毛郡室積問屋布野屋直吉・同正月屋虎吉・同網屋喜右衛門・都濃郡浅江川口問屋山田屋三（又は右）左衛門は、新独占商人熊毛郡呼坂村松屋庄兵衛・都濃郡下松米田屋甚介に対して抵抗している。

(58) 例えば、前述の山田屋三左衛門は、「薩州江内々牛馬世話方問屋仕来り候ニ付」という理由から、牛馬世話方＝新特権商人（野坂屋小三郎・松屋庄兵衛）の積下す荷物に対して口銭をとって抵抗している（文久二・四「御願申上候事」）。

(59) 例えば次の史料の一節をみよ。

……追々御百姓中気請宜敷様ニ心配仕候処、巳（安政四年）秋御全（ママ）儀之趣ニ付、先積出之儀可レ被ニ差留一との御事ニ而、薩州船直船ニして積出仕候処、巳ノ七月ニ上関御宰判ニ而積出仕候付、御百姓方多人数相集リ、御厄害端にも至り候儀間々御座候。

（安政六・九「御願申上候事」）

(60) 万延元「覚」、同元・九「覚」、同元・四「申上候事」等。なお、天保末年の長州藩の木綿その他反布類の産額は七〇万一〇八六反である（『防長風土注進案』、拙稿「長州藩における天保一揆について」第四表〈『社会経済史学』二一―四、九五頁〉参照）。

(61) 例えば中野はつぎのように記している。

反物之品又々商人共江見せ候而も、三歩位上リ候而も、四ケ月延ニ相成候ヘハ同事ニ付、附直之儘ニ而御渡被レ成候ヘは（柿本）彦左衛門受込ミ商人之取らぬ分ハ、琉球ニ而も渡可レ申、其段御両所江御談被レ下候様との事。

（「日記」万延元・九・八）

(62) 万延元年「覚」。

長州藩は薩州との約定を、「仮令バ薩州ヨリ年拾万束」と仮定して、農民に前貸銀を与えて漉立させ、頭取を一・二人定めて下関会所に全部買上げる方式をとっている。

なお、長州藩の紙産出額の概要は、山代半紙は弘化年間（一八四五年頃）一万三五〇余丸、徳地宰判は天保末で半紙その他一万五一四二丸（代銀一八八七貫目余）、奥阿武郡宰判は二九〇〇丸、吉田宰判一六五三丸余、都濃郡宰判九五五丸、熊毛郡宰判四一五丸、大島郡宰判一三二丸である（『防長風土注進案』、『山口県文化史』通史編、五六八頁）。一丸六〇束入（一〇束、二貫二〇〇文、前掲表4参照）で換算すれば一〇万束なら約一六六〇余丸で、ちょうど吉田宰判の産出高に匹敵する。

(63) 万延元・四「申上候事」、同元・五「申上候事」。なお、三田尻塩は長州塩業の中心で、長州塩産額の過半を占め、年産額約三〇万石であった（三坂圭治『萩藩の財政と撫育』二三二頁）。

(64) 安政四・七、興膳昌蔵「御国産極上石炭公儀御用に相成申候袖控」（妻木忠太『来原良蔵伝』上、四三三頁）。

(65) 前掲『来原良蔵伝』上、四三一～四三五頁。安政六年以降は長州刈屋産石炭を向う五ヵ年間長崎製造所へ年々一〇〇〇万斤（一

〇〇斤代銀四匁七分）売捌くことを請願し、同年は五〇〇万斤を納入した。

(66)　万延元年「覚」、同元・九「覚」。
「三分方頭取晋九良（ママ）江五分方関会処幷ニ支配人江心付引除ケ、其余徳銀ニ当ル分御益ニ相備申候事」と、利潤配分が規定されている。なお、天保末年の船木宰判八ヵ村（宇部等を含む）の産出量は三三〇万六〇〇余貫（代銀一六〇貫目、約二六六万斤余）であり、その他美禰郡（二ヵ村、一七〇〇俵）、阿武郡（一ヵ村、三七五俵）からも産出する（『防長風土注進案』、前掲『山口県文化史』五六二頁）。

(67)　安政五・七「覚」、安政六・二「覚」、万延元・九「覚」、「日記」その他。これ

表9　薩藩内産物高および他国移出高・代価

品目	総産額	他国移出	代価
砂糖	22,923,000斤	171,000挺（1挺120斤余入）	855,000両
琉球紺地木綿縞	100,000反	100,000反	200,000
琉球紬上布幷紬縞類	3,000反		
菜種子	100,00斛	33,000斛	181,500
胡麻	3,500斛		
鰹節	120,000貫	108,000貫	81,000
生蠟	780,000斤	600,000斤	60,000
煙草	1,500,000斤	700,000斤	60,000
鶏卵		15,000籠（1籠450箇入）	30,000
茶	500,000斤	100,000斤	25,000
馬		1,000頭	25,000
牛馬皮幷爪	16,000頭分	13,000頭分	25,000
各種林産（樹粉・炭・樽榑・松・杉・樫・櫓・木等）			22,800
椎茸		53,000斤	15,900
塩鰤幷干魚類		15,000駄	15,000
樟脳	75,000斤	70,000斤	14,000
硫黄	800,000斤	780,000斤	11,700
唐薬種			10,000
干板屋貝		30,000斤	9,000
柞灰		5,000俵	8,750
雑紙幷高岡紙布		5,000斤	6,200
干藻	25,000斤	20,000斤	6,000
琉球若狭物			5,000
和薬種各種			2,500
明礬		15,000斤	1,500
泡盛	2,000本（1本50斤入）	300本	1,200
櫛木		1,200俵	1,200
椎皮		300,000斤	1,125
海人草		2,000斤	600
草弁田櫛			500
鬱金		5,000斤	400
片脳			
漆		1,000斤	
硝石		40,000斤	
鱶鰭		3,000斤	
葛粉・苧葛			

総入金　1,719,750両（実数1,675,875両）

注　『鹿児島県史』第3巻，612～614頁より作成．

表10　他国買入品・数量・金額

品目	数量	金額
呉服物		260,000両
繰綿幷木綿総	15,000本	140,000
唐反物		75,000
真米	10,000斛（ママ）	60,000
古手類		60,000
大豆	8,000斛	48,000
素麵	20,000箇	30,000
小間物		25,000
干鮑・煎海鼡・干物		25,000
糸物		18,000
塩	250,000俵	16,000
小麦粕	12,000俵	
鉄	2,000駄	15,000
鋼	50,000斤	
銑	5,000駄	
昆布	400,000斤	15,000
小麦・小豆	2,000石	12,000
和蘭薬種		10,000
鰊・鯑	10,000俵	10,000
白砂糖・氷砂糖	1,000挺	8,000
針金		8,000
吉野漆	6,000斤	5,000
器物		5,000
備後表蓙幷本眞蓙類		5,000
陶器		3,000
生鱸		3,000
荏子油・桐油	500挺	2,500
鯨骨・牛馬骨		
鉛・水銀・鉒丹		
硝石		
鉄砲・時計其他異国道具		
蒸気船幷風帆船道具帆綱類		
三都長崎臨時之払		
他国出船舶雑用		100,000
三都長崎諸所諸人酒色料		6,000

総出金　1,088,500両（実数　964,500両）

注　『鹿児島県史』第3巻，614～617頁より作成．

らは、交易品目として挙がっているもので、必ずしも長州藩の産物とは限らない。例えば、鉄銃・鈒についても、もし長州になければ「御近国石州辺之品御手寄を以、御国産トして御取組被為成候様」（安政五・七「覚」）と述べている。

(68) 安政六・二・二十、高崎善兵衛より中野父子宛、万延元・八「覚」等。

(69) ちなみに、明治二年（一八六九）調の「旧鹿児島藩産物出入比較表」を示すと表9・表10の通りである。しかし、これは翌三年、藩が維新政府へ提出した「鹿児島県禄高調」の数字より極めて大きくなっている（なお、誤写・記述粗漏もあるかもしれぬといわれている）。これによると結局、藩の入金は出金よりも六三万一二五〇両多く、これだけ国益と算出されている（『鹿児島県史』第三巻、六〇八〜六一七頁）。

(70) 山藍（唐藍）は薩摩および琉球特有のもので、薩摩絣に使用されたが、天保改革以来改良され、藍玉方が設置され、弘化初年には城下築地に藍製造所をおいたという（『鹿児島県史』第二巻、五二六頁）。注(69)にふれた「鹿児島県禄高調」には、葉藍三三万五二四九斤五合とある（同上、第三巻、六一〇頁）。

(71) 長州側は当初薩州藍をおそらく畿内へ売込もうと策していたと思われる。例えば、中野は近江屋又三郎・伏見屋太七へ「御定約之藍玉四表（ママ）幸便有レ之差送申候。貴着入手被レ成可レ被レ下候。左候而何卒売弘之御手段精々御働き被レ成候様奉レ存候。此方ハ薩州長州二国之御交易ニ相成候事ニ付、御取組次第如何程之登セ方も相整可レ申候間、何分共精神を尽し御弘被レ成候様奉レ存候」（安政六・二・二十八）。

(72) 土屋前掲書、『鹿児島県史』第二巻、樋口弘『本邦糖業史』（新版『日本糖業史』）等参照。

(73) 安政六・二・二十、高崎より中野父子宛、万延元・九、文書。大坂積登の琉球糖は、年一回入札で、琉球方銀主一四人に渡され、柿本彦左衛門・鬼塚祐左衛門はそのメンバーである（文久二・四・二十七「口上覚扣」）。

(74) 土屋前掲書、四七〇頁。

(75) 「調所広郷履歴概略」（土屋前掲書、四七五頁所引）。

(76) 以上引用は、安政六・十一「覚」。

(77) 安政六・八「覚」。なお、「金子壱万両薩州役所江御先納被レ成候ハヽ、天草砂糖之名目之部ハ不レ残下関積廻し売渡し可レ致候事」ともいわれている（万延元・閏三「天草砂糖之事」）。

当時、天草砂糖の出来高は二〇〇万斤、一斤に付七分替で代銀一四〇〇貫目、七二匁替金にして一万九四四四両余とされている（安政六・十一「覚」）。

しかし、実際の取引は必ずしも天草糖ではなく、琉球糖が送られている（例えば、文久二・一「申上候事」等）。

(78) 文久二・七「覚」、同二・十一、中野より柿本宛。

(79) 安政六・十一、中野「覚書」。なお、次のようにもいっている。

「御引受之道明キ候ヘバ、代銀為替之義ハ下ノ関町人共何程ニ而も繰出可仕段申居候由、問屋ヨリ申出仕候」（右同）。

(80) 青江秀『薩隅煙草録』一七九～一八〇頁。なお、同一六七～一七八頁及び『鹿児島県史』第二巻、三七二～三七六頁参照。

(81) 例えば、文久二・十一、中野より柿本宛等。下関には刻煙草専業者がおり、江戸・京都・大坂・名古屋等にはその取扱問屋が定まっていた、といわれる（関前掲論文、五九頁）。

(82) 『鹿児島県史』第二巻、四七六頁。

(83) 右同書、五一一～五一二頁、土屋前掲書、一三六頁。

(84) 附言しておくならば、薩藩の場合「(天保)改革以来国産にして私の売買に放任した物は、煙草・鰹節・硫黄・明礬・櫓木・牛馬皮・椎皮・椎茸等で、菜種子・鬱金・胡麻・薬物・朱粉・紙・蠟・牛馬の類は私の売買を禁じたといふ」（土屋前掲書、四二六頁）といわれている。

(85) 文久三・五・十、北条瀬兵衛より宍戸九郎衛宛、文久三・十、文書、同三・十・二十八、中野より柿本宛、同三・十一・十六、中野より木原良平宛。なお、「日記」文久三・十二・十五、参照。

(86) 「日記」文久二年正月二十七日条に、「大木又二郎来る。五嶋産物之事」とあり、以後五島交易の記事が散見する。

(87) 文久二・五「御頼申上候事」等。なお、「日記」参照。

(88) 文久二・三・九、五嶋近江守内勘定奉行林千蔵より中野宛。

(89) 文久二・五「御頼申上候事」、文久二・八・二十一、中野より木原良平他二人宛。関前掲論文、六二頁参照。なお、五島よりの干鯣類の一部は芸州大竹の二階堂三郎左衛門と取引されている（文久二・四、中野より二階堂宛、「日記」文久二・四・十四）。

(90) 文久二・三・二十六、産物方より中野宛、および文久二・五「御頼申上候事」。なお、元治元年正月の佐々野藤平より中野宛の

「御交易ニ付御損益差引帳」では表11のようになっている。ただし、これは本文でみるような情勢下の交易の数字であることを条件にいれなければならないだろう。

(91) 慶応三年正月八日、中野は遠田甚助宛に「五嶋一条漸御取組ニ相成候由、太慶至極ニ奉存上候」と述べている。「日記」参照。

(92) 文久二・閏八、中野より佐藤寛作他二名宛「覚」、文久二・九・三、産物方より中野宛。

越前藩が「西洋銀」で代価を支払っているのは、由利公正を中心とした藩政改革によって養蚕―生糸の生産を奨励し、これを長崎のオランダ商館と販売契約を結び、由利の談話では安政六年には二五万両余、翌年には四五万両も売り、「弗で受取った所が両替が一応に出来ぬ」といわれた状態と関連しているであろう(由利正通『子爵由利公正伝』附録、二〇六～二〇七頁、なお、同書本文、九六～九七頁参照)。

(93) 次の史料をみよ。

黒砂糖五百弐拾五挺売高之内四百挺福井屋仁平売渡之分、五月物限ニ候間上納相済可レ申、右代銀其外共七月中ニ上納仕候様トノ御事奉レ畏候。(中略)左候テ五月物限ニ催促仕候所、其節越前製産方御頭人岡嶋恒介様・三岡石五郎様福井屋方御滞留、私儀御召寄候テ、右砂糖仁平借用代銀御物限無ニ相違一御払入可レ仕之所、仁平儀モ追々迷惑ノ事相嵩ミ、此日現銀差問ノ為ト申候間、甚ダ御無心ノ儀ニ候得共、日限之所七八月迄御待被レ下候様同人為ニ仕組一態々拙者共出張致候儀ニ付、此余仁平ニ不掲(ママ)越前役所ヨリ堅固ニ御払方致候。素ヨリ引当モ有レ之候事、拙者共ヨリモ印形手形差出置候旨被レ申候テ、証文相渡相成被レ申候得ハ、此義ニ附テ聊有レ之候テハ越前国躰ニモ掲リ候義、少モ御迷惑ハ懸ケ不レ申候間、右御頼申候トノ事ニ御座候。(中略)(六月)二十日ヨリ三岡石五郎様・岡嶋恒介様・肥後御家中横井平太夫様御上方ニテ御上下拾弐人、外ニ福井屋仁平御供御手船ニテ大坂迄御登リ、夫ヨリ陸地御帰国被レ成候。右砂糖ニ就テハ少モ気遣ノ義ハ無ニ御座一奉レ存候。(下略)

(文久二・八・四、中野「御沙汰之趣御答書其外差懸ル御用事左ニ一ツ書ヲ以テ奉ニ申上一候」)。

表11　元治元年正月「御交易ニ付御損益差引帳」

○益　金	
	353両3歩2朱
	2貫770文
○損金及び雑用入高	
	143両1歩2朱
	2貫252文
○差引残高(「正御益」)	
	210両2歩
	518文
○「御会所御受前」(「一ツ割ニシテ」)	
	105両1歩
	259文

(94) 信夫清三郎『マニュファクチュア論』一四三〜一七六頁参照。

(95) 文久元・八・二十三、周布政之助より宛先不詳書翰。なお、八・十七、周布書翰も参照（「年度別書翰集」九〈毛利家文庫蔵〉所収）。長州側の要求に会津藩は、銅は本丸炎上で幕府へ納め、藩中も不足して余分はない、といい、会津側は塗物を主に売出したい希望をもつが、これは長州に国産があるとして断っている。

(96) 元治元・二・十二、吉松平四郎より中野宛、同・二・十七、木原良平・吉松他より中野宛、元治元・三・二十一、宍戸左馬介・前田孫右衛門より数元沢右衛門宛、元治元・四、中野「申上候事」等。なお、慶応元年正月三日付の吉松より中野宛書翰には、「産物方モ又々御撫育方ト引分レ」といわれている。

(97) そうでなくても当時の形勢は、「弐歩銀も亥ノ年（文久三）分は受物無御座候へ共、会所物入等は不相替余分相費当惑仕候」と、中野は札銀一一貫七五三匁七分五厘の「新地会所諸払差引〆リ」を無利三〇ヵ年賦で願い出るという状態であった（元治元・四、中野「御歎申上候事」）。

(98) 例えば、元治元年六月二十五日付の前原一誠より湯川平馬宛の書翰には、「其御才判問屋口明吉丸船頭徳蔵と申者、先年来薩州江致二往来一不正之荷物取扱候趣風聞有レ之候処、此度彼国より登リ掛、豊前田ノ浦江致二繋船一候と奇兵隊ヨリ聞付、過る十一日罷越召捕候に付、船頭舸子之者共、打廻リ候者を以様子取調せ（ママ）候処、別紙聞書之通に而、此度も砂糖煙草等積入致候由、御時節柄をも不レ弁不届之所業」につき、その処分方に関することが記載され、なお「御才判内別紙付立之船頭共、徳蔵同様之所業致候様子に相聞候」と付言されているから、抜買いがさかんに行なわれていたと推測される（『楫取家文書』第一、二七八〜二七九頁）。

(99) 元治元年八月二十五日発令。『徳川禁令考』第二帙、一六二二頁。

(100) 「芸藩交易の顛末」（「忠義公史料」文久三年所収）。

これ以前に芸州御手洗港における問屋商人によって取引は行なわれていた。すなわち、延享三年（一七四六）以来御手洗の脇屋与右衛門が、安政五年（一八五八）よりは同じく清水屋善兵衛が加わり、この二名が薩州問屋として「御手船ハ勿論、御領内諸船トモ諸事引請可レ被レ致二世話一候」と、薩藩より許可を与えられていた。

本文中の芸州勘定所掛員というのはつぎの通りであるが、彼らは諸員受渡しの際出頭するのみで、報酬は「概略出飯米ニ比シ支給アリシナリ」といわれている。

御手洗町年寄金子十郎右衛門、同町庄屋多田勘右衛門、同町組頭山本弥一郎、附属人脇屋友次郎・同藤助・清水幸右衛門、雇人坂田吉右衛門（以上「芸藩交易ノ顚末」）。

この柿本等による交易開始の交渉と、文久三年（一八六三）八月、芸州より「攘夷戦捷慶賀ノ使者」の鹿児島来着とは無関係であるまい。その使者中には村上仲之介《助》・船越寿左衛門等薩芸交易に関係深い藩士の名がみられる。そして「此時該藩貿易ヲ冀望シ、而テ金十万円貸与セラレ、其返償年々米穀・木綿・銅・鉄四品ヲ以テセン事ヲ約ス」といわれている（「広島藩戦捷賀使来覲及貿易取組」〈「忠義公史料」文久三年八月所収〉）。

(101) 前掲「芸藩交易ノ顚末」。

(102) 前掲「芸藩交易ノ顚末」、家村助太郎述「市来四郎伝」（『薩摩貿易史料』県立鹿児島図書館蔵）、『鹿児島県史』第三巻、二一四頁、「自今御取引要々之廉頭書之覚」（「芸州交易事件」〈「石室秘稿」所収、国会図書館憲政資料室蔵〉）等。

交易品目の中の天保銭については、薩藩は文久二年夏幕府の許可をえて琉球通宝を鋳造することになったが、実は天保銭であったといわれているから（「市来四郎談話速記」〈「忠義公史料」文久三年所収〉）、芸州からの銅・鉄はその材料と考えられる。当時銅銭は輸出が禁止されていた。明治初年になってもそれは継続され、天保銭に限って厳重な規定の下に国内諸港への輸送が認められた程度である（野村兼太郎『維新前後』七七～七八頁、一七四～一八〇頁等参照）。

文久三年十二月二十四日夜の、長州兵の馬関における薩州船撃沈事件は、この薩芸交易の綿船であった（船越寿「文久三年長州兵馬関に於て薩州商船撃沈事件」〈維新史料編纂会『講演速記録』第弐輯〉、阿多浣「文久三年長州兵馬関に於て薩州商船撃沈事件に関する薩州藩交渉顚末」〈同上、第五輯〉）。

薩摩藩では、芸州よりの米を第一次征長の時に回米として芸州・備後におき、軍事目的に使ったりしている（元治元・十・二十一、小倉出張園田報告〈「忠義公史料」元治元年十月所収〉）。

(103) 「文久癸亥歳（三年）広島藩ト交易ノ約ヲ結ヒ、資金三―五万両ヲ貸シ、以テ銅・鉄・米・塩ト交換シ、大ニ財政ヲ資ク」（前掲「市来四郎伝」）とも、あるいは、「薩英戦争直後には、安芸藩と契約し、同藩に金一〇万両及び天保通宝五万両を二十年期限貸附し、且つ鋳銭原料銅及び米穀・綿・塩等を買入れて琉球通宝（実は天保通宝）を以て支払ふ事とし、（中略）元治元年夏（中略）琉球通宝を運用して米凡九千石を買入れた」（『鹿児島県史』第三巻、二四頁）ともいわれている。

(104) 前掲「芸藩交易ノ顚末」。生蠟の薩藩天保改革後の移出高は約二四万斤（一斤に付銀二匁一分三厘九毛）であり（土屋前掲書、四二七頁）、その一部が芸州に送られたものと思われる。年不明九月二日付の管市左衛門より柿本宛の「覚」には、能美木綿五七五〇反、大原木綿三五〇〇反の値段が呈示され、「右之外上物モ弐三千反有之趣ニ御坐候」といわれている（前掲「芸州交易事件」所収）。

(105) 年不明だが、表12中の大部分は薩藩の芸州交易関係の代金を示すと思われるからここに掲げておこう。

(106) 「薩州は当時外国と貿易もして居るので銃器及軍艦等の買入も余程便を得て居るから、其買入の世話をして貰ひたい、此方から綿其他の物産を送って交易したら、双方の都合が宜しからう」（船越前掲論文）といわれている。なお、当時綿は、南北戦争により米国から欧洲への棉花輸出が杜絶したため、長崎で日本綿の買付けが盛んに行なわれたのである（『鹿児島県史』第三巻、三七九〜三八一頁）。

表12　薩藩の芸州交易関係代金（年不明）

当夏御手洗ニテ申請仕候諸品代之分	2万両
当夏方御頼相談申置候御手洗駈引方へ御出金可被下候分	1万両
此節ヨリ来春へ懸ヶ御渡シ申候諸品代之分	9万両
当夏御積送リ長崎買入唐反物代	2,480両余
当夏御手洗ニテ御渡ニ相成分	天保銭20万枚
御節御積送リニ相成候長崎買入唐反物代	5,000両
此節鬼塚御持登リ筈御国仕立之分	25,000両
大坂屋敷江納メ	9,000両

注　「芸州交易事件」より作成.

(107) 前掲「芸州交易事件」。

(108) 『薩藩海軍史』中巻、八一八〜八二二頁。
これらの交易にも柿本彦左衛門や酒匂十兵衛らが中心となっている。

(109) 『南部史要』三六八〜三六九頁、『大西郷全集』第一巻、五〇一〜五〇二頁。

(110) 「公武御達并見聞集」（『会津藩庁記録』第三、三二二頁）。

(111) そのため薩摩藩は長崎交易方を設置している（『大西郷全集』第一巻、三五五頁）。なお、国際関係ついては、石井前掲書参照。

(112) 『東行先生遺文』書翰篇、一八四頁。

(113) 「日記」慶応元・一・十一、同一・十六、同一・二十三、中野より木原良平宛。

(114) とくに軍政改革については、拙稿「長州藩における慶応軍政改革」（『史林』四二―一）、拙著『明治維新政治史研究』第五章参照。

(115)『防長回天史』七、三三八頁、同上、八、一七七頁、三坂前掲書、二三〇頁、安藤徳器「かくれたる維新史料」(『歴史公論』三—四)、『もりのしげり』三〇八〜三〇九頁、「御蔵許雑事控」(毛利家文庫蔵)。
(116)『松菊木戸公伝』上、五四四頁。『防長回天史』七、三一〇頁。
(117)「御役進退録」下(「高杉晋作履歴抜書」〈毛利家文庫蔵〉所収)。
(118)『防長回天史』七、二九二頁、『世外井上公伝』第一巻、二二一頁、『松菊木戸公伝』上、五四一頁。この計画は桂・高杉・伊藤・井上等が下関で坂本竜馬・中岡慎太郎と共にたてたものである(『世外井上公伝』第一巻、二二一頁)。
(119)『防長回天史』七、三一一頁。
(120)「日記」慶応二・一・二十二、参照。
(121)「日記」慶応元・十二・五、同七、同十九、二十三、二十四および翌二・一・八、参照。
(122)「日記」慶応二・一・二十二および二十三、参照。
(123)これに対し長州側からの取引高は明白でないが、「日記」に散見するものを摘記すると、
「石炭話薩州江向キ候様其上ニて下地之壱万振道付キ願可レ申旨治定之話有レ之」(慶応二・三・二十一)
「鯨骨今日引渡候事、高三千三百七拾壱〆四百目」(同三・二十五)
「米千石薩江乙丑丸ニて贈候筈之所、関地ニ米少も無レ之、囲物之内五百石丈ケ萩へ申遣シ、此度指送リ候間此旨能々酒匂へ相通候様ニとの御事」(同三・二十七)等々。
(124)この再開交易の不振の理由について、関は「長州藩交易の立遅れと越荷方取扱の拙劣さにもよるが、更に大きい原因は越荷方直轄方式に対する問屋資本の不満と非協力によるものであった」(関前掲論文、六六頁)とし、その問屋の非協力の理由は産物方のやり方に対する疑惑のゆえとされる。この産物方への疑惑は事実だが、氏の根拠とされた同じ史料は、この問屋の希望を「越荷方御会所御買上ケ被二仰付一様奉レ願上一候」といい、問屋は産物方買上げに反対し、越荷方買上げを要求しているのであって、越荷方直轄方式に反対しているのではない(慶応三・五・十二、斎藤作四郎・天野勘作より中野宛)。交易再開当時、中野が出関したことについて、「薩国御取結之儀、且尊君御首尾能御用達被レ蒙レ仰候由伝承仕、私共実情相貫候時節到来と大悦不レ斜、直様参館仕万事御縋リ可二申上一覚悟ニテ」(慶応二・一・二十五、東佐四郎より中野宛)といわれているから、問屋商人

たちは再開交易に期待をかけていたと思われる。

むしろ、不振の根本的理由は、第三節の末尾にふれたような、領内市場を基盤に強くもたないこの交易自体の基本的性格にかかわっており、再開交易もその性格を基本的には変えていなかったからである、といえよう。

(125) 以上、数字及び引用は「物産方内勘申出幷刎紙」（「忠正公一代編年史」〈山口県文書館蔵〉明治三年十二月十二日条）。

(126) 前掲拙稿「長州藩における慶応軍制改革」、前掲拙著『明治維新政治史研究』参照。

(127) 「抑も長・薩両藩が物産貿易を開始せんとするは、其有無を融通して互に国力の培養を画図するに在るも、また彼我の緝睦和合の益々濃厚ならんことを希望するに在り」（『松菊木戸公伝』上、七一五頁）とあるのは示唆的である。

(128) 入札については次のような規定がある。すなわち、一〇挺につき金四両宛の敷金を上納すること、代銀掛切は入札日より三〇日限りで上納の上砂糖を渡す、入札者は所付姓名を詳記し、捺印して提出、「砂糖下落敷銀を以流し可㆑致候者ハ已来入札差留候事」、舗銀・代銀共越荷方へ上納すること、等々（慶応二・三「覚」）。

(129) 慶応二・五・二十八、大塚正蔵より木戸宛（ここではこの出典を「慶応元年長藩記録」としており、樋口弘『本邦糖業史』〈一九四三年版、四五六〜四五八頁、一九五六年版『日本糖業史』四四九〜四五〇頁〉ではこれを元治元年としているが、この内容からみて明らかにこれは慶応二年の誤りである。

(130) だから、前掲大塚より木戸宛の書翰には、「斎藤（酒匂）之コトゝ咄（ママ）モ、私御当所へ罷越候趣ハ、商法損得ニハカゝワラス政府ヨリ被㆓差越㆒後因而已ト申候由」という。

(131) 島津家文書「斉彬公史料」安政四年（東京大学史料編纂所蔵）。

(132) 『坂本竜馬関係文書』第二、二四〇〜二四二頁。

この「商社示談箇条書」は「慶応二年寅十一月於㆓馬関㆒相対候事、薩藩五代ヨリ長藩広沢請取」とされているが、一〇月の馬関会談でその六ヵ条が提起されていることは、慶応二年十月二十二日付の広沢より新左衛門宛書翰（「年度別書翰集」二六〈毛利家文庫蔵〉）で明らかである。なお、五代竜作『五代友厚伝』九一〜九二頁、『松菊木戸公伝』上、七一四〜七一七頁、参照。

(133) それは単に国内交易の問題にとどまらず、この期における国際関係の問題ともからみ、さらに絶対主義的統一政権をめざす政治路線と表裏の関係にあるが、それらの点については別稿「討幕開明派の経済政治路線の一考察」（『日本史研究』四八号、前掲拙著

『明治維新政治史研究』第五章、参照）で若干の考察を試みた。参照されたい。

(134) 前掲拙稿「討幕開明派の経済政治路線の一考察」参照。

(135)『坂本竜馬関係文書』第一、三一九～三二一頁。

(136)「愚論竊かに知己の人に示す」（瑞山会編『維新土佐勤王史』九八〇頁）。

第四章　幕府の倒壊
――「大君」制国家構想の破産――

はじめに

本章の課題は、桜田門外の変以降、「大政奉還」「王政復古」にいたる時期の、幕府・朝廷・諸藩（主として西南雄藩）との関係を、政治史上の若干の問題を通してみようとするものである。[1]

私は本書第一章の「幕末の政治情勢」の「はじめに」で、幕末政治史における幕府側の研究が倒幕側の研究に較べて著しく遅れていることを指摘したが、その後の維新史研究の進展のなかでそれが克服されたとはいいがたい。[2]かかる研究史の状況をふまえて、第一節では、外圧下、開国以後の幕・朝・藩関係が、従来の幕藩体制のそれといかに違うかを大状況的に考察し、第二節では、その変化を公武合体運動と尊攘運動の「対立のなかの交錯」というべき視点からみようとした。この視点の延長線上に第三節では、からまる国際関係のなかでの幕府と西南雄藩との対抗関係の表出と、幕府のめざした「大君制」国家構想の分析を試みた。そこに幕・朝・藩関係が浮彫りにされていると考えるからである。

一　幕末期の幕・朝・藩関係

成立期の幕藩体制の特質については多くの研究がなされているが、幕末期の幕藩体制をその崩壊時の諸特徴から再構成してみる試みは必ずしも十分になされているとは思えない。しかしながら、二世紀半にわたる幕藩体制にはいくつかの時期区分が必要であり、とりわけ幕末期の体制は、広義の幕藩体制とは一応区別してとらえた方が幕末の政治史理解を容易にするであろうし、特質も明確にできるように思われる(3)。

その場合の発想には、次の二つの問題が前提とされている。第一は、近世中期以降、徐々に拡大・深化してきた幕藩体制の内部矛盾が、少なくとも天保期にはあらゆる面で顕在化し、幕藩体制の再編成が不可避になりつつあったこと、第二には、こうした状況のなかで外圧がしだいに現実の力関係として日本を規定し、それに対応せざるをえなくなってきたことである。つまり、国内的矛盾と国際的契機との接点で、幕藩体制が一定の変容をよぎなくされてきていたのである。

ところで、この変容をよぎなくされた幕末期の体制をどのように特徴づけ、いかなる名称でよぶかは、人によって異なるが、ここでは大久保利謙の概念によって「公武合体体制」としておこう(4)。

大久保はこの体制の始まりを、天保改革の水野忠邦のあとを受けた老中阿部正弘（福山藩主）の政治から「大政奉還」（「王政復古」）までとするが、その概念は次のように要約できる。

(1)「公武合体体制」は、外圧を契機とし、「朝廷（公）—幕府（武）—諸雄藩（武）の三勢力のバランスオブパワーズとして出現したもの」である。

(2)幕藩体制が、「幕府を頂点とする将軍―諸大名の上下の力関係」であるのに対し、この「公武合体体制」は「三勢力の横の連繋的関係」である。

(3)したがって、幕末政局の展開は、この三つの勢力の「バランスの推移ないしその質的な変動の過程」であって、「公武合体体制」は、「幕府が独裁的地位を放棄して諸勢力と横の連繋によって連合政権的なものへすすむ方向」をとり、方式としては「合議制の政体」となり、「大政奉還」へと帰着する。

以上の「公武合体体制」の特徴づけは、それまでの幕藩体制がすでに分解しているとみ、嘉永以降の外圧と、国内の諸勢力間の権力的な対応関係を統一的に把えようとするところにある。戦前からの尊王論的な把握や外圧を機とする朝権の進出と幕権の後退という一進一退的な把え方、大久保の表現でいえば、「思想的系譜と政治的契機とを混同」した説明から脱却して、「国内的契機と国際的契機の統一的把握」をめざそうとしたものなのである。

これを私なりの理解のなかで、誤解をおそれず図式化すると、ほぼ図2のようになるであろう。(5)

(イ)はそれまでの幕藩体制であって、朝廷（天皇）は政治の圏外にあり、幕府を頂点とするピラミッドの政治体制である。

(ロ)がいうところの「公武合体体制」で、ここでは外圧が全体をとり囲み、ピラミッドの体制は幕府と諸雄藩とに分裂し、朝廷は外圧の規定する圏内で、この分裂したピラミッドとの距離を著しく縮め、かつ伝統的権威を背負った意識された存在となる。そして、幕府（武）と諸雄藩（武）は、ともにこの朝廷（公）への接近をはかり、朝廷のいや応なしの政治化が進む。

(ハ)は、幕府に代って朝廷がピラミッドの頂点に位置し、その周辺を諸雄藩が固め、「朝藩体制」が成立する。この「朝藩体制」は、「王政復古」からほぼ廃藩置県までで、「維新政権」の時代である。(6)

したがって、幕藩体制から明治天皇制へ転換する天保期から明治初年に至る間を、図2のように、(イ)「幕藩体制」—(ロ)「公武合体体制」—(ハ)「朝藩体制」と区分することが可能であろう。

「公武合体体制」の位置づけをこのようなものとして、もう少し立入ってみてみよう。

前述したように、この体制は、国内的な矛盾と国際的契機の切り結んだところに成立する。とくに後者は、丸い地球を資本主義世界市場として完結させようとする、世界史の不可避かつ不可逆的な流れに沿ったものであり、しかもアジアに対する圧倒的優位性と軍事力を背景にしたものであったから、幕藩体制のいわゆる「祖法」をこえた「国家」を意識せしめた。

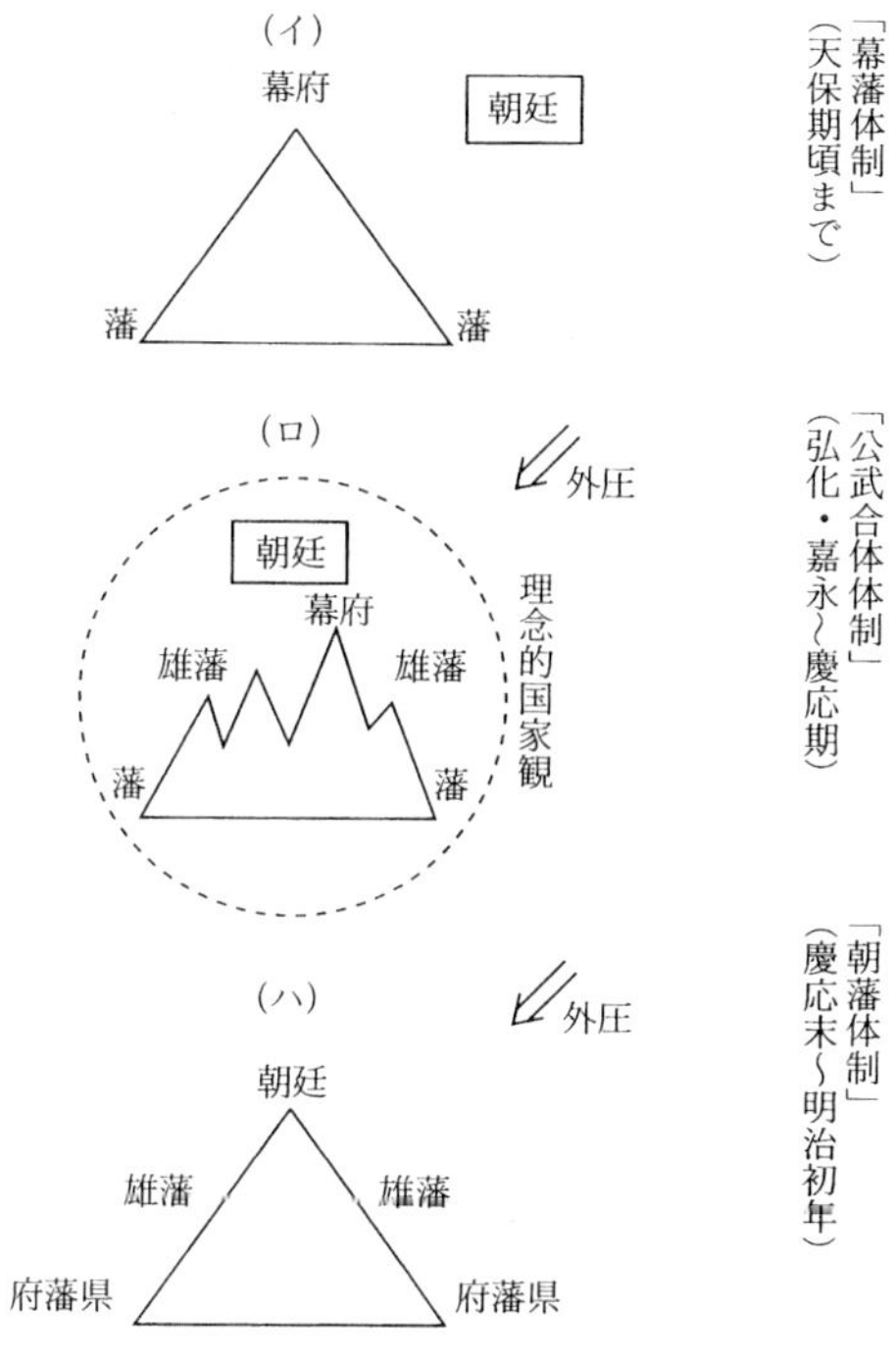

図2　幕末・明治初年の体制

確かにこの「国家」は現実の政治体制と不可分であるが、例えば会沢正志斎がその著『新論』（文政八年〈一八二五〉三月）で、「西荒の蛮夷」に対して日本を「上国」と表現し、「自から已む能はず、敢へて国家のよろしく恃むべきところのものを陳ぶ」といって、「国体、以て神聖、忠孝を以て国を建てたまへるを論じて、遂にその武を尚び民命を重んずる説に及ぶ」（以下傍点はとくに断らない限り田中）と「国体・神聖」論を展開した時、少なくともそこでの「国体」は現実の政治体制＝幕藩体制をこえた、夷狄観に対応した理念的国家観にほかならなかった。

この「国体」的国家の枠組みのなかに朝廷も幕府もあったから（図２(ロ)の点線に留意）、朝廷は海防に関する沙汰書（弘化三年〈一八四六〉八月）を先例がないにもかかわらず幕府へ下しえたし、幕府もまたペリー来航に関する奏聞（嘉永六年〈一八五三〉六月）を何のためらいもなく行いえたのである。幕朝ともにそれは外圧（夷狄観）に触発された理念的国家観＝「国体」に関わるという発想を基礎にしていたのである。先例を唯一のよりどころとする幕藩制伝統社会にあって、朝廷・幕府間の異例の措置がとられたゆえんである。

しかし、そのことが結果的に、幕藩体制を「公武合体体制」へと変容させる契機となった。非政治的かつ伝統の上に立った朝廷は、以後の政治情勢のなかで急速に政治化し、政治的色彩に彩られていく。ここに政治化し、ないしは政治的色彩を帯びていく朝廷（公）と、二つの「武」たる幕府と諸雄藩との三つ巴の関係が生ずるのである。

この時、幕府はこれまでの幕藩体制の全権力を掌握した地位から徐々に下降現象を示していた（だから、逆にその再強化をめざし、幕府中心の再編成が意図される）。他方、諸雄藩は天保改革以降の激しい権力闘争の過程で、雄藩たる力を蓄積し、上昇現象を示していたが、なお単独では幕府に対抗しうるものではなかった（だから、連合ないし同盟がめざされる）。ここに幕府と諸雄藩がともに伝統的権威としての朝廷に結びつこうとし、公武合体運動のおこるゆえんがある。*

* 以上みてきた「公武合体体制」の具体的な体制構想としては、いくつかの例を挙げうる。
福井藩主松平慶永（春嶽）は、安政四年（一八五七）十一月、外圧下の「時勢之変」に対応するやむをえない措置として、これまでの老中制に代えて譜代・外様・家門を打ちまぜ、御三家のうち一人を「総督」（例えば、徳川斉昭）とし、そのもとに「五大老」（例えば、島津斉彬・鍋島斉正・伊達宗城・松平慶永・池田慶徳）をおく案を述べている（『鳥取池田家文書』四、二二〇〜二二一

頁）。彼の腹心橋本左内の「畢竟日本国中を一家と見」るという、安政四年十一月二十八日付村田氏寿あて書翰の構想もそのひとつとみてよい。

左内も外圧を十分に意識して鎖国を不可といい、体制構想として将軍のもとに慶永・斉昭・斉彬を「国内事務宰相」の「専権」に、また鍋島斉正を「外国事務宰相」の「専権」として、これに川路聖謨・永井尚志・岩瀬忠震らを添え、そのほかに「天下有名達識之士」を「御儒者」の名目で陪臣・処士の身分にかかわらず登用し、右の「専権之宰相」にそれぞれ「派別ニ致し附置」し、徳川慶恕（尾張）・池田慶徳（鳥取）を「京都之守護」として、それに井伊直弼（彦根）と戸田氏彬（大垣）をさし添え、蝦夷地には伊達宗城（宇和島）・山内豊信（土佐）を派遣し、そのほかに小名の有志を挙用するというのである。そうすれば「随分一芝居出来候半歟」という。さらに、ロシア・アメリカから「諸芸術之師範役」を五〇人ばかり召聘し、諸国には学術の研究機関を設けて「物産之道」を手広にはじめ、また蝦夷開拓と航海術をさかんにする手立てを講ずる、という（『橋本景岳全集』上巻、五五〇～五五五頁）。

これらの構想は、幕府独裁のピラミッド型とは明らかに異なる。石井孝は、これは当時の「一橋派の政権構想の理想像」（『日本開国史』三一五頁）としているが、少なくともこうした構想を生み出す背景には、さきの図2の(ロ)図にみるような外圧下の幕藩体制の変容＝「公武合体体制」的現実があったとみなければならない。

また、佐賀藩士中野方蔵（晴虎、文久二年五月二十五日獄死）の「方今形勢論」は、「明天子上に出で、忠臣智士下に多く生れ、将家衰壊、諸藩柔弱、故に天子は諸藩の英主忠誠ある者を得て王政を恢復し、国威を万国に輝かさんと欲し、忠臣智士は踵を挙げて、英主あり、王室を興復して天下の士を用ふるを望む」といい、天子が「征夷将軍の号を諸大藩に賜ひ、或は肥前将軍と称し、或は薩摩将軍、或は肥後将軍、或は常陸将軍、或は尾張将軍、或は長門将軍と称し、凡そ六十余州の大藩を挙げて悉く将軍となし、小藩をして悉く副将たらしめんか、是に於てか人心大いに定るなり」（原漢文）と述べている（中野邦一『中野方蔵先生』附録、二三～二四頁、本文七一～七二頁）。

この「王政恢復」のための「総将軍化」の発想は、朝廷の政治化、幕府の下降現象と諸雄藩の上昇現象、そしてこれら雄藩と朝廷との結びつきを端的に示した「幕藩体制」の変容を念頭においての発言とみてよい。

さらに、安政五年（一八五八）五月の長州藩の藩是三大綱が、朝廷へは忠節、幕府へは信義、祖宗には孝道と述べ、幕府との関係を朝廷への忠節に対して信義という横の関係で規定していること（『修訂　防長回天史』第弐編弐、一二三一～一二三三頁）、文久二年三月の熊本藩士魚住源次兵衛の藩政府あての意見書も、「たとへハ天朝ハ父母、幕府列藩ハ兄弟之如きものニ御座候」（『改訂肥後藩国事史料』巻二、九〇八頁）と述べていることなどは、いずれも「公武合体体制」の特質のひとつの表現とみてよいのである。

なお、本書第五章第三節参照。

右に関連してここで注目しておかなければならないのは、朝廷＝公という発想であろう。この朝廷＝公は、幕府＝私ということと表裏の関係になっているが、本来幕府が幕藩体制の政治を独占している限りは、こうした問題が表面化すべくもない。幕府支配そのものが「公」であり、幕府の「天下」にほかならなかったからである。

ところが、内部矛盾の進行の上に外圧が加わるや、これを機として問題が表面化し、公私は乖離しはじめた。幕府の支配をこえた力が外から加わることによって、あらためて幕府支配のあり方を日本の歴史のなかでとらえて相対化し、その意味が問われはじめたからである。文久二年（一八六二）八月二十九日、時の政事総裁職松平慶永は幕府あての「愚衷」でいう。「畢竟二百年来之鎖鑰を開ひて、外国を待れ候は、制度之変通天下之一大公事に候処、幕府之私を以、是を擅にせられ候故、天下嗷々として公論を唱へて服し不レ申は、其謂れ有レ之事と被レ存候。国初已来、幕府之御政令、私なしとも離レ申哉ニ候得共、天下ニ嫌疑之念無レ之時は、安堵遵奉して、誰あつて犯し侮る者も無レ之候ひしが、外国之事件ハ、惣て制外に出候に付、公私之分、旧套定格を以覆ひかくし難き次第と相成候故、天下悉く幕府之私を咎め、議論を究め、人心大ニ乖戻を生し候」（『松平春嶽全集』第二巻、八七～八九頁）と。

つまり、「幕藩体制」の政治の「公」「私」の不分明が、「制外」の外圧によって天下＝公と幕府＝私と明確化され、「天下輿論之公」が「幕府従来之私心」を批判し、ここに「公」と「私」が歴然としてきた、というのである。

右の「天下輿論」の「公」の背景には、「国体」論的国家の危機に対する草莽層以下の台頭ないし政治行動があったし、その「国体」論的国家観によって天皇（朝廷）は浮上した。こうして外圧を機として、天皇と「天下輿論」とが「公」の名のもとに二重の規範として、一方では幕府を「私」化し、他方ではその幕府を批判する側の政治行動ないしは運動を正当化する論理として機能しはじめるのである。(7)

二　公武合体運動と尊攘運動

1　薩長の公武合体運動とその内部対抗

万延元年（一八六〇）三月、外圧下の桜田門外の変における大老井伊直弼の横死は、幕閣独裁をめざす幕権の失墜を余すところなく暴露した。この「皇国危急之秋」に当ってと、侍従岩倉具視は、同年六月、孝明天皇への上申書で次のようにいう。「関東へ御委任之政柄を隠然と朝廷江御収復」し、「億兆之人心を御収攬、其帰向する所を一定」にし、「輿議公論に基き、御国是を儼然と御確立」されよ（『岩倉具視関係文書』一、一四二頁）、と。ここには以後の政治過程で問題となる幕府批判の政治の条理が端的に表明されている。

とすれば、それが政治行動化する前に幕府は先手を打たなければならない。井伊政権崩壊の後をうけた久世・安藤政権（万延元年閏三月〜文久二年六月）は、その批判の拠点たる朝廷に対し、和宮降嫁という政略結婚策を実現させることによって、「公武一和」の外貌のなかで、実は朝廷の政治化を阻止し、幕権再強化を図ろうとしたものである。さらにいえば、大政委任論（後述）を天皇との血の紐帯化によって実質的に幕権内に吸収し、折りからの反幕スローガン＝「尊攘」の根拠を空洞化させようとしたものであった。いうなれば、それは大政委任論の先取りであった。そして、この政権は、軍政改革と全国市場支配のプランを明確に打ち出して、権力の基礎固めを指向すると共に、遣欧使節団（勘定奉行兼外国奉行竹内保徳ら）を派遣して両都両港開市開港延期を交渉せしめたのである。

この久世・安藤政権の「公武一和」策に対して、雄藩側からも公武合体運動がおこった。長州藩は直目付長井雅楽をしていわゆる航海遠略策をとなえしめ、文久元年（一八六一）三月から朝廷および幕閣久世・安藤にこれを説いた。その要点は次のようなものであった。

第一に、「破約攘夷」は現実的には不可能だから、開国は既成事実として朝廷は認めるべきである。

第二に、「皇国三百年来、御国内ノ御政道ハ関東へ御委任ト相見、外国へ対シ候テノ御駆引モ悉皆関東ヨリ仰セ出サレ候」という歴史の実体から、幕府を「皇国ノ政府」として承認する。

第三は、鎖国を「祖法」として墨守しようとするこれまでの発想に対して、むしろそれは「三百年来ノ御掟」にすぎないものであって、日本の歴史全体からいえば鎖国は「神慮」に叶っていないから、「神祖ノ思召」を継承して開国路線をとる。

第四は、結論ともいうべきものだが、朝廷・幕府ともにこれまでのわだかまりを氷解させ、「改テ急速航海御開、御武威海外ニ振ヒ、征夷ノ御職相立チ候様ニ」と、朝廷が幕府へ「厳勅」を下し、これを受けた幕府は列藩へ命令せよ、といい、そうすれば「国是遠略天朝ニ出テ、幕府奉ジテ之レヲ行ヒ、君臣ノ位次正シク、容易ニ海内一和仕ベク候テ、軍艦ニ富ミ、士気振起仕リ候ハヾ、一皇国ヲ以テ五大洲ヲ圧倒仕リ候コト、掌ヲ指スヨリ易ク之レ有ル可ク候」（『孝明天皇紀』第三、六一一〜六一七頁、『修訂　防長回天史』三、四一〜四七頁、参照）というのである。

名分は朝廷に与え、実質を幕府にとらせる案であったから、政治の実権をみずからのものにしようとしていた幕府がこれを受入れようとしたのは当然であった。

だが、この案は長州藩内で台頭した尊攘派によって痛烈に批判され、また、これを支持した久世・安藤政権の崩壊によって挫折した。そのいきつくところ、文久三年（一八六三）二月、長井は「姦物姦計」の名のもとに断罪された。それは長州藩公武合体路線が尊攘派によって圧倒され、否定された姿でもあった。事実、この藩は、文久二年（一八六二）七月、藩是を航海遠略策から「破約攘夷」「即今攘夷」へと転換したのである。[8] そして、それが文久三年五月十日の攘夷期限の日の外船砲撃へと連なっていく。

もうひとつ、長州藩の航海遠略策を葬り去ったものは、薩摩藩島津久光の率兵上京だった。久光は「浪人軽率之所業」（『島津久光公実記』巻一、二八丁）たる尊攘派志士の行動とは一線を画しつつ、亡兄斉彬の遺志を継ぐことを旗印にしていた（この久光の背後には大久保利通らがいた。西郷隆盛は批判的だった）。

だが、薩摩藩尊攘派の一人有馬新七の、文久元年四月二日、藩主茂久（のち忠義）あての上書をみれば、有志大名の連合という第一策につぐ第二策としてではあれ、一橋慶喜の将軍後見職、松平慶永の大老職就任案が提起されており（渡辺盛衛『有馬新七先生伝記及遺稿』三六六頁）、その限りでは久光のめざすところと重なる部分があった。にもかかわらず、久光は文久二年四月、入京するや、寺田屋の変に有馬ら尊攘派を斬った。[9] そして、勅使大原重徳を奉じて東下、幕政改革案を幕府へ押しつけ、七月、慶喜の将軍後見職、慶永の政事総裁職を実現し、文久幕政改革はその延長線上で実施された。

久光はこの時、外に「夷賊」が跋扈し、内に諸藩が「割拠」する「皇国之形勢」下にあって、幕府が「因循」し、諸国の有志が攘夷の「激烈之論」を唱えていては、遂に「州郡戦争之衢」となるやもしれず、といい、攘夷こそが「公武御隔意之根源」であり、勝算のない攘夷によって「外夷之術中」に陥り、「皇国一統混乱之基、清国之覆轍」を踏まないように幕府が配慮し、「大政之旧弊一新、武備充実」に努めるべきだ（文久二年閏八月二十日、関白近衛忠煕・権大納言近衛忠房父子あて上書、『島津久光公実記』巻二、五〇〜五七丁）、と主張していたが、この薩摩藩の主張は微妙な背景をもっていた。

薩琉交易の歴史的実績をもつこの藩は、藩際交易にも乗出し、また、横浜開港による貿易に参加してその貿易の利に預かろうとしていたから、攘夷行動には批判的だったが、それゆえに反面、幕府の貿易独占には強く反対していた。薩摩藩の攘夷批判にはそうした側面があったのである。*

* この藩際交易のひとつに薩長交易があげられる。これは安政六年（一八五九）開始、文久三年（一八六三）後半の政治情勢の変化で一時中断、慶応元年（一八六五）再開されるが、この薩長交易を基軸に、長州藩は五島・小倉・越前・会津・対馬など西南から奥羽・北陸諸藩へと交易圏を拡大し、他方、薩摩藩は芸州・土佐・柳川・宇和島・南部などの各藩へと拡大している。また、『官武通紀』（第一、一二〇頁）所収の長坂蒼峯建白書（文久二年）によると、薩摩藩は新潟・金沢・兵庫・仙台・銚子の五ヵ所の町人とも「内々交易」していた、とある。これらの交易圏は、薩摩（琉球）―長崎―下関（長州）というルートを軸に展開した（拙稿「幕末薩長交易の研究」〈『史学雑誌』六九―三・四〉、本書第三章、所収）。

　この西日本市場圏をめぐる問題はあとでもふれるが、こうした背景をもった薩摩藩の公武合体運動は、「右怨恨（横浜等の開港による幕府の貿易独占に対する――田中注）公然と吐露可レ仕様も無レ之、不レ得二止事一攘夷之策を以京師を慫慂し、幕府之開国を拒み、将来自己将軍之位を奪ひ、自在に開国貿易可レ仕と之策にて、全く尊王忠誠之心には無二御座一候」（『官武通紀』第一、一二二頁）と「探索書」（文久二年）に報じられているのである。

ところで、文久幕政改革は、この雄藩公武合体運動と幕府との妥協の産物といえる。

行論に必要な限りでその特徴を列挙すると、第一に、雄藩が勅使を奉じて改革を迫り、幕府がそれを受けいれざるをえなかったところには、雄藩勢力の台頭と朝廷の政治化の進展が如実に示されている。

第二に、将軍後見職や政事総裁職は、雄藩側から幕権へ打ち込んだ楔であっただけに、幕閣はその骨抜きを試みるが、幕府内部の大小目付層が政事総裁職松平慶永と結びついて力を振いはじめている点は注目してよい。*

第三に、この幕府吏僚勢力と結びついた慶永は、慶喜との対立を孕みながらも、「天下一致万人一心之御政治ニ無レ之候半而は、内不レ能レ治二日本一、外不レ能レ接二外国一と存詰、此儀方今廟堂之国是と奉レ存候事」といい、「幕府之私」を排除し、「天下公共之道理」に基づくことを基本とすべきことを主張した。すでに彼はここで大政返上の覚悟さえも幕府に促していたのである（慶永の発想の背後には横井小楠の存在があったことはよく知られている）。右の一文は文久二年（一八六二）十月十三日の慶永の政事総裁職辞職願なのだが（『松平春嶽全集』第二巻、七一〜八四頁）、幕府の好むと好まざるとにかかわらず、内外の政治状況のなかで政治における価値観を「天下公共之道理」におくことが幕政内部で公然と主張され、慶永はそのことに職を賭けていたのである。政治の座標軸が徐々に変化し、移動しつつあったことがわかる。

* この点については、拙著『明治維新政治史研究』七九〜八一頁、参照。

石井孝は『日本開国史』で、外圧を機とした対外的、対内的新政策の立案・実施は、従来の三奉行を中心とした幕府有司ではなく、海防掛を形成する諸有司であり、なかでも大小目付層がその中核であった、とする。

老中阿部正弘のいわゆる挙国＝協調政策のなかで登場したこの幕府吏僚層は、彼らが外圧と内政の接点で登場しただけに有能な存在だった。彼らは一時井伊政権によって抑えられたものの、井伊の横死後は、大小目付＝急進派、勘定所＝漸進派などの内部対立を内に含みつつも、しだいに幕府内の実力派勢力を形成していった。文久二年一月、坂下門外の変で安藤信睦（信正）の受けた傷は浅かったが、再び彼を幕閣として登場させず、その政治生命を奪ったのは実にこの大小目付層だった。「安藤侯出勤に付ては、大目付幷目付衆より不同意申立候由」（『官武通紀』第一、八二頁）といわれている。そして、この実力派吏僚層は、いまや政事総裁職と結びついて幕政を左右するにいたったのである。その後の慶応幕政改革の主体も、この実力派勢力の発展線上に把えることができる（本書第一章参照）。

その意味では石井前掲書と拙著前掲書の幕政改革の主体の分析をつなぐと、幕末期の幕政の改革主体はほぼ一貫して把えられるように思う。

2　尊攘運動と公武合体運動の対立・交錯、討幕派への道

「『自由競争の頂点』といわれる一八六〇―七〇年は、『小英国主義』の全面的展開によって、中国といわず日本といわず、外圧が相対的に緩和された時期であった。そしてとくに日本の場合には、市場価値の軽視から、外圧は中国よりもさらに緩和されていた」[10]といわれ、「世界資本主義体制」の「過渡的相対的安定期」[11]という、いわゆる「外圧の谷間」に幕末維新期の日本はあったとされてはいるが、それゆえに日本をめぐる国際勢力は、お互いに牽制しつつ、折りあらば日本にみずからの前進基地を獲得しようとしていたのである。文久元年（一八六一）の対馬事件はそれを如実に示してくれる。

対馬には通商条約調印後、安政六年（一八五九）四月および十一月、英艦アクテオン号が二度にわたって来航していたが、対馬は「極東のペリム島」として注目されていた。英・仏・蘭・露がこの地の基地化をねらっていたのである。そこへ文久元年二月にロシア軍艦ポサドニック号が来島し、事件はひきおこされた。

この対馬事件をめぐっては、(1)列強の対馬基地化の意図と国際勢力の対抗関係、(2)対馬藩郷士・農民の抵抗、(3)藩主宗氏の転封希望と幕府当局のあいまいな態度等が指摘できる。当面必要な限りで敷衍すれば、(1)の問題では、イギリスはもし露艦がこの島からの退去を拒む場合は、イギリス自身が占領すべきであるとし、「日本国には露国の野望を防止する実力は無い。英国は此国が分割せられんとするを袖手傍観する事は出来ぬ」といい、朝鮮の金鉱に着目しているフランスと協力して、対馬をイギリスが確保する代りにフランスには釜山付近（日本領土と錯覚されていた）を獲

得させる、としていた。

かくてイギリスは相ついで対馬に軍艦を送りこんでロシアを牽制すると共に、駐日公使オールコックは久世・安藤政権に、イギリスは十分な兵力を用意して独自の立場で露艦の退去を要求すると告げ、兵庫開港延期の代りに対馬開港を提示していたのである。

これに対し、ロシア側は、艦長ビリレフがいうように、「魯国御味方に相成候上は、英吉利襲来候共、決而寄附候事も無レ之」と強調した。そして、イギリスの野望（「対馬全州を押領之積」）を説きつつ、甘言（「大砲五十挺可二差上一」）をもって土地の租借要求をしたのである。基地としての対馬獲得をめぐって、国際勢力はしのぎを削っていたのである。(12)

このことの意味するところは、文久三年（一八六三）十月十五日、大久保忠寛（一翁）が松平慶永あてにいった言葉、つまり、いまもし一度国内が乱れると、「魯英始うか〳〵見物計ハ仕間敷は必然」で、イギリス・フランスは対馬・壱岐・佐渡を、アメリカは伊豆七島を、ロシアは蝦夷地の占領をねらい、さらには淡路島も覚束ない（『続再夢紀事』第五、一九八頁）、という発言と重ね合わせると、問題ははっきりする。すなわち、日本周辺島嶼の分割基地化の可能性が現実に危惧されていたのである。

(2)と(3)の問題は、外圧への抵抗主体の階級性が示されている。外圧に対して対馬を幕府へ返上して他領（九州）への移封論を主唱したのは江戸家老佐須伊織らであったが、これに関する「風説」（文久二年九月）は次のようにいう。「対州家老佐須伊織と申者、切害に相成候由、其品は五大洲と破約攘夷に相成候得は、第一に対州江兵を受候事、眼前の事、孤島なれば外に援兵もなし、且元寇の如き勢ひにも参不レ申、依ては内地の内十万石を受け、国を移して社稷を全ふするの策を工み、其内実は一身を安楽に暮す旨意故、衆怒て国を売るの賊として殺害致候由」（『官武通紀』第一、三一～三二頁）と。支配階級と被支配階級の対蹠的なあり方を示して余すところがない（なお、この点をめぐっては従来の説に批判を投げかけた玄明喆「文久元年の対馬藩の移封運動について」〈『日本歴史』一九九三年一月号〉がある)。

また、ここでは詳しくふれる余裕はないが、横浜・長崎をはじめとする居留地は、ロシアが対馬に要求した租借地=基地同様、主権の及ばない日本のなかの異国にほかならなかった(13)。

こうした外圧の状況のなかで、尊攘運動と公武合体運動は対立・交錯する。

この尊攘運動については、これをたんなる封建的、名分論的な排外主義の運動とみるか、あるいはそうした側面をもちつつも、そこにナショナリズムの端緒的な性格を見出すかで、評価は大きく分れているが(14)、少なくとも次のことだけは指摘しておかねばなるまい。

すでに開国によって日本経済は激動し、貿易開始とともにブルジョア的発展への指向が促進されるプラス地帯と逆に収奪強化のマイナス地帯とを現出させ、その地域的落差が矛盾をいっそう激成し、農民や商人層の階層内においても同様の現象がひきおこされた。だから開鎖をめぐる支配階級内部の対立がおこった時、それはたんに武士階級の問題にとどまることなく、外圧や経済変動のなかで自覚を促された一部の浪士や郷士、あるいは地方の豪農・商人・神官・国学者・医師・僧侶など広汎な知識層の政治運動参加を招来したのである。もとより、農村および都市においても「世直しの状況」が進行しつつあったから、時にそれはより下層の農町民の「世直し」的要求とさえ、対立を孕みながら結びつくこともあったのである(15)。

とすれば、こうした矛盾の深化・拡大は、幕藩体制の個々の領域、分立的な個々の藩の網の目を解きほぐし、客観的には統一国家への条件を急速に準備していた、とみなければならない。

しかし、このことと尊攘運動とが直ちに全面的に重なり合うわけではない。そこに尊攘運動の評価が分かれるゆえんもある。

確かに尊攘運動の担い手たちは、「幕府ヲ捨テ玉フト否」とが「天朝ノ御廃興」の分岐点であり、「大関鍵」であることを明確にうたった（文久元年九月、大橋訥菴「政権恢復秘策」〈『大橋訥菴先生全集』上巻、二九〇頁〉）。だが、その価値意識はあくまで封建的名分論の縦軸の頂点に天皇をおいたものであったから、文久三年（一八六三）前半にいたる運動の高揚・激化と表裏して、彼らの価値観はいちだんと観念化し、天皇へと収斂した。

が反面、彼らの行動は、一方では民族的危機を醸成し、他方では、民衆の一揆的エネルギーと明確に矛盾・対立しながら、時にそれをみずからの政治的チャンネルに流しこむこともあったのである。対馬事件における郷士・農民の郷土死守の抵抗は、一定の条件はあったにせよ、そのひとつを示していたし、文久三年五月十日の長州藩外船砲撃事件以後の奇兵隊以下諸隊の結成と行動にはそれが端的に示されている。[16] また、藩をこえた草莽の志士の横断的結合の提起は、自藩意識や他藩との競合意識を克服してはいなかったものの、そうした発想の背景に、前述の体制矛盾の自覚による運動の基盤拡大があり、客観的にそれが体制否定の方向を指向していたことは否定できない。

この尊攘運動は、文久三年八月十八日の政変で一挙にくつがえり、薩英戦争（文久三年七月）・四国連合艦隊下関砲撃事件（元治元年八月）、あるいは天誅組の変（文久三年八月）・生野の変（同年十月）・禁門の変（元治元年七月）・天狗党の乱（同年十一月）等を経て、運動は挫折し、転回をよぎなくされたとされているが、ここではこの尊攘運動と公武合体運動との関係を、「対立のなかの交錯」という視点からあらためて問題としたい。

そのひとつは、尊攘運動が価値観の縦軸の体系の頂点たる天皇へその価値の絶対性を収斂させたことと関連する。外圧によって「国体」論的国家観の枠のなかに幕・朝ともにあったことはさきに指摘したが、尊攘運動はこの外圧への否定的媒介を通して、「国体」論的国家観と天皇（朝廷）とを完全に重ね合わせ、天皇の絶対性をおし出していった。

ところが、すでに久世・安藤政権の時点で、安藤攻撃のひとつの理由に「廃帝説」が挙げられていた。幕府のいう

「公武一和」は、幕府＝国家の政策遂行に必要な限りでの天皇の意志の尊重であり、それが阻害される場合には天皇排除の可能性すら秘めていたことを「廃帝説」は示していたのである。(17) もとより「廃帝説」は噂を根拠としたものであったが、尊攘運動に真正面から軍事的対決を試みようとした「江戸の幕閣」（英・仏に援助を求めて尊攘派との対決を試みようとした親外派政権で、文久三年五月下旬から六月にかけてのいわゆる小笠原率兵上京の際には、将軍以下は京都にあり、その「京都の幕閣」とは対立した。本書第一章第二節2参照）の中心人物、老中格小笠原長行は、文久三年（一八六三）三月、攘夷期限の日が問題となった時期に、将軍に対して建白した開国論ともいうべきものの一節に、次のように断言していることは注目しなければならない。

勅令にさへ候得者、利害得失をも不レ被レ為レ計、只管御遵奉相成候而者、所謂婦女子の処為にして、御職掌に被レ為レ時《(ママ)》候御処置とは決して不レ奉レ存候。此理能々御究、速に御勇断御諫争被レ為レ在候様千々万々奉ニ懇祈一候」

（『小笠原壱岐守長行』一六三頁）

ここでは「勅令」は「利害得失」の検討の対象とされている。尊攘運動における天皇の絶対性に対して、天皇ははっきりと相対化されているのである。この天皇の相対化と絶対化の発想が公然と対立し、クーデターという形を経て交錯したのが、文久三年八月十八日の政変にほかならない。そして、孝明天皇みずからが、「去十八日以後申出儀者、真実之朕存意」（『孝明天皇紀』第四、八四九頁）といえば、鳥取藩主池田慶徳の上書（文久三年九月八日）は、「十八日前之勅者真偽不ニ分明一、以来之勅者真之叡慮之趣ニ者被レ為レ在候得共、前後真偽之弁、愚昧之徒未レ得ニ瞭然一、却而疑惑之心を生し、下として上を窮候様ニ可ニ相成一」（『鳥取池田家文書』二、一九一頁）と述べたのである。一方では「真実之朕存意」として天皇の絶対性は肯定されつつも、他方では「疑惑」の対象とされているのである。それは尊攘運動の価値観としての天皇の絶対性と、公武合体運動の背後にあった天皇の相対化という二つの相対立する政治条理の交錯以外の何ものでもない。
この対立する絶対化と相対化の政治条理の交錯こそが、やがて討幕派にみられる「政治的リアリズム」の論理[18]へと定着する。そのひとつの典型例が、慶応元年（一八六五）九月二十三日付の大久保一蔵（利通）から在坂西郷吉之助（隆盛）あての有名な「至当之筋を得、天下万人御尤与奉レ存候而こそ勅命ト可レ申候得者、非義勅命ハ勅命ニ有らず候故、不レ可レ奉行以ニ御座候」（『大久保利通文書』一、三一一頁）という発想になるのである。「勅命」（天皇の命令）は「勅命」としての絶対性をもちながら、天下万人の納得（「至当之筋」）という座標軸によって相対的な価値判断の対象とされているのである。

さらに、政権委任論の問題を通してみてみよう。

政権委任論は近世中期以降、徐々に強調された徳川支配体制合理化の「論理のからくり」にほかならなかったが、大久保利謙がいうように、これは「公武合体体制下における朝廷と幕府との権力関係調整のためにあらわれた特殊な政治過程、ないしその思想」であり、「旧来のような儒教的名分論でなく、全く現実的な権力関係の問題」であった[19]。そして、外圧を契機にこの政権委任論は現実の政治問題となったのである。

安政五年（一八五八）六月二十八日、幕府の違勅調印に激怒した孝明天皇の譲位の勅書に、「政務ハ関東ニ委任之事」（『孝明天皇紀』第二、九二三頁）という一文がみえるが、ここでの政権委任論は、それまでの委任論の「論理のからくり」ないしは「架空の委任論」と異なって、逆に国家主権が本来天皇にあることの確認にほかならなかった。実はそのことを前提に、すでにみた公武合体運動は、政治の実権を幕府側が握るか、雄藩がそれに割り込むかの政治運動だったのである。

だが、尊攘勢力の台頭と運動の展開によって、朝廷内には文久二年（一八六二）十二月、国事御用掛（二九名）、翌三年二月、国事参政（四名）・国事寄人（一〇名）が新設され、尊攘派志士の学習院出仕と相まって朝廷直轄軍事力（親兵）の設置にまで至るのである。

かかる情勢が、文久三年（一八六三）二月十九日の慶喜・慶永以下松平容保・山内豊信・伊達宗城ら公武合体派大名の所司代集合となり、庶政委任か大政返上かの二者択一、つまり政権帰一問題となり、その結果、三月五日の庶政委任の確認となった。その時の経過は『続再夢紀事』に詳しいが、天皇の勅答は、「庶政ハ素より従前の如く関東に委任する存慮なり。しかし攘夷の挙ハ尚出精すべし」（『続再夢紀事』第一、四〇四頁）というものであったから、この政権委任の確認は、それと引換えに尊攘派の打ち込む楔によって攘夷の責任を幕府は負わされたのである。これまた公武合体運動と尊攘運動の対立・交錯の端的な表明といえよう。

参預（参豫）会議解体後の第二回目の庶政委任に至っては（元治元年四月二十日）、委任が再度確認されながらも、「但、国家之大政大議ハ可ㇾ遂㆓奏聞㆒事」（『孝明天皇紀』第五、一九四頁）として、横浜鎖港・海岸防禦・長州処置・人心安定という実行不可能な四ヵ条が、幕府の課題として課せられていた。幕・朝関係は朝・幕関係へと明らかに比重を逆転させてきていたのである。(20)

以上のような政権委任問題の進展は、尊攘運動と公武合体運動の対立・交錯の結果であり、いうなれば尊攘運動を対立的媒介としつつ、公武合体運動が自己運動として展開し、逆に幕府側がみずからに枷をはめる結果となった、といえよう。

このように、尊攘運動と公武合体運動との関係を、「対立のなかの交錯」としてとらえれば、討幕派は、その対立・交錯のなかで、長州藩や薩摩藩、あるいは土佐藩等西南雄藩の個々の藩の事情とからみつつ、その相互関連のなかで形成された、といえる。その意味においては、かつて私が『明治維新政治史研究』で「維新変革の政治的主体の形成過程」として図式化した「改革派－尊攘派－討幕派の形成・転回の過程」は、「改革派－尊攘派・公武合体派－討幕派の形成・転回の過程」と修正すべきかもしれない*（なお、本書第六章第二節、参照）。

＊ 「改革派－尊攘派－討幕派」を長州型の特殊なコースとみ、それに対して薩摩型の「改革派－公武合体派－討幕派」こそが、むしろ「明治国家樹立に向う全国的過程の一原型」だとする毛利敏彦の見解（『明治維新政治史序説』四七頁）では、長州藩中心を薩摩藩中心におきかえたにすぎない、という批判をまぬがれまい。毛利は尊攘派ないしは尊攘運動の過大評価を戒め、従来の討幕派形成の発想をいわゆる「民衆連携論」で一般化することへ反省を促しているのだが、外圧と内的矛盾の切り結ぶ場で維新変革の政治的主体の形成をとらえる場合、尊攘運動や外圧とからむそこでの民衆状況のもつ役割は否定しがたい。しかし、毛利の研究がそれまでほとんど進展をみていなかった薩摩藩、ひいては公武合体運動の研究に突破口を開いた意味は大きい。

芝原拓自は私の討幕派形成の図式化を「単線的」だとし、むしろ改革派・尊攘派・討幕派三者の「複線・複々線的な相互依存（対立・内訌を含む）としての存在」（『明治維新の権力基盤』六頁）としてとらえるべきだ、とした。もとより政治史における歴史過程の把握は、そうした構造的、関連的な理解を必要とするが、私の図式化はその複雑な政治勢力の転生過程のなかから、〃一本の赤い糸〃をとり出した場合のものにほかならない。本文のような視点をとりいれて、さきのように修正すれば、この芝原や毛利の批判に多少なりとも応えることになるであろう。

ちなみに、私と芝原との発想の背後には、さらに多面的な相違点があり、それを中村政則は要約的に浮彫りにして、次のように指摘した。

すなわち、右の主体形成のとらえ方のちがいのほかに、階級闘争の把握、幕末経済のブルジョア的発展の政治史上の取扱い方、あるいは外的契機の処理の仕方と人民闘争の把え方等の相違をあげ、「田中は外的と内的の両契機を媒介する環として維新変革の政治的主体を措定している」のに対し、芝原は「内外の両契機をすべて権力問題（なかんずく軍事）に収斂し統一させる方法的立場」（傍点原文）をとっているとし、「外的契機と内的契機とがきりむすぶ場をどこに見出すかによってまったく異なった解答がでてくることにわれわれは注意したい」（『日本史研究入門』Ⅲ、三〇六～三〇九頁。本書序章、参照）と。

三　幕府の倒壊

1　西南雄藩と幕府の対抗

元治から慶応にかけて、政治情勢は大きく変わる。参預会議の解体（元治元年〈一八六四〉三月）は、公武合体派大名と幕府との距離を大きく広げ、第一次征長（同年七月）に際しては幕府の側に立っていた薩摩藩も、慶応元年（一八六五）九月、幕府が第二次征長の勅許をえ、諸藩に出動を命じた時には、異なった解答を用意して動かなかった。一方、長州藩では元治の内戦を経て討幕派が主導権を握り、挙藩軍事体制を確立した。長州藩のみならず、日本の全支配階級に鎖国攘夷の計画の不可能を思いしらせることを企図した四国連合艦隊の下関攻撃の結果は、長州藩を開国にふり向ける転機となり、薩英戦争によってイギリスと接近しはじめていた薩摩藩との距離を著しく縮めていた。

四国外交団は下関開港を望んだ。それは鎖港を提起する幕府の貿易独占を排除し、諸藩の貿易参加を支持したものであり、さらにこれまでの幕府支配に代って、諸藩参加による、形の上では天皇を頂く諸藩連合の形態をとった政治構想によって、幕藩体制を上からなしくずしに改革しようとする意図が秘められていた。だからこそ、幕府は下関開港を拒否し、むしろ三〇〇万ドルという莫大な償金支払いの方を選んだのである。

この四国外交団はイギリスによってリードされたが、四国外交団内部にもしだいに対立がみえはじめた。すなわち、イギリス公使オールコック、さらに一時その代理公使の任に当ったウィンチェスターは、幕府の償金支払いの負担を逆手にとって、兵庫の早期開港・条約勅許・税率改訂の三条件を期限付きで幕府に要求した。この要求はオールコックの後任として慶応元年（一八六五）閏五月に着任したパークスによって、兵庫沖に軍艦を浮かべての軍事的圧力のもとに交渉が進められ、兵庫開港は承認されなかったものの（慶応三年五月勅許）、慶応元年十月、条約は勅許され、翌慶応二年五月、改税約書（江戸協約）は調印された。それはイギリスを先頭とする資本主義列強による、中国なみの税率をおしつけての日本の経済的従属化であった。

元治元年（一八六四）三月、ロッシュがフランスの駐日公使として着任するや、このイギリスの動きに対抗して彼は独自の動きを示した。幕府とりわけ幕府内の親仏派（小栗忠順・栗本鯤ら）に接近し、さらには第一五代将軍の座についた徳川慶喜に接近したのである。幕府もこのフランス・ボナパルティズムの代表と結びつくことによって、薩長勢力と積極的に対決しようとした。

こうした状況のなかで、慶応二年（一八六六）一月、薩長同盟は締結された。この同盟六ヵ条が、幕長間の開戦あるいは非開戦、勝負のいずれの局面をも想定し、きわめてリアルに事態の帰趨を予測しながら結ばれていることはすでに指摘されている。ここでは薩長両藩は、「いづれ之道にしても、今日より双方皇国之御為、皇威相暉き、御回復に立至り候を目途」として、新しい統一国家＝「皇国」をめざしていた。そして、もし一橋・会津・桑名藩などが、朝廷を擁し、「正義」を拒んで周旋尽力の道を遮った時には、決戦以外に方法はない[21]、としていたのである。この軍事同盟のもとに長州軍は、同年六月七日から征長軍と兵火を交えた。

幕府征長軍は相ついで敗れた。加えて七月二十日、第一四代将軍家茂は大坂城中で死去し、八月二十日、幕府は喪を発し、同時に一橋慶喜の徳川宗家相続を布告し、翌二十一日、休戦沙汰書を出した。

宗家を継いだ慶喜は、諸藩会同によって幕権の回復をはかろうと企図し、朝命を奉じて諸侯召集の形をとろうとしたが、これに反対する薩摩藩や岩倉具視ら「王政復古」をめざす公卿は、朝権の伸張と幕権の抑止をねらって、直接朝廷が諸藩を召集する形式をとろうとした。[22] この後者の形式により、直接朝命によって二四藩に召集令が出された。だが、十月までに上京した藩主や世子は、備前藩主池田茂政・津藩世子藤堂高潔・松江藩主松平定安・阿州藩世子蜂須賀茂韶・加州藩主前田慶寧の五人にすぎない。朝命による召集という形をとったものの、諸藩会同は失敗した。「諸藩会同の計画は、幕府と反幕派とが夫々これにより自派の主張の好転を図らんとしたにも拘らず、肝要の大名が参集せず、共に其の目的を達し得なかった」[23] のである。それは幕威地に落ち、さりとて朝威必ずしも諸藩に及ばず、大勢観望、諸藩割拠の状況を何よりもよく物語っている。

　こうした状況下の慶応二年（一八六六）十月、馬関（下関）で、長州側の木戸孝允・広沢真臣（兵助）・久保松太郎と薩摩側の五代友厚（才助）らが会見し、馬関を中心とする交易ないし市場支配の予備会談がもたれ、[24] ついで翌十一月、坂本竜馬の周旋のもとに、木戸・久保らが参画し、五代と広沢との間に「商社示談箇条書」六ヵ条が結ばれた。全文を引用しておこう。

一、商社盟誓之儀者、御互之国名ヲ不レ顕、商家ノ名号相唱可レ申事。
一、同社中ノ印鑑ハ、互ニ取替置可レ申事。
一、商社組合ノ上ハ、互ニ出入帳ヲ以、公明之算ヲ顕ハシ、損益ハ半折スベキ事。
一、荷方船三四艘相備、薩藩之名号ニシテ、国旗相立置可レ申事。
一、馬関通船之儀ハ、何品ヲ論セズ、上下共ニ可レ成差止メ、譬ヘ不二差通一候而不レ叶船ト云ヘトモ、改不二相済一趣ヲ以、可レ成引止置候儀、同商社之最緊要タル眼目ニ候事。
一、馬関通レ船候節ハ、日数二十五日前、同社中ヘ通信之事。

（『坂本竜馬関係文書』二、二四〇～二四一頁）

この盟約締結の時点は、宗家を継いだ徳川慶喜が第一五代将軍の座につくため、着々と地固めをしていた時であったが[25]、ここでこの盟約の内容をめぐっていくつかの問題点を要約しておこう。

その第一は、当事者の一人広沢がいうように、この盟約締結は「強兵之基本たる富国之実行」（前掲、慶応二年十月二十二日、新左衛門あて書翰）のためのものであった。

第二は、この盟約の眼目が馬関をおさえることにおかれていたことである。馬関の重要性は薩長両藩に十分認識されていた[26]。一時中断されていた薩長交易は、すでにその年一月から馬関を中心に再開され、再開薩長交易は、長州藩の場合、従来の特定商人を通しての間接方式から、藩権力の直轄方式（越荷方直轄）に切換えられていた[27]。この薩長交易と薩摩藩の琉球交易を重ね合わせれば、琉球（薩州）―長崎―馬関（長州）というルートを軸として、西日本市場圏は両藩によって掌握・支配される可能性をもち、この背景の上に五代は木戸と「於レ関（馬関――田中注）大交易相始、日本之諸品不レ残買受、大坂江相運び大商方」（『中野半左衛門日記』慶応二年十月二十一日条）を行うことを協議していたのである。

さらに、第三には、この盟約のなかにうたわれている「商社」の問題がある。

これは五代の側からの発想とみてよい。五代はすでに元治元年（一八六四）四・五月頃、薩摩藩へ提出した上申書のなかで「富国」論を展開し、上海貿易を提起していたが、慶応元年（一八六五）三月から翌二年二月にかけて渡欧した彼は、資本主義列強を現地にみ、「富国強兵」の基軸に「商社」をおいていたのである。つまり、国内の交易、あるいは外国貿易の機関として「商社」の設置の必要性を痛感していた。五代の『欧行要集』第二（慶応元年）のメモ「建言ケ条草稿」一八ヵ条（『五代友厚伝記資料』第四巻、五四～五五頁）をみると、「商社」の結成はたんに藩内（「貴賤」を問わない）にとどまらず、有志大名の「合力」によるとし、藩内および藩連合の「商社」の組織化によって、それを日本の貿易の機関にしようとしていたことがわかる[28]。

このことを裏付けてくれるのが、慶応元年十二月二十二日（陽暦一八六六年二月七日）付のモンブランと薩摩藩との間に結ばれた洋式機械の輸入と資源開発に関する契約書である。(29)これには砂糖製造・製紙の蒸気機関をはじめ、木綿紡織、麻・真綿紡績、修船、製蠟の各機関購入がうたわれるとともに、「日本国中の物産何品を不レ論、貿易に有益なる諸品を買円め、商社中へ相渡し、損益は分明の算面を以て二分すべし」という一ヵ条もみられる。また、この契約書には、経済の中心地として大坂が重視され、京坂間に蒸汽車および電信の敷設や大坂と九州・四国・中国間を往来する「蒸気飛脚船大形外車一艘」の必要性、さらに造船、小銃・大砲その他の製造機関や鉱山開発の問題などが列挙されている。これらの計画をベルギーとの間で実現するための機関として「商社」が考えられていたのである。そして、この契約書には「商社盟誓」の語も用いられている。

こうしてみると、さきの「商社示談箇条書」は、薩摩藩とモンブランの契約書の国内版であることがはっきりわかる。いや、五代は「長藩の白耳義《ベルギー》商社加盟を慫慂した」(30)とさえいわれているから、薩・モンブラン（ベルギー）契約書に対応した日本貿易独占計画が「商社示談箇条書」であり、そうした意味での薩長経済同盟だったのである。

第四には、さきの薩長軍事同盟とこの経済同盟の周旋役を、ともに坂本竜馬が行なっていることは見落してはなるまい。亀山社中―海援隊の組織者坂本がこの二つの同盟の周旋役にふさわしい性格の戦略家であったことは多言を要しないが、同時にそれは軍事同盟の延長線上にこの経済同盟があり、二つの同盟が一貫したものであったことがわかる。

第五に、次のことを指摘しておかねばなるまい。

薩長軍事同盟は、第二次征長という幕府の軍事発動に対して大きな効果をもった。しかし、その延長線上での経済同盟は必ずしも実現・実効をみたわけではない。五代と木戸との間の意見の齟齬や、長州藩内での疑惑などのあったことが直接的には要因となっているが、最大の壁は政治的、軍事的に幕府と対抗していた薩長が、西日本市場圏から全国市場の掌握・支配へ乗出そうと意図している限り、幕府の全国市場支配＝貿易独占の企図とは衝突せざるをえなかったことである。[31]

幕府は、慶応元年八月、フランスと結んで懸案の全国市場支配＝貿易独占をめざし、日・仏の「巨商」による「交易組合」の結成を意図した。幕府の産物会所による物産取立の企図も（慶応元年十一月）、これに対応して利権が「下」に移りつつあった現状を克服し、その「利権を上え御掌握」するためのものにほかならなかった。それは慶応三年（一八六七）六月、都市特権商人による兵庫商社として具体化し、横浜よりもっと体系的な貿易独占が企てられた。翌七月には、幕府は江戸・大坂両地に国産改所の設置令を下したのである。[32]

とすれば、薩長軍事＝経済同盟の前に立ちはだかるこの壁を打破るためには、やはり幕府との軍事的対決をまたなければならなかった。武力対決への道の一斑の理由である。

2　国際社会のなかの幕府と西南雄藩

以上みてきたような幕府と西南雄藩の対抗関係は、国際的には留学生と万国博覧会問題に表出されている。まず留学生の問題からみよう。

留学生の問題は、たんに学生を国外へ派遣するということではない。それはすでに文久三年（一八六三）五月の長州藩士の密航に明らかだが（注(16)参照）、それは欧米列強の政治・社会・文化等あらゆる面で、その先進文物をいかに吸収し、次の時代の担い手を養成するか、という問題にほかならなかった。

幕末期の海外留学生全般については、石附実『近代日本の海外留学史』に譲るが、石附の作成になる表によれば、[33]

万延元年（一八六〇）以降慶応期に至る留学生数は、幕府六三、諸藩六二、私費八、不明一九で計一五二名（うち慶応期一一八名）にのぼり、諸藩の内訳は鹿児島二九、長州一一、仙台・福岡各七、福井四、加賀・佐倉・佐賀各三、会津・水戸・土佐・久留米各二（一名の藩は省略）となっている。留学対象国は、幕府関係がフランス（二五）を筆頭に蘭（一六）・英（一四）という順序で、露（六）・米（三）・ベルギー（一）と続いているのに対し（計六五）、諸藩・私費関係の対象国は、圧倒的に米（四四）、英（四三）であり、あとは仏（九）・蘭（二）・独（一）・ヨーロッパ（二）という順序である（計一〇一。ただし計はいずれも同一人が複数国にわたっているので実数とは一致していない）。幕府と諸藩では明らかに対象国が異なっていることがわかろう。やや割りきったいい方をすれば、幕府の仏・蘭に対し、諸藩の側は米・英に関心を寄せていた、といえる（ただし、イギリスは幕府の側にも相対的に関心の高い対象国である）。この諸藩の中心は薩長両藩だった。[34]

このうち、もっとも組織的に留学生を送り出したのは薩摩藩だった。

五代の提案になる薩摩藩留学生団一九名は、慶応元年（一八六五）三月二十二日、薩摩藩を発ってイギリスに密航した。彼らがイギリスを選んだ理由は、五代の表現を借りれば、「欧羅巴《ヨーロッパ》諸州に於て尤も公平なる仁政は、第一英国、第二『ウェルギー』国也。其他仏国・独逸列国・和蘭等は、公平の内にも国法と云へるありて、英・『ウェルギー』国の如きにあらず。御熟知の通、英国は我朝同様の孤島にして、物産土質は我朝に難ㇾ比候得共、富国強兵成て地球上を横行し、英国の右に出るなし」というにあった。

彼は日本国内の現状は「井中の蛙論」が多く、「皇国の全力を尽す能はず」という有様だから、開鎖を問わず、公家・諸大名をはじめ、列藩の政務関係者、あるいは攘夷の巨魁をして、ともにヨーロッパの実状を見聞させ、彼我の「国体政務の得失」を見極め、「天下列藩志を一にして国政の大変革を起し、普く緩急の別を立、富国強兵の基本を相守、国政を振起せば、拾余年の功を待たず、亜細亜に闊歩すべし」（慶応元年十月十二日、桂右衛門〈久武〉あて、『薩藩海軍史』中巻、九四四〜九四七頁）と述べていたのである。

この時の彼の眼中には、幕府を無視はしないまでも、少なくともこれまでの幕藩体制に代わる新たな諸藩連合による統一政権が予見されていたのである。*

＊　五代は慶応元年十一月十一日付の野村宗七（盛秀）あてに、幕府の使節団柴田剛中らと会った結果を、「幕府も愚なり。富国を不レ知して強兵が可二出来一ものか、段々愚論聞くに忍びざるなり」（『薩藩海軍史』中巻、九四八頁）といっている。また、薩摩藩が留学生の密出国について尋問を受けた時の答弁として、(1)天下国家のため「夷情探索」はやむをえぬ形勢にあること、(2)「海軍及利機製造又は大小砲調練」の彼の長を学ぶこと、(3)ヨーロッパで「整財弁利の機械を求め、或は彼が専好する処の物産を探索して国中に開き」富国強兵の基礎を固めること、の三ヵ条を挙げているが（十一月八日付、桂あて〈『薩藩海軍史』中巻、九五三〜九五八頁〉）、これは幕府を意識するというよりも、幕府の制禁を無視することの正当性に力点がおかれている。

さらに、五代の諸藩連合政権論はモンブランに影響されたところがあったとみえて、「今日ノ急務ハ、天下列侯公論条理ニ基キ、互ニ同盟連合致シ不レ申候デハ、特立難レ致勢ニ成行候義必然ノ勢ニ候。仏人問不蘭、頻リニ此事情ヲ論ジ候」と五代はいっている。いうところの連合政権の内容は、「列国同盟結合ノ勢ニ成行候上ニテハ、京師ニ上下議事院ヲ建、各国内ニモ上下議事堂ヲ建立致シ、天下ノ大事件ハ、列国（列藩のこと――田中注）ノ公論衆議ニ決定イタシ候外、其他良策有レ之事ナシ」（「忠義公史料」〈『五代友厚伝記資料』第四巻、八八頁〉）というものであった。幕府とは対立しつつも、西南雄藩側の政権構想が公議政体論と重なるところ大きいことがわかる（本書第五章第三節2、参照）。

もうひとつ、パリ万国博覧会の問題に目を移そう。

このパリ万国博覧会は、フランス皇帝ナポレオン三世が一八六七年（慶応三）を期して開催しようとしたもので（陽暦同年四月一日〈陰暦二月二十七日〉開会）、仏国当局は一八六五年（慶応元）はじめパリ駐劄特命全権理事官柴田剛中に参加を勧誘したが、彼は即諾しなかった。

一方、薩摩藩の参加は新納刑部・五代友厚らとモンブランとの交渉で独自に決まったから、幕府も対抗上参加を決定し、パリの実業家エラールを日本名誉総領事とし、また、博覧会日本部類総理事レセップに依託し、柴田らは帰国した。国内における幕府の出品募集に応募したのは、薩摩藩のほか佐賀藩と商人二名だった。

慶応二年（一八六六）十一月、幕府は慶喜の弟（斉昭一八子）、清水家の当主徳川昭武の派遣を決め、翌年一月、将軍名代として出発させた。同行者は昭武の傅役、作事奉行格兼小姓頭取山高信離（石見守）以下の近侍および駐仏全権公使向山一履（外国奉行）ら二十数名だった。派遣目的は公式には親善使節ではあったが、あわせて昭武以下の若干の青年たちに三年ないし五年の留学を認めたものであった。これを幕府内のロッシュと結ぶ親仏派が推していたことはいうまでもないが、イギリスもまたこの使節団を自国にひきつけようと画策していたのである。後れて渡仏した栗本鯤が山高や向山らを「反仏コンパニー」といっているのは、その間の事情の一端を物語っている。

薩摩藩は慶応二年十月と十一月のほぼ二回に分けて四百余箱に及ぶ出品物を長崎より積出し、家老岩下方平・側役格市来政清が野村盛秀ら随員を率えて同年十一月十日に、英船で鹿児島を発ち、翌三年一月二日、パリに着いた。

一方、三月七日には幕府の使節団もパリに到着した。ここでその陳列をめぐり、幕府側と薩摩藩との対立が表面化する。

薩摩側が琉球国の名儀で幕府とは別個の陳列場を要求したのに対し、幕府は統一出品を主張してこれに反対した。三月十七日（陽暦四月二十一日）、レセップがなかに入り、結局、薩摩藩は「日本薩摩太守政府」、幕府は「日本大君政府」、佐賀藩は「日本肥前太守政府」の名を用い、二商人も別に出品し、それぞれが日章旗を掲げることとなった。(35)

五代は、この幕薩の博覧会展示をめぐるプロセスを「幕府・諸大名および仏国との三角関係についての友厚の意見」（『忠義公史料』〈『五代友厚伝記資料』第四巻、八三〜八九頁〉）のなかで縷々述べた後、博覧会場の陳列は「幕薩聊甲乙上下無ク相認、楣間ニ顯額ヲ挙申候」[36]といい、会場に集まる各国の人々は「江戸大君ハ日本大名ト斉敷、大名ノ大ナルモノニシテ、日本帝君ノ臣僕タル事ヲ知ルコトヲ得タリ」と記し、さらに「大君政府」は政府の名のみで日本の政府とはいい難い、と述べ、「洋人ニ取テモ、日本政務統割ノ処無レ之候テハ、盟約モ難レ立、貿易融通も被レ行ガタク、然ル時ハ、洋人ハ是非大君ヲ助ケ候テ諸侯ノ権力ヲ削リ、日本政令一ニ帰候様致スベシ。既ニ英国「ミニストル」ノ議論ニモ、殆ンド其情ヲ含メリ。或ハ日本諸侯ノ同盟共和ヲ援テ、幕府横暴ノ権ヲ挫候カ。日本ノ形勢、幕府列藩ノ勢両立不レ致候ニ成行候事ハ、是又必然ノ勢ナリ」と情勢判断をしているのである。

以上のような国際社会における問題を通してみても、幕府と西南雄藩との対抗関係は、もはや両立を許さないところへとつき進みつつあったのである。

3　「大君制」国家への道とその破産

さて、慶応三年（一八六七）十月十四日の第一五代将軍徳川慶喜による「大政奉還」と、同じ日の「討幕の密勅」は、たんなる歴史の偶然ではない。そこには列侯会議に権力の主体をおこうとする公議政体論と武力討幕をめざす討幕派路線との対立的な競合があった。情報が両者にキャッチされていたからこそ、同日というきわめて政治的な結果になった、といわなければならない[37]。

しかも、この「大政奉還」には、当時としてはもっとも具体的な政権構想としての公議政体論を軸として、討幕派と幕府（徳川慶喜）側とが、権力主体をどこにおくかで鋭く対立し、政治的暗闘を続けていたのである。慶応三年五月下旬の四侯（久光・豊信・宗城・慶永）会議失敗後、政局は急速に進展し、薩土盟約（六月二十二日）、薩長土出兵盟約（九月十九・二十日）を経て、「大政奉還」の「十段目ハ砲撃芝居ヨリ致方ナシ」という見通しに討幕派は立ち、坂本竜馬もその「相談」にあずかっていた（『保古飛呂比』慶応三年八月二十日条）。それは終局的には幕府との武力決戦を想定し、そのことを通して天皇（討幕派）へ権力の主体を移そうとするものであった。

一方、幕府は、二世紀半にわたって幕藩体制に君臨し、最大の領主としての存在を背景に、「大政奉還」という形はとっても、究極のところ、実権は徳川氏の手中に落ちることを見通した上で、土佐藩後藤象二郎の推進する平和妥協的な路線をおし進めようとした。武力対決を避けることこそが、むしろ自己の側にもっとも有利になると踏んでいたからである。(38)

大正四年（一九一五）、わずか二五部の限定私家版として、徳川慶喜の伝記編纂者だけに配布された慶喜の回想談、渋沢栄一編『昔夢会筆記』（東洋文庫版）では、慶喜は「大政奉還」には政治的野望はなかったことを強調し、また、慶応三年（一八六七）六月、慶喜の側近にあった老中板倉勝静や若年寄格永井尚志などの間で、慶喜を朝廷政府の摂政にしようという策謀のあったことについても、関知しないと否定している。(39)慶喜が後年、当時の政治的野望を躍起になって否定し、政治的策謀に無関心だったことを強調すればするほど、逆に「大政奉還」にこめられた徳川慶喜の徳川統一政権実現への期待は大きかったとみてよい。

事実、慶喜の周辺には津田真道の草案「日本国総制度」（前文日付、慶応三年九月）や老中格大給乗謨（恒）の案（同年十月十八日）、あるいは西周助（周）の「議題草案」（同年十一月）などの構想があった（以上の案や構想の詳細は、本書第五章第三節2、参照）。いまそのもっとも具体的な西の「議題草案」(40)についてみていこう。

この「草案」執筆の時期、慶応三年十一月は、薩長討幕派が「大政奉還」後の政局のまき返しを図ろうと画策していた時であるが、ヨーロッパの政治制度を参酌してつくられたこの案は、西が慶喜のために立案し、慶喜側近の平山敬忠《よしただ》（図書頭）まで差出したものと推定されており、当時の幕府首脳の発想を反映したものと考えられている。(41)

この「議題草案」を構想図にして示すと、次頁の図3のようになる。この構想図を補う意味でいくつかの特徴点を挙げよう。

その第一は、「大君」についてである。この構想は一応三権分立の形式をとり、議政院が立法府であり、「全国之公府」としての行政府は大坂におかれ（したがって、江戸には「御領之政府」、つまり徳川領の行政機関がおかれる）、行政府の長には「公方様即チ徳川家時之御当代」がなり、これが「元首」となる。実はこの「元首」が「大君」の位置につくのである。換言すれば、従来の将軍が国家元首として「大君」となり、現実には慶喜がその該当者である。

この「大君」の名で「公府」に関わる「賞罰黜陟《ちゅっちょく》」や「政令法度」は出され、各事務府の「宰相」がこれを施行する。この「宰相」の人選には議政院が三名を選び、そのなかから「大君」が一人を決定する手続きを要するが、その他の官僚の人事権は「大君」が握っている。

だが、もっとも重要なことは、この「大君」は、「幾百万石之御領」を背景に、上院の「総頭」（議長）としての権限と、下院の解散権をもっていることであろう。そして、この上下の「両院会議ニ於て両疑之断案起候節は、一当三之権ヲ被レ為レ持候事」とされている。この一文の解釈については、従来必ずしも明確ではない。例えば、「両院会議で議事が決定しないときは、一人で三票の投票権をも(42)つ、というような解釈がなされてきているのである。

しかし、「大君」は上院には議長として臨んではいるが、下院には解散権をもつだけである。したがってかりに一人で三票の投票権をもつと解釈しても、それは上院では行使できようが、下院ではその効力は及ばない。上院にしても、万石以上の大名より構成されるわけだから、少なくとも二百数十人が定員となり、かりに議長が三票をもっても、それが有効に機能するためには、一票か二票の差で賛否両論が分れた場合しかない。

とすれば、「両疑之断案」というのは、上院と下院とがそれぞれ異なった議決をした時を意味し、そうした場合に

図3　徳川統一政権の構想（慶応三年十一月）

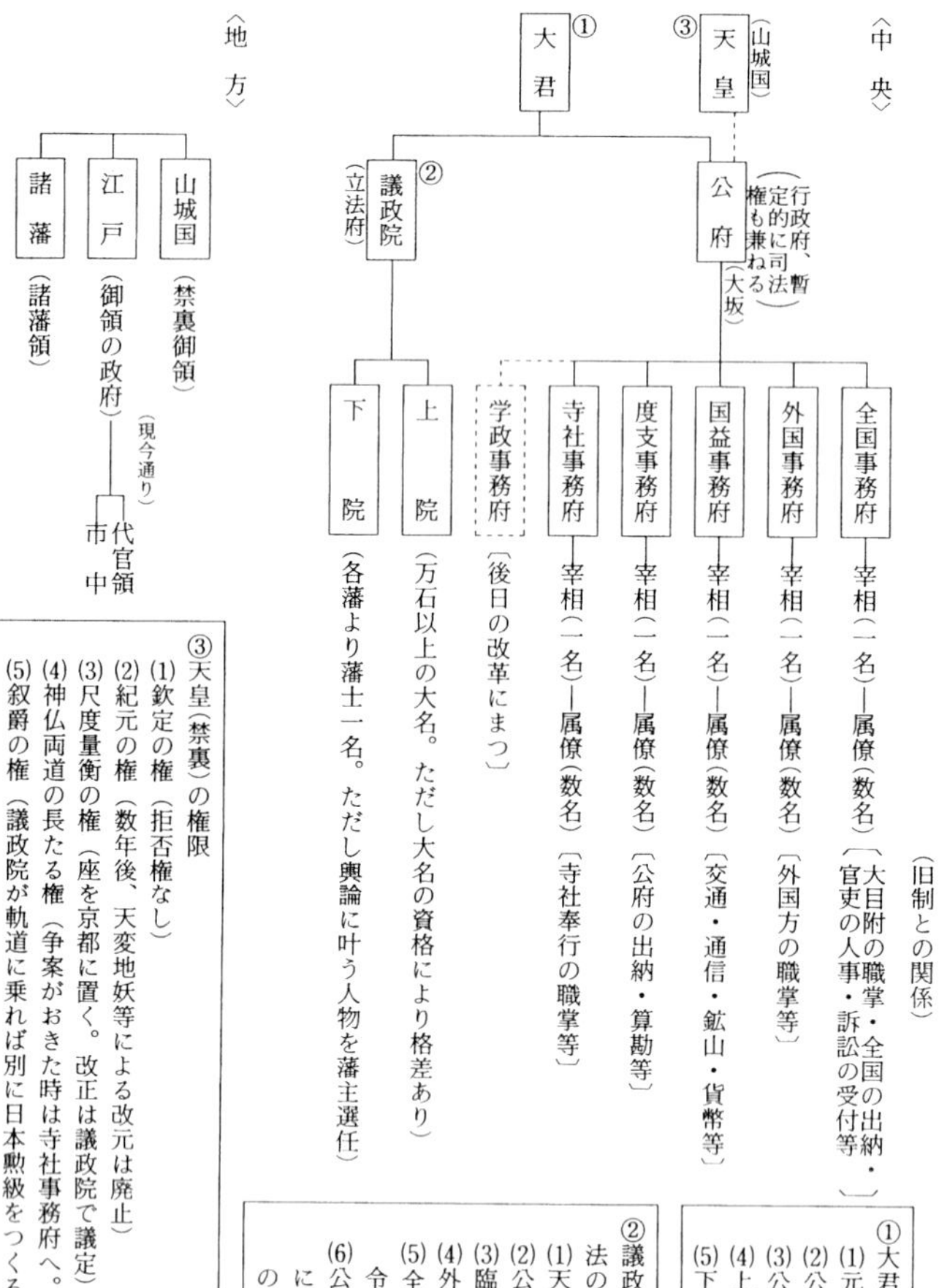

①大君の権限（本文参照）
(1)元首としての行政権掌握
(2)公府に関する賞罰・政令法度
(3)公府の人事権
(4)上院の総頭
(5)下院の解散権

②議政院の権限
法の評議・決定
(1)天下の綱紀・制度
(2)公府高割税の多寡
(3)臨時の大評議（軍事その他）
(4)外国交際の大法
(5)全国に関わる市井令・刑罰令・商売令・違反告訴の令等
(6)公府各府に関わる条例、とくに国益事務府の貨幣令その他の雑令

③天皇（禁裏）の権限
(1)欽定の権（拒否権なし）
(2)紀元の権（数年後、天変地妖等による改元は廃止）
(3)尺度量衡の権（座を京都に置く。改正は議政院で議定）
(4)神仏両道の長たる権（争案がおきた時は寺社事務府へ。改正は議政院で議定）
(5)叙爵の権（議政院が軌道に乗れば別に日本勲級をつくる。有名無実の叙任は廃止）
(6)高割による兵備の権（山城国に限る。公儀御領より万石に二人の兵卒を出し調練、士官以上は政府が出し、全国事務府が管轄。費用は議政院で定め、度支事務府が支出する）
(7)大名より貢献を受ける権（時節に応じた献上物）

※西周助「議題草案」（『西周全集』第二巻、一六八～一八三頁）より作成。

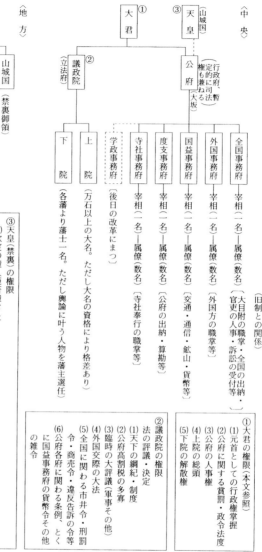

は「大君」が「一当三之権」、つまり、上院と下院との二つの決定権と「公府」の行政権とを合わせた三つの権を一手に握るという規定と考えざるをえない。三権分立（構想では当面二権分立）の形をとりながら、いかに「大君」の権限が絶大であったかわかろう。

第二は、朝廷（天皇）の問題である。図3にみられる通り、朝廷の権限は元号や度量衡や宗教や叙爵等に限られており、政治的な権限はまったくない。議政院で議定した法度の欽定権はあっても、拒否権はないのであり、独自の軍事力を保有しないように細かな配慮がなされている。とくに禁令として天皇の公家が山城国から出ることは禁止されており、かりに領外に出ても、その場合に特権はいっさい認められていない。山城国の領民も他領同様なのである。

慶応三年（一八六七）八月二十四日、泉岳寺におけるイギリス公使パークスと閣老と覚しき者との対話記録が残されているが（『淀稲葉家文書』二九〇〜二九五頁）、そこでのパークス側の「政府ハ第一老中歟」という問に、「第一ハ大君、其次ハ老中」と幕府側は答え、「天子ハ如何」と問われるや、「天子ハ政事ニ不予《ママ》ナリ」といい、なお念をおされて、「政事ハ大君委任ナレバ、決テ政事ニ予ト云コトハ無キ事ナリ」とくり返し答えている。幕府側は委任論に立ちつつも、天皇の政治的機能はいっさい否定しているのである。だから、「支那皇帝」は日本では「天子」に当るといいながら、それは「如㆑神尊ム」と答え、パークス側から「神」というのはおかしいといわれて、「帝ヲ神ニ譬テハ如何ニモ不㆑穏、全ク国人の尊崇スルコトニ譬ル而已。其譬ヘ誤マレリ」と訂正しているのである。この時も、政権を天皇へ返すことはないのか、という問には、「返事ハ不㆓相成㆒、固威力人望有者に任ずるが故ニ、返さんとすれバ必混乱を生ず」と政権返還の意志のないことをほのめかしている。幕府側が「廃帝説」を秘めた「公武一和」以来、一貫して朝廷（天皇）を政治圏外におこうとしていることがわかる。

第三は、軍事権の問題である。朝廷が独自の軍事力をもたないことはさきにみた通りだが、当面は幕府領・大名領ともにその領内限りでみずからの軍事力をもつとしている。しかし、これも数年後にはしだいに「統轄」すると規定されており、また、一〇〇人以上の百姓一揆や藩内抗争の「曲直刑罰」は議政院の判断にゆだねられているのである。そして、「臨時兵役」は議政院ならびに公府の会議で決める、とする。国内の反乱や外からの侵略に対しては、「天下之総役」たることを原則とするが、時には一、二の大名に命ずることもあり、それらは臨時の会議で処置するというのである。

この軍事権の問題は、ペリー来航以来の海防問題への対応の実情や、第一次・第二次征長での各藩軍事力の動員状況をみすえて立案された規定とみてよい。将来の「統轄」を予測しつつ、当面はそれを「天下之総役」として、各藩に分担させ、その動員については、絶大な権限をもつ「大君」の下での議政院と公府の会議で決定するというのであるから、軍事力は実際には「大君」の指揮下にあった、といってよい[43]。

第四には、この構想がきわめて現実的な形で立案されていることに注目しなければならない。「土地経界之儀は現今之通たるべき事」と、これまでの領主の領有権をそのまま認めているところにそれは端的に示されているが、公府の各事務府の機構や権限も、従来の幕府機構でのそれを念頭においてその一定の継受がはかられている（図3参照）。だが、急激な変化を避けて摩擦は回避しているものの、改革への志向は随所に明確にしているし、議政院の議を経ての法令で、日付や断り書のないものは即刻施行せよ、といい、「遅延は可レ為二越度一候事」とさえ規定しているのである。

総じてこの案は、公議政体論の構想で装いつつ、実質的には「大君」への権力の集中を意図したものといえる。「草案」の前文が、「五大国之首たる英国ニ而モ、王と称シ帝とは称不レ申、畢竟是等は歴史上之沿革ニ係候義ニ而、実地ニ害なき事ニ候得者、土耳其ニ而シユルタンと称シ、魯西亜ニ而ザルと称候如ク、本邦ニ而大君と被二相称一候而不可も無レ之義と奉レ存候」といっているのは、家臣間に「帝国王国優劣之論」があることに対して、いやしくも国家が「独立自主之権」を失っていなければ、万国公法上では名称いかんにかかわらないという文脈のなかでの一節である。そのことは「大君」が王たり帝たること、まさにイギリスの国王やトルコのサルタン、あるいはロシアのツァーに匹敵するものであることの表明以外の何ものでもない。

このようにみてくれば、西構想は、幕府（慶喜）が「大政奉還」を通して実現をめざした徳川統一政権の構想であり、それこそ「大君制」国家への道だったのである。(44) いうなれば、これは公議政体論の装いのなかで、当面は従来の領主的所有に依拠しつつ、やがてはそれの吸収・昇華を指向したすぐれて徳川「絶対主義」的な権力構想であった、といえよう。

「大政奉還」後の政局は、この構想の実現をめざす幕府側と、それをあくまで阻止しようとする討幕派の暗闘であった。

フランス公使ロッシュが慶喜に対する信頼感と満足感を強めているのに対し、薩長側と深い関係をもちつつも、イギリスは依然「中立」政策を維持しながら、内乱化を極度に警戒していた。ロッシュには対抗しながらもイギリス公使パークスが討幕派に全面的な支持を与えていないのは、軍事力発動による内乱化によって、日本市場が混乱することを懸念していたからである。そして、事態はむしろ幕府側に有利に展開しつつあるかにみえた。

十二月九日の「王政復古」クーデターは、危機に直面した討幕派の反撃であった。「王政復古の大号令」が出され、摂政・関白・将軍職が廃止され、国事御用掛・議奏・武家伝奏・京都守護職・所司代など、旧体制の中枢はことごとく廃絶され、代って三職がおかれた。これは坂本竜馬らのいわゆる「新官制案」を下敷きにしながら、討幕派寄りに手を加えたものであった。関白・議奏の名称が総裁・議定とされ、参議が参与と変更されているのは、メンバーにはほとんど異同がないだけに、せめて名称だけでも多少の変化を加えたかったのであろう。

問題は将軍職はやめても（慶喜は十月二十四日、征夷大将軍の辞表提出）、なお内大臣の地位にあった慶喜の処遇であり、徳川氏の所領の処置であった。もし慶喜がそのまま居据れば徳川統一政権構想はいつでも息を吹きかえす。九日夜の小御所会議の争点が慶喜の処遇と所領問題に集中したのは当然である。会議は慶喜の辞官と納地の方針を強引に決定はしたものの、慶喜の側は、「王政復古」後の新政府を認めず、討幕派の傀儡にすぎない天皇に服する義務のないことを、十二月十四日のロッシュやパークスとの会見で語り、さらに十六日の英・仏・米・伊・蘭・普の六国外交団との会見では、旧幕府（慶喜）こそが国際条約を履行する政府たることを言明したのである。(45)

こうなれば、もはや討幕派との軍事的対決は時間の問題であった。この時点の幕府の選択肢は、(1)大坂に拠り、幕府軍で京都を封鎖する、(2)慶喜に上京の勅命が下れば、汽船で東帰し、会津・桑名両藩で(1)の策を実行する、(3)京都に攻め上り、薩長軍と一戦を交える、の三策があったと、後年の福地源一郎はいい、彼は(1)を上策、(2)を中策、(3)を下策としている。そして、結局、幕府はこの下策を選んだというのである。そこには前将軍が一度起てば、諸藩は靡然として従い、薩長は戦わずして潰散するであろうという判断が幕府側にあり、「幕閣が恃む可からざるを、恃みたるが故なるのみ」と福地は述べている。(46)その「恃む可からざる」もののなかには、ロッシュ以下の国際勢力の支持も含めてよいであろう。当時の民心の離反はいうまでもない。*

＊　慶応二年（一八六六）八月、「六十六州安民大都督大河辺主税・同副翼竹田秋雲斎」の名のもとに書かれた江戸小石川の捨訴と覚しき一文は、第二次征長の幕府軍を「官軍」といい、長州側を「賊徒」と表現する幕府寄りの人物の手になるものでありながら、この戦争で長州側は「細民」までも「悉く一和一致し、其主の為に一命を捨ん」として戦ったのに、幕府側にそれがあったかと問い、「今若江戸に事あらは、都下之人民能く政府の難に赴《むか》ふもの有るや否や」という言葉を投げかけている。そして、この一文は同志数

千人が「仁義の兵」を起して薩長をはじめとする諸大名を殲滅し、政府より天下万民撫育の委任を受けて「仁政」を施したいと訴え、一二ヵ条のスローガンを掲げている。そこには儒教的仁政観がまつわりついてはいるが、当時の「世直し」のめざすユートピア世界＝「日本国は世界第一の善国」が描かれている（『新聞薈叢』二六九〜二七一頁、『日本近代思想大系1　開国』三一七〜三一九頁所収）。この理想世界は、少なくとも「大政奉還」から「王政復古」へのプロセスを経つつ、対立・競合した「大君制」国家路線と天皇制国家路線の、「上から」の変革のめざしたところとは全く次元を異にしたものであったことを付記しておく。本書第六章第三節参照。

かくして、福地いうところの下策によって、鳥羽・伏見の戦いで戊辰戦争は開始される。この一戦によって「大君制」国家構想はうち破られ、天皇制国家の構築が緒につく。「公武合体体制」は「朝藩体制」へと移り、「維新政権」の時代となるのである。(47)

注

（1）幕府を中心に、その倒壊の必然性をトータルにみたものに旧幕臣福地源一郎の『幕府衰亡論』（初版一八九二年、改版一九二六年）があるが、戦後の維新史研究の蓄積にもかかわらず、右の視点からの考察という点では、まだこれをこえるものはない、というのが現状ではないであろうか。本書序章、参照。

（2）さしあたり井上光貞・永原慶二編『日本史研究入門』ⅢⅣの該当章を参看されたい。とくに国際関係については、石井孝『増訂明治維新の国際的環境』および同『日本開国史』がある。本章も国際関係をめぐっては多くをこれに負うている。

（3）ただし、ここでの問題は上部構造にのみ限っている。かつて私は「幕末期の幕藩体制について」（『歴史学研究』三一二号）と題して簡単なメモを発表したことがある。

（4）大久保利謙「幕末政治と政権委任問題」（『史苑』二〇－一、『論集日本歴史8　幕藩体制Ⅱ』所収、さらに『明治維新の政治過程』〈大久保利謙歴史著作集1〉に収められている。以下の本文引用は『著作集』による）。池田敬正は「薩摩藩と寺田屋の変」（『日本史研究』八七号）で「雄藩連合体制」とよんでいる。体制の基本が「雄藩の自立化とその新しい連繫にあった」とみるからである。

（5）　この図式化には、明治元年（一八六八）十月十五日頃、木戸孝允より野村素介あての書翰に描かれた二つの図が参考になっている（『木戸孝允文書』三、一七四〜一七五頁。以下史料は書名、頁数のみ）。

（6）　「朝藩体制」の概念やその担い手としての維新官僚の特徴については、福島正夫『地租改正』（五七〜五九頁・八四頁）および拙著『日本の歴史24　明治維新』（一一六〜一一八頁）、参照。

（7）　この「公議輿論」に関しては尾佐竹猛以来多く論及されているが、ここでは井上勲「幕末・維新期における『公議輿論』観念の諸相」（『思想』六〇九号）を挙げておく。

（8）　この時、朝廷へは忠節、幕府へは信義、祖宗には孝道という藩是三大綱は、「若、御忠節疵付候時ハ、信義ハ被レ成二御欠一候事も有レ之、御両国へ被レ為レ易事も可レ有レ之、御信義を以叡慮之向処被レ抽二御丹誠一可レ被レ成二御周旋一眼目之御旨意」（「浦靱負日記」〈山口県文書館毛利家文庫蔵〉文久二年七月六日条）といわれている。藩是という制約のなかで尊攘派路線のめざすところがぎりぎりの形で表明されている、とみてよい。

（9）　久光の率兵上京が在京尊攘派に期待をもって迎えられたのは、たんに尊攘派の思いこみのみではあるまい。池田、前掲論文は、久光と有馬新七や平野国臣らとの見解の間には、幕府に対する諸藩連合という「組織論」ないし「権力構想」においては一致し、武力回避という「戦術論」では相違があった、と指摘している。文久二年の「探索書」が、久光の率兵上京について、「島津和泉儀、攘夷を旨と仕、今帝を翼輔し、幕府開国之儀を断然相拒み、復古仕度由」（『官武通紀』第一、一二二頁）と報じているのは、この久光と尊攘派との交錯した関係の反映とみることができる。

（10）　石井前掲『増訂　明治維新の国際的環境』二四頁。なお、中村哲「開国後の貿易と世界市場」（岩波講座『日本歴史』近世1、所収）参照。

（11）　遠山茂樹『日本近代史Ⅰ』六頁。なお、幼方直吉ほか編『歴史像再構成の課題』、歴史科学協議会編『日本における封建制から資本制へ』下（歴史科学大系8）、参照。

（12）　以上の引用は、日野清三郎著・長正統編『幕末における対馬と英露』による。なお、関連文献については、その「あとがき」（三四三〜三四四頁）に列挙してある。

（13）　『横浜市史』第二巻（とくに第四篇）、重藤威夫『長崎居留地と外国商人』、洞富雄「幕末維新における英仏軍隊の横浜駐屯」（明

治史料研究連絡会編『明治政権の確立過程』）等参照。

（14） ここで尊攘運動の歴史的評価について深入りするつもりはないが、例えば毛利敏彦はその著『明治維新政治史序説』で、公武合体運動のもつ意味を重視し、薩摩藩公武合体運動に「「前期的」ナショナリズム運動の日本的形態」（一四三頁）という評価を与える反面、尊攘運動は「旧政治秩序の破壊に大きな威力を発揮し、その意味に限定すれば、近代日本の出現に客観的に寄与したといえないことはない」（「疑似『革命』性」）としながらも、けだしそれは「維新政治史の一時期に狂い咲いた仇花」（一五三〜一五四頁）という。この表現は石井孝の支持をえている（石井孝編『図説　日本の歴史』13、一四九頁、同『明治維新と外圧』参照）。

これに対し尾藤正英は、『日本思想大系53　水戸学』の「解説」で、「たしかに尊王攘夷思想や尊王攘夷運動の中に、保守的な側面と進歩的な側面とを区別してみることは可能であろうし、それは明治維新という社会変革の中に、封建制から近代へという進歩の側面と、封建支配者の自己保存という反動的な側面との、二つの面がふくまれているとみることと関連して、歴史認識のためのすぐれた着想であるといえよう」（五五七〜五七八頁）といい、水戸学の評価とからんで、「尊王攘夷」は「言葉として新しいばかりではなく、思想の内容に新しい論理がふくまれていればこそ、新しい概念の成立する必然性があったと考えられる」（五九九頁）と述べている。

（15） 高木俊輔『明治維新草莽運動史』。鹿野政直・高木俊輔編『維新変革における在村的潮流』等。

（16） 奇兵隊ないし諸隊をめぐっては、拙著『明治維新政治史研究』、同『高杉晋作と奇兵隊』、小林茂『長州藩明治維新史研究』等。

なお、文久三年五月十日の外船砲撃と期を同じくしての次の事実は、本文にみる対立・交錯の問題と関連して十分念頭におかなければならない。すなわち、外船砲撃の翌日夜、井上馨（志道聞多）・井上勝（野村弥吉）・遠藤謹助・伊藤博文（俊輔）・山尾庸三の五名は、イギリスのジャージン・マゼソン商会の支配人ガワーの斡旋で英船キロセツキ号に乗込み、十二日、ひそかにイギリスに向けて出発した。彼らをイギリスに送りこんだ長州藩の意図は、尊攘運動の後の、来るべき開かれた世界の時代に、もし「西洋の事情を熟知せずんば我国之一大不利益なり」として、その来るべき時代に活用できる「人の器械」をえるためであった（引用は周布政之助の言葉。前掲『修訂　防長回天史』第参編下四、一七一〜一七二頁）。とすれば、長州藩の攘夷行動は、その反面において開国を展望していた、といえる。そこでは木戸孝允がいみじくもいった「全く夷人と曲直を争ひ候心底」は全くなく、「必ず幕吏と曲直を相争候」（文久二年八月十三日、京都在勤長藩同僚あて書翰、『木戸孝允文書』一、一八八頁）という発想がもっともよく当てはまる。

(17) 石井孝『学説批判明治維新論』二五九～二六〇頁、前掲拙著『明治維新政治史研究』六一頁。

(18) 池田敬正「討幕派の綱領について」(『日本史研究』五〇号、『論集　日本歴史9　明治維新』所収)、前掲拙著『明治維新政治史研究』、同『体系　日本歴史5　明治国家』(とくに六〇～六五頁)等。

なお、五十嵐暁郎「明治維新指導者の構想」(『思想』六二六号)が木戸を中心に考察している。

(19) 大久保前掲論文、二九三頁。徳川幕府はその「実力による強大な封建領主権を基礎とする権力によって成立した」(二九二頁)もので、将軍職に付帯したものではなかったことをこの論文は強調している。この問題に関連してはつとに内藤耻叟が、政権委任は自明だったから、「其事正しき証文を見ず」と述べていたが(荻野由之『日本歴史評林』第一編、四一頁)、そのこと自体、松浦玲のいう「いわば架空の委任論」の一証左であろう。松浦はこの「架空の委任論」が政権返上論を引出し、委任論と返上論が政局を動かしつづけ、明治維新の性格、つまり近代日本の国家と天皇制の問題を、「かなりのところまで決定してしまった」(『日本人にとって天皇とは何であったか』五〇～五一頁)といっている。

(20) 以上の政権委任問題の経過については、大久保前掲論文、渋沢栄一『徳川慶喜公伝』二、『維新史』第三巻、石井良助『天皇』等参照。

(21) この部分の原文は、「勿体なくも朝廷を擁し奉り、正義を抗み、周旋尽力之道を相遮り候ときは、終に及二決戦一候外無レ之との事」(『木戸孝允文書』二、一三八～一三九頁)とある。この場合、朝廷を擁すること自体は決して「正義」の指標になっていないことに留意。

なお、この一・会・桑権力の問題に関しては、家近良樹『幕末政治と倒幕運動』参照。

(22) ちょうど同じ頃、森有礼はロシアにあって、幕府のロシア留学生山内作左衛門ら一行と奇遇している。森の『航魯紀行』慶応二年八月二十四日条によると、国学を学び、「勤王之説を主吐す」といわれた箱館奉行支配調役並の山内は、「日本之如く銘々割拠してハ終に世界縦横の業成かたし、只君ハ一人にして、政法一途に出されば、国家終ニ不レ開、恐多くも他人の有と成べし」と語った、という。すでにこの時点でこれら幕臣留学生のなかに、「関東魂を不二持抱一、頻ニ京師を護する之志操」をもった、つまり天皇制統一国家構想をもっている者のいたことは注目してよい(大久保利謙編『森有礼全集』第二巻、二〇頁)。

(23)『維新史』第四巻、五三五頁。
(24) 慶応二年十月二十二日付、広沢兵助より新左衛門あて（『年度別書翰集』二六、山口県文書館毛利家文庫蔵）および『中野半左衛門日記』慶応二年十月二十一日条（同上蔵）によると、この予備会談は十月二十日前後と思われるが、『鹿児島県史』第三巻（二二六頁）は十月十五日としている。
(25) この「将軍空位時代の政治史」については、井上勲の論文（主題同名、『史学雑誌』七七—一一）に詳しい。
(26) 馬関のもつ戦術・戦略論的な意味については、前掲拙著『明治維新政治史研究』や拙稿「幕末薩長交易の研究」（本書第三章所収）等を、また、馬関中心の市場構造の問題については、小林前掲書、井上勝生「幕藩制解体過程と全国市場」（歴史学研究会編『歴史における民族の形成』一九七五年度大会報告、同『幕末維新政治史の研究』第二章）等、参照。
(27) 前掲拙稿「幕末薩長交易の研究」。
(28) 五代は、ヨーロッパにおける国家の経済政策の基本には、産業と貿易（商業）とがあることを認識し、日本の各藩ではとくに前者がなおざりにされていることを指摘していたが（慶応元年十一月十一日付、ロンドンより野村宗七（盛秀）あて書翰、公爵島津家編輯所編『薩藩海軍史』中巻、九四九頁）、本文にあげた「建言ケ条草稿」には、「木綿紡績機関商社を以可ニ相開一事」とあり、「商社」による機械輸入によって産業発展を図ろうとしていたのである。
(29) 前掲『薩藩海軍史』中巻、九六九〜九七五頁、前掲『五代友厚伝記資料』第四巻、六五〜六六頁。なお、後者の「解説」（新谷九郎）では、コント・デ・モンブランの従来の国際的山師説は否定されている。
(30)『鹿児島県史』第三巻、二二六頁。
(31) ただし、薩長交易は必ずしも農民的商品経済の発展の必然性の上に展開したものではない（前掲拙稿「幕末薩長交易の研究」）。井上勝生は前掲論文で、薩長交易について「領主的産物交易、すなわち、譲渡利潤のみの交易の限界」は、「雄藩連合運動の限界、領主的矛盾の暴露でもあった」という。池田敬正も、討幕派指導者によって主張された海外貿易論は、「直接的には国内の経済的な発展に要請されたものでなく、むしろすぐれて政治的な要請によるものであった」（前掲「討幕派の綱領について」）と述べている。
(32) 本庄栄治郎『増訂　幕末の新政策』三二七〜三三四頁、『大阪市史』第四下、二六〇六〜二六〇七頁、石井前掲『増訂　明治維新の国際的環境』六四七〜六五六頁等。

倒幕後の維新政権の商法司－通商司政策が、幕府の兵庫商社にみられるような政策の延長線上での継受・拡大であったことをみれば、幕末慶応期の全国市場支配＝貿易独占をめぐる幕府と西南雄藩の企図がいかに相似形のものであったかがわかる。それだけに鋭く対抗し合い、西南雄藩側の企図が経済発展の上で幕府を圧倒しえないとすれば、勢い対決は軍事力によらざるをえない。

(33) 石附実『近代日本の海外留学史』（元版はミネルヴァ書房、一九七二年刊だが、中公文庫版〈一九九二年〉での訂正された数字を使用した）一四一〜一四二頁所収の第三・四・五表による。

(34) この諸藩（薩長）側の関心のあり方が、明治政府成立後にもひきつがれている。岩倉使節団の報告書『特命全権大使米欧回覧実記』全一〇〇巻の各国別構成比率がそれを示している。幕府－維新政権（明治政府）という政権主体の交代のなかの連続と非連続の公約数的表現が、米二〇巻、英二〇巻、独一〇巻、仏九巻（以下略）という数字になっている、とみてよい（拙稿「岩倉使節団のアメリカ観」〈和歌森太郎先生還暦記念論文集編集委員会『明治国家の展開と民衆生活』〉。なお、拙著『岩倉使節団『米欧回覧実記』』参照）。

(35) 以上の経過については、『鹿児島県史』第三巻、二二七〜二三〇頁、『維新史』第四巻、三五一〜三五二頁、石附前掲書、一二六〜一三〇頁、大塚武松『幕末外交史の研究』二九九〜三二九頁、および『徳川昭武滞欧記録』（全三巻、「解題」丸山国雄）、等参照。

(36) 五代によると、幕府はこの時、薩摩および佐賀藩との区別のないことを嫌い、楣間の顳額の文例を改めて、幕府を「日本インペロー」とし、薩摩、佐賀を「プリンス」にしようとしたが、フランス政府は不同意だった、という。なお、田辺太一『幕末外交談』四七四〜四八二頁、参照。

(37) 尾佐竹猛『明治維新』下巻ノ二、とくに第三・四章、参照。

(38) 前掲拙著『明治維新政治史研究』二六三〜二六九頁。

この政権構想をめぐっては、船津功「『大政奉還』をめぐる政権構想の再検討」（『歴史学研究』三七五号）と石井孝「船津功氏「『大政奉還』をめぐる政権構想の再検討」を読んで」（『歴史学研究』三八〇号）との論争がある。

(39) 『昔夢会筆記』六八頁。なお、二五八〜二五九頁、参照。慶喜を摂政にする策謀については『続再夢紀事』六、三五七頁（慶応三年六月二十一日条）にみえる。

『昔夢会筆記』の校訂者大久保利謙は、その「解説」で、「この慶喜摂政策は、慶喜側の朝廷乗っ取り策ともみられる恐るべき策謀であった」とし、「この策謀を、全く慶喜の承諾を抜きにして、板倉が松平慶永に周旋を托するとは考えられないではないか」（三四二～三四四頁）と述べている。なお、金沢誠ほか編『華族』一〇五頁、参照。

(40)『西周全集』第二巻、一六七～一八三頁、所収。

西は慶応二年（一八六六）、三八歳で開成所教授職、翌年奥詰となり、奥祐筆所詰となって慶喜の側近にあった。とくに慶応三年十月十三日以降、政権構想に関連して慶喜と密接な交渉をもっていた（森鷗外「西周伝」および「西周年譜」〈『鷗外全集』著作編、第十一巻、五三～六三・九五頁、参照）。

(41)『西周全集』第二巻の大久保利謙「解説」七一一～七一七頁。尾佐竹猛『維新前後に於ける立憲思想』（『尾佐竹猛全集』第一巻、一〇一頁）。

(42)石井孝『維新の内乱』五頁。

(43)この点に関しては慶応三年十月十八日の「松平縫殿頭見込書」（『淀稲葉家文書』三三四～三四二頁）は、「王制」は上下議事院で国政を運営する建前をとることにしているが（ここでもその議決事項の奏聞には「容易ニ主上も御議論不レ被レ為レ在候様之義」と天皇の不介入をうたっている）、このプランの中心には徳川家による兵権の統一がおかれている。「御当家ニ而ハ上院議事之上位ニ御立被レ為レ在候而、終ニ全国守護兵之惣御指揮御心得相成候ハヾ可レ然と奉レ存候」というのである。ここでは「大政奉還」による「王制《ママ》復古」が公議政体論の形をとりつつ、徳川氏の軍事力掌握によって実質的に統一権力の実権を握ることが明確に語られている。石井前掲『増訂　明治維新の国際的環境』七四七～七四八頁、本書第五章第三節1、参照。

(44)徳川慶喜がこの構想をもって討幕軍に対していたことを語る傍証史料として、一八六八年二月二日（陰暦明治元年一月九日）付、大坂沖の軍艦「ラプラス」上の仏公使ロッシュから海軍技師ヴェルニーにあてた次のような手紙の一節がある。「信じ切っていた諸大名に見放されたタイクン（慶喜）は、戦いにやぶれ、側近の卑怯な幕閣の重臣によって無理やりに連れさられて「開陽丸」に搭乗して江戸に立ち戻った。タイクンは、新しい基礎の上に軍隊と政府を改革しようと望んでいる。そして関東に於いて（各国と結んだ）条約を確実に実行しようとねがっている。それをもとにして、日本を一州、一州、つぎつぎに恢復したいと考えている」

〈高橋邦太郎「史料採訪の旅」〈朝日新聞社編『明治維新のころ』一八〇〜一八一頁〉〉と。ロッシュはその実現は難しいとみているのだが、少なくともここには慶喜ないし慶喜をとりまく「幕閣の重臣」のめざしていたものが何であったかをみることができる。

(45)　石井前掲『増訂　明治維新の国際的環境』七四二〜七四六頁。

(46)　福地前掲『幕府衰亡論』三六四〜三六六頁。

(47)　拙稿「維新政権論」（歴史学研究会・日本史研究会編『講座日本史5　明治維新』、本書第八章所収）、拙著『日本の歴史24　明治維新』参照。

第五章　近代統一国家への模索

一　複雑な政治過程のなかで

慶応二年（一八六六）「世直し」一揆の件数は一八五件に達し、近世では最高の件数を示している。そうした民衆の動向を背景に、その年八月、江戸の小石川に捨訴とおぼしき一文が「六十六州安民大都督大河辺主税、同副翼竹田秋雲斎」の名のもとに投ぜられた。

それは第二次幕長戦における幕府の権威失墜と敗北を見すえ、物価騰貴や一揆・打ちこわしの高揚をふまえて、こうした「天下之大乱」の状況では、やがて日本は「夷人之有」となることは必然だ、といい、その危機克服のために、「同志の者数千人」による「仁義の兵」をおこして、社会改革を実現しようと一二ヵ条の綱領をアピールしたものだったのである。そして、「万民をして昌平鼓腹の楽を為しめ、夜戸を鎖さず、道遺《おち》たる拾はず、耕すものは畔を譲り、行く者は路を譲り、自然の善政に為し、且外国の貿易を盛にし、国を富し兵を強くし、日本国は世界第一の善国と致し度我等希望する所なり」と宣言していた（『日本近代思想大系1　開国』〈以下『開国』と略記〉。本書第六章第三節、参照）。

この一文は、幕府軍を「官軍」といい、長州藩を「長賊」といっているから、幕府寄りに立つものであった。しかし、その発想はすくなくとも庶民またはそれに近い立場からのものであり、幕府の失政を責め、新しい理想社会をつくり出そうと主張したものだった。

それは高まる「世直し」一揆や、翌慶応三年、全国的に展開した「ええじゃないか」の運動のめざすところとも重なっていた。

こうした民衆運動のなかで、幕府倒壊への政治過程は展開する。その最後の年の慶応三年（一八六七）後半は、開国以降、対立・拮抗し、挫折・転回をくりかえした尊攘・公武合体・倒幕の政治運動が、ぎりぎりのところで「大政奉還」と武力倒幕（討幕）の二つの路線へと集約され、交錯した時期である。

この二つの路線は、幕府の支配を廃止することでは共通しながら相対立するコースを示していた。前者が、公議政体論によって幕府の廃止を実現しつつも、新政権の内部に徳川氏の勢力を残そうとすれば、後者は、天皇（朝廷）を正面におし出すことによって軍事力で徳川勢力の排除を試みようとした。この政治勢力の対抗関係は、ある時は重なり合い、ある時は交錯した。さらにそれは国際勢力とも微妙に関連していたから、きわめて複雑な様相を呈したのである。

本章では、そのことを念頭におきつつ、倒幕期前後に提案されたさまざまな統一国家構想の問題に焦点を当て、とりわけジョセフ・ヒコの国家構想に力点をおきながら叙述を進めていきたい。

二　ジョセフ・ヒコの国家構想

1　ジョセフ・ヒコ

ジョセフ・ヒコ（Joseph Heco）の日本名は浜田彦蔵（幼名、彦太郎）であり、ジョセフ・ヒコは洗礼名である。彼は天保八年（一八三七）播州（現兵庫県加古郡播磨町）の農民の子として生まれた。満一三歳のとき、江戸見物の帰りに遠州灘で暴風雨に遭った彼は、太平洋を五一日間漂流した後、アメリカ船に救助されてサンフランシスコに入港した。

この漂流とアメリカ船による救助、そして、その後の税関長B・C・サンダースとの出会いが、彼の一生を決定した。

ヒコは、同じ漂流民のジョン万次郎と対比される。万次郎が、帰国後の嘉永六年（一八五三）、幕府の直参となり、軍艦教授所（のち軍艦操練所）教授（安政四年〈一八五七〉）、鹿児島開成所教授（慶応元年〈一八六五〉）、開成学校教授（明治二年〈一八六九〉）などを歴任したのに対し、ヒコは帰国後、アメリカ領事館の通訳となり、商社を開き、『海外新聞』を創刊するなど、在野の生活をつづけた。新政府の大蔵省に一時出仕したのは、明治五年（一八七二）のことである（表13「ジョセフ・ヒコ年譜」参照）。

ヒコは、二二歳で日本へ帰国するまでにアメリカで帰化し、この間、大統領ピアス（就任は一八五三年）やブキャナン（就任は一八五七年）とも会見し、帰国後の文久元年（一八六一）、南北戦争中のアメリカへ再び渡り、ワシントンで大統領リンカーン（就任は一八六一年）に謁見した。リンカーンに会った唯一の日本人とされている。

このアメリカ大統領との謁見は、異国の文化衝撃のなかで、異文化国家の政治体制を考えるきっかけとなっている。ヒコは『アメリカ彦蔵自伝』（1・2、中川努・山口修訳）で、第一四代大統領ピアスとの会見について次のようにいっているのだ。

彼はプレジデント（大統領―訳注）と呼ばれ、日本の皇帝にあたる人だと言った。ここまで聞いても、私はまだ信じられなかった。そして問題の人の地位について疑いをいだいていた。アメリカ合衆国のような偉大な国の主人

表13　ジョセフ・ヒコ年譜

年	事　　　　　　項
天保 8 (1837)	播磨国加古郡阿閇村古宮（現，兵庫県播磨町）に生まれる．幼名，彦太郎．
嘉永 3 (1850)	栄力丸に乗船，江戸からの帰途遠州灘で遭難．太平洋を漂流中，アメリカ船に救助される．
同　4 (1851)	サンフランシスコに入港．
同　5 (1852)	日本へ帰国するためマカオまで来るが，再びサンフランシスコに戻る．
同　6 (1853)	税関長サンダースを識る．ピアス大統領と会う．
安政元(1854)	ボルチモア，サンフランシスコの学校へ入る．カトリックの洗礼を受け，ジョセフ・ヒコとなる．
同　4 (1857)	グウィン上院議員に同伴し，ブキャナン大統領と会う．
同　5 (1858)	アメリカに帰化，市民権を得る．クーパー号に乗船し太平洋の測量に従事，ハワイで下船．
同　6 (1859)	香港・上海を経て帰国する（22歳）．神奈川のアメリカ領事館通訳となる．
万延元(1860)	領事館を辞し，横浜で貿易商社を開く．
文久元(1861)	アメリカ再渡航．
同　2 (1862)	リンカーン大統領と会う．帰国し，再びアメリカ領事館通訳となる．『ビジネス・サーキュラー』（商事月報）を発行．
同　3 (1863)	春，神奈川奉行を経て姫路藩主酒井忠績（のち老中）へ意見書「問答」を提出したが，返却．ワイオミング号で下関砲撃に参加．領事館通訳を辞し，横浜で商社を開く．『漂流記』上・下を刊行．
元治元(1864)	日本語新聞（『新聞誌』，翌年『海外新聞』と改題）を発行．
慶応元(1865)	幕府要路（阿部正外）へ意見書「国体草案」を提出（返却）．
同　2 (1866)	暮，横浜を去り，長崎へ．
同　3 (1867)	長崎に転居．高島炭鉱共同経営につき，肥前藩とグラバー商会を仲介．木戸孝允・伊藤博文と交り，長州藩の特別商務代理人（産物方）となる．
明治元(1868)	佐賀藩主鍋島直正と会う．遭難後初めて帰郷．
同　2 (1869)	大阪造幣局設立につき，政府とグラバー商会を仲介．
同　3 (1870)	長崎の商社倒産．
同　4 (1871)	姫路城で酒井忠邦と会う．帰郷し両親の墓を立てる．
同　5 (1872)	大蔵省に出仕．「国立銀行条例」の編纂に従事．マリア・ルーズ号事件裁判で，通訳を委嘱される．
同　7 (1874)	大蔵省退任．
同　8 (1875)	神戸で製茶輸出業を始める．
同 12(1879)	鋹子《ちょうこ》夫人，浜田家を再興．
同 20(1887)	上京．伊藤博文と再会．
同 21(1888)	東京に転居．
同 25(1892)	The Narrative of a Japanese（自伝）第1巻を丸善から刊行（第2巻は，1895年刊）．
同 26(1893)	『漂流異譚開国之滴』出版される．
同 30(1897)	心臓病のため死去，青山墓地に埋葬（60歳）．

注　佐藤孝「ジョセフ・ヒコの日本改革建言草案」（『横浜開港資料館紀要』第4号所収）を若干増補・訂正した（近盛晴嘉『ジョセフ＝ヒコ』，『自伝』2所収「年譜」参照）．

が、壮麗さも威厳もなく、いや警備の者も従者もいないで、あんなに簡素な生活をしているはずがないではないか。私の国では、どんな小さな地方の役人でも、お供がいないことはないし、ものものしい儀礼をつくさずには近よることもできない。まして大名や皇帝ときた日には――。それでもいま会ったその人が、この偉大なるアメリカの最高の支配者なのか。まったく信じられない。

（1、一一六頁）

また、上院議員グウィンがヒコをブキャナン大統領へ紹介した意図も、「もし私が国務省に職を得られれば、アメリカの政体についての知識も自然に得られるだろうし、それは両国（アメリカと日本。グウィンは貿易のため日本は間もなく開国する、と信じていた――田中注）にとっていろいろ役に立つこととなろう」というものだった。ヒコの国務省への就職は実現しなかったが、ヒコが国務省への就職斡旋を拒否していないところをみると、彼の関心とグウィンの意図とはどこかで重なるところがあったとみても不自然ではあるまい。

ヒコはまた、安政六年（一八五九）の日本への帰国の途次、ホノルルでハワイ王国の議院の審議状況を見学している。『自伝』はいう。

上下両院は、一つの建物の中で開かれる。議事は現地のことばで行われる。もっとも法律や勅令はおおかた英語で公布される。英語はこの島じまでは法律用語らしい。私の出かけた日には、七、八人の議員が出席していた。下院議員の半数が現地人（この「現地人」という言葉は、現在第三世界の人びとに対する一種の差別語であるとみて私は使用しないが、ここでは訳者の訳語だからそのまま引用する――田中注）で、あとの半数が帰化してハワイ人になったヨーロッパ人などの外国人である。帰化すれば彼らも被選挙権をもつようになるからである。上院議員は、現地の貴族と、国務大臣たちだと教えられた。

（1、一四八頁）

これはほんの一、二の例にすぎないが、あとで述べるヒコの「国体」の「草稿」執筆にみられるような関心は、彼のアメリカ体験のいたるところに伏在していたのである。

さらに、この帰国の途中の広東では、初代日本駐在総領事（のち公使）に任命されたばかりの前イギリス広東駐在領事オールコックに会っている。オールコックは彼にここで通訳にならないかと誘ったが、ヒコは断っている。それは「合衆国のよき人びと、およびその国の政府から親切な待遇を受け、大恩のある身であるので、まったくどこの職にもつかないまま故国に到着し、合衆国公使に会って、自分の勤務についてはまず公使の自由にまかせるのが、あくまで私の義務だと心得るからである。そのうえで、もし公使がこちらの勤務を必要としないということになれば、そのときはそれでいい。私は自由行動が取れるというわけである」（1、一五五頁）という理由からだった。

ここには、アメリカにおいて受けた恩恵に対する義理堅いヒコの受けとめ方やその性格の生真面目さが示されているが、同時に幕末日本における列強外交団を主導した公使オールコックとの面識、ひいてはイギリスとの友好的な関係が、すでにこのとき始まっていることを知っておく必要があろう。ヒコが米・英の外交官と親密な関係をもっていたことは、彼の日本での行動や彼の得る情報に大きな影響をもっていたからである。

ジョセフ・ヒコは安政六年（一八五九）五月十八日（陽暦六月十八日）長崎着、六月一日（陽暦六月三十日）神奈川に入港した。六月三日（陽暦七月二日）ヒコは日本に上陸したのである。以後のヒコは文久元年（一八六一）から翌年にかけて再び渡米した。リンカーンに会ったのはこのときである。やがて帰国後はアメリカ領事館通訳となり、文久三年八月十八日（陽暦九月三十日）領事館の通訳を辞任し、横浜で商社を開いた。日本語の『海外新聞』を発行したのは、元治元年（一八六四）のことである。

この間、文久二年、後述のように意見書「問答」を執筆して翌年提出し、さらに慶応元年（一八六五）、「国体草案」を提出したのである。

では、これらの意見書はどのようなものだったのか。

2　ジョセフ・ヒコと「国体草案」

ジョセフ・ヒコの意見書は、

(A)1「問答」（文久二年）、2「国体草案」（慶応元年、表紙には「草稿」とあり、本文は「国体」の見出しに始まる。ここでは「国体草案」とする）

(B)3「日本国益諸案」（明治元年）、4「存寄書《ぞんじより》」（明治四年）、5「改革箇条書」（明治四年）とに分けられる（いずれも『開国』所収）。(A)は幕末期、(B)は倒幕後のものだから、本章での対象は主として(A)となる。

(A)1の「問答」は、執筆の翌文久三年春、ヒコの故郷姫路藩主酒井忠績《ただしげ》が老中に任じられたとき（同年六月十八日）、神奈川奉行の手を経て提出されようとしたが、奉行は「至極尤ナル次第ニ候得共、当今ノ形勢我々身分ヲ以テ容易ニ老中エ難㆓取次㆒趣」として返却したものだ、と奥書は記している。

この「問答」の主張するところは次の二点にある、といってよい。

この第一は、開国によって交易を盛んにすれば、国内の産物はしだいに増加し、二〇～三〇年のうちには「欧羅巴《ヨーロッパ》の英吉利私《イギリス》」「亜細亜《アジア》の日本」といわれるようになるだろう、交易によって外国の金銀を日本に集めることこそが「富国強兵の基」だ、というのである。

第二には、「勅命」よりも重いのは「道理」であり、「道理」を天下に示せば誰もがそれに従う、という。これは、「問答」が幕府側に提出されようとしていることを考慮に入れても、ヒコの発想をみるうえでは十分注目に価する。

第三には、日本の現状では国内は必ずしも一致していないから、外国と戦うような要件は備わっていない、とみて

いることである。いまの状況下での日本にとっての「良策」は、「各国の定約を固く守りなば何事ありても各国は政府に荷担する故、日本に背くもの有りても政府の危き事なし」という。したがって、諸外国との交際のためには、先進国の「法度」を参考にし、「古例古格」に固執しないで「国法」を改め、開国のための種々の政策を遂行すべきである、と主張する。

要するに、この「問答」のいわんとするところは、開国への国策の転換であり、それを基礎として「富国強兵」の実を挙げるべきだ、ということにある。そこには攘夷の「勅命」をこえた、世界に通用する「道理」の上に立とうとするヒコの立場が鮮明に示されている。

「問答」提出の文久三年前半期は、二月、朝廷は国事参政・国事寄人を設置し、翌三月、将軍家茂は上京し、天皇の賀茂神社への攘夷祈願の行幸に随従している。そして四月になると幕府は、攘夷期限を五月十日と上奏し、その五月十日には、長州藩は下関で外国船への砲撃を開始していた。いうなれば「問答」提出の時点は、尊攘運動の全盛期だったのである。だからこそ、ヒコの意見書を受けとった神奈川奉行は、老中酒井までこの意見書の提出をしぶったとみられなくもない。

(A)2の「国体草案」は、こうしたヒコの開国認識を前提として立てられたものであった。この「国体草案」は、慶応元年、外国奉行阿部正外《まさと》（豊後守）に提出されたが、これまた「当時之形勢にては何分難二相用一趣」として差し戻されたものとされている。しかし、阿部の外国奉行在任期間は文久二年閏八月から翌三年四月までで、提出時の阿部は老中職にあり、第二次幕長戦の責任者として幕府軍の江戸進発を直前にひかえ、その準備に忙殺されていたから、奥書にはくいちがいがあり疑問が残る、とされている（佐藤孝「ジョセフ・ヒコの日本改革建言草案」〈『横浜開港資料館紀要』第四号〉）。

そのことはいまはさておくとして、この場合、草案の表紙に英文で書かれたヒコのメモのように、これがヒコ自身によって書かれ、徳川幕府要路に提出されたものとするならば、すくなくともかつての漂流民ヒコが、幕藩体制の末期、日本の新しい統一国家構想を彼の世界的視野のなかで立案したものとして注目してよいだろう。

佐藤孝は、三二ヵ条からなるこの「国体草案」は、「大名の鎖国支配（ただし個別軍事力の保有は否定される――原注）を基礎にした大名連邦制ともいうべき国家構想を内容とする憲法草案である」といい、「連邦制の採用は、幕末当時の既成事実としての封建制社会を前提にした現実的な国政変革策であり、ヒコの建言書全体に共通する論点であった」とし、さらに「慶応元年作成とすれば我国最初の憲法草案となる」といっているのである（『開国』三二九頁）。そして、佐藤は、この「国体草案」は、「合衆国憲法に準拠し、その各条文に取捨選択を加えつつ日本語に置換えて敷衍し、当時の国内事情を考慮して新たな規定条項を加え、成文化したものである」（佐藤前掲論文、一一一頁）といい、表14のようなアメリカ合衆国憲法と「国体草案」との条項の対応表を示している。

この「国体草案」は、アメリカ合衆国憲法を下敷きにしていることが最大の特徴であることをまず指摘しておかねばなるまい。さて、ではこの「国体草案」はどのような具体的内容をもっていたのであろうか。「国体草案」全三二ヵ条は、必ずしも文意明確でない部分も多い。いま私なりの理解で要点を述べれば、おおむね次のようになる（カッコ内は「国体草案」の用語）。

その第一は、議会（「大評定所」という（以下、各機関とも史料での表記には若干のちがいがみられる）。佐藤はこれをアメリカ合衆国の連邦議会に当たるとし、以下の(1)と(3)を上院・下院とする〈『開国』四八九頁〉）の構成と権限である。

これは、(1)国持大名議院（「国持大名詰所」）と(2)諸大名議院（「諸大名之詰所」）および(3)庶民議院（「大百姓大町人之詰所」）より成る。

表14　「国体草案」とアメリカ合衆国憲法条項対応表

「国　体　草　案」	アメリカ合衆国憲法
第１条	第１条（連邦議会、その権限）第１節
第一之詰所之役人……	第３節
第三之詰所之役人……	第２節
第４条	第４節２項、第５節２項
第５条	第５節３項
第６条	〃　４項
第７条	第６節１項
第８条	〃　１・２項
第９条	第７節１・２項
第10条	〃　３項
第11条　１～８	第８節１～８項
〃　９～16	〃　10～18項
第12条　１	第９節１項
〃　２～６	〃　４～８項
〃　７～９	第10節１～３項
第13条	第２条（大統領、その権限）第１節１項
〃　２～４	第２節１～３項
〃　５	第３節
〃　６	第４節
第14条	第３条（連邦司法部、その権限）第１節、第２節・２項
第15条	第３節１・２項
第16条	第４条（州と他州、連邦との関係）第１節
〃　１～３	第２節１～３項
〃　４・５	第３節１・２項
〃　６	第４節
第17条	第５条（改憲手続）
第18条	第６条（連邦の優位の規定）２・３項
第19・20条	修正第１条（権利章典）
第21条	〃　第３・４条（権利章典）
第22～32条	なし

注　佐藤前掲紀要論文所収．前掲『開国』488頁参照．

(1)の国持大名議院は、二〇歳以上の国持大名一八名を構成員とし、御三家より一人ずつ選ばれた人物を議長とするが、それが欠けた場合はメンバーから選出した一人を議長に任ずる。この会議は弾劾事件の裁判の権限をもつ。

(2)の諸大名議院は、老中を除いた二〇歳以上の家門・譜代大小名より成り、議長は大老から選ぶ。

(3)の庶民議院は、二五歳以上の有能で「身分相応之者」より構成され、任期は三年とする。この「身分相応」に該当するのは、農民では三〇石ないし五〇石以上の者、町人では「千金以上」の者とされる。一国、つまり藩の人口ほぼ三万人から一人選ばれるが、人別帳に登録されている者に限られる。一名の議長は選挙（「入札」）で選ばれる。この議院も弾劾裁判の権限

（「訴訟之言がけをさばきに及ぶ勢ひ」）を有する（以上は第一条。ただし、原文第一条は第三条までを含む。箇条見出しは「第一ヶ条」のみで第四条につながっている。以下箇条は漢数字のみで示す）。

この三議院は立法権をもち、三議院を通過した議案は「大君」に提出される。そして、「大君」と老中・若年寄の評議で異論がなければ法として成立する。もし異論がある場合は三議院に差し戻して再評議し、投票で三分の二の賛成がえられれば法として成立する。「大君」に提出して一〇日（休日を除く）以内に差し戻されなければ法として成立する（九）。

各議院の規則はそれぞれの議院で細則をつくり、規則違反者は投票（「入札」）によって処罰する（四）。また、それぞれの議院で定めたことは各議院が時に応じて新聞に発表する（五）。各議院の議員（「三役所之詰役人」）の扶持は規則で定め、勤務期間中はすべて幕府（「公儀」）より支給し（七）、勤務中は不逮捕特権を有する。ただし、重罪犯、たとえば反逆罪などは例外とする（八）。

「年貢運上」の徴税法（日本国中平均を旨とすることが、第一一条で規定されている）は庶民議院の発議により法制化されるが、他の二つの大名議院から発議することもあり、また、大名議院が庶民議院より提出された議案を改正して法とすることもある（九）。

そのほか三議院の権限には、以下のようなものがあげられている。

国家借財の支払い、「防守禁制」の法、幕府のための借財、外国との貿易や条約の締結、外国人の帰化・破産時の当人の処分、貨幣発行、度量衡の標準決定、贋金造りとその行使に関する処罰、郵便およびその道筋の整備、発明および著作・特許等に関する保護、国内の重犯罪および万国公法違反の処罰、宣戦布告および捕獲品の処置、陸海軍の軍備および予算、民兵とその運用、軍事施設およびその予算等（十一）。

また、議会（「評定所」）と国々（各藩）との関係では、議会は国々のすべての法をつくり、諸国（各藩）はこの法を守らなければならないとして六項目を規定する（十六）。国（藩）と国（藩）との関係、議会と国（藩）との関係などである。対外関係には、国（藩）は関与せず、「大君政府」が処理することになっている。

第二は、「大君」の権限の規定があげられる（十三）。これも六項目にわたっている。

(1)行政権は「大君」にあり、議会（「評定所」）での規定通りに、それを行使する。「大君」は代々相続し、たとえ代替りしても法は変えてはならない。「大君」は自分の知行をもつ。「大君」の役人は法できめられた高をもらう。

(2)陸海軍の指揮権は「大君」が掌握する。「大君」は自分の知行をもつ。国々の大名の家来であっても召し出されたときは「大君之下知」に従わなければならない。意見がある場合は、書面にしてそれぞれの役筋を通して提出し、老中より意見書として出すことができる。刑の執行猶予および恩赦の権限は「大君」がもつ。ただし、議会（「評定所」）の構成員の有罪の訴えについての権限はない。

(3)諸大名議院（「諸大名評定所」）の意見（「存寄」）または許諾があれば、諸大名の会議（「寄合」）で入札し、七分三分で賛成がえられたときは、「大君」にはつぎのような権限が与えられる。

外国との条約締結権、使節の派遣、公使・領事・裁判官その他政府の高級役人の任命等。

(4)議会休会中で欠員がある場合、「大君」の一存で代わりの者を命ずることができるが、それは次の議会の開会までとする。

(5)「大君」は議会へ意見書を出し、審議を申し出ることができる。また、非常の時には諸大名その他の議院を招集する権限がある。さらに「大君」は三議院を同時に休会することができる。

外国の使節・公使・領事は「大君」より礼を受ける。また、「大君」は国々（各藩）が諸法を上下ともよく守っているかどうかを見届け、また、諸役人にそれぞれ任務を命ずることができる。
(6)「大君」は政府の役人すべての処罰権をもつ。
第三は裁判権についてである（十四）。この裁判権の内容は、ほぼつぎのように要約できよう。

政府の裁判権は上級裁判所（「第一の調所」）がもつ。この上級裁判所は政府のもとにある。そのほか下級裁判所（「小なる調所」）をおくには議会の決定が必要である。上下裁判所の役人は、その任務を忠実に守り、勝手に役替えされることはない。扶持もそれぞれ支給され、減額されることもない。外国との紛争や、国（藩）と国（藩）との争い、あるいは国々（各藩）の土地境界の争いなどはすべて上級裁判所が扱う。その他の争いでも先例がらみで決着のつかない場合は、この裁判所に願い出るものとする。

第四は、国際関係の規定である（十二）。それは九項目になっている。
(1)日本に居留する者からは一人洋銀一〇枚を税として取り立てる。
(2)この税は国、つまり藩ごとに人数を明確に調べて取り立てる。
(3)国（藩）内の港から港への運送は無税だが、外国へ持ち出す品には適宜課税する。
(4)貿易やその徴税は公平を旨とし、外国船の出入りする港が一国内にある場合、諸雑費はとってはならない。
(5)「大君之御勘定所」からの支出は法により、その歳出・歳入の控え帳簿を整備し、幕府の新聞にそのつど公表する。
(6)「大君」からの役を受けている者は、他の国の国王からの賄賂・褒美・官職等を受けることを禁止する。ただし、議会（「評定所」）の許可のあった場合はこの限りではない。
(7)いかなる国（藩）も外国との条約の締結は禁止し、また、国内通用の貨幣の鋳造などは禁止する。

(8)一国（藩）において輸出入の品へ税をかけることは議院の許可を必要とし、その他税の取扱いに関しては議院の定める法による。

(9)一国（藩）の軍事力保持・外国との同盟の締結・交戦権はこれを認めない。ただし、外国との緊急時にはやむをえない場合もある。

第五として、軍備保持に関する規定をあげておこう（二十二〜二十六）。

(1)諸大名から町人・百姓にいたるまで平時には軍船をもってはならない。ただし、商船や遊山用の船は別だが、それも一人または一組で三艘以上は禁止する。この船での武器輸送は厳禁する。

(2)議会（「評定所」）並びに「大君」よりの許可なくしては台場を築いてはならない。許可されて要害の地に築いた場合は政府の歩兵・役人などでこれを固める。

(3)政府の軍艦製造所の設置はつぎの三ヵ所に限り、いずれも政府の役人が管轄する。摂州兵庫、武州江戸内海の内、讃州丸亀あるいは中国地方の然るべき場所（以上各一ヵ所ずつ）。

(4)いかなる大大名でも「大君」の命を受ける者は、家来一〇〇人以上の護衛は認めない。ただし、国（藩）内で種々の用向きに使う家来は別である。

(5)諸大名が議会（「評定所」）の用向きで参勤する場合は政府の軍艦を利用する。

そのほかに反逆罪（十五）、この法の改正手続（十七）や法の遵守（十六）、その他（二十七〜三十二）の規定がある。最後にこの「国体草案」のなかで、もっとも特色としてあげられる人権規定（十九〜二十一）についてふれておこう。この人権規定は以下のような内容をもつ。

(1)信教は自由である。宗旨の論争は寺社奉行がこれを所轄する。

(2)言論・出版（新聞）は自由であり、集会も自由である。
(3)役人・兵士などは勝手に住居に侵入してはならない。令状がなければ逮捕または差押えをすることはできない。

これらの内容を総合してみると、「大君」と議会は相互に牽制しあっている。立法・行政・司法の関係を、誤解をおそれずに図示すれば図4のようになろうか。

すでに指摘したように、この草案の最大の特色はヒコの体験のなかにあったアメリカ合衆国の憲法理解であり、その合衆国憲法を下敷きにしていることである。だからこそ、国家権力の組織や運用という一般的な規定のほかに、いわゆる庶民議院における百姓・町人の国政参加（もとより三万人に一人という限定がある）の機関が、大名の二つの議院と同等なレベルで規定されているのである。軍事指揮権は「大君」にあるものの、議会は明らかに「大君」（政府）より優位に立っており、議員の不逮捕特権も認められている。そしてまた、アメリカ合衆国憲法の「権利章典」に対応する宗教や言論・出版・集会の自由などの基本的人権条項がこの草案のなかにうたいこまれているのである。このことは、あとでみる他の国家構想の規定にはまったくみられない、アメリカ合衆国憲法に依拠したヒコの草案の独自性としてとらえることができる。

また、国際関係の条項が具体的で、かつ「大君」の権限規定より前におかれているのは、やはりヒコの国際関係の体験からの発想の然らしめるところであり、草案にわざわざ「日本政府」としているところにも、世界のなかの日本としてみていることが示されている。

やや大胆な推測をすれば、このような内容の草案を受けとった幕府の要

図4　「国体草案」の国家権力構想

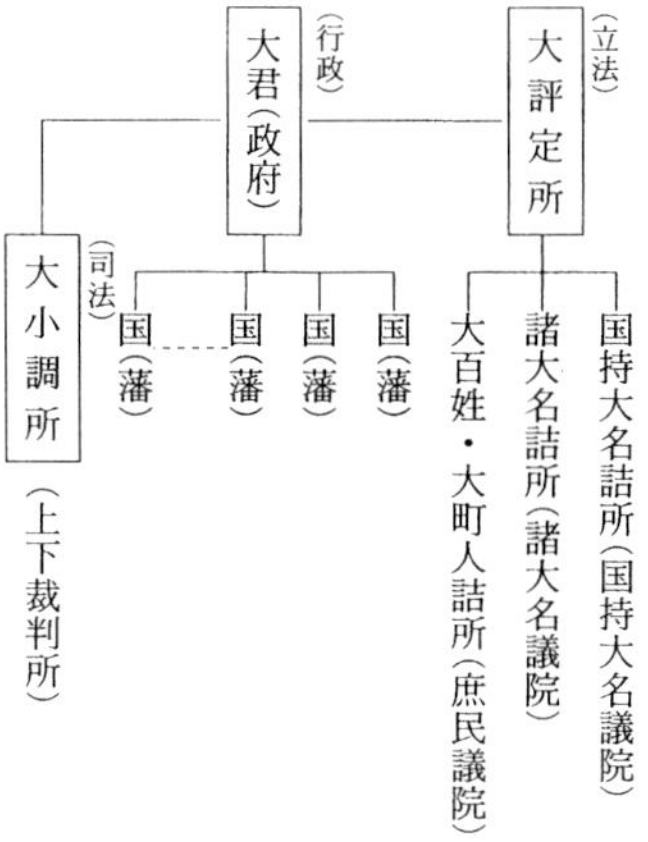

路にとっては、彼らの発想をはるかにこえた、まったく想像すらつかない草案としてこの意見書を受けとめただろうし、だからこそこれを拒否し、ヒコへ差し戻したとも考えられるのである。

しかし、このヒコの草案は、たんに合衆国憲法を下敷きとし、それをそのまま引き写したものではない。彼なりにアレンジしていたのである。

たとえば「大君」の存在を世襲制としているのは、そのひとつのあらわれとみてよかろう。それはアメリカ合衆国の大統領制とは明白に異なるし、「大君」と「国」（大名・藩）との規定などは日本の幕藩制の現実をふまえたものである。

幕府要路に出されたところからいえば、この「大君」には当然徳川氏が考えられていたと思われる。天皇（朝廷）に関してはまったくふれるところがない。この「国体草案」をどのように位置づけるかについては、もうすこし幕末期の他の国家構想をみておく必要がある。

三　競合する統一国家構想

1　幕府側の新政治体制の模索

幕藩体制下といえども、オランダ・中国をとおして、欧米からの情報の窓は、幕府の独占という形態のもとで開かれていたわけだから、欧米の政治体制の知識はまったく欠けていたわけではない。とくに欧米の政体や議会思想に関しては、一八世紀末以降、蘭学や漢訳本をとおして徐々に知識として日本へ流入し、蘭学から洋学へと変わるころからはその情報量は急速に増大していった。

それを促進した要因としては、ひとつには幕藩体制の変容がある（本書第四章第一節参照）。近世中期以降の幕藩体制の矛盾の深化と拡大、それに対応する幕・朝・藩の力関係の変化に応じて、新しい体制への関心が欧米の政体や議会思想の知識の流入を促したのである。

もうひとつ、幕末期にいたると、隣国中国におけるアヘン戦争以後の危機感をあげなければなるまい。欧米の外圧が東アジアに迫り、それへの危機感が知識人の関心をよびおこし、とりわけ「黒船」来航以降は、全国の豪農商層・有識者層をもつつみこんだ広汎な層にその危機感は広がり、やがてそれは「時代の危機」になっていくのだが（本書第二章、参照）、そのことが政治体制論や議会思想の受容をいや応なしに促進した、とみてよいだろう。

万延元年（一八六〇）に蕃書調所教授手伝になった加藤弘之が最初の著作『鄰草』の初稿である「最新論」（文久元年〈一八六一〉十一月。これには西周・津田真道の批評が加えられている。『日本近代思想大系9　憲法構想』〈以下、『憲法構想』と略〉をみれば、彼が外圧の危機感のもとに新しい政治体制を模索していることは明らかである。加藤は、「上下分権の政体を立て公会を設けん」という。そのためには「能く西洋各国の政体を穿鑿し、取捨損益して其至良至善なる所を求むべきなり」と主張したのである。これは中国に名を借りてのものだが、暗に幕末日本における彼の危機意識のもと、日本の改革案として述べたものとみてよかろう。そして、西も津田もその結論には異論をさしはさんではいないのである。

日本の幕末における議会思想の移入や議会設置の論議については、尾佐竹猛の名著『維新前後に於ける立憲思想』（初版一九二五年、『尾佐竹猛全集』第一巻）にくわしいから、ここでは本章に必要な限りでふれる。

右の加藤・西・津田とも接触のあった幕府の開明派の一人大久保忠寛（一翁）は文久期から「公議所」の設置を主

張していた（文久三年〈一八六三〉十月、松平慶永あて書翰）。慶応二年（一八六六）二月、中根雪江によれば、大久保の「公議会論」（『続再夢紀事』五〈『憲法構想』所収〉）は、大公議会と小公議会とに分けられ、前者は京都あるいは大坂に設けて諸大名を議員として国事を議せしめ、後者は江戸その他の各都市に設置して地方議会とするものだった。行政権と立法との関係や議員選出の方法には言及していないが、さきの「公議所」論を具体化したものといえる。

老中格松平乗謨《のりかた》（大給《おぎゅう》恒《ゆずる》、兼陸軍総裁）の起草になる慶応三年十月十八日の意見書（「松平縫殿頭見込書」。「病夫譫語《せんご》」ともある）は、大久保の「公議所」論をさらに具体化したものといってよい（『淀稲葉家文書』三三四～三四二頁）。

その特徴の要点は、第一に、なぜ彼がこのような意見書を提案するかという状況について述べていることを指摘できる。

彼は当時しだいに高まりつつあった「王制復古」論に疑問を呈し、「至当公平の義」を尽さなければ実現するものではないことを強調する。なぜならば、国政の一本化がめざされているにしても、それを主張する根拠は必ずしも一つではなく、「地球之形勢駸々開花に向」かう時の「道理」とみるもの、陰謀策と考えるもの、一挙に「西洋開花之風」を行おうとするもの、あるいは情勢をまったく知らないで「売国」的行為をしているものなど、さまざまだからである。しかも、そのいずれもが「尊王」の名をふりかざしているのである。

彼はいう。「乍ㇾ去王制と申候而も是迄御国内丈すら平治難二相成一、先轍の様二而ハ迚も外国御交際ヲ全し御国光輝セ候義ハ万々無二覚束一候」と。

第二に、次のような「王制」をつくることの必要を提示する。

(1)全国および「州郡」に上下の議事院をつくる。全国の上院一〇名は諸大名から人選し、下院三〇名は大小名より「無差別」に人選する。「州郡」の上院（一〇名）は大小名より、下院（三〇名）は藩士をふくめて広く人選する。

人選はすべて入札（選挙）による。
(2)国政に関してはすべて、上下院の議を経る。その決定事項には「主上も御議論不レ被レ為レ在候様之義」とする。
(3)「全国守護之兵」（海陸軍士官）を設置する。そのために、新しく海陸軍を設け、各地の要所に配置する。その士官（全国守護兵）は大小名・藩士等のなかから広く人選し、「強勇にして志あるもの」を選ぶ。費用は諸大名および諸寺院の高三分の二を納入させ、また商税等をふくめて広く一般からも取り立てて当てる。この兵の取り立てを拒否するものは「奉二朝廷之命一其罪ヲ糺問」し、処罰する。

要するに、この案は、「蒼生之言路ヲ不レ塞、御政事寛ニシテ公明正大ニ被レ成、全国ノ力ヲ以全国ヲ守、全国之財ヲ以全国之費用ニ当テ」て、「天下は一人の天下ニあらず、天下萬民之天下」にしようというものだったのである。それは「私権を捨て皇国一致の法を可レ設」ともいわれているが、要は各藩の「私権」を中央政府に収斂し、軍事力もそこに集中しようというものなのである。

朝廷と中央政府との関係は明らかではないが、石井孝は、この体制は「徳川元首制のもとで、諸大名は、その一家を扶養する以外のすべての禄を軍事費をはじめ教育費・殖産興業費等に提供させられ、武士団が解体されて、全国守護兵にあてられる。これは、まさに領主制の否定である」（『増訂　明治維新の国際的環境』七四七〜七四八頁）という。

この松平乗謨の意見書の出された前月、つまり慶応三年九月に津田真道の「日本国総制度」（『憲法構想』所収）が、「開成所教授」の名において「根本立法」（憲法）として幕府に提出されている。

この津田の「日本国総制度」は、第一に、江戸に「総政府」をおき、この「総政府」は、国内事務（学校、道路、宿駅、水利）・外国事務・海軍・司法・寺社・財用（貨幣鋳造）の政務を司る（以上の用語は、すべて原文）。この「総政府」の「大頭領」は、同時に「日本全国軍務の長官」なのである。そして、諸政務は各局の「総裁」が執行するが、この全国政令の監視は「制法上下両院」がする。

第二は、この「制法上下両院」は「制法の大権」を「総政府」とこの両院で分掌し、「極重大之事件は禁裡の勅許を要すべき事」としていることである。この「制法上院」は一万石以上の大名、「制法下院」は「日本国民の総代として、国民十万人に付壱人づゝ推挙する」と規定している。「総政府」と両院との「制法」の分掌は具体的には不明である。

第三に、全国を「禁裡領山城国」と「関東領」および「加州以下列国」の三つに分け、「関東領」は世襲の徳川氏の所管で、「大君」つまり徳川氏が特権として「政令」を定めることができる、とする。この「関東領」を治める「関東府」の政務は、関東事務・陸軍・財用（会計）・奥向と規定され、陸軍は徳川氏が専管しつつ、前述の「全国軍務の長官」を兼ねている。一国内（各藩内）の政令は、各国持大名が全権を握っているのである。

要するに、この津田案は、徳川氏に全国を管轄する「総政府」（行政府）の長として軍事権を掌握させ、立法はこの「総政府」と「法制上下両院」とが分掌し、この両院に諸大名や全国民の総代（一〇万人に一人）が参加するという仕組なのである。

徳川慶喜を中心とした全国政権としては、松平乗謨構想とも共通している。これらの構想の集大成が、次の西周の「議題草案」といえる。

この「議題草案」は、第一五代将軍徳川慶喜による「大政奉還」後、幕府側が政局の巻き返しを図ろうとして画策していた慶応三年十一月に、慶喜側近の平山敬忠（図書頭）まで差し出されたものと推定されている。その詳細はすでに第四章第三節3で述べたが、本章の行論に必要な限りで、その要点を記しておこう。

西は、「大政奉還」の前日、慶喜に呼び出され、国家体制における三権分立やイギリスの議院制度などについて聞かれ、詳細なヨーロッパの官制に関する手記を提出したという。西の立案になるこの「議題草案」は、そうした慶喜の意向を受けてのことと思われるが、それは当時の幕府首脳の発想を反映していたものであろうことは、これまでの幕府側で構想された諸案の流れのなかにこれをおいてみれば十分納得できる。

「議題草案」の図示については、一九〇頁の図3をみてほしいが、若干の要点を補足しておこう。

「大君」は、(1)元首として行政権を掌握し、(2)「公府」の人事や政令・法度の権限をもち、賞罰権を握る。そして、(3)上院の議長であり、(4)下院の解散権ももつ。この両院での議決がくいちがった場合には、「大君」が決定に絶大な権限を行使できると解釈しうる条文もある。(5)江戸には幾百万石という幕府直轄地の政府があり、「大君」はこの政府の長でもある。(6)実質的には全国の軍事の指揮権を「大君」は有する。

上院と下院とに分かれている「議政院」の立法範囲は、(1)綱紀・制度、(2)課税・税収、(3)臨時の会議、(4)外国との条約、(5)全国的な市井令・刑罰令・商売令・違反告訴令、(6)「公府」関係法・貨幣令・その他の雑令等にまで及ぶ。つまり、この議政院はあらゆる立法の権限を握っているのである。

天皇には法度の欽定権はあるが、拒否権はない。その権限といえば元号・度量衡・宗教の長・叙爵などのほか高割による山城国内の兵備をおく権限（支配の実権は政府）や人名よりの献上を受ける権などである。だから、天皇には実権はなく、山城一国におし込められた形である。

以上のような国家体制の頂点にある「大君」はトルコのサルタンやロシアのツァーになぞらえられる存在とされており、この「大君」には徳川氏（慶喜）が比定される。それは徳川氏が絶対的な権限をもつ徳川統一政権といってよい。幕府側には明らかにこうした具体的構想があったのである。

2　西南雄藩側の国家構想

では西南雄藩側はどういう構想をもっていたのであろうか。

佐賀藩勤王派の一人中野方蔵（晴虎）は、大木喬任や江藤新平らとも交友があり、文久二年（一八六二）、大橋訥菴の疑獄に連坐して獄死した。それ以前に書かれた「方今形勢論」は「王政」の「恢復」をめざし、「天子」が「征夷将軍の号を諸大藩に賜ひ、或は肥前将軍と称し、或は薩摩将軍、或は肥後将軍、或は常陸将軍、或は尾張将軍、或は長門将軍と称し、凡そ六十余州の大藩を挙げて悉く将軍となし、小藩をして悉く副将たらしめんか、是に於てか人心大いに定るなり」（原漢文）と述べていたのである（中野邦一『中野方蔵先生』私家版、本書第四章第一節、参照）。

この「天子」のもとでの「総将軍」化は、明らかに幕藩体制の幕・朝間の力関係の変容および雄藩の台頭を念頭においた新しい国家体制への方向を示していたものだった。

すでにみてきたように、現実に権力を握っていた幕府側やその周辺では徐々に具体的な国家構想がうち出されはじめていたが、尊攘運動や倒幕運動を進めた西南雄藩側からの新しい国家体制構想は、せいぜいこの中野の国家構想程度で、具体案は乏しい。

それは薩摩藩出身の寺島陶蔵（宗則）が、慶応三年十一月二日、「抑《そもそも》勤王を唱へ候に、此上もなき忠節を尽さんには、其封地と其国人とを朝廷に奉還候而、自ら庶人と相成、後之撰挙之有無を期し候に越したる事者無レ之、如レ是にして、始めて公明正大なる勤王の分と謂ふべしと、私《ひそか》に愚説立置申候」（『寺島宗則関係資料集』上巻、一八頁）と述べていることと関連するだろう。ここにみるように勤王論は、幕府にかわる朝廷（天皇）への土地・人民の「奉還」という形で、すべてを天皇に収斂する一点に力点をおいて展開される。この天皇にすべてを収斂する発想と価値観の観念性は、朝・幕関係の変容にともなう公武合体論台頭によって徐々に現実論として克服されていくが、結局、慶応期末の倒幕の土壇場まで、それはまたなければならない。

西南雄藩側の権力構想のもっとも具体的なものとしては、有名な坂本竜馬の「船中八策」がある。これは土佐藩の藩論が「大政奉還」建白を決定した直後の慶応三年六月十五日、竜馬が海援隊書記の長岡謙吉に起草させ、後藤象二郎に示したものとされている。「船中八策」の名称は、六月九日、竜馬が後藤とともに長崎から兵庫にいたる船中での協議でつくられたところに発するという。

それは「方今天下ノ形勢ヲ察シ、之ヲ宇内万国ニ徴スルニ、之ヲステ、他ニ済時ノ急務アルナシ」という次の「八策」である（『坂本竜馬関係文書』二、句読点・濁点は田中）。

(1)天下ノ政権ヲ朝廷ニ奉還セシメ、政令宜シク朝廷ニ出ヅベキ事。
(2)上下議政局ヲ設ケ、議員ヲ置キテ万機ヲ参賛セシメ、万機宜シク公議ニ決スベキ事。
(3)有材ノ公卿諸侯及ビ天下ノ人材ヲ顧問ニ備ヘ、官爵ヲ賜ヒ、宜シク従来有名無実ノ官ヲ除クベキ事。
(4)外国ノ交際広ク公議ヲ採リ、新ニ至当ノ規約ヲ立ツベキ事。
(5)古来ノ律令ヲ折衷シ、新ニ無窮ノ大典ヲ撰定スベキ事。
(6)海軍宜ク《（マヽ）》拡張スベキ事。
(7)御親兵ヲ置キ、帝都ヲ守衛セシムベキ事。
(8)金銀物貨宜シク外国ト平均ノ法ヲ設クベキ事。

ここには、朝廷（天皇）への権力の集中、上下の議政局による公議の制度化、人材の登用、国際関係の法的確立、伝統的な制度をふまえての新制度の撰定、海軍力の拡充、朝廷直轄軍事力の創出、貨幣制度の確立など、国際社会のなかの国家体制を簡潔な言葉で綱領化し、これらの諸政策を実行すれば、「皇運ヲ挽回シ、国勢ヲ拡張シ、万国ト並立スル」こともあえて難しくない、といっているのである。とくに(8)は、江戸の銀座を京都へ移すということさえ行われれば、かりに将軍職はそのままでも恐れるに足りないと竜馬がいったというエピソードとともに注目してよいだろう。

こうした方向での国家構想は、薩摩藩の五代才助（友厚）も示していた。

彼は慶応三年十月、「方今ノ勢、強国大藩ハ前後遅速ノ差ハ有レ之共、等敷幕廷ヨリ兵権ヲ被レ削候事ハ、是《これ》智者ヲ不レ俟候。今日ノ急務ハ、天下ノ列侯公論条理ニ基キ、互ニ同盟連合致シ不レ申候デハ、特立難レ致勢ニ成行候義必然ノ勢ニ候」といい、次のように述べる。

列国同盟結合ノ勢ニ成行候上ニテハ、京師ニ上下議事院ヲ建、各国内ニモ上下議事堂ヲ建立致シ、天下ノ大事件ハ、列国ノ公論衆議ニ決定イタシ候外、其他良策有レ之事ナシ。

（日本経営史研究所編『五代友厚伝記資料』第四巻、八八頁。本書第四章第三節2、参照）

さきの竜馬の「船中八策」が、やがて同年十一月の「新政府綱領八策」となったことは周知のことである。これはほぼ同文のものが現在二通伝えられ、その末文には「○○○自ラ盟主ト為リ」とある。この「○○○」には土佐藩主の「容堂公」説と将軍の「慶喜公」説とがあるが、同文で二通書かれているところに注目する意見もある。

幕府側の「議題草案」とこの「綱領八策」とで決定的にちがうのは、「八策」では国家権力の頂点にあくまで朝廷（天皇）があり、徳川慶喜はそのもとでしか権力に参入できない形をとっていることである。西南雄藩側の国家構想は、やがて天皇制国家として帰結していくが、対する幕府側の構想は、絶大な権限をもつ「大君」の座に慶喜が位置する、いうなれば「大君」制国家構想にほかならない。

では、ジョセフ・ヒコの国家構想は、この天皇制構想と「大君」制構想とどう関わるのだろうか。

四　ジョセフ・ヒコと明治維新

1　ヒコと長州派と坂本竜馬

慶応三年（一八六七）九月四日付の木戸孝允から坂本竜馬あての手紙のなかに、次のような一文がある。

此狂言喰ひ違い候而は世上之大笑らひと相成候は元より、終に大舞台之崩れは必然と奉ㇾ存候。然る上は芝居は事止みと相ㇾ成申候。（『木戸孝允文書』二）

木戸らは、当時画策していた彼らの倒幕計画を「狂言」とか「芝居」とかと称し、またそれをおし進める志士集団を、狂言や芝居を演ずる一座にたとえていたのである。その一座の「頭取」が板垣退助であり、「座元」が西郷隆盛だった。引用は、この倒幕計画を板垣と西郷がしっかり打ち合わせをしておくことが「急務」だと述べたあとに続くものなのである。そこでは、彼らのめざす「芝居」（倒幕計画）の「大舞台」で一人ひとりの分担を十分確かめ、くい違いがないようにすることを強調しているのであるが、それは同時に、それぞれの役割を客観化して冷静にみつめようとしていた、ともいえる。この時点での彼らはすでに討幕派と名づけられているから、そこに討幕派の政治的リアリズムをみることができる、といってもよい。

もうひとつ注目したい文章がさらに続いている。

且また大外向之都合も何卒其御元ひこなどゝ極内得と被二仰談置一、諸事御手筈専要に是また奉ㇾ存候。実に大外向之よしあしは必芝居の成否盛衰に訖度相かゝわり申候。

これは『木戸孝允文書』からの引用だが、同じこの手紙を載せた『坂本竜馬関係文書』㈠は、この「大外向」を「外国を指す」と注をつけるとともに、「ひこ」を「大山彦太郎即中岡慎太郎」としている。

しかし、「芝居」の成否は、「大外向」、つまり対外問題と密接に関わるという文脈からいって、この「ヒコ」は中岡ではなく、当時木戸や坂本とも交流のあったジョセフ・ヒコであることが推測できる。それを明確に主張するのは『ジョセフ＝ヒコ』の著者であり、ヒコ研究家の近盛《ちかもり》晴嘉である。

近盛は「竜馬の船中八策の議院制はジョセフ彦から学んだ」（『浄世夫彦』No.32）という論稿で、坂本竜馬とヒコとの関係を示す慶応三年五月十四日の肥後藩士荘村助右衛門から坂本彦兵衛あての報告書（『改訂肥後藩国事史料』巻七、四〇四〜四〇六頁）を掲げる。

この五月十四日の前日、坂本は長崎に到着していた。そして、「いろは丸事件」（土佐藩の傭船いろは丸と紀州藩の明光丸との衝突事件）で、紀州藩との交渉に着手したばかりだった。荘村報告は、荘村と坂本竜馬およびジョセフ・ヒコとの談合におけるそれぞれの発言をメモしたものである。

そのなかでヒコは、近年将軍をはじめ幕府の閣老たちは、しきりとフランス人を信用して、それに乗りかかろうとしているようだが、「此一事ハ日本之御為合極々不レ宜候。僕（ヒコのこと——田中注）度々公辺へ建言致、且漂流記中相認候俗記中ニも其一斑を顕し置レ申候。御覧可レ被レ下候。然共此処ニ着眼之人物無レ之候。将軍家仏人之甘説ニ惑ひ頻リニ天下之疲弊ニ乗じ、金銀御借用ニ相成申候。愚考ニ而者追付日本大分之土地往々仏人之領地と相成可レ申存候。此事窃ニ為レ君ニ今日発し候」と発言している。ヒコは、「必竟洋人を信じ過し候誤ニ御座候」といいたかったようである。

右の発言にもあるヒコがたびたび「公辺」に建言しているというのは、すでにみた「問答」や「国体草案」であることはいうまでもない。彼が建言したにもかかわらず「着眼之人物」がいないというのは、ヒコの意見書が却下されたことを指すのだろう。その彼が徳川将軍とフランスとの密着ぶりおよびその借款に危惧を表明しているのは、徳川慶喜政権の政治路線への批判だったのだろうし、当時すでに明確になりつつあった西南雄藩側の倒幕政治路線へのヒコの傾斜を示したものとみてよかろう。

さきの木戸の竜馬あて書簡からもわかるように、竜馬とヒコとはすでに相識る間柄であった。そして、彼らの計画の遂行に重要な関わりをもつ対外問題について、極秘裡に竜馬とヒコとが十分打ち合わせておいてほしい、というのが木戸の意向だった。

近盛がさらに紹介する慶応三年十二月二十日の木戸よりヒコあての手紙（明治大学図書館蔵）によると、木戸は、外国との関係は「京都より追々御開ケ」ていき、ゆくゆくは日本と外国とは「真実之和親」が整い、「日本人心之打合もよろしく相成可レ申と相楽ミ申候」といい、「何卒乍二此上一陰となり日なたとなり、日本之御為めニ御尽力奉レ祈候」とさえいっている。ここにも、京都（天皇）ないし西南雄藩側寄りにヒコが立っていたことがわかる。

木戸ら長州派がねらう倒幕計画において、木戸と坂本、坂本とヒコ、木戸とヒコの三者の関係がどのようなものであったかをこれらの手紙は推測させる。ちなみに、『自伝』には、右のヒコあての木戸書簡のほかに井上聞多（馨）と伊藤博文のヒコあての手紙を載せている。いずれもヒコからの情報や意見を求め、協力を懇請したものである（2、一二六〜一二八頁）。

この長州派とヒコとのそもそもの関係は、ヒコの『自伝』によると、慶応三年の陽暦六月、旧暦でいえば（以下、月日は旧暦）五月のある日、二人の男がヒコの商社を訪ねたことに発した。最初、彼らはいつわって薩摩から来た役人といった。この二人とは木戸孝允と伊藤博文だった。数日後に再び訪れた二人のうち、木戸に向かってヒコはいう。「あなたは桂とおっしゃる方ではありませんか」と。「これを聞くや、二人は互いにぎょっとして顔を見合わせ、それからにやりとした」。やがて、木戸はヒコの方を向き、「いや仰せのとおりだ。ところで今から申し上げることは極秘に願いたい、と言った」というのである。

こう述べた『自伝』には、次のような木戸の発言が記されている。

こういうわけで、ですね。いいですか。この国の本当の君主であり、支配者たる者は、ミカドなのです。いっぽう将軍はどうかというと、自分で大君と称していますが、将軍家の先祖がおよそ二百五十年ほど前に横領した権力を、今日も揮《ふる》っているに過ぎません。そして、この間に徳川家はその横領した権力を行使しつづけ、今日では将軍みずから「タイクン」と称し、ミカドの裁可も得ずに自分の名前で諸外国と条約を締結するようにまでなってしまいました。しかし世界の進歩によって時代は変わりました。そしてわれわれの主君たる長州が、いやわれわれ自身も願うところは、統治の権力をわれわれの真に正当な君主たるミカドに返還し、徳川は征夷大将軍の職を退かねばならないということなのです。これが実現すれば帝国は平和になり、外国との交際ももっと自由に、もっと親密になることでしょう。しかし国内に二人の支配者がいる限り、いつまでも不和や紛争の絶えることがないでしょう。――ちょうど一軒の家に主人が二人いるようなものです。

木戸は、一般の外国人にはこうした日本の歴史が十分わかっていないから、長州側の主張を外国人によく説明して「ミカドの側の運動を促進するのに力を貸していただきたい」とヒコにたのんだ、というのである。

九月（陽暦十月）になって、木戸と伊藤はヒコのもとを訪れ、彼を長州の産物方（特別商務代理人―訳注）に任命しようと約束した。「藩公の代理として、本日、アメリカ市民J・ヒコ氏を任用し、日本の長崎港における藩公の特別代理人として勤務させることを約するものである」という文書をヒコに手交したのである（2、一一二〜一一五頁）。以後、木戸や伊藤とヒコとの交流は続けられた。また、ヒコと五代才助とのゆききのあったことも『自伝』は語っている。

さきの荘村がこの五代と政治的な情報を交換しあう間柄にあったことは、やや後のものだが、荘村から五代への書簡（明治二年四月二十四日付、『五代友厚伝記資料』第四巻二三三頁）からもわかる。

さらに、木戸や伊藤らがしばしば訪ねていたイギリス公使館員のアーネスト・サトウとヒコとが情報交換をしていることは、サトウの『一外交官の見た明治維新』上下（坂田精一訳）をみればよい。

慶応三年八月十七日（陽暦九月十四日）、サトウは木戸や伊藤とともに長崎の玉川という茶屋で長時間過ごしているが、その帰途、ヒコを訪ねたサトウは「一つの文書」のこと、つまり、「薩摩、土佐、芸州、備前、阿波の諸侯の連名で将軍慶喜に辞職を勧告し、また政府を改造する道を開くことを要求して、将軍に提出されたという」（下、六八頁）「大政奉還」勧告の情報をヒコから得ている。

このようにみてくると、慶応三年五月以降、長州側は急速にヒコに接近し、さらにヒコは木戸や坂本らとの交流のなかで西南雄藩側と外国側、とくにフランスと対抗関係にあったイギリスとのパイプ役をも担っていたことがわかる。

これらのことを前提にすれば、ヒコと竜馬との関係はきわめて密接であり、お互いに情報交換をしていたことは十分に考えられる。

近盛は、「坂本竜馬の『船中八策』に上下議政所《ママ》が立法にあたるとあるのは、こうして竜馬が木戸の教えに従って、（中略）彦と『とくと談じ』た結果である」という。たしかに竜馬とヒコとの関係は、すでに確認したように明らかである。

だとすれば、これまでのように竜馬が河田小竜を通して漂流民ジョン万次郎から影響を受け、それが竜馬の国家構想につながったという見解よりも、竜馬と直接面識があり、密接な交流のあったヒコの方が、竜馬により大きい影響を与えていたであろうことは否定できない（ちなみに、小西四郎ほか編『坂本竜馬事典』にはヒコとの関係はまったく出てこない）。

そこで、さきにみたヒコの国家構想と「船中八策」をつき合わせてみよう。

ヒコの「国体草案」の「大評定所」と、「船中八策」の「上下議政局」は相通ずるものがある。しかし、これはすでにみた他の国家構想にも共通しているし、大久保忠寛の意見などを竜馬は知っていた。国際関係の法的確立に関する「船中八策」の主張と、「国体草案」の国際関係に一定の比重をおいた条項とは重なるところはあるが、竜馬の綱領がヒコの草案の集約とはいいがたい。「船中八策」の海軍力の拡張、朝廷直轄軍事力の創出や貨幣制度の確立の綱領なども、ヒコの草案が個々の具体的で細かな問題にふれているだけに、ごく一部は重なるものの、必ずしもヒコの構想を「八策」が綱領化したとみることは難しい。ヒコの草案の「大君」の位置に天皇をおくことは可能だとしても、「船中八策」の「朝廷」の位置づけとはやはりちがう。ヒコの人権規定は「八策」には片鱗だにない。

このようにしてみれば、竜馬の「船中八策」（ひいては「新政府綱領八策」）とヒコの「国体草案」とは、一部に発想の共通性は認めるにしても、その直接的な関係についてはなお慎重な史料的な検討が必要だろう。

そこでは、さきのヒコあての木戸の発言や書簡が示すように、慶応三年段階のヒコは西南雄藩側に比重を移していた。とすれば、ヒコの発想は慶応元年段階の「国体草案」の幕府寄りの立場から大きく変わっていたことを十分考慮しなければなるまい。「船中八策」とヒコとの関係はなお今後の課題なのである。

ただここであらためていえることは、ヒコと竜馬、ヒコと長州派ないし西南雄藩側の志士たちとの関係におけるヒコの存在は、慶応三年後半の政治情勢下にあって、国家構想をめぐるキー・パーソンの一人であることを示しているということである。

そして、さきのヒコの建言書の(B)グループ（3〜5、二〇九頁、参照）は、維新後にヒコが、佐賀藩の鍋島直正（閑叟）や明治政府（井上馨）あるいは旧藩主酒井忠邦などに提出したものである。

そこでは「万国公法」のもとでの国際関係の認識の重要性や海陸軍の軍備の必要性、廃藩置県後の諸改革への批判、漸進的な改革と旧大名の旧領復帰による連邦国家制、あるいは市民生活への諸政策などを論じ、さらに大蔵省を中心とする国家の収税策や民営・官営事業などへの提言がみられる。

維新後もヒコが国政改革に関して深い関心をもっていたことがわかる。

2　明治維新と未発の選択肢

さて、慶応三年（一八六七）十二月九日のいわゆる「王政復古の大号令」の渙発によって、律令体制以来の摂関制など旧体制は廃止され、幕府制もなくなった。それは十月十四日の「大政奉還」以降の幕府のまき返しに対する西南雄藩側、とりわけ薩摩藩主導の反撃だったのである。

これに憤激した第一五代将軍徳川慶喜は、十二月十三日、大坂城に入って再挙を策するとともに、翌十四日（陽暦一八六八年一月八日）、大坂城でイギリス公使パークスとフランス公使ロッシュと会見した。この席上、慶喜は、二人の公使に対してことの経過を説明したうえでコメントを加え、「天皇は一部の人々にあやつられている一少年にすぎず、命令が天皇から出るものでないことは明らかである以上、そういう命令に服従する義務はないこと、戦争に訴えることなく京都を撤退したのは『平和的方法で将来の政治形態の問題を決定する』という精神から出たものであること」などといったという。

これは石井前掲書に、外国側の史料をもとに叙述された一節である。このころの日本側の史料にも、会津・桑名二藩をはじめ、新選組など幕府周辺の人びとは強硬論を主張し、「上ニモ一時ハ御憤怒」(慶応三年十二月十四日「京都変革二条城御退去公報」〈『淀稲葉家文書』四一八頁〉)といっているから、慶喜の憤激ぶりがどのようなものだったかがわかろう。

慶喜側は十六日の英・仏・米・伊・蘭・普(プロシア)の六ヵ国外交団との会見で、旧幕府(慶喜)こそが条約を履行する政府であることを言明した。それは王政復古政府の否定であり、みずからの旧幕府政権こそがいまなお正当政府であることの対外的な主張だったのである。

幕府はたしかに倒れた。しかし、幕府の側にはなお会津・桑名をはじめとする圧倒的軍事力があった。ここで慶喜側に残された道は何か。第一は、大坂に拠り、旧幕府軍で京都を封鎖する、第二は、慶喜に上京の勅命が下れば、汽船で江戸に帰り、会・桑両藩で第一の策を実行する、第三は、京都に攻め上り、薩長軍と一戦を交える——この三策の選択肢があった、と旧幕臣福地源一郎は後年の『幕府衰亡論』で述べ、第一を上策、第二を中策、第三を下策としている。が、結局幕府は下策の第三の道を選んだ、と、福地はいうのである(本書第四章第三節3、参照)。

第三の策が福地のいうように下策であったにせよ、そしてまた、それを選ばせるように挑発したのが西南雄藩側であったにしろ、慶喜側としてはそれなりの目標と情況判断があっての選択とみなければならない。

ではその目標とは何か。二世紀半も続いた幕府の支配の体制の頂点にいた徳川氏が、すでに「大政奉還」をしていたとはいえ、一片の「王政復古の大号令」で一挙に権力から離れるとはとうてい考えられない。とすれば、その目標とは幕藩体制を再編するか、あるいはこれまでの体制を基礎として、当時の新しいヨーロッパの政体論で色あげした徳川統一国家の構想をうち出すかが当然考えられる。ましてや、これまでみてきたように幕府側にはさまざまな統一政権構想があり、徳川慶喜の側近西周の「議題草案」のような「大君」制国家構想があったとすればなおさらである。その際、従来は坂本竜馬の「船中八策」にみられる綱領の背後には、間接的なジョン万次郎との関係が指摘されていたが、国家構想に関心の深かったジョセフ・ヒコと西南雄藩側との接近によるヒコと竜馬との密接な交流のほうが、より大きな影響をもったであろうことを、今後の課題として本章では強調した。

ここでは、統一国家への志向の問題に焦点をしぼったため、この期の政治的な動きやその後景にある民心の動向などについてはふれることができなかった。それらの点については本書第六章や拙著『日本の歴史15　開国と倒幕』とくにその第九章と第十章を参照いただければ幸いである。

われわれはややもすると、過去の叙述された既定の歴史が、歴史事実のすべてであるとする固定的な観念にとらわれやすい。しかし、現在の一刻一刻に多くの選択肢があるように、歴史においては未発の選択肢が秘められていたことを忘れてはなるまい。

ましてや明治維新という、日本における「徳川国家」から「明治国家」への一大変革には、「改革」説から「革命」説までさまざまに評価がわかれるほど、多様な可能性がはらまれており、その構造や性格もまた複合的な要素を多々もっているのである。そこには、一九世紀後半の世界史のなかでの東アジアにおける日本の変革という、同時代史的な規定が大きく作用している。

第六章　幕末の社会と思想

はじめに

本章では、これまでみてきた幕末の外圧に伴う政治的な激動や社会変革の動きを、思想ならびに民衆の側面から捉え直してみる。

その一つは、日本をして開国を余儀なくせしめた外圧は、日本における近代的ナショナリズムの成立（前提）にどのような意味をもっていたか、そして、それは尊攘運動とどういう関連をもっていたか、ということでもある。

もう一つは、右とも関係するが、尊攘運動や公武合体運動は、慶応期の倒幕運動、とりわけ武力倒幕を主張した薩長中心の討幕派の政治運動の論理とどのような関わりをもつか、そして、その論理と天皇（朝廷）の関係はどうであったか、ということである。

最後に、幕末期の民衆の動向と民衆運動の思想性を、「世直し」一揆や「ええじゃないか」を中心にみてゆきたい。それは民衆が明治維新になにを求め、変革のゆきつく先の理想をいかに描いていたかをみることにもなろう。

一　幕末の「ナショナリズム」

幕末の外圧は、人々に「国民」を、そして「国家」を意識せしめる端緒となった。しかし、そこでの「国民」ないし「国家」意識は、まだ端緒的な形態であったから、一般には前期的ナショナリズムといわれる。したがってここではそれを「ナショナリズム」とカッコ付きで表現しておこう。

幕末に生まれ、明治・大正・昭和の三代を生きた歴史家であり、政治家でもあった竹越与三郎（三叉）は、その名著『新日本史』（中）で、「夫れ社会を以て一社会を制し、一階級を以て一階級を制する国は、仮令《たと》ひ幾千万の人衆あるも、仮令ひ善美なる法典あるも、是れ社会のみ、国民と称すべからず。人為の階級の総て滅し、人民と政府の二大要素によりて、一国を組織するに至りてこそ、始めて一国民と称すべけれ[1]」と述べた。その彼は、嘉永六年（一八五三）のペリー来航こそが、こうした「国民」ないし「日本国家」を人民が発見する直接的な契機となったとして、次のようにいうのである[2]。

米艦一朝浦賀に入るや、驚嘆恐懼の余り、船を同うして風に逢へば胡越も兄弟たりと云ふが如く、夷敵に対する敵愾《てきがい》の情のためには、列藩の間に存する猜疑、敵視の念は融然として掻き消すが如くに滅し、三百の列藩は兄弟なり、幾百千万の人民は一国民なるを発見し、日本国家なる思想此に油然として湧き出でたり。

事実、幕末における東北地方の精農であり、中農上層に属する菅野八郎は、外圧に敏感に反応した。彼は田植えの間に筆をとったという「あめの夜の夢咄し」に世界地図を描き、その真中に小さく「大日本」を書き止め、ペリー来航には将軍家はもちろんのこと、「日本国中之噂にて、皆人たましゐも身にそわず、手にあせをにぎるばかり也[3]」と述べた。ここには竹越のいう「日本国家なる思想」、つまり「ナショナリズム」の勃起が素朴な形で読みとれる。

これは東北地方の一農民に止まるものではない。農村を史料調査に歩けば、意外と思うほどの草深い山村でも外圧をめぐるさまざまな問題を書き止めた史料に出会うのである。外圧の衝撃の広さと深さがそこにはあり、外圧を契機に「ナショナリズム」が「油然として湧き出で」ていることがわかる。

これを経済的な面からみれば、安政の開港によって、国内市場には資本主義の楔が打ち込まれたことを意味する。それは日本が世界の資本主義に包摂される前提を形成した。そして、開国による貿易の進展に伴い、日本の国内にはブルジョア的発展を遂げるプラス地帯と、逆のマイナス地帯が現出した。その落差によって市場は混乱し、また変動した。しかし、この混乱や変動はこれまでの幕藩体制下の各藩割拠の網の目を次第に解きほぐし、「ナショナリズム」の経済的基盤を形成せしめたのである。

それは同時に、支配階級としての領主（武士）層においても、あるいは被支配階級としての農商以下においても、それぞれの階層分化をいっそう促し、身分制はひとしお大きく揺らいだ。ここでも「ナショナリズム」の形成の条件はいちだんと促進せしめられたのである。幕末の政治運動が安政の開港以降ますます激化し、政治運動への関心がたんに治者階級のみでなく被治者階級にまで広く深く浸透し、運動参加の裾野が広がってゆくのもそのためである。

それにしても、この「ナショナリズム」を台頭せしめた外圧は、日本に半植民地化の危機をもたらした。しかし、このことに関しては多くの論議があり、十九世紀後半のアジアに押し寄せた列強資本主義によって、インドが植民地化され中国が半植民地化したにもかかわらず、なぜ日本のみは独立を保ちえたのかという問題が、論じ続けられてきた。(4)

いまここではそのことに深入りしないが、少なくとも幕末の日本にも半植民地化の危機がいちおう存在したことは否定できない。[5]

では、それは現実にはどのようなものであったのだろうか。幕臣大久保忠寛（一翁）の文久三年（一八六三）十月の意見は示唆的である。[6]彼はいう。いま一朝事が起きたならば、イギリスとフランスは対馬・壱岐・佐渡の島々を、アメリカは伊豆七島を、ロシアは蝦夷地を占領するかもしれないし、淡路島も危ない、と。彼は日本周辺の島嶼が列強の分割占領化される危惧を表明したのである。たしかにペリー艦隊は、琉球や小笠原諸島（ボニン諸島）の基地化を求めていた。また、万延二年（文久元年、一八六一）二月以降の対馬事件の経過をみれば、[7]その危惧はあたっている。すなわち、幕末期日本周辺の島々の列強による基地化はその可能性が十分あったとみてよいのである。[8]

さらに文久三年（一八六三）五月には、英仏軍隊は横浜居留地に駐兵権を獲得し、諸施設が建設されて基地化が進み、そこは日本の行政権・警察権も及ばなかったのである。[9]

こうした外圧による危機が現実のものであればあるほど、一方では権力への集中が目指され、他方では意識的に危機が拡大化される。「ナショナリズム」はこの集中と拡大の二つの契機を内包しつつ、「そのいはば弁証法的な統一過程に於て自己を具体化する」[10]のである。その集中の契機が尊王論を政治化させ、その延長線上に尊王攘夷論が現出して天皇への価値を絶対化せしめ、他方、その社会的担い手を封建支配層から「草莽」層へと拡大していったわけであるが、集中と拡大の二つの契機は、「軽重なき均衡の上に発展」したのではなく、まさに「政治的集中の契機」に圧倒的な比重を置き、その頂点に天皇が置かれたのである。[11]

それは政治運動の現実としては、尊攘運動として捉えることができる。もとよりそれは主観的には儒教的な名分論から脱却したものではない。しかし、そうではありながらも、客観的には外圧の危機への抵抗という側面も否定できない。だから、彼らが尊攘の価値の絶対化の政治的シンボルとした天皇は、同時に外圧の危機克服の民族的シンボルという幻想を民衆に与える道を準備したのである。いや、天皇を絶対とするこの観念論は観念論なるがゆえに、外圧の危機が眼前に迫れば迫るほど「ナショナリズム」それ自体として民心を引きつけえた、といわねばならない。「ナショナリズム」が民心を包み込めば、同時にそれが天皇へと直結してゆくゆえんである。

ところで、この拡大の契機について、先に「意識的に」といったが、そのゆきつくところで民衆が次のような二つの反応を示していることは、幕末の「ナショナリズム」を考えるにあたって注目してよかろう。

すなわち、元治元年（一八六四）の四国連合艦隊の下関攻撃に際して、庶民層をも包み込んでその前年六月以降に組織された奇兵隊以下の諸隊[12]は、上陸する外国軍隊との戦闘において果敢に戦い、封建家臣団の無力とは対照的だった。これに対し、一般の民衆は戦闘が始まるや山中に逃げ込み、馬関（下関）が四国連合軍に占領されるや、捕獲品としての大砲の船積みに加勢し、「彼等の大部分はその主領の居らぬ時は、戦争の中止になつた事の悦びを隠そうともしなかつた[13]」とフランス士官のルサンをしていわしめ、また、イギリス公使館員アーネスト・サトウをしても、「自分たちをひじょうな苦境におとしいれたこの玩具（大砲のこと――田中注）を、喜んでお払い箱にしようとする日本人たちの気持も、容易にうなずけた[14]」といわしめているのである。

ここには「ナショナリズム」の底辺への拡大、つまり民衆への浸透の限界が示されている。外圧の危機がただちに民衆一般をすべて「ナショナリズム」の中に包み込んだわけではない。「ナショナリズム」の民衆浸透は、一定の組織化、つまり自覚的な形によってのみなされるのである。

では、領主層にあってはどうだったのか。領主層にあっては、領主エゴイズムと「ナショナリズム」とは相反したといえる。前述の対馬事件における対馬藩主宗義和《よしのり》の態度がそれを示している。彼はロシア軍艦ポサドニック号の対馬基地化要求に対して、断固拒否するどころか、逆にその土地を放棄して替地を幕府に要求しているのである。ここには幕藩領主制が「ナショナリズム」の形成にいかにマイナスに機能しているかが示されている。

ともあれ、こうした矛盾を内包しつつも、外圧を契機として幕末の「ナショナリズム」は形成され、それは幕藩体制からあらたな統一国家への思想的なバネとなり、明治維新を準備したのである。維新政府がいち早く天皇を民族的シンボルとし、民衆教育に力を入れようとしたのも、この「ナショナリズム」を克服し、近代的ナショナリズムへの成長を意図したからにほかならない。

二　幕末政治の思想と論理

嘉永六年（一八五三）のペリー来航は、二世紀半に及ぶ幕藩体制に衝撃的なインパクトを加え、日本を世界の資本主義体制にいや応なしに包摂せしめ、以後わずか一五年にして幕藩体制を崩壊せしめた。それは鎖国から開国への過程でもあり、開国が同時に幕藩体制の崩壊を惹起せしめた、ともいえる。換言すれば、鎖国は幕藩体制を長期的に保持せしめた一つの大きな支配原理であったといってよかろう。

しかし、いうところの鎖国は、一般に考えられているように、たんに国を鎖すということではけっしてない。最近では、蝦夷（松前）・対馬・長崎・琉球という「四つの口」をもっていたことが指摘されているが、基本的には幕府が長崎によって中国を介してアジアへ、オランダを通してヨーロッパへと国を開き、それによって幕府が経済的・文化的な利益を圧倒的に独占する体制にほかならなかったのである。そして、その独占体制が、他の兵農分離や石高制などの幕藩支配の原理と相まって、強固にして長期の支配の体制を維持せしめたのである。だから、この鎖国による独占体制が開国によって突き崩されるや、幕藩体制は急速に音を立てて崩壊したのである。

したがって、この幕末期は往々にしてたんなる過渡期と捉えられがちであるが、たとえ短期間とはいえ、この幕末期の政治と政治構造を通じてはじめて明治天皇制国家とその特質は生み出されたものであり、過渡期以上の時代的特性をもったものとみなければならない。

この観点から、本書では大久保利謙説によりながら、「幕藩体制」（幕藩政治）と「朝藩体制」との間の幕末期を「公武合体体制」としてとらえている。(15)

ここにいう「公武合体体制」は、「朝廷（公）―幕府（武）―諸雄藩（武）の三勢力のバランスオブパワーズとして出現したものであり、したがって幕末の政局はこのバランスの推移ないし、その質的な変動の過程であり、結局それが一旦慶応三年（一八六七）十月の大政奉還に帰着したものと考え」られるものである。もっといえば、それは「幕藩の政治体制が幕府を頂点とする将軍―諸大名の上下の力関係であったのに対して、この体制は三勢力の横の連繫的関係であるという対照があ」るのであり、幕府はその独裁的地位を放棄して「横の連繫によって連合的政権的なものへすすむ方向をとったから、この体制は方式として合議制の政体ということになる」のである(16)（カッコ内は原注）。

この体制が、ペリー来航を契機とした幕閣阿部正弘によるいわゆる協調政策から始まったことは、もはや繰り返す必要はあるまい。右の「公武合体体制」の「公」はいうまでもなく朝廷（天皇）であり、対する「武」は幕府と雄藩（とりわけ西南雄藩）である。幕藩体制下の政治においては朝廷は現実的には疎外されてはいたが、幕藩体制それ自体は朝廷と幕府とを密接不可分のものとしていた。つまり、朝廷を権威とする官位の授受や、幕府の職制や身分制と朝廷とのかかわり、あるいは「公」と「武」との人的な姻戚関係、支配イデオロギーの中の朝廷の位置などがそれである。(17)朝廷は幕藩体制に不可欠な要素をなしていたのである。

だからこそ幕府は、外圧という「祖法」にかかわる重大事態に直面して、「国家之御一大事」(18)という意識の中で朝廷へ報じたのである。そして、それが諸大名以下幕府有司・儒者・浪人・町人らへの意見聴取とセットになっているところに、先に触れた集中と拡大の論理がひそんでいるのである。幕府の諸大名以下への諮問は前例のないことではあっても、幕府が朝廷へいち早く奏上したことは、幕藩体制下の「公」と「武」との関係からいえば、かならずしも異例ではなかった、とみなければならない。

もとよりそれは、天保期以降の幕藩体制内部の力関係の変化（外圧による朝廷の政治化、雄藩の台頭など）と相まって、幕朝関係を朝幕関係へと一転させる契機となったことは否定できない。換言すれば、国際的な契機によってそれまでの幕朝関係は自己転回を遂げて、朝権と幕権との併立となり（「ミカド」と「タイクーン」）、さまざまな局面を経て結果的に朝権の強化をもたらしたのである。(19)

この間に起る「公武合体」ないし「公武一和」の主張は、この状況変化を踏まえて、崩れゆく幕藩体制の立直しを、一方では幕府が、他方では西南雄藩が、それぞれ朝廷と結びつくことによって図ろうとするものであり、それを推し進めようとする政治画策が公武合体運動にほかならなかった。

幕府の公武合体運動は和宮降嫁にみられるように、将軍家と朝廷とを血縁によって結びつけることを通して朝廷の伝統的権威で将軍の座を粉飾し、体制強化を図ろうとするものであったし、西南雄藩のそれは、あるいは長州藩が航海遠略策で朝廷を口説き、幕府と「一和」させるものであり、あるいは薩摩藩が幕政改革を前提として「公武合体」の実をあげようとしたものであった。これらは、いずれも将軍あるいは藩主ないしはこれに準ずる藩上層部を中心に、朝幕間の結合ないし調整によって幕藩体制の再編強化を進める運動だったのである。(20)

この公武合体運動に対立した尊攘運動は、下級公家や下級武士（もとより中・上級武士の参加を拒まない）に止まらず、浪人・郷士・豪農商、あるいは国学者・神官・医師・僧侶などの知識層をも包み込み、当初の個人的術策から次第に集団政治行動をとり始め、武力挙兵へと転じていった。

それは文久三年（一八六三）八月の大和五条の天誅組の変[21]や同年十月の但馬生野の変[22]に典型的にみられる。

そこに共通しているのは、第一に、挙兵軍は幕府の天領ないし代官所を襲い、幕府権力を直撃しようとしていることである。当初それは成功するかにみえたが、たちまち近傍の諸藩兵に反撃されて潰え去った。計画は幕府の虚をついて実行されたが、その計画の甘さはすぐに暴露した。尊攘運動の観念的な過激さのゆえである。

第二に、彼らは地元の郷士や村落支配者層と手を組んだ。そこには尊攘運動の基盤の広がりが示されているものの、この二つの挙兵は内部分裂によって崩壊する。基盤拡大の可能性はあっても、思想も行動も、そして組織も、いまだ成熟していなかったのである。

第三に、ともに年貢半減を掲げ、一般農民を巻き込んでいる。そのことは彼らが農民的な立場に接近しているようにみえるが、逆にそれは農民動員のためのものであると同時に、参加農民が挙兵の真意を理解していなかったことを意味している。当然そこには参加農民と挙兵指導層とのギャップが存在する。だから、ひとたび事態が変ればたちまち指導層は農民の反撃を受けるのである。尊攘挙兵が農民の動員と農民の反撃という二つの側面をもっていることは、尊攘運動と民衆との関係の限界を示している、といってよい。

この尊攘運動の拠点は、いうまでもなく「ミカドの都」である京都を中心に展開した。だが、この尊攘運動は、文久三年八月十八日の政変で一挙にくつがえった。それは当時長州藩に対抗していた薩摩藩が、京都でクーデターを策謀したからである。

この政変によって孝明天皇が、「是迄者彼是真偽不分明之儀有レ之候得共、去十八日以後申出儀者、真実之朕之存意候」[23]と述べたことは、尊攘運動への決定的な打撃となった。尊攘運動はすべての価値観を天皇に凝縮し、天皇の意志を絶対とし、それを唯一の思想的根拠にしていたからである。その天皇の意志が彼らから離れてしまえば、尊攘運動はその根拠を失い壊滅せざるをえない。

この政変の前、文久三年五月から六月にかけて、老中格小笠原長行は、幕府の文久軍政改革によって改編された軍事力を率いて上京を企てた。いわゆる小笠原率兵上京である。[24] 彼は尊攘派との軍事的対決を目指していた。この率兵上京は入京直前に阻止されるが、その小笠原が同年三月、攘夷期限の日が問題となった時期に、将軍に対して建白した開国論ともいうべき一節に、次のような一文があったことを想起してほしい。[25]

勅命にさへ候得者、利害損失をも不レ被レ為レ計、只管御遵奉相成候而者、所謂婦女子の処為にして、御職掌に被レ為レ時（ママ）候御処置とは決して不レ奉レ存候。

小笠原は老中格として幕府における公武合体の立場から、攘夷を主張する尊攘運動に対処しようとしていたのだが、ここでは「勅命」は「利害損失」の対象とされていたことがわかる。尊攘運動のように、それを絶対化しひたすら遵奉するのは、「婦女子の処為」とすら述べているのである。

公武合体運動は天皇（朝廷）を相対的に捉え、政治的には操作の対象とし、かつこれを利用しようとしていたのである。つまり、尊攘運動がすべての価値を天皇へ収斂し、天皇へ凝縮し、天皇を絶対としたのに対し、公武合体運動はそもそもの目的からしても、天皇は相対化され、操作の対象（政治的利用）とする発想と思想の上に立っていた。

この天皇の相対化は、先の文久三年八月十八日の政変直後の孝明天皇の意志表示によっていっそう促進されたとみなければならない。それは尊攘運動にはつまずきの石になったが、天皇を絶対視するその尊攘派ですら、翌元治元年（一八六四）には京都への出兵を決意し、天皇を擁する公武合体派への対決（禁門の変）を試みたではないか。

その結果、第一次、次いで第二次長州征討（幕長戦争）となるが、この第二次長州征討の勅許を幕府がえたのは、慶応元年（一八六五）九月である。この勅許に関連し、大久保利通は西郷隆盛に宛てて、「至当之筋を得、天下万人御尤与奉レ存候而こそ勅命ト可レ申候得者、非義勅命ハ勅命ニ有らす候故、不レ可レ奉所以ニ御坐候」[26]と述べている。勅命が勅命として絶対性を有するためには、「至当之筋」をえ、「天下万人」が「御尤」と納得しなければならない、というのである。

この論理には、尊攘運動にみられた天皇への絶対性と公武合体運動における天皇の相対性とが、「至当之筋」や「天下万人御尤」というキー＝ワードによってみごとに結びつけられている。この「至当之筋」や「天下万人御尤」という判断は、ほかでもない尊攘運動と公武合体運動とを止揚した立場に立った慶応期における討幕派のものである。討幕派は、それまでの政治運動をくぐりぬけることを通し、それを止揚したこの論理によって倒幕を進めた政治勢力であった。だから彼らの発想はリアリズムの上に立っていた。彼らは藩をも手段化し、藩と藩とを連合せしめて幕府との対決を図った。外圧に対してもたんなる攘夷ではなく、攘夷の体験から逆に開国をもって対応した。彼らは天皇を陰語で「玉」と表現した。天皇は絶対的なギョクであるとともに、政治的利用性のあるタマなのである。彼らはこの「玉」を「天下万人」と結びつけ、みずからの判断によって「御尤」とする論理の上に立っていた。維新政権を担った維新官僚は、この討幕派から成長したが、近代天皇制国家の創出期に、天皇と「公議輿論」を掲げ、それを結びつける発想と論理[27]は、すでに幕末期に準備されていたのである。

三　幕末民衆の思想

これまでみてきた幕末の政治情勢下にあって、民衆はどのような動きを示し、また、なにを考えていたのであろうか。

表15－1および表15－2をみていただきたい。この表は、現在知られている幕末期の農民一揆や都市騒擾などの件数と元号別の一年平均件数である。この一揆や騒擾の件数は、その規模や内容を抜きにしたものであるから、件数のみでそのもつ意味を判断するのは慎重でなければならないが、おおよその動向は推察可能である。

これをみると、安政開港に伴う全国的な経済変動による矛盾の激発が、一揆や都市騒擾などの件数を徐々に上昇させていることがわかる。しかも、これらの一揆と騒擾などは、その内容をみると、村から村へ、村から町へ、そして町から村へと横の関連性が強くなっている。また、その要求は貢租の減免を含む収奪反対や経済的混乱・物価騰貴などによる

表15－2　元号別の一年平均件数

元　号	1年平均
嘉永(1848～53)	45.5
安政(1854～59)	54.5
万延(1860)	91.0
文久(1861～63)	48.3
元治(1864)	50.0
慶応(1865～67)	113.7

表15－1　幕末の一揆件数

年　次	百姓一揆	都市騒擾	村方騒動	合計
嘉永1(1848)	13	2	30	45
2(49)	13	3	32	48
3(50)	15	4	24	43
4(51)	10	1	31	42
5(52)	4	—	35	39
6(53)	22	1	25	48
不　詳	3	—	4	7
小　計	(80)	(11)	(181)	(272)
安政1(1854)	18	3	33	54
2(55)	15	2	27	44
3(56)	13	2	34	49
4(57)	11	1	42	54
5(58)	29	11	31	71
6(59)	14	4	28	46
不　詳	4	1	4	9
小　計	(104)	(24)	(199)	(327)
万延1(1860)	(43)	(3)	(45)	(91)
文久1(1861)	15	7	33	55
2(62)	13	4	23	40
3(63)	18	3	27	48
不　詳	—	—	2	2
小　計	(46)	(14)	(85)	(145)
元治1(1864)	(24)	—	(26)	(50)
慶応1(1865)	22	8	39	69
2(1866)	106	35	44	185
3(1867)	34	7	39	80
不　詳	4	—	3	7
小　計	(166)	(50)	(125)	(341)

注　青木虹二『百姓一揆総合年表』表1による．ただし，合計の数字の誤りは訂正した．

困窮など、民衆の生活に根ざしたものが多いが、幕藩支配の動揺に付け込む政治的色彩も次第に強くなっているのである。

こうした幕末期の一揆・騒擾などは、一般に「世直し」一揆と呼ばれている。「世直し」一揆を規定する基本的な矛盾は、もとより幕藩領主層と農民層との階級関係にあるのだが、「世直し」一揆に特徴的なことは、農民層の分化・分解に伴って村落内部の矛盾が激化し、村落支配者層もしくは上層農民と、貧農ないしは土地離脱を余儀なくされた農民（半プロ層）との対立が目立ち始めたことである。だから、「世直し」一揆には「世均し」、つまりアンバランスな土地所有の平均化ないしは社会の平等化の要求が込められている。(28)

この「世直し」一揆は、先の表15－1でもわかるように慶応二年（一八六六）にもっとも高い件数を示している。これは開港以後の恒常的な物価騰貴が、この時点で一挙に上昇したことが直接的な要因となっているが、江戸・大坂とその周辺、あるいは石見・豊前などの戦争地帯に多発しているところをみると、第二次幕長戦争による農民への負担増がそれにからんでいることを看取しうる。そして、そのことが結果的には征長軍の背後を大きく脅かし、幕藩支配への反封建闘争の役割を果している。

いま目をその「世直し」一揆の一つに向けよう。それは慶応二年六月十五日から二十二日まで七日八晩にわたった奥州信夫・伊達両郡の一揆である。

一揆勢は十数万人といわれ、四九ヵ村以上の村々の豪農商に攻撃がかけられた。この一揆の状況を記した「奥州信夫郡伊達郡之御百姓一揆之次第」の一節には次のようにいう。(29)

打こわすべき家の前に行かば、かの赤旗をさつと翻がせば、組下の面々、銅盥・太鼓をならし、螺の貝を吹立〳〵、鯨波の声をあげて、ここかしこより寄り集り、てんでに打物を持ち、右往左往に駆け廻り、ゑひゑひ声にて打ちこわす。時に頭取、宰配をふり立〳〵大音に呼はり、「やあ〳〵者共、火の用心を第一にせよ。米穀は打ちらすな。質物には決して手を懸けまじ。質は諸人の物成るぞ。又金銭品物は身につけるな。此働きは私欲にあらず。是は万人のため成るぞ。此家の道具は皆悉く打こわせ。猫のわんでも残すな」と下知を聞くより、此奴原打こわす、打くだく、その物音のすさまじさ、百雷のおちるかの類が如くなり。

これをみると、この一揆には、(1)宰配を振る「頭取」がおり、そのリーダーの下に組織された集団があって、「赤旗」の振り方一つで集団行動がとられていること、(2)攻撃対象は明示されており、「猫のわん」も残さないほどの徹底的な打ちこわし行動が指示されていること、(3)一揆行動は「私欲」ではなく「万人のため」であることが明確に自覚されていること、(4)質物は「諸人の物」であり、質物や金銭には手を出すなといい、「火の用心を第一にせよ」と、きわめて禁欲的な集団行動の規律が重んじられていることなどがわかる。この一揆がたんなる烏合の衆ではなく、むしろ倫理性と思想性をもった組織的な集団行動であることが認められる。

もちろん「世直し」一揆のすべてがこのようであるとはいえない。この信達一揆も他面では、質屋におしかけて質物を打ち散らかし切り散らし、あるいは質物の小袖や縮緬の振袖を着、綾錦を身にまとい、女帯を腰に巻きつけるなどして質物を皆紛失させた、とも同じ史料は語っているのである。

一揆にこうした両側面があり、矛盾した行動のあったことは認めなければならない。

このようにして高まる「世直し」一揆を背景にして、慶応二年八月、江戸小石川の捨訴[30]にみられるユートピア世界が描かれた、とみてよいのである。この捨訴の主は「六十六州安民大都督」を肩書とする大河辺主税と「同副翼」の竹田秋雲斎である。捨訴の文脈からすると、この二人は幕府寄りの人物とみられるが、儒者か浪人者のペンネームでもあろうか。自称の肩書からもわかるように、彼らは日本全国の民衆が安んじて生活できることを願っており、そうした立場からこの捨訴は書かれている。

だから、彼らによれば第二次幕長戦争の幕府の敗北と薩長側の勝利の帰趨を決したものは、人民の協力一致いかんにあったとみているのである。では、彼らが同志数千人によって、「仁義の兵」を起して実現しようという世界はどのようなものであったのか。

それは四民がおのおのその業に安んじ、貧窮の者や乞食・盗賊・遊民など一人もいない社会であり、物価は安く、病院や盲院、老院や幼院などの社会施設の整ったところであり、金に困って首をくくったり、失踪しないでもよい世の中であった。「仁政」によって万民は平和を楽しみ、夜は戸締りもいらず、道での落し物は誰も自分のものとはせず、野良ではたがいに畔を譲り、行き交う者も道を譲りあい、かくて「自然の善政に為し、且外国の貿易を盛にし、国を富し兵を強くし、日本国は世界第一の善国と致し度、我等希望する所なり」というユートピア世界だったのである。

もとより、この捨訴の文章には随所に儒教思想がまつわりついている。にもかかわらず、ここには「世直し」一揆の目指した理想の社会と重なりあうところがある。「日本国」を「世界第一の善国」にしたいという、「世界」に対する「日本国」という意識も注目してよかろう。そこには幕藩体制を越えた「世界」に対する新しい統一国家像が秘められている。

では、この「世直し」のユートピア世界と翌慶応三年の「ええじゃないか」はどう関連して理解すべきなのか。

「ええじゃないか」(31)は、慶応三年八月頃、空から伊勢神宮のお札が降ったということを契機に、東海道筋・名古屋一帯から京・大坂へと広がった民衆の集団乱舞の行動であり、江戸から広島あたりまでの人々を巻き込んだといわれている。人々は緋縮緬の着物や青や紫の衣服に身を包み、男は女装し、女は男装し、入り乱れ、太鼓や笛・三味線などを打ち鳴らし、手を振り足をあげ、踊り狂った。そして、「ゑいじやないか〳〵おそゝに紙はれ破れりや又はれゑいじやないか〳〵」[32]、「日本国のよなおりはえゝぢやないか、ほうねんおどりはお目出たい。おかげまいりすりやえゝぢやないか、はあ、えゝぢやないか、えゝぢやないか」[33]とはやしたのである。

これは慶応四年（明治元・一八六八）四月頃まで続いたとされているから、討幕派がこれを作為し、利用したという説は、そのもつ政治的な一面をついてはいるが、たんなる討幕派の工作だけでこれだけの大衆行動は起こるまい。[34]「ええじゃないか」の背景には、いまや崩れようとする幕藩体制への不満と不安、変革への予感、そして「世直し」のかなたのユートピア世界への期待と願望があった。時代転換への不安と願望が交錯し、お札の降下という宗教的契機が、民衆の蓄積された鬱屈したエネルギーを倒錯した形で爆発させたとみるべきであろう。「世直し」にミロク（弥勒）信仰がからんでいたとすれば、なおさらである。「世直し」の後に米の豊熟な幸福に満ちたミロク世の世界の到来を人々は願っていたのである。

「世直し」は同時に「世直り」なのである。いうところの「世直り」は、時代の転換の流れの中にあって、みずからをもそこに包み込んだものであって、けっして他律的な意味のものではない。「世直し」を目指した民衆は、二世紀半も続いた徳川の天下がいま眼前で崩れてゆくのをみた時、まさにそれは世の中が時の勢いとして変ってゆくことを自覚し、そうなる状態を「ええじゃないか」と歌いあげ、はやしたのである。そこには民衆自身が変革の主体の中にいることも意識されている。そのみずからの主体をも込めて時代がなりゆきとして変ってゆくことを、「日本国のよなおりはえゝぢやないか」と肯定的にはやしたのである。[35]

慶応三年のこの「ええじゃないか」は、「世直し」一揆と併存した。だから、「ええじゃないか」が広がった関東・東海・近畿・中国地方にも一揆や騒擾などはあった（表16参照）。慶応二年に高揚した「世直し」一揆が、翌年の「え

表16　慶応3年（1867）の一揆・打ちこわし件数

地方	国名	百姓一揆	都市騒擾	村方騒動	合計
東北	陸中	2			13
	羽後			1	
	羽前		1	1	
	岩代	4		1	
	磐城			3	
関東	武蔵	4	1	6	20
	上野	1			
	下野	2	1	2	
	上総			1	
	下総	1		1	
北陸	加賀	1			1
東海中部	駿河			3	19
	遠江	1			
	三河	1			
	美濃	1		4	
	甲斐	1		1	
	信濃	3		4	
畿内近畿	摂津			1	11
	河内			2	
	和泉			1	
	近江		2		
	伊勢	1			
	播磨			2	
	紀伊		1	1	
中国	備中	1			6
	備後	2			
	安芸	2	1		
四国	讃岐	1			5
	土佐			1	
	伊予	1		2	
九州	筑後	1			5
	肥後			1	
	日向	2			
	対馬	1			
合計		34	7	39	80

注　青木前掲『百姓一揆総合年表』より作成．

えじゃないか」に一転したのではなくて、「世直し」のエネルギーは、一揆・打ちこわしとして継起しつつ、反面、幕府倒壊の体制転換の中で「世直し」＝「ええじゃないか」の表現をとったのである。[36] 民衆がこうした屈折した表現をとることは、幕藩体制の支配が長かっただけにありうることである。もとより、そこには明治維新における民衆の主体としての位置と思想性の限界をもみることもできる。

ところで、「明治維新」という語は、「明治」は『易経』の「聖人南面シテ天下ヲ聴キ、明ニ嚮ヒテ治ム」（原漢文、以下同）から採り、「維新」は『詩経』の「周ハ旧邦ト雖モ、其命維レ新タナリ」や、『書経』の「旧染汚俗、咸共ニ維レ新タナリ」などから採られたものであり、それが明治三年（一八七〇）一月三日の大教宣布の詔で「百度維新、宣㆘明㆓治教㆒以宣㆗揚惟神之道㆖也」と神道イデオロギーで結びつけられた、とされている。この説明には民衆とのかかわりはまったくみられない。[37]

第二次幕長戦に際して、長州藩内の奇兵隊以下諸隊が、幕府軍を藩の四境に迎え撃ったことはよく知られているが、その諸隊付属の軍事力に「維新団」あるいは「一新組」と名づけられた一隊がある。諸隊は幕藩体制の身分制的原理にこだわらない有志よりなる士庶混合の新しい軍事組織であるが、この維新団と一新組はともに慶応二年被差別部落民より編成されたものである。前者は遊撃隊、後者は御楯隊に属した。[38]

長州藩では文久三年（一八六三）七月十日、被差別部落民の登用令、すなわち一村および一〇〇軒に五人という割合で帯刀や胴服の着用を許し、被差別部落民としての賤称を除くという藩令が出されたのである。[39]それは当時のこの藩の対外的な危機下にあっての対応策の一環ではあったが、この延長線上で第二次幕長戦争下の挙藩軍事体制下に被差別部落民の軍事編成がなされ、これらの隊は幕府軍と第一線で果敢に戦った。

問題は、これらの軍事力に「維新」や「一新」の名が付されていることである。この命名の過程はわからないが、少なくともこれらの隊員は、「維新団」や「一新組」という隊名の下に、みずからの解放への願望をそこに賭けていたことは否定できない。つまり、「維新」や「一新」の語には、幕末期、幕藩体制の最底辺にあった被差別部落民の、解放への熱い願望が込められていたのである。

この「維新」や「一新」に込められた民衆の願望を、維新政府は「御一新」という〝上から〟の解放への論理にすりかえた。

慶応四年（明治元）三月の長崎裁判所の「御諭書」はいう。[40]「サテ一新ト云ト、一寸考ルト、手ノ裏ヲカヘスカ、又ハ暗ノ夜ガ、ニハカニ白日ニナルヤウニ思フデ有ウガ、中々其リクツニハイカヌゾ」と。それは朝の日の出の時のように徐々に明るくなるものなのだ、といい、「一新」は「御日様」、つまり天皇に結びつけられ、「何分何事ニヨラズ、お上へ御スガリ申テ、御下知ノ通リニ」せよ、というのである。「一新」はかくして「御一新」の論理にみごとにすりかえられてゆく。

「御一新」という語は維新当時広く流布した言葉であるが、そこには民衆の解放への願望とエネルギーを捉えつつ、それを〝上から〟のチャンネルに流し込んだ明治維新の論理が隠されていたのである。

注

(1) 竹越与三郎『新日本史』(中)、一〇一〜一〇二頁。『新日本史』は松島栄一編『明治史論集㈠』(明治文学全集77)に収められている(同前書、一六〇頁)。なお上巻は明治二十四年、中巻は翌二十五年刊、下巻は刊行されなかった。

(2) 竹越前掲『新日本史』(上)、三四〜三五頁(前掲『明治史論集㈠』七頁)。

(3) 『日本思想大系58　民衆運動の思想』八九・九八〜九九頁。

菅野八郎は慶応二年の岩代国信夫・伊達両郡の百姓一揆の指導者と目された人物であり、現福島県伊達郡保原町、旧金原田《かなはらだ》村中屋敷に生れ、持高は二四石前後、小作をしたこともあり、父は名主を勤めたりした。詳細は庄司吉之助「菅野八郎」(前掲『民衆運動の思想』所収)参照。

(4) 戦前では服部・羽仁論争、戦後では遠山・井上論争、および遠山・芝原論争などがある。詳しくは石井孝『学説批判　明治維新論』、とくに一編三節、幼方直吉ほか編『歴史像再構成の課題』田中彰編『日本史(6)　近代1』のとくに序章二、など参照。また、本書第二章第一節を併せ参照のこと。

(5) 先の遠山・井上論争は、遠山茂樹『明治維新』と井上清『日本現代史I　明治維新』との間でなされたが、遠山はその改版(一九七二年)にあたって、二章一節の「外圧の性格」に補訂を加え、その注において自己批判の一文を加えている(五二〜五三頁。本書第二章第一節1、参照)。

なお、アヘン貿易をめぐって日本の開国を分析した最近の研究に、加藤祐三『黒船前後の世界』がある。

(6) 文久三年十月十五日付松平春嶽宛大久保忠寛書翰(『続再夢紀事』二巻、一九八頁)。

(7) 日野清三郎著・長正統編『幕末における対馬と英露』参照。なお、本書第四章第二節2、参照。

(8) 例えば、イギリスの初代駐日公使ラザフォード・オールコックは、その著『大君の都』(Sir Rutherford Alcock, *The Capital of the Tycoon: a Narrative of a Three Years' Residence in Japan*, 2 vols. 山口光朔訳)で、次のように述べている。

「侵略的な海軍国が、朝鮮と日本、ないしはその一部でも所有するならば、無尽蔵に近い資源を手に入れることになるであろう。石炭・貴金属・鉄・鉛・硫黄や避難港と要塞化した兵站基地、造船用の木材と労力、さらには屈強な船員たちまでが手にはいるのだ。（中略）それゆえにわれわれは、世界をめぐる大英帝国の連鎖を完成するに当たって、いまひとつだけ欠けている環である日本海域での併合とか征服という問題にたいして、差し迫った重大な関心をよせざるをえないのである」（岩波文庫下、九七～九八頁、傍点訳者）。

「西洋諸国、とくにわれわれ〔イギリス〕は、東洋に大きな権益をもっており、日本はその東洋の前哨地である。われわれには維持すべき威信と帝国があり、さらに巨大な通商を営んでいる。（中略）この帝国という連鎖の一環たりとも破られたり傷つけられたりするようなことがあれば、たとえそれが日本のように東洋のはてにある遠隔の土地で起こったとしても、連鎖全体にたいしてなんらかの危険と害をおよぼさずにはおかない」（下、九五～九七頁、〔 〕注は訳者）。

当時の日本の置かれた国際的な位置とそれを取り囲む列強資本主義の強烈な意志とが、いかにからみあっていたかが明らかであろう。

（9）『横浜市史』二巻、特に四篇、洞富雄『幕末維新期の外圧と抵抗』など参照。

（10）丸山真男『日本政治思想史研究』、特に三章「国民主義の『前期的』形成」三五九頁。

（11）丸山前掲書、三五九～三六〇頁。

（12）奇兵隊以下の諸隊に関する最近の研究については、拙著『高杉晋作と奇兵隊』参照。

（13）アルフレッド・ルサン、安藤徳器・大井征共訳『英米仏蘭聯合艦隊　幕末海戦記』（原書は、Alfred Roussin, *Une campagne sur les côtes du Japan*, Paris, 1866）一八三頁。

（14）アーネスト・サトウ『一外交官の見た明治維新』上（坂田精一訳。原書は Sir Ernest Mason Satow, *A Diplomat in Japan*, London 1921）一四四頁。

（15）大久保利謙「幕末政治と政権委任問題」（『明治維新の政治過程』〈大久保利謙歴史著作集1〉）一～三頁。

（16）同前書、四頁。本書第四章第一節に詳しい。

（17）宮地正人『天皇制の政治史的研究』の特に一部一章・二章参照。

(18) 嘉永六年七月一日付諸大名宛老中諮問口達書（東京大学史料編纂所編『井伊家史料』三巻〈大日本維新史料・類纂之部、五三号〉）。

(19) 大久保前掲論文「幕末政治と政権委任問題」八頁。

(20) 本書第四章第二節1、参照。

(21) 天誅組（天忠組とも書く）の変とは、文久三年八月十四日、土佐の吉村虎太郎、備中の藤本鉄石、三河の松本奎堂ら尊攘派の志士三八名が、公卿中山忠能の子忠光を擁して洛東の方広寺に結集し、大和挙兵を決議し、八月十七日、大和国五条の幕府の代官所を襲った事件。彼らは年貢半減を宣言して近傍の庄屋・村役人に呼びかけた。八月十八日の政変で事態が一変したため、十津川郷士の召募を画策、約一千余人の参加をえて高取城を攻撃したが、幕命による大和諸藩の出兵や十津川郷士の離反などで総崩れとなり、吉村・藤本・松本らは次々に闘死、九月二十七日、挙兵軍は壊滅した。脱出したのは忠光ら七人だけだった（忠光は長州へ走り、のちその地で暗殺された）。原平三「天誅組挙兵始末考」（『史学雑誌』四八－九・一〇号）、久保田辰彦『いわゆる天誅組大和義挙の研究』、正親町季董『明治維新の先駆者天誅組中山忠光』など参照。

(22) 生野の変（生野は兵庫県朝来郡）は、筑前の平野国臣や薩摩藩の美玉三平（高橋祐次郎）ら浪士たちが、但馬国養父郡能座村の豪農北垣晋太郎、同高田村の大庄屋中島太郎兵衛ら地元の地主・豪農層ら（三十余人）と謀り、天誅組に応じて挙兵した事件。彼らは文久三年十月十二日、代官所を占拠、八月十八日の政変で長州に走った七卿の一人、沢宣嘉をかつぎ出し、地元の農民には三ヵ年の年貢半減令を発し、約二〇〇〇の農民を結集した。代官所からの通報で、出石・姫路の両藩がただちに出兵、近傍の諸藩もこれに備えた。諸藩兵が押し寄せると聞くや、挙兵軍内部では解散説や脱出説が相次いだ。十月十三日、沢は突如本陣を脱し、内部分裂が起った。農民は離反し、挙兵軍は逆にその攻撃を受ける事態となり、美玉や中島らは農民の銃弾に倒れた。また、平野は脱走の途中捕えられ、投獄された。沢宣一・望月茂『生野義挙止其同志』、『維新史』三巻など参照。

(23) 『孝明天皇紀』第四巻、八四九頁、文久三年八月二十六日条。

(24) 本書第一章第二節2、参照。

(25) 小笠原壱岐守長行編纂会編『小笠原壱岐守長行』一六三頁。本書第四章第二節2、参照。
本文の引用の後には、次のような文章が続いている。「此理能々御究速に御勇断御諫争被レ為レ在候様千々万々奉ニ懇祈一候。万々一是が為に却而御不首尾の義等出来仕候御場合に被レ為レ至候共、此機会に臨候而者夫等の辺に者更に御頓着不レ被レ為レ在、只民命を被レ為レ救国脈を被レ為レ存候大義へ御着眼を被レ為レ据、断然と御処置を被レ為レ施、天朝御尊崇の御真意御事業上に相顕れ候様有レ之度奉レ存候」。

「天朝御尊崇」は否定されてはいないものの、実質的には価値観の判断軸は「天朝」よりも「民命」を救い、「国脈」を存続するという「大義」へと移っていることがわかる。

(26) 『大久保利通文書』一巻、三一一頁。

(27) なお、拙著『日本の歴史24　明治維新』特に一一八～一一九頁、同『近代天皇制への道程』四章二「『玉』から『天皇』へ」(二四四～二五六頁)など参照。

(28) 田村栄太郎『世直し』、庄司吉之助『世直し一揆の研究』、佐々木潤之介編『村方騒動と世直し』上・下、同『幕末社会論』、同『世直し』など参照。

(29) 前掲『民衆運動の思想』二七五頁。

なお、農民一揆に関しては多くの研究があるが、青木美智男ほか編『一揆』全五巻が、①一揆史入門、②一揆の歴史、③一揆の構造、④生活・文化・思想、⑤一揆と国家、という巻別構成で、中世と近世の一揆をまとめている。勝俣鎮夫『一揆』も中世から近世にかけての一揆を考察している。

(30) 明治文化研究会『新聞薈叢』二六九～二七一頁。

なお、捨訴とは、「すてぶみ」ともいい、幕藩体制下、幕府の役所や重立った役人の屋敷の前などにひそかに訴状を置くことで、もとより厳禁されていた。しかし、幕末になると、訴えごとを門などに張りつける張訴などとともに盛んとなったアピールの一種である。

(31) 藤谷俊雄『「おかげまいり」と「ええじゃないか」』、西垣晴次『ええじゃないか』、高木俊輔『ええじゃないか』、田村貞雄『ええじゃないか始まる』など。

なお、宮田登『ミロク信仰の研究　新訂版』参照。

(32) 『丁卯雑拾録』一巻、三一一頁。

(33) 山口吉一『阿波えゝぢゃないか』九八頁。
(34) 「ええじゃないか」には次のような諸説がある。①「ええじゃないか」の様相を昭和初年に流行したエロ・グロ・ナンセンスと対比した見解。ただし、実質的には「一つの政治運動上の現象」(土屋喬雄『日本社会経済史の諸問題』二五一頁)とみる。②伝統的な「おかげ参り」の変形ないしはそれと本質を同じくする民衆のエネルギーの宗教的昇華作用とみる。③討幕派が作為し、倒幕運動に利用したとする見解。④「おかげ参り」に封建制下の民衆の解放運動または民族形成運動の側面をみ、「ええじゃないか」はこの伝統を利用して政治的にひき起された大衆混乱とする。⑤十四・十五世紀のヨーロッパ中世の舞踏病と比較する。そして、このマス＝ヒステリアを、「社会不安の兆候として、あるいは『模擬』反乱、圧制権力に対する民衆の抵抗の一種の倒錯」(E・H・ノーマン〈大窪愿二編訳〉『クリオの顔』一八〇頁)とみる。⑥「ええじゃないか」の中に伝統的な民衆の「世直し神」＝ミロク(弥勒)信仰をみる。⑦社会心理学の立場から、社会的解放欲望の「実感」的表現形態をみる。
　もとより、これらの諸説はいくつかが重なりあっているから、「ええじゃないか」の性格はきわめて複雑であり、今後なお検討を要する問題である。
(35) この「世直し」と「世直り」を、前者を主体的に、後者を他動的な性格として読みとるのではなく、世の中がなりゆきとしてそうなってゆく、いわゆる「なるの論理」として捉えるべきであるということについては、前掲拙著『明治維新』三三〜三四頁参照。
(36) 前掲拙著『明治維新』二六〜三四頁。
(37) むしろ人々は「明治」を逆に下から読んで「おさまるめい」といったという。
(38) 布引敏雄『長州藩部落解放史研究』、後藤陽一・小林茂編『近世中国被差別部落史研究』、特にⅣ山口の項、前掲拙著『高杉晋作と奇兵隊』参照。
(39) 布引前掲書二六四〜二六五頁。なお、拙稿「長州藩部落解放史覚書」〈『部落』六九号〉参照。
(40) 明治文化研究会『明治文化全集　雑史篇』四九一〜四九三頁。

第七章　明治藩政改革と維新官僚

はじめに

明治維新政治史研究のウィークポイントのひとつに、明治初年の研究の空白がある。とくに版籍奉還から廃藩置県にいたる過程は、戦後の研究でもとくに手薄な感がある。(1) それは幕末期の研究の厚さにくらべれば対蹠的であるといえよう。

倒幕後、なぜ短期間かつ世界史的にも異例な形で、藩体制が解体・消滅し、天皇制統一権力が創出・構築されたのか。明治四年（一八七一）十二月のサンフランシスコにおける岩倉使節団の歓迎会で、伊藤博文をして、「我国の諸侯は自発的にその版籍を奉還し、その任意的行為は新政府の容るゝ所となり、数百年来鞏固に成立せし封建制度は一箇の弾丸を放たず、一滴の血を流さずして、一年以内に撤廃せられたり(2)」と演説し、自負せしめたゆえんのものはなにか。その歴史的必然性の解明は、なお今後に課されているといわなければならない。

本章では、その解明の手がかりを藩体制の解体・解消過程に求め、とくに藩治職制以来の藩政改革がどのような過程を辿っているかを、山口藩の場合を通して追求してみたい。山口藩が維新官僚の主要な故地であってみれば、維新政府と明治藩政改革との関係が、ある意味ではもっとも尖鋭的に、ある意味ではもっとも象徴的に示されると考えるからである。

もちろん、その全構造的な分析はなお他日を期すほかないが、本章ではその藩政改革の過程を、維新官僚としての木戸孝允や井上馨、あるいは広沢真臣らとの関連のなかで、未刊史料の紹介をも兼ねながら、若干の考察を試みてみたい。

一　明治二・三年の維新政府

昔年来　勤王之御大業被レ為レ在、雖ニ危急艱難之節一御撓無レ之、終ニ徳川氏以下伏罪、王政御復古被レ為レ在候ニ付、追々御賞典賜御昇進ニ至、二州之士民欣喜抃躍ニ罷在候。然処、近来之事情洞察仕候処、天下之人望以前ニ異リ、道路之浮言ニ候へ共、王政不レ如ニ幕政一、薩長ハ徳川氏ニ劣候抔相唱へ候様之義も有レ之哉と承り、誠不レ堪ニ憤懣一泣涕候。加之　御封内人心離解いたし候。斯而又々国家騒擾之端相開候も難レ計、実以寝食与も不安候(3)

（傍点・返り点・句読点――田中、以下同）

これは、あとでみる諸隊反乱と農民一揆のさなか、明治二年（一八六九）十二月六日に山口藩諸隊が藩あてに出した建白書の一節であるが、ここには当時の民心の動向が端的に指摘されている。「王政不レ如ニ幕政一」といい、「薩長ハ徳川氏ニ劣」るというのが、「道路之浮言」であればこそ、むしろそれは当時の民衆の真実の心情を反映していたとみてよい。

事実、いまこの明治二・三年（一八六九・七〇）の農民一揆の動向をみると表17の通りである。まず、明治二・三年に一揆件数が集中していることは特徴的である（表17のカッコ内の数字は、青木虹二『百姓一揆総合年表』によるのだが、そこでは件数は約三倍に増加している。明治元年の件数は翌二年のそれに迫っているが、全体的な傾向は本文に指摘した特徴がより拡大的になっているとみてよいであろう）。これは、さきの「道路之浮言」にみられる民心の動向の何よりの証左である。

ところで、この明治二・三年の一揆の地域別件数と要求内容を整理してみると、表18・表19のごとくである。表18から判るように、件数は東海・東山地方をピークにしていることが看取できるとともに、東北から九州にいたるまで全国的に一揆は勃発しており、矛盾の激発はたんなる一地方一地域の問題ではなかったことがわかる。

表19によれば、その要求内容が(A)および(B)に圧倒的な比重を示していることがよみとれる。それについで(C)および(D)となるが、(A)と(B)および(C)と(D)は相互に関連しており、当時の経済的政治的混乱にともなう民衆の批判・不満が、経済的政治的要求となって爆発し、その内部には反封建的要素がうずまいていたとみてよい。つまり、それは幕藩体制下の基本的矛盾が維新政権下にそのままひきつがれていることを示している。

幕府は倒壊したが、民衆は何ら具体的な形で解放されはしなかった。幕末の倒幕過程を通して民衆は討幕派に「解放者」のイメージを持ちはじめていたが、いまやそれがたんなる幻想であったことを自覚しはじめた。幕藩体制に向けられていた反封建的エネルギーは、維新政府に向けられはじめたのである。(4)

表17　明治初年一揆件数

年	一揆件数
明治元年(1868)	17(141)
2　(　69)	44(151)
3　(　70)	35(　92)
4　(　71)	24(　64)
5　(　72)	16(　34)
6　(　73)	37(　61)
7　(　74)	14(　25)
8　(　75)	10(　29)
9　(　76)	15(　28)
10　(　77)	13(　49)
計	225(674)

注　土屋喬雄・小野道雄編『明治初年農民騒擾録』所収の年表を，その後の研究より若干増補した．一揆件数の(　)は青木前掲『百姓一揆総合年表』所収の「年次別揆件数」(百姓一揆・都市騒擾・村方騒動の計）の件数を参考に掲げた．

しかも、こうした民衆の動向とからんで、明治初年以来、相つぐ政府要人の暗殺事件、さらに士族や公家の一部による一連の反政府運動が無気味に低迷していた。だから、維新政府は「天下ノ是非ヲ制シ、朝廷ノ典刑ヲ乱」る「脱籍浮浪之徒」には、重大な関心を払うとともに、次々にその取

表18　明治２・３年一揆の地域別件数

	明治２年(1869)		明治３年(1870)	
東北	岩手１　宮城３	4	青森１　岩手２　宮城２　福島２	7
関東	栃木１　群馬１	2	栃木２	2
北陸	新潟６　富山１	7	新潟２　福井１	3
東海東山	山梨３　長野４　岐阜７　愛知１　三重１	16	長野８　静岡１　愛知１	10
近畿	滋賀１　兵庫１	2	滋賀１　大阪１　兵庫１	3
中国	島根４　岡山１　山口２	7	島根１　山口２	3
四国		0	香川１　愛媛２	3
九州	福岡１　長崎２　大分２　宮崎１	6	大分４	4

注　典拠は表17に同じ．２県にまたがれるものは１県にまとめた．

表19　明治２・３年一揆要求の動向

	明治２年	明治３年
貢租減免などを含む収奪反対(A)	7	15
凶作・米価騰貴等による経済的困窮(B)	17	5
政権転換に伴う政治への不満・要求(C)	7	3
村役人その他の村政をめぐる批判(D)	7	3
入会・水利問題	3	0
土地問題	0	1
その他	1	3
不祥	2	5

注　典拠は表17に同じ．一揆の要求は多面にわたっているので，ここでの整理・分類は大勢の傾向を示している以上のものではない．

締りの布告を発した。「むしろ、『脱籍無産の徒取締り』のために、明治初期の戸籍は編立されたものであるといっても差支えない」といわれるほどのものであったのである。(5) いうまでもなく、それはこの「脱籍浮浪之徒」が反政府運動のエネルギーの大きな要素を占めていたからであり、その鎮圧および統御手段は、維新政権の基礎確立のための不可避の課題にほかならなかったからである。

その上、維新政府は、幕府の締結した条約をそのまま引継いだ。みずからの政権の正当性を確保するためにも、諸列強に対しては極めて「開明」的な装いをしなければならなかった。「開明」性を装えば装うほど、政権内部にもつ封建的要素との落差は一層大きくなった。そして、その落差の谷間で、幕末以来の尾をひく攘夷の風潮は士族層の一部を痛憤せしめ、外人襲撃をはじめとする事件をしばしばひきおこした。その後始末の度ごとに、維新政府はみずからの足を資本主義世界の中に一段と組みこまなければならなかったのである。(6)

しかも、その維新政府自体は、この時点ではなお何らその基礎を確立してはいなかった。周知のように、商法司、通商司、通商・為替会社等の設置による一連の経済政策はとられたが、依然としてそこでの経済的基礎は、幕藩体制下の貢租収奪体系の延長であり、全国石高三〇〇〇万石中の幕府からの引つぎ約八〇〇万石が基本であった。その内容の具体的分析は丹羽邦男著『明治維新の土地変革』に譲るが、形態の面からいえば、維新政府は、「国内的にはたんに旧幕領を領有する一領主にすぎぬという実体」を示しており、「他方対外的にはわが国唯一の主権者であるという側面」をもち、その矛盾の中で苦悩する存在であった。「歳出のいちじるしい超過を必然ならしめている」のは、その矛盾の表出とされているのである。(7)

一方、政府の官制は度々改革されながらも、それは試行錯誤の域を出てはいなかった。数ヵ月を経ずして変る機構改革にもまして、それを担う人びとの移動は激しいものがあった。一日その職について明日は次の職に転ずるということも稀ではなかった。政府部内の「一致協力」は覚束なかった。

当地（東京――田中注）形勢東下之後見聞仕候処、内外実以不㆓容易㆒之情態ニ面、殆ト瓦解之色相顕れ、此体ニ而ハ不日大壊乱ニも可㆑至、誠以危急存亡之秋と唯々焦思苦慮仕浩歎ニ不㆑堪候。（中略）内ニしてハ政府五官一として一致協力規律法度被㆓相立㆒候処無㆑之、各疑惑を懐き其職を担当して任するの気無く、瓦解土崩難㆑保之情態なり。右之如くニ内外之憂患眼前ニ迫り、四方人心旧政府を慕ふの心弥相生し、新政府之失体を軽侮之勢にて、恐多事なから朝廷之威権ハ已ニ地ニ墜、皇風不㆑振、其危累卵之如く、嗚呼其責誰にか在る。(8)

これはたんに輔相三条実美の慨歎のみではなく、維新政府要路の等しく感ずるところでもあったのである。

官吏公選制などは、そうした状況への苦肉の策でもあったが、二五〇年余の幕藩体制下の藩割拠主義を一挙に克服することは至難のことであった。ましてや朝廷といい、天皇の権威をかつぎ出しはしたものの、それ自体何ら実力も基礎ももつものではなかったから、勢い依るべきものは維新変革の主導権を握った実力雄藩であった。そこに基盤をおこうとする限り、なおその伝統的思惟とその現実的利害が、維新官僚を支配したことは否定すべくもない。

もちろん、その克服は当初からの課題であった。総裁職が、「万機ヲ総裁シ一切ノ事ヲ決ス」（明治元年一月）とされていたことから、「天下ノ権力総テ之ヲ太政官ニ帰ス」（同年閏四月）を経、ついで、太政官の職制に天皇の輔佐・大政の総理・官事の総判権がうたわれ（明治二年七月）、やがて太政官職制に「天皇親臨」が明記され、正院で天皇が臨御して「万機ヲ総判」することが規定されたことは（明治四年七月）、権力の天皇への集中過程と、それに対応した機構の整備の端的な表現とみてよい。

そのことは同時に、維新政府内部の実力者グループの再編成の過程でもあった。

維新政府の主導権を握っていた官僚群は、幕末以来の薩長を中心とした西南雄藩の藩士層をその出自とはしていたが、すでに彼らはたんに藩官僚ではなく、あくまで「朝臣」として上昇しつつあった。だからそこでは、もはや藩の枠をこえた維新政権内の利害によって新たな結びつきを示しはじめていたし、新たな派閥が形成されつつあった。だからこそ、試行錯誤する機構改革と、形成過程にある人的結合の流動性は、一面では維新政府の不安定を生み出して統一権力構築への危惧を懸念させて、その克服をくり返し強調させ[9]、他面では、それにもかかわらず、実力者をめぐる諸政治集団の暗闘は続いた。明治三年（一八七〇）の民蔵分離問題は、その象徴ともいうべきものであったのである[10]。

明治三年七月二十六日夜、薩藩士横山正太郎が時弊一〇ヵ条を集議院門前にかかげて屠腹したことは、「方今一新ノ期、四方著目ノ時、府藩県トモ朝廷ノ大綱ニ依遵シ、各新ニ徳政ヲ敷クヘキニ、豈計ランヤ、旧幕府ノ悪弊、暗ニ新政ニ遷リ、昨日非トセシモノ今日却テ是トナスニ至ル」[11]という当時の維新政府の状態への痛烈な批判であった。

このような状況であってみれば、諸藩の動向は、維新官僚の重大関心たらざるをえない。木戸孝允はいっている。諸藩は「旧幕之時より驕気は大に増長」し、「藩力を以相応に我侭に朝廷に申立、御一新之御主意を奉体　皇国をして万世に維持仕候なとゝ申所作ぶりは甚少く、多くは只己れに利を引候事而已に而、此侭に而は、四方小幕府之相集り候様之姿と相成、決而興起之基は相立不ㇾ申」[12]と。彼がその後もくり返し諸藩の現状を批判し、「朝廷訖度威力と相成候ものを御養ひ置、是を以天下へ及し、皇国を如富山形に相なし不申而は、所詮維持無二覚束一と奉ㇾ存候」[13]と強調するゆえんである。

あとでみるように、維新政府の一連の藩政改革令によって、各藩への規制は強化されていくのであるが、その過程にあって木戸が先の横山の時弊をついた上書に関連して、「元より大久保なども彼藩へはいれられざるに相違無ㇾ之、自分も今日は朝臣、決而藩へ頓着は無ㇾ之と申候而も、自然藩論に叶候様にとは成勝に御座候」[14]というとき、維新官僚としての木戸の苦悩は深刻であったといわざるをえない。いやそれは、維新政府そのもののもつ矛盾の表白といえるかもしれない。

こうした矛盾が、いかなる過程で克服されていくのか。以下に山口藩の藩政改革の過程を辿ってみよう。

二　明治元・二年の藩政改革

明治元年（一八六八）十月二十八日、藩治職制が制定された。これは藩統治機構の画一化を通して、維新政府が各藩にその支配の貫徹をはかろうと意図したものであった。門閥世襲の家老制度から、執政・参政・公議人への切りかえは、たんに人材の登用のみではなく、いかにして維新政府が彼らを通して藩の動向を掌握・規制し、そのリーダーシップを握りうるかをねらったものであった。藩の行政と藩主の家政との分離も、あるいは議事制度の勧奨も、維新政府の規制＝支配力を藩政の中へ貫徹するため以外の何ものでもなかった。確かにそれは「藩体制打破に打ち込んだ第一の楔であった[15]」。

　この藩治職制の出る十日前の明治元年十月十九日、山口藩はいち早く改革に着手していた。すなわち、「今般官制其外御改正被仰出候付而ハ、在役之面々当十月中を限り御役御断可㆓申出㆒候[16]」とし、あらたに表20のような各掛を決め、当時帰藩中の参与広沢真臣に参政上座改正詮議掛を託した[17]。そして、藩内諸産物の管轄をはじめあいついで郡部にいたるまで機構改革を行ない[18]、多数の任免を実施した[19]。

表20　明治元年10月19～21日発令の役職・氏名

役職	氏名
執政	毛利筑前
改正掛	宍戸備前・毛利出雲
参政	杉孫七郎・中村誠一・御堀耕助
大監察	林　良輔・柏村数馬
参政試補	木梨平之進
会計主事	久保松太郎
施政司	渡辺伊兵衛・藤田与次右衛門
参政上座改正詮議掛	広沢兵助（真臣）

注　『防長回天史』11，38頁より作成．

維新政府の藩治職制発令前に、しかも維新官僚の参加のもとにこの藩がいちはやく藩政改革に着手していることは、注目してよい。

　十一月三日、防長藩治職制が発布された。それは朝廷＝維新政府の志向するところ、その「藩屏之任」を尽すべく、藩体制を「簡易之制度」として、「富強之道」を開成しようというものであった[20]。つまり、維新政府の出した基準＝規制に則り、これまでの幕藩体制下の繁雑な機構を整理し、統一的な官僚機構のもとで、「万国対峙」のために、中央政府の一環にくみこまれた藩の「富強」をはかろうというのである。

　執政・参政の名のもとに、次のようにいう。

　一、大政ノ御規模ニ法リ、追年万国ニ対シ愧シサルノ国是ヲ定ムヘキ事。

但、其下手スル所富国強兵ノ道ヲ開成スルニアルヘシ。

一、富国ノ事

防長二州古昔ヨリ農政及ヒ金穀取締方ニ長ス。然トモ即今従前ノ長所ニ拘泥シ、只守力ノミヲ恃テ伸力ニ乏シキ時ハ、終ニ国力蹙耗ニ至ルヘシ。然ト雖トモ農ハ国ノ基本タレ、心ヲ用ヒ苟モスヘラス。方今海外ニ於テ富饒ノ名アル国ハ皆商ヲ以テ然リト聞ク。彼タヽ商一途ヲ以テスラ如レ此、況ヤ防長二州農政ノヨロシキニ益マス心ヲ用ヒテ、之ニ加フルニ商ヲ以テセハ富国必然ナルヘシ。近頃列藩外国ト並立スルニ着眼シ、以テ商法ヲ興隆スルニ注意ス。自然ノ勢ナリ。故ニ即今列藩ニ先シ、商法ヲ開成セスンハ防長ノ利ヲ他邦ニ失ヘシ。若シ後ルヽ時ハ他邦ノ利ヲ防長ニ得ル事難カルヘケレハ、実ニ之ヲ至急ノ要務トス。人々眼ヲ高遠ニ着ケテ着実ニ施行スルヲ要ス。

附リ、百工便宜ノ器械或ハ物産等ヲ新ニ発明スル者ハ、実ニ富国ノ大功タリ。之ニ相当ノ褒賞ヲ与ヘ大ニ勉励ナサシメテ実功ヲ挙行セシムヘシ。サレハ其始メ損益利害ヲ精細ニ熟考し、興隆ニ決定セシ上ハ、仮令時ニ於テ一二ノ損失アリトモ事ニ熟練セサルカ故ナレハ、追年ノ成功ヲ期シ苟モ近小ノ利ニ注目シテ遠大ノ益ヲ失フナカルヘシ。

一、強兵ノ事

兵学ヲ隆盛シ、将卒ヲ熟練シ、軍艦銃砲器械弾薬ヲ精調スルニ益マス心力ヲ尽シテ、更ニ海陸二軍ノ区別ヲ定メ、規則ヲ厳ニスル等、総テ学校軍政二局ノ専務タリ、既ニ政体書ニ略アルカ如シ。能ク会計主事ト商議シ、国力ヲ計リ、同心合シ力テ右ノ件々ヲ挙行シ不虞ニ備フルヲ要ス。(下略)[21]

ここには、富国は農に加うるに商をもってすること、しかも物産開発を含めてそれらは小利にこだわらず眼を遠大におくこと、強兵の問題が「学校軍政二局ノ専務」とされ、教育との関連でとらえられていること等々、注目すべき指摘がなされている。そこには幕末期の倒幕過程で体得した維新官僚の発想や志向が(22)、この基本方針のなかにもちこまれている、とみてよいだろう。

この方針のもと、それを実行に移すに当っては、「一体分課ノ意ヲ体シ、本末ヲ弁」えることが強調され、「小権ヲ以テ大権ヲ犯シ、己ノ務ヲ措テ人ノ務ヲ問フ」ことが厳禁された。適任の人材への配慮がなされ、任期は二年が原則とされたが、「衆望所属ノ者ハ不レ在二此限一」とされた(23)。そして、藩政の機構は政事堂を分けて十一局とし、それは表21のようなものであった。

こうした機構のもとで、「議事之法」はつぎのように定められた。

一、審断録ニ諸局ヨリ申出、帋面ヲ添ヘ差出シ、議事官熟考ノ上銘々評ヲ加ヘ、各議一決セシ上相窺ヒ、弥一定スル所ヲ以テ御沙汰ヲ下スヘシ。

一、若シ議事官ニ於テ衆議一途ナラサレハ、更ニ其異議ヲ押シ、反覆論定同一スルヲ要ス。

一、金穀出納ニ関渉セハ、会計局ニ商議スル等、総テ他局ニ関渉セシハ、先其局ニ商議ス。廻シ決議ヲ取リ、更ニ議事官ニ於テ議定シ、疎漏ナキヲ要ス。

一、政事堂ニ於テ発議之事件モ、同シク審断録ニ記載シ、議ヲ尽スヘシ。

一、諸局ニ於テモ審断録ニ倣ヒ、衆議ヲ尽シ、其一定スル所ヲ以テ政事堂ヘ窺出ヘシ。

一、興廃存亡ニ関係スヘキ重大事件ハ、先ツ弘ク衆議ヲ取リ、議事官ニ決スル所ハ二夜三日ヲ以テ期限トス。其他ノ大事件ニ至テハ、一昼夜ヲ以テ期限トス。総テ優柔不断ナルヲ厳禁トス。

一、議事ノ人員、若シ不坐多ト雖、二人出席スレハ決議スヘシ。尤モ大事件ニ至テ其ノ居宅ニ議ヲ乞フ等ハ時宜

表21　政事堂の分局・役職・職務一覧（明治元年11月）

局　名	役職名・定員等	役　職　の　内　容
議政局	執政(1)，副執政(1)，参政兼公議人（4～5），書記，記録方筆者	政体創建，法政造作，賞罰人選，人民撫育，生産富殖，強化等
施政局	執政，副執政，施政司，助役，書記	議事言上，庶務総判，政令施行
会計局	主事(2)，助役，庶務方筆者	租税貨幣物産等金穀出納の庶務総判用度器物造修等の庶務総判
	大納戸管事，営作管事，閑厩司事，厨房司事	
撫育局	主事(1)，助役，検使	
民政局	主事(1)，助役，庶務方	人民繁育，生産富殖等の郡村市街の庶務総判（租税・金穀出納等は会計主事と商議）
	市令，県令	
軍政局	主事(1)，助役，庶務方	海陸軍守衛軍備・兵器造修等の庶務総判（金穀出納等は会計主事と商議）
	海軍管事，武庫管事	
寺社局	主事(2)	寺社寺院の庶務総判
学　校	主事(2)	萩学校，国学漢学兵学および歩騎砲三兵技法等，郷校の管轄・督責，人才養育，文武振起の庶務総判（兵学三兵は軍政主事と商議し，金穀所費は会計主事と商議）
	蔵判局	
聴訟局	主事(2)	法律執守，鞫獄聴訟の庶務総判
好生局	管事(2)	医業録所・生員学務の庶事諸病院の管轄
監察局	大監察(3)	政事得失，人心嚮背，諸官の正不正その他諸事監察糺弾

注　（　）内の数字は定員．執政は一等官，主事・大監察は2等官，管事は3等官．
『修訂　防長回天史』11，42～44頁より作成．芝原拓自『明治維新の権力基盤』302頁参照．

ニ依ルヘシ。各局ニ於テモ是ニ同シ。(24)

ここには、政事堂および各局のいかなる議事であろうとも、「衆議」をつくして一決をはかること、諸局面の横の連絡を密にすること、また、重大な事件については「衆議」をつくした上での決断を要求していること、さらに臨機応変の処置などがきめられている。

この時点では、維新政府の強調した「公議輿論」のたてまえが表面におし出されている。それは流動なお固まることをしらない当時の政治情勢にあっては、「衆議」をふりかざし、「公議」をたてまえにすることによって逆にみずからの意図を貫徹しようとしていたのである。(25)

また、明治元年十一月二十三日に藩主毛利敬親は、四等官以上を召集して、官制改革の親書および職制等を示し、つぎのような訓諭を下した。

すなわち、第一には「一本万株之義」を知って国家の基礎を固めること、つまり、集権的国家体制をめざすことを確認し、第二に、そのためには「規則制度」に違背しないこと、第三には「面従腹背厳禁之事」を強調している。そして、とくに、「若、我等心得違有レ之節ハ、無二用捨一諫争いたし、公論ニ帰着すへし」とうたうことを忘れていなかった。ここでも「公論」が、新しい権力構築のため最大限に標榜されているのである。そして、この三ヵ条は各局の長が、その局中に「貫徹」せよ、と念をおしている。(26)

さらにまた、翌十二月には、諸局内の「公務措置上凝滞莫からしめん事を期」すために、局中の事件を大小軽重となく局長に達せしめるべく、「簿冊」をつくることを命じている。「下々迷惑筋」のないことをめざしたのである。(27)

明治二年（一八六九）正月二十七日、藩主は諸郡会議所で副執政毛利出雲、参政杉孫七郎・御堀耕助、同試補木梨平之進ら列席のもとに、諸郡県令へつぎのような五ヵ条の告諭を発した。

一、諸沙汰速ニ奉行し、遅滞せさるを要トス。
一、大小之事件公議を取るへし。
一、附属之輩各引受之職務ニ力を致スへし。尤気付筋有レ之ハ互ニ無二伏蔵一（ママ）申合之義勿論なり。
一、出郡又ハ廻村見分等総而簡易ニして、地下煩なきを要とス。猥ニ農町家へ罷越し飲食留宿厳禁トス。
一、農町共仕組之機会を失ふよりして、終ニ田畠家業ニ離れ候様立行不二相済一事ニ付、予メ心を用ゆへき事。(28)

ここでも「公議」がかかげられ、行政の簡易化・迅速化がうたわれ、民政への留意が強調されている。

ついで、三月十五日には、陪臣抜擢登用令が出され、その後も人材登用に意が払われている。(29) 六月十二日には、再び職制改革の目的は、主として「簡易質略」にあることを諭達した。職員をなるべく山口に集めることが目指されたのもこのときのことであり、(30)また、十五日には、人選の肝要なこと、そのためには執政以下に「偏選」のないことが要請されている[31]。

明治二年六月十七日、版籍奉還がなされるや、旧藩主は知藩事となった。のちその数は総計二七四人に及び、総計草高は一九〇四万六〇三二石余、現石九二六万一〇八三石余にのぼった[32]。六月二十五日には知藩事に諸務変革数項を達した。これは封地実収の十分の一を家禄と定め、一門以下を士族の称でよび、支配の総高・現米総高をはじめ、諸物産・諸税数・藩庁一ヵ年の費用・職制・職員・士兵・卒の員数・寺社領その他についての各藩の実体を維新政府に上申せよというものであったが、この布達は大久保利通の原案が骨子となっているといわれていることからも判るように[33]、上昇しつつあった維新官僚による各藩規制の強化に他ならなかった。たとえ、知藩事に旧藩主がなってはいても、それを維新政府の規制下におき、その実体を把握して着々と維新政府の支配力を各藩内部に滲透させる準備を進めつつあったのである。

その年七月八日の官制改革で知藩事の職掌は一層明確化され、執政・参政にかわってあらたに正・権の大参事・少参事がおかれた。

七月二十三日、民部大輔より参議に任ぜられた広沢真臣は、八月二十日付で、山口藩の参事各位にあてて、次のようにいっている。

御改革向追々御運ひ相成候事と奉レ存候。於二諸藩一茂実地余程当惑、全躰御国とは格別ニ而、御維新以来兵革之声ニ始テ目を覚し、都下江出候者は今日之形勢稍熟知候得共、国而已罷在候者は未タ旧幕執政中之気取耳ニ付、万事不移り、僅一藩中当時要路両三輩之物好キヲ以テ改革いたし候様存込、種々物議沸騰混雑も有レ之哉ニ相聞へ候事ニ付、於二御国一は不レ尊二虚名一不レ誤二緩急一、審断着実を主一として、確乎不動之御実効相挙り、実ニ列藩とは格別たる所、両三年之後ニ顕然候様奉二万禱一候。第一諸藩より参事窺出候ヲ一見する石並不当之多官ニ而、口ニは改革容易可ニ相調一哉之申分茂有レ之候得共、其実右官員ヲ以テ相知れ候事ニ有レ之、何卒於ニ御国一ハ元々是迄他藩とは格別減少之事ニ付、尚一層御減少之御詮議相成度　朝廷上においても相試候処、官員多き程一官中之規則茂不ニ相立一、其議論一定之場合無レ之様相見へ候事ニ有レ之、尤枢要之職務等は別而寡少ニして、実に協心戮力親睦を主とし不ニ落着一之筋ハ飽迄忠告を尽し、聊面従腹非無レ之様無ニ御座一而ハ兎角其基礎は相立不レ申事と奉レ存候。世間之種々物議より混雑を醸成する皆疑惑上より段々蠱疑を重ね、御為めこかし之まざくり説より土崩瓦解ニ至る其実跡不レ少、不レ恐レ可レ戒之至ニ奉レ存候。[34]

すでに、その年のはじめ、「実に　朝令之天下に貫徹するは只藩政にあり、形は封建にして茂其実郡県之御体裁相立不レ申而は、皇国之御基本は決而不ニ相立一事に奉レ存候」[35]と述べていた広沢にしてみれば、「皇国之御基本」を確立するためにも、これまで維新変革の主導権を握ってきた「他藩とは格別」の山口藩に、維新政府の意図するところを藩政の上で貫徹・実現させ、ここでも諸藩のリーダーシップを握りうる素地をつくるべく要請しているのである。そして、機構の簡略化と少数精鋭主義、つまり体系的な官僚機構化こそがその「格別」たるゆえんであることをくり返し強調しているのである。

やがて、九月二日には家禄の改革がなされ、一〇〇〇石以上はその十分の一に、一〇〇〇石以下はすべて一〇〇石とし、一〇〇石以下は従前通りとした。[36]と同時に、「采地之儀不レ残被ニ召上一候事」[37]としたのである。「此の改革は、政府の禄制改革（明治二年十二月二日――原注）に先だつて行はれたもので、当時に於いては寔に劃期的な大改革であつた」[38]といわれている。

この禄制改革・采地返上をめぐっての民心動揺――つまり、農民もその持高を取上げられるかもしれないという不安を鎮めるために、九月二十七日に発令されたのが、「此度朝廷ノ御沙汰ハ諸士中ノ事ニテ、全ク百姓ヘ拘リ候儀ニ無レ之、譬へ扶持トリ其他之者タリ共、下札名前ニテ所持致シ居リ候内禄ノ田畠山林ハ少シモ御構ヒ無レ之候」[39]という布達であった。この布達には、事実上の農民的土地所有の進展とその容認が前提となっていることをよみとりうる。十月にはさらに一段と機構運営の体系化が強調された。[40]つまり、それぞれの部局の官僚機構としての職務遂行と、それを通しての「一体分課」が再確認されているのである。

この月、藩は常備兵二〇〇〇人を親兵として朝廷に提出しようとしたが、維新政府はまず一五〇〇人を徴することとし、「其余ハ当分行形之通藩内ニ可二差置一候事」[41]とした。この親兵差出しは、維新政府にとっては直轄の軍事力の編成であったが、藩側にとっては「尾大の弊」を形成していた膨大な軍事力の中央への放出であり、みずからの負担の軽減を意味した。そして、やがてそれは諸隊の反乱へと発展する。

これまでの過程をみると、山口藩における藩政改革は、維新政府の志向を忠実に反映していた。というよりも、むしろこの藩出身の維新官僚の改革実験の場であり、また藩政改革実施の雛形でもあった。維新政府が、流動きわまりない政情のなかでみずからの主導権確立のために「公議輿論」をたてまえとして標榜すれば、山口藩は忠実にそれを反覆し、機構改革や人材登用、あるいは禄制改革と一連の改革を先端をきって実行した。その意味では、まさに広沢のいう「他藩とは格別」であった。

だが、そのことは、維新政府の藩政改革（実は藩体制の解体）の意図が、さらに一段と藩体制内部に向けられたとき、そこにひきおこされる矛盾がいち早く、もっとも激烈な形で表出する理由にもなる。ましてや、先の広沢の書翰が指摘しているように、改革そのものが「種々物議沸騰混雑」を惹起させるという、当時の諸藩の一般的状況であってみればなおさらのことである。

事実、矛盾は激発した。それをつぎにみよう。

この藩政改革の過程でおこった諸隊反乱と農民一揆については、別の機会に分析したので、[42]ここではその後の新史料で補いつつ、本章で必要な限りその経過を辿っておこう。

三　諸隊反乱と農民一揆をめぐって

そのそもそもの発端は、明治二年（一八六九）十一月二十七日の諸隊の改編、つまり「兵制改正ニ付、従前之隊号を廃し、更ニ常備軍第一第二第三第四大隊と相唱候様被二仰出一候事」[43]という諸隊から常備軍へ編成替えにあったが、これはたんなる編成替えではなかった。それは「闔藩人民ニ告諭書」[44]が、「是迄諸隊ト名ツケシ者ヲ集メテ常備軍ト名ツク、今迄ノ諸隊即常備ニテ、別ニ常備アルニ非ス、只其隊名ヲ去リ合一セルノミ」と強調すればするほど、それは逆にみずからの意図するところを陰蔽しようとする裏返しの表明に他ならなかった。改編の真意は、上記の「諭書」が続けていっている「既ニ精選ト称スレハ、勢ヒ除隊ノ者ナキ事能ハス、規則法律モ亦従テ厳ナラサル事能ハス」といっている背後にかくされていた。

「精選」——それこそ、この諸隊から常備軍改編へのねらいであった。

ところで、『高杉日記』には、「精選」改編令の出た翌日の明治二年十一月二十八日の条に、次のように書き記されている。

今般兵制御改正ニ付、諸隊一先分散被二仰付一、改而常備軍弐千弐百五拾人と被二相定一候付而者、除隊又者放逐之者も有レ之候処、万一隊名を借り乱暴之令二所行一候者ハ、不レ及二用捨一召捕令二訴出一候。若又手に余り候節者、時宜ニ寄打果候而も不レ苦候事。

このことの意味するものは一体何なのであろうか。藩は、兵制改革に伴う「精選」の実施が、諸隊に抵抗をよびおこすであろうことを十分予知していた。というのも、すでに十一月十四日、諸隊の一つである遊撃軍は、「嚮導中」の名のもとに隊の長官や幹部の不正・乱脈をついた弾劾項目一四ヵ条を列挙して、隊員一般の立場からのすぐれて民主的要求を提出していたのである。

(1) 賞罰が不正である。例えば、外出から帰る時間に兵士が遅れたときは厳重に処罰するのに、長官の場合は時間を守らないどころか二日三日も帰らないのに罪にしない。「全く人に依而罪する訳ニ而大ニ不正之事」。

(2) 他国出張中、本陣廻りの規則が守られていない。例えば、出張中に妓楼酒店等で遊宴することは堅く禁制であるにもかかわらず、兵士たちの眼を掠めて幹部は遊び、「本陣空虚ニ而誠ニ無用之事も有レ之、(中略)陣屋之体も無レ之、且無用心千万之事」。

(3) 京都や東京で本陣廻りが軍律を破って遊びにふけり、「兵士之艱苦を不レ顧事」。

(4) 他の隊では招魂場をつくっているところもあるのに、遊撃隊(軍)ではその沙汰なく、「兵士一統戦死之者に対し不二相済一事ニ思」っていたところ、幹部はその場所を見に行くとか何とかの口実で、隊の金で遊び歩き、「今以招魂場不レ調、実ニ本陣廻リ不二心配一之事」。

(5) 兵士の月俸・扶持は切詰めておきながら、「本陣廻り雑費甚しく、莫大総督私用ニ費し候而、全く会計不始末」である。

(6) 奥州二本松出張の際の指揮処置ぶりが甚だ宜しくない。これは「本陣長官不取計ひ之罪と可レ申事」。

(7) 東京で渡した軍服は、着用もできないような粗末なもので、「一統ニ於テも不平之事」。

(8) 昨年と今年の役料の配分方がちがっておかしい。

(9)　他国出張中の月俸が、他の隊とちがい、「兵士之困窮を不レ顧事」。

(10)　帰省の際の月俸の引下げが過酷である。

(11)　総督の行状が隊費を使って乱行であるのに、幹部以下は傍観してとめようともせず、却って「随行共ニ散財せしめ候事も有レ之、実不レ謂次第之事」。

(12)　総督が病気の場合には、保養に莫大な隊費を費すのに、兵士が病気になったときには少しも顧みない。「甘苦を同ふすると云語も有レ之候共、余リニ相違候事」。

(13)　「此度御改正ニ付諸隊と相違之事」。

(14)　この度総督の件につき、「銃隊一統より願出之節、本陣中同意引受置、内々ニ而不取計ひいたし候事[45]」。

ここには、幕末以来諸隊のもっていた民衆的要素[46]、逆にいえば維新政府＝藩側の諸隊を「精選」せざるをえない要因が余すところなく示されていた。

遊撃軍兵士のこの動向に対して、藩の軍事局の態度は、「遊撃軍全部ヲ除キ、他ノ諸隊中ヨリ常備軍ヲ選抜セントス[47]」というものであった。もはや事態は明白である。遊撃軍内部の一般兵士を主体とする民主的要素——そのためにこそ藩は「精選」し、それを切捨てなければならない。もちろん、膨大な諸隊の維持が藩財政を極度におびやかす負担になっていたこと、あるいは、諸隊のもつ士族的要素ないしは洋式兵制に反対する攘夷主義的側面が諸隊改編の一要素になっていたことまでも、ここで否定しようというのではない。そうした諸側面にもかかわらず、その底流にある「長官と兵士との分裂[48]」、つまり、維新官僚に連なる諸隊「長官」たちと、それに対して民主的要求をかかげて隊員の利益をまもろうとする「兵士」たちとの決定的な対立が、諸隊反乱の基底にあったことを指摘しておきたかったのである。

ところで、維新政府の官僚として中央にあった木戸孝允は、あとでもふれるように明治二年（一八六九）十二月二十七日帰藩していたが、その木戸や、戊辰戦争における東北鎮定後いち早くその軍事力の改編を提起していた伊藤博文など[49]が、兵制改革→常備軍編成→天皇制軍事力の構築として目指すところと、維新の原動力として変革を遂行してきた諸隊兵士→民衆の目指すところとが、すでにみた明治二・三年の政治状況下で決定的な分岐点に立ち、いまや激突しはじめたのである。この矛盾は、さきにもふれたように山口藩が「他藩とは格別」であり、維新官僚の故地でもあったがゆえに、もっとも尖鋭的な形で、もっとも象徴的に現実化したのである。

だから、維新の変革がたんなる「解放」への幻想にすぎなかったことを自覚しはじめていた民衆が、これらの反乱諸隊を支持したのも理の当然であった。この期の山口藩の民衆の動向、相つぐ農民一揆などについては先の別稿に譲るが、天保二年大一揆以来[50]、幕末動乱期の全国的一揆の昂揚のなかで、ほとんど皆無とされていたこの藩の農民一揆が、明治二年から三年にかけて次々とおこり、その一揆の主導権が、天保期に比してより下層の農民に移りつつ、彼らは封建貢租体系の打破や村役人層への攻撃をかかげて果敢に立ち上がっていることは確認しておく必要があろう。そして、この農民層の要求するところは、藩庁民事局すらもある程度は認めざるをえなかったのである。

明治三年（一八七〇）一月、民事局の布達はいっている。

近年早晩となく各部署とも区々之小節ニ拘わらさる振に成行候よりして、勘場役人庄屋中も自然と心緩ミ、諸勘定等閑ニ打過、地下貫キ之増減も強而心ニ不レ掛向も有レ之哉ニ而、遂ニ小民共種々と疑惑を生し、諸郡とも彼是申立候処、中ニ者中立候も無理からぬ部も有レ之由相聞候ニ付、民事局ヨリ役人衆被二差廻一、諸郡近年小貫之詮義尚此後減少方之吟味可レ被二仰付一哉。

但、此段一先諸郡江沙汰被二仰付一候ハヽ、小民どもハ安心仕、地下役人中も膝を直し旁両全之筋可レ然と奉

レ存候[51]

それは、諸隊反乱と一揆の渦中で、その鎮圧に座のあたたまる暇もなく藩内をかけめぐっていた木戸のいうところにも連なってくる。

一、諸郡在役幷に大庄屋已下に民望を失し候ものは、御詮議之上早々被レ為レ免候而は如何。
民政には却而小幡などを御登用之上、世上之釣り合可レ然歟と寄レ存候。

一、荒歳に付候而は、麦作出来までは各厚く心抱《ママ》いたし候様被二仰付一、万一飢餓に及ひ候時可二相成一丈け之御世話被二成下一候段、諸郡へ御示し有レ之而は如何。[52]

しかし、木戸が民望を失った村役人の交代や、民政のベテランの起用を提言し、農民が飢餓に直面しないようにと意見を出しているのは、一方に諸隊反乱、他方に農民一揆という情勢下で、この二つが結びつくことを極度におそれたからにほかならない。いや、それはたんなる杞憂ではなく現実化しつつあったのである。

明治二年十二月の美禰郡一揆の主導者のなかには旧諸隊員がいたし、また、一揆に際してかけつけた諸隊員は、「御赦米」三六〇石を出して白米の安売りを行なった。あるいは、一揆農民の要求は当然であって、主謀者の詮議がないように諸隊中で請負うともいっている。また、遊撃軍以下の諸隊員は、「村々改正申諭し」、営業の「勝手次第」をうたい、難渋者に一日一人米五合と銀札六〇匁との交換のとりなしをして、村々の民心を諸隊に「帰依」させようとしていたのである。[53]

そのいきつくところ、明治三年正月、吉田宰判山野井村の「百姓中」は、「田高四ツ成、畠高石貫之事、但し諸懸り物無レ之事」以下、「庄屋畔頭之儀、地下ヨリ申出別記之物江被二仰付一候事」を含む一四ヵ条の諸要求を奇兵隊あてに提出している。[54]

諸隊が村政改革を宣言し、一揆農民がその要求するところを藩庁にではなく諸隊に提出しているとすれば、もはやそれは村落支配の実権、つまり政治権力の所在がどこに移ろうとしていたかは明らかであろう。諸隊の反乱、次々におこる一揆、そしてこの一揆農民と反乱諸隊との結合、しかも支配の実権が諸隊に移りつつある。かかる事態が拡大すれば、それがいかなる結果をもたらすかはすでに明白である。だから、明治三年正月、広沢直臣は木戸孝允に向っていみじくもいった。

私愚見ニハ諸隊暴動ハ取ニ不レ足、農商之沸乱実以歎ケ布、政事局より諸郡管事方、并ニ大庄屋其他地下役人ニ而も一点無レ私、上下御為を謀候者被ニ召上一、下情能被ニ聞召上一、病之根を抜候事ニ緩急可レ有ニ御座一奉レ存候。（中略）右ニ付明義ヲ相考候勘場地下役人等宜く我が方ニ被レ為レ抱、根之病を抜候様御所置不レ被レ為レ在てハ甚危く奉レ存候。只今之向ニ而ハ両国終ニ暴動諸隊之有と相成候様可ニ相成一必然(55)

先の木戸の民心を失った村役人の交替をはじめとする民政への配慮も、この広沢の危惧するところと同じであったとみてよい。このままでは防長両国は「終ニ暴動諸隊之有」となる――この内乱的状況のよってくるもっとも根源的なものは何か、そして、そのいきつくところどうなるのか、広沢は続けてつぎのように断言する。

只々諸隊暴動ニ依リ、如レ此沸騰と而已被ニ思召一候は、乍レ恐下情政台ニも不レ被ニ聞召一様御尤ニ御座候得共、只々病之根本ハ公義不ニ相成一故折を僥倖沸乱ニ及候事ト相見申候。終ニ防長農商之動揺より神州一統ニ及候様可ニ相成一御洞察可レ被レ為レ在候。諸士諸隊之動揺ハ可レ恥ニあらす、農商之乱ニ相成候而ハ被レ対ニ天朝に一ても、君上之御明義にも相拘リ可レ申と偏ニ奉レ案候(56)。

当時の危機的様相の根源をこれほど明確に述べているのは、維新官僚としての広沢の敏感さであり、事態認識への深刻さの何よりの証左である。

広沢は、「天下の権力」はすべて太政官が統理し、諸省や地方官等は政府の手足となり、三権が分界を定立して政府を輔翼し、万機混雑の患なく、また「尾大の弊」なきを要すと[57]、念願していた。その広沢にしてみれば、山口藩での諸隊反乱と農民一揆、そしてその結合は、いうところの「尾大の弊」の最たるものであり、危機そのものであったのである。

一方、木戸もいう。

安外之騒擾に而、逐々御承知も可ㇾ被ㇾ為ㇾ成、長官と兵士との分裂に而、今日は様々之疑惑事出来、荒作之上余リ詰リ而已候故歟、大に惣而之人心も相動き、誠に以不㆓容易㆒体勢に御座候。実に百日之説法水泡に属し候姿に而、いかにも浩歎至極に奉ㇾ存候。（中略）何分にも挽回に至り不ㇾ申而は、何ぞ長州御国而已之事に無㆓御座㆒、皇国之御為奉㆓深案㆒候[58]

人心動揺、誠に容易ならざる事態であり、「百日之説法」が水泡に帰するかもしれないというのは、渦中にあった木戸の実感であったろう。岩倉具視も大久保利通にあてて、それがたんに一長州のことのみにとどまらず、「再ヒ天下一乱之端」になることをおそれていった。

抑長州政府ト兵隊トノ混雑尤不㆓容易㆒事件と存候。程能治リ候へハ重畳候得共、小生ニハ必一変動ニ可㆓相成㆒哉。左候へハ防長二分ノ勢ヒ終ニ再ヒ天下一乱之端ニ可㆓立至㆒哉も難ㇾ計、爰ニ於而過慮カハ不ㇾ存候得共、大ニ懸念苦辛(マヽ)罷在候。広沢・林(友幸)抔もよほと苦心大略ハ治方見込も候由なから、以上ノ事ハ如何と申居候[59]。

これまでの維新政権構築の過程も、山口藩のこの反乱・一揆をきっかけに全国的内乱と化し、すべてが吹き飛ぶかもしれないのである。維新官僚たちの危惧は深刻であった。だからこそ維新政府は、明治三年（一八七〇）二月七日に、反乱諸隊員の取締りに関して、東京・京都・大阪三府をはじめ、兵庫・神奈川・倉敷・浜田・堺・日田・長崎の諸県および四国九州中国筋・五畿内諸藩に布令を発し(60)、その波及を防止しようとし、ついで十二日には、大納言徳大寺実則を宣撫使に任じて下向させたのである(61)。この宣撫使は二十九日に山口に入り、三月三日には帰京の途についているから(62)、そのころまでには反乱・一揆の大勢は一応は治まったものとみてよい(63)。だが、余燼はなおくすぶった。

四月三日には、「兇徒二三十人上ノ関熊毛ニ上陸シ、平生村ノ武庫ニ闖入シテ器械ヲ掠奪シ、寺院ニ拠ル。嚮キニ帰順シタル兵卒農民等再ビ之ニ応ジテ集マリ、将ニ事ヲ挙ゲントス(64)」といわれ、平生・阿月・岩国の兵の出動をまたなければならなかった。また、五月には、徳地・鹿野付近に「兇徒」が屯集、再挙を企て、また、上ノ関部大野にも再び「兇徒」が立上っている(65)。七月に入ってからも、船木の妻崎石炭会所が襲撃をうけている(66)。

前非を悔い、自首するものは寛典に処するという掲示が出されたのは八月になってからである(67)。それは反乱諸隊員でなお他藩その他に潜伏して所在不明の者が多いのは、厳刑に処せられるからだといわれていたことに対処したものであった。十一月にも、反乱諸隊員や「浮浪ノ徒」数十人が豊後鶴崎方面より大島郡安下庄村付近に上陸し、「大島部署ヘ闖入シテ劫掠ス(68)」という。そのころにはまた、「日田県及ビ府内辺ニ百姓一揆ノ騒擾起リ、山口藩逋逃及ビ之ニ同情ヲ有スル諸藩ノ攘夷臭味者之ニ関係ヲ有ストノ風聞頻リニ伝ハリ、事態容易ナラザルノ観アリ(69)」ともいわれているのである。

かかる状況のなかで、当時日田県知事であった松方正義は参議大久保利通らにあてて、つぎのような情勢分析を報告した。

昨日密封ニ山口藩脱兵取締方之儀、同藩ニ而は迚も治定六ケ敷、其訳は第一奇兵隊ニ農工商共心服シ、何事も内通致シ、政府方へハ別テ不服可レ申、由レ之藩庁敵地ニ独立之様子、実ニ気之毒千万、余リ最初苛酷之処置過チ(ママ)し故ならん、当分は同藩ヨリ九州路諸藩江追々使者計走廻リ、迚も平治之目的見受不レ申候。さりとて山口藩之失体何方ニ帰シ可レ申や、つまり乍レ恐、朝廷之御失徳ニ至リ可レ申、今形ニ而は九州幷四国之海辺諸藩は悉ク常備モ素ヨリ有レ之、何ツ何時頭ヲ出し申欤モ難レ計(70)

ここには隣接地域地方官としての松方の危機感がみちみちている。

四　明治三・四年藩政改革と維新官僚

諸隊反乱およびそれと結びつく農民一揆のひきおこしたまさに内乱的な危機状況が、以上のようなものであったとすれば、それはもはやたんなる兵制改革の問題をはるかにこえたものをもつはずである。それは維新政府がその支配を各藩内部にいかに貫徹するか、つまり、藩体制をいかなる形で掌握し、いかなる形で吸収・解消していくか、という問題に連なってくる。

すでに明治二年十一月二十九日、木戸孝允は三ヵ月間の予定で山口藩の藩政改革の顧問としてそれを指導することを約諾し、帰藩していた(71)。その木戸は、翌明治三年一月六日の本藩・支藩知事会議（本藩・支藩大参事も列席）に出席し、事態収拾を協議した。しかし、結論はえられなかった。以後連日の協議ののちに、反乱・一揆さなかの一月十日、つぎのような支藩知事決議書が提出された。

一、御国是飽迄御動揺無レ之様肝要奉レ存候。
一、兵制之義ハ朝廷之御旨趣ニ基せられ、皇国一般之御制度相叶候様有レ之度候事。
一、廟堂ヲ始、旧長官其他共仮令有罪之者と雖も、総而不レ被レ為レ問候方、穏なる御処置と奉レ存候事。
一、廟堂ニ限らす諸局共、旧弊御一洗之思召を以、闔藩ノ耳目を一新せしめ度候事。

但、民情安堵せしめ候儀、方今之急務ニ付、衆情属する所之人材御登用相成、役員御精選有レ之度候事。

一、所謂御一新は一時人之耳目を新ニするのみならず、長防二州政令一体、皇国之御柱石と被レ為レ成度、依レ之御宗家様を始、私共洞春公御廟前ニ於而盟をなし、本末益親睦之道相立、御誠意顕然、衆庶をして感激ならしめ候様仕度奉レ存候事。(72)

ここには、「皇国一般ノ御制度」に相叶うことをめざした兵制改革を機として、それをも含めた藩の全体制の改革と、それを通して藩そのものを「皇国之御柱石」にすることが明言されている。そして、そこでは「民情安堵」が当面の急務とされ、「衆情属する所」の人材登用・役員精選が志向されている。この基本方針は、一月十三日、本藩・支藩知事列座の上、諸隊役付の者を召集して確認された。(73)

明治三年四月五日には参議広沢真臣も帰藩した。(74)「知藩事を輔翼し、藩政改革向等一層尽力候様(75)」という勅命を受けてである。

先に木戸とともに一時帰藩していた井上馨は、年が明治三年にあらたまるとともに上京したが、二月八日には、太政官より山口藩への派遣の命をうけた。(76)ここに再度帰藩した井上は、三月八日、彼の藩政改革案について木戸の採否を求めた。ところが、十五日付で政府より早々帰京せよと命じられた井上は、二十日、二六ヵ条の藩政改革意見を木戸に送り、その藩政改革に対する考慮を促したのである。

井上の二六ヵ条の改革意見（以下Aと略称し、かりに番号を付する）と、同月付の案文一二ヵ条（以下Bとし、かりに番号を付する）の全文は、『世外井上公伝』（第一巻）(77)に所収されているが、以下その要点について若干考察を進めておこう。

(1)　改革の基本的姿勢について

「国論不レ可レ替大眼目。二州ハ先心実抛テ、朝廷之者ニ追々相成候事」（A19）といっているところに明らかなように、確乎とした基本方針を堅持すること、そしてそれは藩を朝廷＝維新政府へ吸収させることが、その基本的姿勢であったのである。

木戸はすでに明治二年一・二月ころ、「御一新之御一新たる所以は、皇国を御維持」することにあるのだといい、にもかかわらず諸藩の動向は、徳川氏を撃ち挫いたのみで大政一新が済んだものと思い、自藩のみの「功名」に専念して「皇国をして万世維持仕候など申辺之所作ぶりは毫も相見不申」、このままでは、あたかも「四方小幕府之相集候様之姿と相成、決而興起之基は相立不申」(78)と述べていた。やがて版籍奉還は実施され、名目的には統一権力構築の「第一段」(79)は遂行されはしたものの、実質的には依然「小幕府」の集合体に他ならなかった。

とくに木戸が、その「日記」の明治三年九月十四日条に、「王政一新勲功の諸藩、却て今日に不宜者多し」(80)と述べているように、維新変革の主導権を握った西南雄藩、とりわけ薩長の動向に彼が痛烈な批判をしなければならないことを考え併すとき、井上のいうところの、二州を真になげうって中央政府へそれを組みこむための藩政改革の基本的姿勢は、もっとも堅持しなければならない「大眼目」であったとみてよい。

ところで、井上の改革案には、「漢字ヲ廃シ、機械究理之学ヲ起スコト」（A23）とともに、「人民自由之権ヲ束縛セザルコト」（A24）という、極めて開明的とみられる条項がある。これは、いまみた基本的姿勢といかなる関係をもつのだろうか。

この点については、木戸が三条実美につぎのようにいうところをみれば、その関係は明らかであろう。「天下一般人民従来之束縛を解き、各自由之権をとらせ、朝廷之政自然と独出仕候ときは、終に諸藩も旧習を守る不能、随而朝廷へ附和仕候様可仕」(81)と。

ここにみられるものは、従来の人民の束縛解除→人民自由の権→朝廷政治の自然独出→諸藩旧習打破→朝廷への付和＝統一権力への集中という論理なのである。ここでいう人民の「自由」は、創出されようとする天皇制と決して相反するものではなく、むしろ維新政府と人民との間に介在する藩体制を打破・解消するために必要だったものなのである。

ましてや木戸が、諸隊反乱の渦中でその反乱の原因を、「外より大に煽動され候事不ㇾ少」といい、「愚民誘導之道」がなかったため大騒擾になったのだ、というとき、それは当然「土地之人民寛々自然と開化に趣き候様御誘導之大策[82]」ということと表裏しているのである。つまり、政府が人民誘導の手だてをしていないからこそ反乱や一揆となるのであり、反乱や一揆をおこさせないためには、人民が「開化」におもむくよう「誘導」することが必要だというのである。井上が改革案に人民の自由の権を束縛しないというのも、右のような藩体制解消＝天皇制権力構築のためのものであったとみてよいであろう。

(2) 常備軍編成について

国力ヲ計リ兵員御定メ有ㇾ之度候事。但、壱ヶ年之歳入を以壱万五千之兵員養、且武器・衣服等十分相調へ、三十日之連戦ハ勿論六ツケ敷事故、弟之愚考真之兵員前員之三分一と目的相立度候事。尤干城・昭武、其外隊之体、且世禄悉ク止ミ候上にて無ㇾ之而は算勘無二覚束一候事故ニ、一先三千之常備ト相定メ、士官丈先学バシメ、規則ヲ以テ責付、其節ハ人ノ力ニ応ジ、無用之人は□庶人トナシ、帯刀ヲ取揚、禄ハ十年之間一ヶ年ニ付一分宛之ヲ除キ、其積金抔ヲ以物産ヲ起シ、真ニ窮スル時之ヲ与フ。（B1）

ここには藩の財政力に応じた兵力の維持が基本とされているが[83]、その場合、世禄家臣団の漸次廃止が前提とされている。「世禄漸ヲ以廃スルコト」（A26）とも井上はいっているのである。そして、常備軍編成に、人材とくに士官にその人をえることは、彼が改革案（A）のなかでくり返しふれており、また「人撰第一」（B2）ともいって力点をおいているところである。常備軍の幹部に人を得、十分学習させて確たる規則によって責任をもたせようと意図していることは、諸隊反乱の教訓が井上の改革案に影響したものとみてよいであろう。井上は、反乱以前の明治二年十月七日付の木戸あての書翰で、「諸隊抔モ隊長人撰ト規則ハ尤肝要ナラン」(84)と述べていたから、反乱後においては一層そのことの必要性を痛感していたといえる。

また、井上は、常備軍の提案をまず三〇〇〇人とし、フランス式によってそれを統御しようとしていたのである。

(3)　禄制改革について

右の常備軍編成は、家禄の漸次廃止が前提とされているから、当然それは禄制改革の問題となる。そしてこれは藩政改革の一大課題だったのである。「今日之大眼目、国力を計リ兵員ヲ定ル時ハ、一万人五千之禄ヲ喰フ人アリ。三分ノ一養レ之無ニ覚束一ナシ(ママ)。一万之人ヲ農工ニ付ケ、究民ト一時ナリトモ前途救之術相立度候事」(A18)といっていることからもそれはわかる。

井上がいかなる内容の禄制改革を企図していたかは、ここでは述べていないが、財政の建直しにはそのことが不可避であることを認識していた。「公禄ヲ喰人員、往先壱万五千兵ニ致シ難キ元根借銀高等ナリ」(B7)と述べている。「改革事ハ当事之体ヲ今少シ結末ヲ付テ、五ケ年ノ間見合スベシ」(B3)の条項に述べている財政処理問題もそれと関連しているであろう。彼のこの改革案の三ヵ月後に士卒族の帰農商が実施されたことは、後述の表22を見れば明らかである。

(4)　財政および民政について

すでに藩治職制で藩の行政と藩主の家政との分離は規定されていたが、なお公廨と家禄との関係が不分明であることを井上は指摘する(A4・A11等)。のちの明治三年九月の藩制改革布達でこの点明確になるが、井上は家禄そのものも「判然ト相成度事」（B8）という。しかも財政に関しては、「主事タル者ハ毫末ノ事ト云ドモ自ラ任ジ、小吏ニ権ヲ取シメザルヲ第一トス。且民政之事迄モ小事ト云ドモ能知ルヲ主トス」（B5）といい、「歳入歳出悉ク小民ニ至ル迄知シムベキコト」（B7）と、財政内容を民衆に周知させることを強調する。

　このことは彼が、「会計民政合一無レ之テハ、会計之元ハ民政ニ有レ之候処、細末之㕝克相分居不レ申、甚以迂也。何分司長タル者ハ必些少之事迄克取調有レ之度ニ候」（A6）といっていることも関係するであろう。(85) 会計の基礎に民政があるという認識があればこそ、財政との関連でつねに民政への配慮が払われ、有能な民政経験者の名をあげて人材の登用をうたい（A7）、「民政え手を付、石懸り物減ズル事第一ナリ」（A15）、「民政之事。但、合懸《（ママ）》合村ヲ第一トス。且政党其他懸令《（ママ）》所□村ヲイテ、郡夫ヲ是迄ノ十分一ニスベシ。諸県令ヲ合同シ、克ク謀リ且先説ヲ主トスヘシ」（B4）と、封建的貢租体系の修正を、民政担当者の衆議によって遂行しようとしているのである。

　さらに、当時の「国札」と「金札」との交換比率の問題や撫育金の処理（A4・A5）ないしは撫育金のうちの一〇万両の馬関への差出し（A17）を提案し、また養蚕のこと（A22）などにもふれている。

　これらの財政・民政策が四年の改革綱領で具体化していることはのちにみるごとくである。

(5)　機構改革について

「会計合一御撫育ハ頭人ナシニ相成度候事。検使ハイラヌ者ニテ、会計局中今監督一二人アレバ十分ナランカ」（A5）、「監察ハ実ニ無用之者ニ候。御廃シ可レ有レ之候事」（A9）、「両君上共ニ家従其他無用、規則無用之人ハ御減少有レ之度候事」（A12）、「政党を始メ諸郡に至ル迄、役員ヲ減ズベキ事」（B6）等に共通してよみとれることは、機構の簡素化であり、人員の減少である。さきにもふれた人材登用は、このことと一体のものであるとみてよい。機構の簡素化および人員の減少、それに対応した人材の登用は、すでに明治二年六月の職制改革の意図するところでもあったが、

表22　明治3年4月以降の山口藩藩政改革過程

年	月日	記　　　　　　　　事
明治3	4・20	議事館を改めて藩庁と称する．上中下の等級を廃し，たんに士族と称し，順序は知行高による．
	5・4	士族の本人・嫡子・庶子をとわず，17才～37才の者をもって大隊編入を命じる．年令以上の者も強壮者は入隊させる．38才以上の者で補備隊を編成，毎月九日ずつ操練させる．
	21	卒族に姓を許し，卒族支配所を軍事局に創置する．
	6・18	100石以下の生計困窮に貸米許可．士卒族中で帰農商を請う者は調査の上許す．
	7・23	士卒族中帰農商者に対し，その心得・規則を布告．
	8・8	士族の給禄馳走出米を廃し，俸禄はすべて現石で称する．
	18	養蚕所を承認．藩内生産の生糸羽二重縮緬糸物類の標準価格および仲買問屋を公定．
	9・8	会計は藩政の緊政事の故をもって，藩知事自ら昨年以来の決算帳簿を検閲する旨を示す．
	25	常備軍の不足に，士卒族・元陪臣中の17才～25才の希望者を採用することを布告．
	10・3	社人・僧徒の帰農商を許す．
	24	陪臣を卒族に編入．
	25	常備軍一大編成に関し告示．士卒族・元陪臣17才～35才まで詮議の上編入．
	⑩・8	政事堂を藩庁と改称し，民事局を郡用局，軍事局を陸軍局，祭祀局を社寺改正署と改称．大監察局を廃止．
	18	制度改正に関し，諸役員減少その他を監察に命ずる．
	19	諸士の在郷生活を許可．
	22	内務局を家職局と改称．
	24	八家を士族一般と等しく，準士族を士族と改称．卒族はたんに卒とし，士卒合併の兵隊編成を命ずる．
	28	藩庁各局署の官吏を召集，「旧幣一洗，藩屏の任」について直諭．
	11・8	士族卒の給禄を返上し，帰農商を許し，一時金の方法を定める.*
	20	藩編成の海軍を廃し，軍艦は朝廷へ献納を決議．
	23	学制に関し改正．
	12・7	外国人教師雇聘のため，家禄4分の1を減じ，その費にあてることを朝廷に請い許可．
	17	給禄改正に伴う負債の年賦返済を許可．
明治4	2・12	常備兵編成につき，士庶をとわず精選編隊を陸軍局に指示．
	13	親兵三大隊を差出すことを太政官より命ぜられる．
	3・1	卒を廃し士族へ合併．
	6	常備兵徴募に関し，士族・卒・百姓・町人にかかわらず常備軍編入の旨を布告．
	11	上記につき官吏に告示し，翌12日士族一般にも布告．
	15	元陪臣・医・郷士も士族へ加え，帰農商も随意とする．
	26	士族の給禄5分の2を上納すれば残額は永久家産とし，禄券を下付して職の自由を許す．禄券の売買の自由を認める.** 帰農商下付銀は廃止．
	5・2	兵制改革により第3・5・6大隊を解除．
	10	士民所持の銃器買上げを布告．
	7・2	兵学寮その他の改正．
	11	藩庁に会議席を設け，諸郡会議所は廃止．

12	藩知事毛利元徳，華士族を廃し，一国一府をおき，家禄は大蔵省に収め，人才を網羅して地方政治を掌握するの議を述べた廃藩の建言書を三条・岩倉二卿に提出.
14	廃藩置県.

注　*以後明治5年1月までの帰農商は，帰農者693名，帰商者175名計868名で，その内訳は士族477名，卒族89名，陪臣（寺社関係を含む）302名となっている（『忠愛公伝』）.

**木戸孝允の指導による「禄券法」は，明治5年2月10日の禄券法・帰田法停止の太政官布告により，同月中の県五号布令として中止されたが，その間，家禄のうち294石余が禄券に切替えられ，その売却移動は延170名にすぎない．丹羽邦男はこの点について，「この禄券法が前提とする農民への領主的支配の持続は，3年後半頃にはすでに崩れつつあり，これが，禄券法の広汎な実施を妨げ，中絶せしめたといえよう」（丹羽邦男『明治維新の土地改革』44頁，なお401～404頁参照）と述べている.

「月日」の○付数字は閏月を示す.

藩体制解消過程には必要欠くべからざる前提であったのである。

以上みてきた改革案は、「そのままに採択されたのでは無かったが、後に至り藩政実施の上に重大の意義を有したことは断言し得られる」(86)といわれている。それは後述の明治四年（一八七一）五月の改革綱領決定に際しての木戸と井上の位置からも明らかである。

広沢もまたその後の藩政改革に関心をよせていた。すなわち、明治三年（一八七〇）八月二十四日付で、藩の権大参事各位あてにつぎのような書翰を発した。

（前略）近来世間開国論ニ余程進歩、各藩ニおいて茂十二三四は真誠郡県論を切迫ニ相論し候姿、実ニ天下人心之進む、昨春よりハ当春、当春よりハ当中元、当中元よりは此節と、日に月に文明開化ニ進歩する奇々妙々、殊更当時仏孛両国戦争之事起りしより、前途之事熟考候而は如何にも小成ニ難レ被レ安、何時歟欧洲強大国と真ニ対立、国権凛然相立候事歟と急迫ニ存込候為体、素より御疎ハ被レ為レ在間布（ママ）、弥以真成郡県を目的、断然従来藩政之因習を一洗し、実以、朝廷之御旨趣ニ基き、政令帰一ニ着眼し、民法理財兵制等聊茂異同無レ之様被レ為レ在度、近頃手後れの各藩、熊本藩の如は諸藩改革中之其宜を採択し、断然たる処置に出、頗る感服之至、各藩胸襟を開き、朝廷之御旨意を遵奉補翼仕候儀肝々要々ニ而、区々たる小天地ヲ以テ全国之進歩を妨害不レ致様有レ之度、其元は人材教育ニ有レ之、士農工商各力食仕候様無レ之而は

不二相済一事と奉レ存候。仰願ハ諸彦今一層御尽力、昔年来御勤　王之所弥以終始御一貫、開国之御目途諸藩之御模範共被レ為レ成候御儀、為ニ　皇国一奉ニ万禱一候。（下略）[87]

ここでも、内外の情勢下、従来の藩政の旧習の一掃によって維新政府の意図を貫き、「諸藩之御模範」となることが強調されている。また、十月には、「（前略）不ニ相替一御藩政向御尽力、追々御改正之御実効茂相挙候段承知仕、一段之事ニ奉レ存候。素より皇国一般大ニ興国之御政績相顕候様は頗る御大業ニ而、其文明開化ニ進歩する決而一朝一夕之能及ふ所にあらず、真成郡県之大目的ヲ以テ御支配下士民を不断ニ御勧導有レ之度、妄ニ可レ急之訳柄ニ無レ之、只々大政府之御布令ニ被レ為レ基、速ニ夫是御改正之御手段相立、漸次御成功候儀肝々要々ニ有レ之、今後老公御帰藩を御塩ニ尚一層御手を被レ為レ就度（下略）[88]」といい、藩政改革の推進を促している。木戸もまた同じ十月に、「内朝外廷を制する能はす、七省府藩県を制する能はす、府藩県以下循々乎皆之に倣ふ」として、当時の諸官僚の割拠支配や不統一、あるいは公私転倒した権力行使などの弊害を除去すべく、「政令一途に関する意見書[89]」を提出しているのである。藩政改革による維新政府への「政令帰一」は、彼ら維新官僚のひとしく志向していたところだったのである。

ところで、明治三年四月以降の山口藩藩政改革の過程を、『防長回天史』から年表風に抜粋すると表22（二八八〜二八九頁）のごとくである。

この表22の経過をみると、諸隊反乱の原因になった常備軍の編成＝士族解体の問題に力点がおかれていることがよくわかる。だが、それは同時に財政の問題であり、民政に連なる問題であったのである。

さきに帰藩していた木戸は、明治三年五月に上京、ついで参議となるが（六月十日）、その年十二月に再び帰藩し、翌四年（一八七一）三月にまたまた山口の地を踏んでいる。この間、彼が藩政改革につねに重大な関心を払っていたことは、例えば明治四年一月に大久保利通や西郷隆盛とともに高知藩を訪れた際、板垣退助を中心とした高知藩の藩政改革を見て、「可レ見事多し」と注目し、板垣らと「諸藩の振興せざるを歎」[90]じていることからもわかるだろう。そして、先の表22の過程にみられるような士族解体の方向が、木戸の目指すところと一致していたことは、三月の山口への帰藩後、「宮木直蔵来て陪臣卒等を廃し、士族一統に帰し、士農工商之一民帰すること、余元より平生所レ論、依て其布告且所レ施の順序を論す」[91]と、その「日記」に記していることからも明らかである。そして、木戸は、藩地の実情にふれ、つぎのようにいう。

　秋元（ママ）源太郎等数名に会し、近来の民情を聞得し、了解せしこと幾数件、今日之勢尤可憐は独民而已、大に根本を改革せさるときは、何万の苦を免るゝことを得む哉。依て今一層根基の改正するの念勃々たるを覚[92]

秋本源太郎は、かつて幕末期の「庄屋同盟」の一人である。木戸がこれらの村落支配層に接することを通して、民政への彼の姿勢とその「根基の改正」への意欲を十分よみとることができる。

藩地にあって、木戸の藩政改革への姿勢は積極的であった。「日々藩庁に出て施政の改革を謀議し[93]」といわれている。兵制改革＝士族解体への藩政改革は着々進行したものの、財政＝民政問題はその帰趨を決する基本的な課題であったのである。木戸は「日記」にまた、「四百余万金の国債」の償却が貫かれない時は、「実に百万の人民への信義不二相立一而已ならず、藩庁の潰滅不レ待レ言也[94]」とも述べている。

この財政問題については、すでに木戸は井上馨・山県有朋・三浦梧楼の三人にあてて、藩の現状を次のように報じていた。

　井上兄には頓に御帰藩と奉レ存候処、一向御様子不二相分一、時日及二遷延一申候間、少々著手仕候。乍レ然何も会計が本と相成候処、此事之御相談を尽し候事不二相成一、依而半途之上が半途と相成候事も不レ少、困り入申候。[95]

「右の文中に、『少々著手仕候。云々。』とあるのは、山口藩士族の始末を指すものであつて、木戸は公（井上——田中注）の帰藩を待って共に之を為すつもりであったらしいが、公の帰藩がなかったので遂に之に著手したのである」[96]と『世外井上公伝』は説明しているが、財政処理の問題は井上の帰藩をまたなければならなかった。その井上は、四月二日に東京を発ち、途中大阪に立寄って十三日には山口に着いている[97]。井上のこの帰藩により、五月になって財政改革の問題が本格化した。

木戸は井上としばしば会談して財政処理を協議しているが、五月九日の「日記」には、「今日於㆓藩庁㆒木梨撫育大属・糸賀大属等と此度会計局撫育合併等の主意、且前途の目的必竟為㆓人民㆒に所㆓以令㆑莫㆓故障㆒の次第を陳論す。此度会計の一条等尤井上等の尽力も有レ之、且今日余の出庁も同氏の託する所有レ之[98]」と記し、その日の藩庁での経過を井上に報告している。

だが、木戸・井上らの積極的な財政改革論の提議にもかかわらず、藩庁内部には「当日の論而已に馳せ[99]」る傾向があった。そこで木戸は、「曩日の誓約も空しく姑息に終はらんことを痛歎し、（井上――田中注、以下同）馨に諮り断然要路と凝議規定したる文書を破棄して以て其籌図を撤廃せんとし、五月十三日之が旨趣を（杉）孫七郎（大参事）に報」じた。驚いた杉大参事は、藩要路に斡旋、藩議はようやく決定の方向に傾いた。「山口藩の財政整理其緒に就くを得たり」といわれている[100]。

かくして、翌五月十四日、財政改革の議は藩論として決定し、改革案に調印がなされた。

過日来協議せし処の会計論漸相決、実に此法を確守するときは、藩庁も前述の目的訖度相立、第一人民の迷惑に至り候事無㆑之、政庁の信義も相立、聊為㆓国事㆒安堵の一端なり。余調印せり。権太少参（ママ）大属皆調印す[101]

ここにいう調印文書は全文二七ヵ条にわたっている。長文のものであるが、これまで未紹介のものであり、かつ藩政改革のいきつくところを示しているので煩をいとわずそのほぼ全文を引用しておこう[102]。

第一　御撫育合併之上者、会計全権之命ニ非サルハ出納スルヲ得ス。
第二　会計全権之職ニアル人ハ、公権ヲ以テ金米ニ関係之事件ニ於テ、条理当然ノ義アレハ藩庁之議モ受ケサル事アルヘシ。
但、会計事務不当勘定不束之節《（ママ）》ハ、取計候者ハ勿論全権ニモ其責メ帰スヘシ。
第三　諸局公費ハ定額ノ外更ニ会計局ヨリ米金共ニ受ル事ヲ得ス。
但、冗費ヲ除クヲ注意ス可シ。
第四　支配所ニテ金銭貸借之事ヲ廃止、出納分課之任タルヘシ。
但、従来之分ハ借附其他精算之上、出納分課之者之ヲ受クヘキ事。
第五　会計全権之職ト雖モ、定額外出納之義ハ必藩庁ニ於テ協議之上取扱フヘキ事。
但、凡テ借貸或ハ諸預ケ又ハ同局ヱ預リ候様之類モ同断。
第六　藩庁ニテ各分課ヲ待ツヘシ。分課ノ長ハ其分課中不正或ハ失策或ハ布告等、不行届其職ヲ尽サル事アレハ、其責ハ其長ニ帰スヘシ。
第七　陸軍局之義ハ別ニ約束書互ニ固守シ、現事差支候節ハ協議之上条約増減アルヘシ。
第八　（略）
第九　（略）
第十　凡物産周済署等之引請人入札ヲ以テ取極メ、身元等取調、只是迄出金ノ利足ヲ上納スルヲ主トスヘシ。
第十一　（略）
第十二　十月ヨリ翌年九月迄之歳入歳費ハ、表ヲ以テ諸民ヱ布告スヘシ。

第十三　借銀藩札等之支消モ同様タルヘシ。

第十四　郡用方ニテ金銀貸借或ハ諸預カリ等全ク廃止スヘシ。是迄諸預リ或ハ貸附等残ラス会計局へ引受ヘシ。公費米金遣払三ケ年分年毎ニ分チ、会計局エ差出ヘキ事。(略)

第十五　諸部署限修甫或ハ借貸毎年部署入費高等之米金三ケ年間年別ニシテ不レ洩様明細書何月何日迄郡用方迄差出スヘキ事。

第十六　配当米其他諸掛リ物仕払等モ是迄御蔵張紙甚粗略故エ、昨年十月ヨリ当九月迄ノ分明細ノ廉ヲ分別シ、郡用方エ出シ、夫ヨリ会計局エ差出スヘキ事。

但、会計局ニテ点検シ、不当ノ廉ハ除止スヘシ。

第十七　当嶋・美禰・船木・吉田・小郡・吉敷・上関等ヨリ楮ヲ鹿野・徳地等エ相渡シ、救助ノ為増漉アリ。然ルニ渡方ノ郡ニ難渋多ク、以来廃止セシメ、渡方ノ郡ニヨリハ鄭重吟味ノ上、一抱拾匁宛ノ諸税ヲ収シメ、鹿野・徳地其他エ当時歳入ニ結込サル二千石ヲ以テ石下ヲ致シ、諸紙ハ勝手売買セシメ、同所ナトハ米穀等不足ノ地故エ、凡穀代上納ヲ免シ、尚米穀不足ノ時ハ会計局ヨリ廻米ヲ以売下遣スヘシ。

第十八　諸部署凶年ノ為凶年囲新入替ト唱ル米三万四千石余有之分、毎年下民エ借下利足ヲ取リ、修甫エ受米致シ来リ候得トモ、此義ニ付種々弊モ相生セシヨシ、追《(マヽ)》ニハ減却シ、其金ノ利足ヲ廻シ置候得ハ、凶年之時ハ米穀他所ヨリ買入救助スルモ行届カサルノ患更ニナシ。

第十九　一合囲ヒト唱ヘ、是ハ下民ノ私囲ニハアレトモ、毎秋百姓ヘ押付貸シ、此米ニハ欠米多ク、下民秋納ノ上欠モ償ヒカヘスヲ常トスヨシ。是又前同様故エ売却シ、金ニ替ヘ利足等付ルヲ当然ナルヘシ。

第廿　藩庁ニ於テ大属両三人分課ヲ立、郡用大小属ト民政従来ノ弊風ヲ改革シ、事務便利ヲ主トシ、勘定立帳面引合等煩ヲ除キ、会計局ト合議シ、小民掛リ物或ハ従来之貸借等夫々一洗ノ目的、申（明治五年――田中注）ノ四月迄建置、同五月一日ヨリ軽便施行スヘシ。

第廿一　分課大属ハ、毎年二月一日ヨリ部署ヲ巡廻シ、勘場限リ庄屋限リ畔頭限リ等貫立ヲ点検シ、不当ハ直ニ之ヲ除止スル事ヲ得ヘシ。且、諸所エ小民ヲ集合シ、公税之高歳費借金ノ増減或ハ支消ノ目的明細説明シ、貫立等減センコトヲ以テ合村合郡村役等減員シ、小民承服ノ上ハ取行事ヲ得ヘシ。

但、役員巡廻之節、庄屋ナト饗応ノ費用足役等エ割掛ケルノ弊多シ。故ニ至当之旅費会計局ヨリ払ヒ、定ノ旅費料ヲ以往来スヘシ。部署大属下庄屋等迄比例ニ習ヘシ。

第廿二　郡用方持之諸御立山ヲ追々売却シ、代金ヲ集メ、利足ヲ廻シ、利金ヲ以部署土地厚薄ヲ計リ、年々配当シ、下等ノ民エ田畠ノ肥シヲ部署ヨリ割渡シ、秋納ヲ以テ無利足代米金上納セシムヘシ。是物産ヲ起スノ基本トス。（略）

第廿三　御馳走石四歩ヲ三歩ニ減シ、其残高ト御家禄ノ十分一士族給禄十分ノ一ヲ以テ凡三万石余アリ。五両二歩平均十六万五千両ヲ得ヘシ。二十五年ニテ四百万両トス。然ルニ借財藩札悉皆四百六十万両アリ。又当時撫（ママ）署宝庫ノ現在金凡百万余ノ内ヲ以テ高利之分六十一万両ヲ返却スレハ、借金高凡四百万両トナル。是二十五ケ年ニ利且納ト成ルヲ目的トスヘシ。

但、返済方ノ義ハ或ハ利引或ハ年賦又ハ利足具ニ年限ヲ立、一時払ニテ元金消滅等種々アルヘシ。寄帳ニ明細書記アリ。且、当時一朱利米之義ハ布告ニテ行フヘカラス。預ケ主ヲ集メ、大参事、権大参事、会計局長ヲ始メ公権ヲ用ヒス、熟談ヲ以政府難渋之次第ヲ懇々陳述シ協議ヲ遂ルヲ要ス。元来預米之コト故エ決テ威権ヲ以テ屈服セシムルヲ得ヘカラス。

第廿四　借金返済年限期ニ至テハ、御家禄幷士族十分一石高ニ三舛ノ御馳走モ免除スヘキ事。
　但、米価騰貴之都合ニヨリ、返済年限縮ル時ハ、年限中ト雖モ地下御馳走ノ分五合七合宛免除ス可キ事。
第廿五　此ケ条ヲ決定セシ上ハ互ニ固守スルヲ要ス。当時藩内ヨリ朝官ニ列スル者種々気附アルトモ、此ケ条ニ背ク事件ハ知事公エ相伺ヒ、木戸・井上等ト協議承知之後ナクテハ之ヲ改ル権一両人ニアルナカルヘシ。
第廿六　毎年正月藩政始メノ節、ケ条中平常不都合又ハ不足之事或ハ気附ノ廉アレハ、連印ノ人数協議増減スル事アルヘシ。平常之ヲ改ルヲ得ス。
　但、不服ノ事件ハ比例ニアラス、連印ノ人数居合サル時ハ増減ノ事件一々報知スヘシ。
第廿七　新ニ奉役人員モ、此誓約不同意ノ者ハ其職ニ当ルヲ得ス。同意ノ者ハ加名連印スヘシ。

右廿七件ハ大ニ公議ヲ起シ（マ）月（マ）日左ノ人員列座之上決定セシハ、畢竟会計積年難渋、加之数度之国難アリ、自滅救フヘカラサルノ勢ヒ遠カラサルヲ深慮シ、因テ前途ノ目的ヲ立、確定スル事此ノ如シ。是全　忠正公御在世中、上ハ勤　王ノ御厚志ヨリ天下一新政令終ニ　朝廷ニ帰シ、　皇国ヲシテ独立不覊之大権ヲ持セシメ、外国ト並立、下ハ至公至平ヲ以テ人民ヲ保護シ、自立自養之道ヲ遂ケシメントノ御宿志ヲ通暢シ、以テ人民救助ノ法ヲ設ケ、信義ヲ失フ事之レナキ様注意シ、知事公ノ御裁決ヲ仰キ此ノ誓ヲ立ル者也。

辛未（明治四年）
五月十四日

木戸孝允㊞　同　井上聞多㊞
高杉丹治㊞　杉孫七郎㊞
柏村安致㊞　山県弥八㊞

久保断三 ㊞　　　吉田右市郎
福島吉右衛門　　　宮城直蔵 ㊞
児玉七十郎

この調印された改革綱領というべきものの内容を細かに説明することは省略するが、つぎのようないくつかの点は指摘しておく必要があろう。

すなわち、第一に、ここでは財政権の確立が目指され、収支の責任が明確にされている。年間収支は民衆への公表が義務化されている。また、陸軍局関係は別途考慮の道を残し、軍事力への財政の弾力性を示している。

それと同時に、第二には、機構の体系化が期され、それぞれの責任の所在を明らかにしている。それは財政権の確立と相まって、その官僚機構化の促進といえるであろう。

第三には、民政関係には、その地域の特殊性をも含めて細かな配慮を払い、貢租体系の修正をはじめとして民衆への矛盾のしわよせ＝悪循環を排除し、民政弊害の除去につとめようとしている。とくに村落末端まで財政の内容を周知せしめて、「小民承服ノ上」での財政運用を期している。これらの点には明らかにすでにみた井上の木戸あての改革案（A・B）と共通したものをみることができる。

第四には、藩の負債償却の目途を明確に立てている。その負債償却にあたっては債権者と協議熟談することを期し、「威権」による屈服の回避をうたっているのである。

最後に次の点はとくに指摘しておかなければならない。

天皇制権力の創出、万国対峙、人民をして「自立自養之道」を遂げしめることをうたいこんだこの綱領は、維新官僚木戸・井上らの目指すところであったが、彼らはそれを一ヵ月半前（三月二十八日）に死去した幕末以来の旧藩主毛利敬親の「御宿志」として重ね合わせることにより、しかもこの「誓約」を現藩知事の決裁をえたとすることによって、実は彼らが完全に藩政改革の実権を掌握していることである。つまり、この改革綱領に不同意の者は、藩政の要路につくことをえずとし、また、たとえ藩出身の「朝官」であろうとも、木戸・井上の諒解をえない限りは、この綱領は改めえずとしているのである。ここには維新官僚としての木戸・井上と、山口藩政の実権掌握者としての木戸・井上とが、方向を一にして密着している。彼らが維新官僚として藩体制の解消を決断したときには、その手でおすボタンがただちに、山口藩の藩政改革＝藩体制の解消に機能することとなるのである。

木戸・井上をしてこのように藩政改革の実権を握らしめた最大の要因は、彼らによる諸隊反乱およびそれと結びつく農民一揆の鎮圧であった。この内乱的危機を乗りきったことは、明らかに山口藩における「尾大の弊」を粉砕した。それは鹿児島藩における士族体制、そしてその究局の破綻である西郷反乱＝西南戦争の道とはまさに対蹠的である。藩治職制以来、維新政府のリードのもとに、形式的には一応画一化された藩政改革が遂行されてきた。その道程で版籍奉還は行なわれ、廃藩への「第一段」が完了した。そして、各藩の財政状況は、とくに小藩をして廃藩へとふみきらざるをえない動向を示しはじめていた[103]。機は熟しつつあったのである。

山口藩の改革綱領を調印・確定した木戸・井上は、五月末から六月はじめにかけて相ついで帰京した。そこでの彼らはもはや維新官僚そのものであった。彼らは廃藩置県の断行のために着々準備をすすめた[104]。木戸にしろ、井上にしろ、この廃藩断行になんら逡巡することがなかったのは[105]、彼らがこれまでみてきたような山口藩藩政改革を通して、その実権を完全に掌握し、ボタンさえおせばいつでもその処理を遂行しうる基盤と自信をもっていたことが大きく作用していたことはまちがいあるまい。

もちろん、そのことは、廃藩置県をめぐる歴史的背景としては、ひとつの要素にしかすぎないけれども、それが諸隊反乱・農民一揆の結合から、ひいては全国的な内乱情勢誘発の危機のなかで、その克服策としてみごとに遂行されたものであってみれば、そのもつ意味を過小評価することはできないであろう。

木戸が、明治四年（一八七一）七月十四日、廃藩置県のその日の「日記」に、戊辰戦争以来廃藩に至るまでの過程をふり返りつつ筆を進め、その最後の部分、今日の廃藩断行令に平伏する五六藩の知事のなかに山口藩知事のいたことを想起し、「世間知事と雖も不レ知二大勢一不レ悟、今日一藩中の有志甚苦心するもの不レ少、然るに知事公能く 忠正公の御宿志を告せられ、補二佐 朝廷一天下を保安するの御志甚厚く、頃日も為レ其上書等も有レ之、実に允等も亦不レ可レ有レ不レ尽と、今日の事尤務て微力を尽せり」(106)と述べているのは、旧藩主や藩知事の姿の上に、みずからのこれまでの藩政への役割の大きさを自覚し、維新官僚としての現在の自己とを重ね合わせ、「微力を尽せり」という表現に限りない思いを込めていたといえるのである。

注

（1） 本章に関連ある主なものとして次の諸業績をあげておきたい。

井上清『日本の軍国主義』、遠山茂樹「版籍奉還の一考察」（伊東多三郎編『国民生活史研究』Ⅰ）、遠山茂樹「有司専制の成立」（堀江英一・遠山茂樹編『自由民権期の研究』第一巻）、大江志乃夫『明治国家の成立』、後藤靖「明治政権の成立」（『日本史研究』四二号）、原口清「藩体制の解体」（『岩波講座　日本歴史』近代2）、丹羽邦男『明治維新の土地変革』、升味準之輔「廃藩置県」（東京都立大学『法学会雑誌』五－一・五－二）、堀江英一編『藩政改革の研究』、石塚裕道「明治初期における紀州藩藩政改革の政治史的考察」（『歴史学研究』一八二号）、後藤靖「反民権論とその基盤」（『立命館経済学』五－六、六－一・二）、福島正夫「明治四年戸籍法の史的前提とその構造」（同編『戸籍制度と「家」制度』）、長野暹「肥前蓮池藩の藩体制とその解体過程」（佐賀大学法律経済研究会『法経論集』一〇－一、一〇－二）、原口清「長州藩諸隊の反乱」（明治史料研究連絡会編『明治政権の確立過程』

〈再録〉）、関順也『藩政改革と明治維新』、田中彰「明治絶対主義成立の一過程」（『歴史評論』七五号）、小林茂「山口県の地租改正」（『郷土』九）、田村貞雄「山口県における地租改正」（『歴史学研究』三〇二号）等。

最近の研究動向については本書序章参照。

（2）『伊藤博文伝』上巻、六二六頁。

（3）『奇兵隊日記』第四、二七〇頁。「諸隊一事」「脱隊暴動一件紀事材料」一（いずれも山口県文書館蔵。以下とくに断らない限り同じ。「脱隊暴動一件紀事材料」は、石川卓美・田中彰編『奇兵隊反乱史料脱隊暴動一件紀事材料』として刊行。以下その頁数を併記する）。
そのころ、伊藤博文も杉梣太郎にあてて、「追々如二御承知一天下之形勢変換至二今日一王政専ら僻偶（ママ）、辺野ニ至迄行渉不レ申而者不二相成一時ニ当リ、却て前日之旧幕老吏之政治にも劣候ハ、必竟在職在官諸有司尽力之所不レ至にて、万々遺憾之至に奉存候。」（明治二年十二月十八日付。中村助四郎『学圃杉先生伝』二三七頁）といっている。

（4）明治二年五月四日の毛利広封（元徳）の朝廷あての奉答書は、「神州安危之決今日ニ有レ之候」といい、「不レ顧二浅劣一天下形勢ヲ熟察仕候処、物議日々沸騰人心日々恟々、互ニ方向ヲ失ヒ候姿ニ相成」（『修訂　防長回天史』一二、一五〇頁）といっていた。

（5）以上引用は史料をも含めて山主政幸「明治戸籍法の一機能」（福島正夫編『戸籍制度と「家」制度』所収）。

（6）例えば、岡義武『黎明期の明治日本』などを参照。

（7）丹羽邦男『明治維新の土地変革』一二五頁。
ただ、問題は、この「内」と「外」との矛盾における「外」からの契機で、明治元年以来廃藩置県への必然性をとらえるのではなく、それを包みこんで、もう一度幕末尊攘・討幕運動以後の内的必然性の中にそれをすえ直してとらえることが必要なのである。

（8）明治二年四月六日付、三条実美より岩倉具視宛（『岩倉公実記』中巻、七〇六頁）。
広沢真臣もそのころ次のようにいう。

「御政府御威権兎角地に陥ち、終には瓦解之基を醸出難レ計に付、屹度御政府之御基礎被レ為レ締候儀御至急に付、御評議有レ之落着相成候事」（『広沢真臣日記』明治二年四月二日条〈一九一頁〉）。

（9）例えば、大久保利通は岩倉具視にあてて、明治三年三月三十日付の書翰に次のようにいう。

「少々之姑息位者頓着不レ致、終ニ宸断以テ天下ヲ統御スルト申ヲ大目的与し、今日を更始一新与相心得、御輔導之処より始り、従而右府公納言公参議諸省其職掌ヲ斃るゝまて尽し、政府諸省手足之如く一身之如ク合体して其実ヲ表し、公然至当之道ヲ以天下ニ推及し、自ら大信ヲ全国ニ宣布スルニ非サレハ、外ニ見込も無レ之」（『大久保利通文書』第三、四〇六頁）。

(10) この問題についてふれる余裕はないが、例えば原口清「藩体制の解体」（『岩波講座　日本歴史』近代2、所収）は、藩体制解体の観点から、民部・大蔵両省の紛議に照明をあてている。ここでは、「思フニ薩人ハ勝・大久保ヲ信用シ、長人ハ反対ナリ。大隈ハ木戸ヲ信用シ、広沢ハ信用セヌ風ナリ。大隈ノ末社ハ頻ニ大隈ヲ押立テル也。今日党派ハ一方ハ木戸・大隈・後藤・伊藤・井上等ト見エ、一方ハ大久保・副島・岩倉ト見エタリ。然ルニ副島ハチト附合スル風アレドモ、大久保ハ決シテ曲従セヌ風也。只兎モ角モ条・岩両公御苦心万々ナリ。」（『世外井上公伝』第一巻、四一六頁）と佐々木高行をしていわしめているなかでの、広沢真臣の次の書翰を紹介しておこう。

（前略）其節粗申上候卓見気取建頗ル我意ヲ欲《（ママ）》ニシ、小弟彼是申立候得ハ、根元民部会計不レ合ノ論ヲ以テ相争ヒ候姿ニ相当リ、前途ノ事不レ堪二杞憂一次第、既ニ於二御国一得ト承知スル所ニテ今日ハ尤其甚敷物ニテ、畢竟大隈ハシメ其同気集合候ヨリ差起リ候事ニテ、前日モ条岩両卿ヘ申立候得共、聊御覚リニテ其深意ハ御不移リニ有レ之、不レ得レ止可レ堪ヲ耐ヘ可レ忍ヲ忍ヒ、孰レ政府ハシメ世間其弊害ナル所分明露顕ノ場合可レ有レ之、非二其時一而ハ不レ可レ救事ト独リ黙々痛心イタシ居候処、則至二今日一政府一統知覚、於二諸官一モ十ニ七八ハ不服、実ニ今日ノ憂ハ此輩跋扈スル所ニアリト一統相憂候段相聞ヘ、始テ於二政府一弟口ヲ開クノ時ニ至リ、残ル参議モ同論ニテ、只只弟存志同様其時節ヲ相待居候次第ト申事ニテ、一同右府亜相卿ヘ申入候所、近来世間ノ模様稍御承知ニテ、彼此御煩念被レ為レ在候由ニ拝承、尤御当惑ノ至畢竟其根元筆頭ニ難レ尽次第、兎角一事我意ニ不レ適事アレハ辞表トカ何トカ政府ニ迫リ、其機嫌ヲ取リ、万端其意通リ被レ為レ行候故、万機御依頼ノ姿ニ相成、大権大蔵省アルノ勢ニ相成リ、政府アレトモナキカ如キ姿ニテ今日ノ勢ナレバ、不日政府ノ評議ハ真ノ下評議ニシテ、其決ヲ大蔵ニ取ル様立至リ候ハ必然、一日々々政府ニ罷出候共、実ニ不レ快、世間大不服ヲ抱キ居、終ニ如何可二相成一哉ト黙視仕居候際ニ当リ、気附ナカラ其責ヲ請ケ、跋扈ノ極自ラ覆ルヲ相待候モ馬鹿々々敷事ニ付、参議一同相決候上、両三日前申立候ハ、彼等実ニ有力者ニテ、屹度御用ニモ可二相立一ニ付テハ、猶十分被レ成二御委任一度段、前顕ノ次第ヲ以テ難レ被二相尽一形行委曲申立候処、余程御当惑ニテ締リ政府確乎相立、仮令諸省ノ有力者タリトモ相制候儀御請合ニテ、更ニ御動揺無レ之事ニ候得共相勤メ可レ申、両端ニテ曖昧タル事ニテハ決テ前途ノ目的モ無レ之段ヲ以テ言上仕候所、最前御委任相成候儀如何ニモ御後悔、イツレ木戸ノ論ニハ相触レ候得共、為二天下一十分言上、素ヨリ彼党御役不二相受一ト申筋ニテハ決テ無レ之、制ト被レ制トノ差別ニテ、其派合一ニ御遣方有レ之候テハ、必ス弊害ヲ生シ候段申入候事ニ御坐候。彼此日ニ増難渋不レ少、何分御互ニ地獄堂ニ陥リ、今一際尽力可レ仕ニ付、只々至急御快方是祈候。両卿御伝言モ有レ之、為二御見廻一匆々如レ此御坐候。頓首拝

（明治三年）八月廿四日

尚々前文ノ次第ニテ民部大蔵両省合併ト申事ニテ頗ル混雑、殆ト瓦解ニモ可二立至一哉ノ勢ト申事ニテ、兎角越後県ノ事モ相運ヒ不レ申事ニ御坐候。以上

（広沢真臣より前原一誠宛〈「年度別書翰集」三八、所収〉）

(11) 「太政官日誌」明治三年第三一号、八月十日条（『維新日誌』巻四、九九頁）。

(12) 明治二年二月朔日付、木戸孝允より三条実美・岩倉具視宛（『木戸孝允文書』第三、二四〇頁）。なお、明治二年正月上旬、木戸より大村益次郎宛もほぼ同文（同上、二三一頁）。

(13) 明治二年六月十三日付、木戸より大村益次郎宛（『木戸孝允文書』第三、三七六頁）。

(14) 明治三年十月二十五日付、木戸より井上馨宛（『木戸孝允文書』第四、一二八頁）。

(15) 遠山茂樹『明治維新』二五三頁。

(16) 「御改正一件」上。

(17) 『修訂　防長回天史』一一、三八頁。なお、「木戸準一郎・佐世八十郎ニ目下朝廷ニ奉仕スルモ、本藩参政現勤ノ旨ヲ含ミテ斡旋センコトヲ嘱ス」（同上、四〇頁）といわれている。

(18) 明治元年十月晦日には、「藩内諸産物盛立の為、会計民政撫育三局の産物を合併し、山口に新局を開らき、物産局と称し、三局の主事一名宛をして管轄を為さしむ。依て山県弥八・久保松太郎会計、小幡図書民政、服部半七郎撫育を該局知事と為し、従前の産物方を廃す」（「忠正公一代編年史」同日条）とされている。

(19) 『防長回天史』一一、三八〜三九頁。

(20) 「忠正公一代編年史」明治元年十一月三日条。『防長回天史』一一、四〇〜四一頁。

(21)「防長藩治職制」。

(22) 拙著『明治維新政治史研究』参照。

(23)『防長回天史』一一、四一〜四二頁。

(24)「御改正詮議草按」。「御改正一件」にも同文所収。

(25) 例えば、「東北叛罪各藩所置の件」に関する維新政府よりの下問に対しての、毛利元徳のつぎの建白書の文脈ないしは論理をみよ。

御下問之儀退而熟考仕候処、右ハ至重大案今後皇威之立不レ立御一着ニ関し、随而大政之隆替相岐候儀ニ付、一朝一夕之能断る所ニ無二御坐一ニ付、御下問之如く一先罪首御預被レ成置、天下公議之一定する所ニ由て万世不易之大典を被レ正、天下粛然たる御所置被レ為レ在度儀歟と奉レ存候（下略）」（「忠正公　代編年史」明治元年十一月四日条）。

(26)「高杉日記」明治元年十一月三日条。「忠正公一代編年史」同日条。

(27)「忠正公一代編年史」明治元年十二月七日条。

(28)「議政局日載」明治二年正月二十七日条。

(29)『防長回天史』一二、一九九〜二〇〇頁。

(30) 右同、六四頁。

(31) 右同、六五頁。

(32)『維新史』第五巻、七一七頁。

(33) 右同、六八一頁。

(34) 明治二年八月二十日付、広沢真臣より参事各位宛（「年度別書翰集」三六）。

(35) 明治二年正月十九日付、広沢真臣より参政各盟台宛（「年度別書翰集」三六）。

(36)「高杉日記」明治二年九月二日条（「財政史料」所収）、『防長回天史』一二、二〇四頁。

(37)「忠正公一代編年史」明治二年九月三日条。

(38)『維新史』第五巻、七二九〜七三〇頁。

（39）「忠正公一代編年史」明治二年九月二十七日条。『防長回天史』一二、二〇五頁。

この布達のもつ意味は、本章では意識的に避けた土地所有関係に視点をおいた経済史的分析には興味ある示唆を与えている。すなわち、家禄の改革、つまりそこから引きおこされる幕藩領有制解体の問題である。ここでは幕藩領有制の解体に際して、事実上の農民的土地所有には手をふれないこと、換言すれば、事実上の農民的土地所有を認めた上での釆地返上であったことが第一に確認できるし、第二には、その場合、幕藩領主的土地所有の否定を打出しているにもかかわらず、実際には「扶持トリ其之他之者」で「下札名前」（検地帳や春定名寄帳に登録された田畠等の名請の名儀。百姓名儀を使用）、つまり、領主層が農民名儀をつかっての土地所有が現実には行なわれており、そのような「内禄ノ田畠山林」にはいっさい手をふれないことがここでは確認されているのである。

これは、この藩の在郷住宅や新田開発の諸形態ともからむ問題で、その開発の具体的内容については、高橋政清「萩藩における開作事業」（『国史学』一八）や石川卓美「長州藩における新田の開発」（『山口県地方史研究』九）などを参看されたいが、とくに後者の論文では、例えば家来開作――家臣団の開墾による事実上の地主的土地所有――の興味ある事実が紹介されている。また開作には富農商の請負開作の場合もあるから、これらの場合はいずれも「下札名前」で地主権が確認されている。こうした「下札名前」の土地については、版籍奉還に伴う「釆地返上」で領主権は解消し、やがて地租改正の過程では「下札名前」の者に地券が交付されて土地所有が公認され、その後の訴訟においてもその権利は動かないものとされている。先の布達で「扶持トリ其他之者」というのは、このような士族ないしは富農商あるいは寺社などのことを指しているとみてよい。

さらに、こうした表現での布達が一般に出されていることは、この「下札名前」での土地所有が相当広範に存在したことを想定させる。そのことはとりもなおさず、幕藩領主的土地所有の解体＝事実上の農民的土地所有の進展にもかかわらず、現実には領主層の地主への転身が「下札名前」という形で可能であったことを意味し、その限りで、幕藩領主制の崩壊のなかに、こうした領主層の地主として生きうる道がかくされていた、といえよう。

この「下札名前」は、明治五年（一八七二）二月の布達――「是迄田畠山林士族社寺持ノ分ハ、現名外ニ別段下札名前有レ之候処、此度士族其外農工商之職相営候義被二差許一候段被二仰出一モ有レ之候ニ付、向後右下札名前差止、一統現名ニ改可レ申候。尤分ヶ下札之儀ハ弥以差止候」（「本県布令達」）として、「下札名前」が禁止され、すべて「現名」へと改められた。

（40）「先般官制御改正被仰付候ニ付、次第一体分課之　御旨意ニ而、夫々御委任相成候ニ付而は、己之職務を措キ他之職務を論し候義被レ禁候条、向後金穀は会計局、軍事は軍事局、其他民事学校社寺等江致ニ関係一候事件は経ニ其局ニ可ニ願出一、若、其局を閣き願出候時は、如何様尤之儀ニ而茂不レ被レ及ニ御僉議一候付、取次不レ申様局江厳重沙汰被ニ仰付一候付、於に下茂心得違無レ之様内意達被ニ仰付一候事」（「改正奉伺録」一）。

（41）『防長回天史』一二、二二〇頁。

（42）拙稿「明治絶対主義政権成立の一過程」（『歴史評論』七五号）。

（43）「御改正一件」下。『防長回天史』一二、二二六頁。

なお、すでに明治二年十一月八日付で軍事局へは、「方今ノ藩政之適宜に基き、兵制改正せしめ、常備兵員弐千弐百五拾人定限申付候条、長官申合精選合併心配を遂へきもの也。右諸隊中江可レ被レ授事」と沙汰されていた（「御改正一件」下）。

（44）「脱隊暴動一件紀事材料」一（刊本二頁）。

（45）「脱隊暴動一件紀事材料」一（刊本一二～一三頁）。「諸隊一事」参照。

（46）諸隊の性格については、拙著『明治維新政治史研究』、および同『高杉晋作と奇兵隊』参照。後者では、本節の問題をその後の研究を含めて詳しく論じてある。

（47）『防長回天史』一二、一二三頁。

（48）明治三年正月八月付、木戸孝允より森清蔵宛（『木戸孝允文書』第四、八頁）。

（49）『伊藤公全集』第一巻、一七〇～一七一頁。

（50）拙著『幕末の藩政改革』参照。本文では「ほとんど皆無」と述べているが、その後の研究では瀬戸内側二件（万延元年・元治元年）、日本海側一件（慶応元年）および岩国領一件（慶応三年）が数えられている（前掲拙著『高杉晋作と奇兵隊』六九頁）。

（51）「万控」（民事局）。

（52）明治三年正月六日付、木戸孝允より木梨信一宛（『木戸孝允文書』第四、五頁）。

引用史料中の小幡は、小幡高政。明治元年民政主事に任じ、二年山口藩少参事となる（注（18）および吉田祥朔著『近世防長人名辞典』七一一頁参照）。

(53) 前掲拙稿「明治絶対主義政権成立の一過程」一三頁。原口清「長州藩諸隊の叛乱」（明治史料研究連絡会編『明治政権の確立過程』二九九頁）。前掲拙著『高杉晋作と奇兵隊』参照。

(54)「御本藩百姓壱岐《ママ》一件ニ付御役人様御出銀諸控」（明治三年正月五日より、山口県厚狭町太田資麿氏所蔵文書）。『楫取家文書』（第一、四二六〜四二七頁）所収の「長防内乱聞書」（西山堯民筆探聞書〈在京都〉、明治三年二月八日）には、次のような記録が見える。

一、右奇兵隊農兵を頻に徒に入らしむ。其策別人をして百姓一揆を催さしめ、其一揆奇兵出張説得、米銭を与へ是を徒に引入れ候よし。

一、廃寺之説を大に唱へ、僧徒を引入候由、不日五六千に至るべしと云。

一、知事公始末藩知事一同より直に説諭あれとも更に聞入れず、知事公は山口に擁繞され、君側は弱兵のみの由、名士は木戸君側に在しよし。（中略）

一、逆徒之気脈京阪東京共に通達しありしと、当地にも間者多人数入込たりしと。

(55)「脱隊暴動一件紀事材料」一（刊本五〇頁）。

また、明治三年四月十五日付の蹇庵より前原一誠あての一書翰はつぎのようにいっている。

（前略）乍レ爾残党脱兵未タ諸方ニ潜伏シ、首魁トシテ手ニ入ラザル者モ有レ之、矢張天朝之御厄害ト奉二恐入一候。此一件ハ諸隊ヨリ生スル事ニハ御坐候ヱトモ一朝夕之故ニアラズ、昨年之凶作ニテ人気悪布上ニ大一新大改革之世界ト相成、人心之脱服スル様之事ハ至テ少ク、加ルニ郡県藩知事等之大事件ニ至リ、其佗地場之シマラヌ内ニ改革過キタト申モノカ、士農工商祠官僧徒マテモ挙テ政府ヲ憤リ候体ニ相成、所謂百犬吠声之気味満藩疑惑世界ト相成、一日居レハ一日之不忠、一事ヲ為セハ一事之御不為ト相考、呑鵬蒼洋中誠木平林良抔ト孰レモ固辞シテ一応退職仕候。（下略）（「年度別書翰集」三七）

(56)「脱隊暴動一件紀事材料」一（刊本五〇〜五一頁）。

(57)「（明治三年）九月七日、民部大輔并諸県知参事気附に答ふ草按右府公に呈す」（『広沢真臣日記』四五二頁）。

(58) 明治三年正月八日、木戸孝允より森清蔵宛（『木戸孝允文書』八〜九頁）。

(59) 明治三年一月二十六日付、岩倉具視より大久保利通宛（『大久保利通関係文書』一、二四四頁）。

先の「長防内乱聞書」は、当時の情勢を次のようにもいう。

「実に天下人心不ㇾ居合ㇾ、攘夷と云封建と云郡県と云、贋金あり、楮幣あり、米価沸騰と云、紛々紜々たる時柄、万一鎮機を失せば如何なる御国難に至るならん。誠に愚慮に堪へす恐縮仕候」(『揖取家文書』第一、四二八頁)。

(60)「太政官日誌」明治三年第四号(『維新日誌』巻四、一三頁)。『防長回天史』一二、二三九頁。

(61)「太政官日誌」右同(右同、一五頁)。『防長回天史』一二、二四〇頁。

(62)『防長回天史』一二、二九〇・二九三頁。

(63)山口藩知事は、明治三年二月(日不詳)、弁官御伝達所あてに反乱鎮定の届を出している(「太政官日誌」明治三年第一〇号三月二日条〈『維新日誌』巻四、三八頁〉)。

(64)『防長回天史』一二、三一二頁。

明治三年四月十一日付の山口藩権大参事より豊浦藩権大参事あての回答書には、本文引用の事実を述べたあとさらに、「(四月四日)暮方賊兵三十人位乗船遁出申候。其後徳地部嶋地村と申処江又々屯集、湯野武庫江押寄、銃器取出し部署相迫り候勢ニ付(下略)」(「忠正公一代編年史」四月十一日条)と述べている。

(65)『防長回天史』一二、三一八頁。

(66)右同、三四六・三四八頁等。

なお、この事件については、高野義祐「石炭局」(『長周新聞』一九六五年一月一日・十三日・十七日・二十日・二十四日号所収)参照。

(67)『防長回天史』一二、三四九頁。

(68)右同、三六五・三六八頁。

(69)右同、三二八頁。

(70)明治三年八月十四日付、松方正義より大久保利通・吉井友実宛(『大久保利通関係文書』五、二五五頁)。

(71)「忠正公一代編年史」明治二年十一月晦日条。『防長回天史』一二、二二六頁。

同じころ大久保利通も鹿児島へ帰った。それは薩長両藩の藩政改革を通じ、「両藩一致東西合一の論を以大に尽力いたし、今日の弊を矯んこと」を目的としたものであった（『木戸孝允日記』明治二年十二月三日条〈第一、二九九頁〉。『松菊木戸公伝』下、一二二三〜一二二四頁）。

(72)「脱隊暴動一件紀事材料」一（刊本、四六頁）。『防長回天史』一二、二五二〜二五三頁。

(73)『防長回天史』一二、二五四頁。

(74)右同、三一二〜三一三頁。

(75)『広沢真臣日記』明治三年三月二十三日条（三〇三頁）。

広沢は明治三年四月二十二日山口を発して上阪、のち帰京した。この帰藩中、木戸とはしばしば会合している。前にふれた民蔵問題では意見の対立を示す木戸・広沢も、出身藩の藩政改革問題ではともにその危機克服策を論じたのであろう。

(76)『世外井上公伝』第一巻、三九二〜三九七頁。

(77)右同、三九八〜四〇五頁。

(78)明治二年正月上旬、木戸孝允より大村益次郎宛（『木戸孝允文書』第三、二三〇〜二三二頁）および明治二年二月朔日付、木戸より三条実美・岩倉具視宛（同上、二三九〜二四〇頁）。

(79)『木戸孝允日記』明治四年六月十一日条（第二、五一〜五二頁）。

(80)『木戸孝允日記』第一、三九四頁。

(81)明治三年八月二十日、木戸より三条実美宛（『木戸孝允文書』第四、一〇四頁）。なお、明治三年八月十六日の木戸より岩倉具視宛（同上、九九〜一〇〇頁）もほぼ同じ。

(82)以上引用は、明治三年三月三日付、木戸孝允より槇村正直宛（『木戸孝允文書』第四、三〇頁）。なお、明治三年三月二日付、木戸より宍戸璣宛（同上、二七頁）参照。

(83)「若シ兵之失費　朝廷より御下渡シアル時は、凡拾弐万両余、且諸隊解散ニ付、拾万余之是迄より失費少ク候故、五ケ年間ハ且ゝ維持相成候半歟。六七年之間にハ必遂《ママ》一算勘悉ク相立不レ申時ハ、必滅疑ナシト愚考候ナリ。」（B10）ともいう。

(84)『世外井上公伝』第一巻、三九〇頁。

(85)会計と民政の合一という考え方は、井上の持論とみてよい。民蔵分離問題で明治三年七月、民部・大蔵両省が分設されたとき、七月十一日付の大隈・伊藤あての書翰で井上は、「何分会計ト民政合シ不レ申候而は実ニ込リ申シ」と述べている（『世外井上公伝』第一巻、四一一頁）。
(86) 『世外井上公伝』第一巻、四〇五頁。
(87) 明治三年八月二十四日付、広沢真臣より権大事各位宛（「年度別書翰集」三八）。
(88) 明治三年十月十一日付、広沢真臣より杉賢契宛書翰（「年度別書翰集」三八）。
(89) 『木戸孝允文書』第八、九八〜一〇三頁。
(90) 『木戸孝允日記』明治四年一月十八日条（第一、四四三〜四四四頁）。
(91) 右同、明治四年三月五日条（第二、三頁）。
(92) 右同、明治四年三月九日条（第二、五頁）。
(93) 『松菊木戸公伝』下、一四二〇頁。
(94) 『木戸孝允日記』明治四年五月四日条（第二、三二頁）。
(95) 明治四年三月二十六日付、木戸より井上・山県・三浦宛（『木戸孝允文書』第四、二一四頁）。
(96) 『世外井上公伝』第一巻、四二八頁。
(97) 右同、四二八頁。
(98) 『木戸孝允日記』明治四年五月九日条（第二、三五頁）。
(99) 右同、明治四年五月十三日条（第二、三八頁）。
(100) 以上、引用は『松菊木戸公伝』下、一四四四〜一四四五頁。『木戸孝允日記』明治四年五月十三日条（第二、三八頁）参照。
(101) 『木戸孝允日記』明治四年五月十四日条（第二、三九頁）。
(102) 「改正調印」（明治四年五月）。山口藩和罫紙一五枚。一枚八行取りのもの。
(103) 『維新史』第五巻、七六六〜七六八頁。
(104) その間の事情は升味準之輔「廃藩置県」下（『法学会雑誌』五―二）に詳しい。
(105) 升味準之輔はこの点について、明治四年六月の時点で、「木戸は廃藩のことまで論じたとしても、しかし、このときの改革で廃藩を断行するつもりはなかったと私は考えたい。六月中の彼の日記や文書も、そのほかの記録にも廃藩の文字またはその含みはどこにもない」（前掲「廃藩置県」下、七九頁）としているが、氏がそこでも引いている『岩倉公実記』の引用部分の前には、木戸が岩倉に対して「朝廷宜ク此時ニ乗シ、藩ヲ廃シ県ヲ置クノ大計ヲ断行スヘシ」（中巻、九一六頁）といったことが記されている。それに対して岩倉が、廃藩が薩長土三藩に及ぼす影響を考慮して、「天下平均ノ力ヲ保チ、漸ヲ以テ藩ヲ廃シ県ヲ置クノ大計ヲ施シ、以テ万全ヲ図ルニ如カス」という意見に、木戸は「具視ノ論ヲ以テ本ヲ忘レ末ニ趨ルモノトナシ、心懌ハス」（同上、九一七頁）という態度をとったとされている点をどう理解されているのであろうか。『木戸孝允日記』明治四年六月十一日条（第二、五一頁）の「（前略）則、版籍返上を以第一段とし、此度聊其実を挙げ方向をして一定せしむるを第二段とするの尽力なくんはあるへからず。（下略）」という周知の一節の「第二段」は、やはり廃藩置県の問題を念頭においてのものとしてとらえるべきであると思う。

氏がまた引用されている井上馨のつぎの談話もそれを裏付ける。

「何デモ七月ノ四日頃デアツタ。一夕帰宅シテ未ダ晩餐ノ済マヌ処ニ野村・鳥尾ノ二人ガ来タ。（中略）彼等ハイヤ私行上ノ事ナドデハナイ、国家ノ大事デアルト云ツタ。ソコデ吾輩ハ少シク考ヘテ打笑ヒナカラ、藩ヲ廃シテ県ヲ置クトイフ議論ダラウト言ヒ放ツタ。（中略）察スルニ彼等ハ吾輩等ニ対シテヤ、誤解ガアツタラシイ。木戸ハ例ノ心配症デアルカラ、今直チニ根本的廃藩ヲ断行シタナラ、諸藩中ニ反抗ガ起ツタトキ政府ノ兵力ガ未ダ之ヲ鎮圧スルニ足ラナイ。先ヅ準備的改革ガ急務トイフデアラウ。井上ハ今若シ遽ニ斯ル大事ヲ断行シテ異変ガ起ツタラ金ハドウスルト論ズルデアラウト思ツテ居ツタラシイ。是ハ中ラザル推測デアツタ。吾輩ハ反テ財政経済ノ上カラモ廃藩ハ断行セネバナラヌト思ツテ居ツタ矢先デアツタ」（『防長回天史』一二、五四四〜五四五頁）。

同じ井上の実話を載せた『公爵山県有朋伝』では、「鳥尾等は『それなら、宜しいが、木戸の意見は果して如何』と云ふから、『木戸は勿論、異議がある筈は無い。大久保と木戸とが、版籍奉還を首唱したのだから、其の実を挙げるに何も異論のある道理はない（下略）」（中巻、一三三頁）と続いていて、ここでも木戸・井上が廃藩断行を考えていたことが語られている。

（106）『木戸孝允日記』明治四年七月十四日条（第二、七二頁）。

第八章　維新政権論

一　「公武合体体制」から「朝藩体制」へ

維新政権を一八六七年（慶応三）十二月九日のいわゆる「王政復古の大号令」の時点から考えるひとつの理由は、この大号令によって摂関制と幕府が廃止されたからである。摂関制は形骸化していたし、天皇親政を旗印にする以上もはや必要ない。右に関連して内覧・勅使御人数・国事御用掛・議奏・武家伝奏・守護職・所司代もすべて廃止が宣言されている。

ところで、幕藩体制の頂点にあった幕府が廃止されながら藩体制は依然残ることの意味は何なのか。いまここで幕藩体制の構造的特質に全面的にふれる余裕はないが、比喩的にいえば、少なくとも幕藩体制の構造はピラミッド体制であり、幕府はその頂点にあって「領主権全体の結節環」[1]をなした存在であったはずである。その幕府が倒幕運動の結果廃止された。

問題は、その「結節環」であったはずの幕府が廃止されても、なぜただちに藩体制は解体せず、戊辰戦争を必要とし、版籍奉還・藩政改革・廃藩置県などのプロセスをたどらなければならなかったのか。また逆にいえば、右のプロセスがなぜ「きわめて短期間に」、「世界史的事実からも論理からもきわめて異例な」現象として実現したのか[2]。その論理こそが追及されなければならない。

右の問題は、本章全体が考察の対象としているところであるが、ここではまず幕末期の幕藩体制が、はたして本来の幕藩体制の構造であったのかどうかに焦点をしぼろう。

近世中期以降幕末期にいたる農民の小商品生産を基軸とする幕藩体制の基礎構造の変容についてはここでは省略するが、それに対応した幕藩関係が一定の変化をとげ、とりわけ開国という世界資本主義への包摂に直面して鎖国体制が打破されて以来、否応なしに急激な変化をよぎなくされていたことは見逃してなるまい。

それは幕藩体制そのものに、ひとつの時期を画するほどのものであり、これに着目した大久保利謙は、本来の幕藩体制と区別して幕閣阿部正弘以後の幕末政治の段階を「公武合体体制」と名づけた。そして、その特徴として、(1)「公武合体体制」は、朝廷（公）―幕府（武）―諸雄藩（武）の三勢力のバランス・オブ・パワーズとして現出したもので、幕末の政局はこのバランスの推移ないし質的な変動の過程である、(2)従来の幕藩政治が幕府を頂点とする将軍―諸大名の上下の力関係であったのに対し、幕末のこの体制は三勢力の横の連繫的関係である、(3)したがってこの体制は、幕府が独裁的地位を放棄し、諸勢力の横の連繫によって連合政権的な方向へ進み、方式としては合議制の政体となる、の三点をあげている(3)。

しかし、この場合、三勢力は力関係を規定する条件において、現実的には同じでない。幕府は二世紀以上にわたる支配の実力と伝統を背景にしながらも、また、それゆえに、その内部矛盾の大きさによって下降現象を示しつつあり、他方、薩長をはじめとする雄藩は台頭しつつはあるが、なお個々には幕府に対抗しうるほどのものでなかったから、諸雄藩の「同盟」「盟約」という形をとりながら幕府に対抗しようとしていたのである。朝廷は経済的にはほとんど力らしい力をもちえないが、それゆえにまた、この古代以来の幕府より上位の伝統的権威を最大限にふりかざして、幕府あるいは諸雄藩の何れかの政治勢力に寄生しようとする志向をもっていた。

こうした状況の中で、いまや幕藩関係が「横の関係」と規定される以上、もはや従来の幕藩関係は変化し、「結節環」として幕府を幕府たらしめていた権力の質的側面はしだいに喪失され、むしろ幕府の量的側面のみがその実質を規定する条件となりつつあったのである（そして、それすらも天領の分散や入組支配、あるいは一揆・打ちこわしなどによって、現実的にはその石高に匹敵する力たりえなかったのみならず、逆にそれらの諸条件がその力の総体を相殺しつつあった）。いわば幕府は最大の〝藩〟以上ではなくなっていたといえる。それはもはや「領主権全体の結節環」ではない。ここに幕府が廃止されてもただちに藩が解体しないひとつの根拠がある。

だが同時に、幕府の廃止は、「同盟」「盟約」方式をとらざるをえなかった諸雄藩の不安定さをすぐさま一掃するわけではないから、それを補完するものとして、従来の幕府に近い位置に前述の朝廷がひきよせられるのである。ここに福島正夫がいうところの「朝藩体制」が現出する。

その政治的・実質的基礎は、とくに初期において薩長土等西南雄藩の連合権力であり、これを主導として十数の他藩がこれにしたがい、いわゆる官軍を組成した。財政的基礎は、根本的には、幕府の資材および直轄領（天領）を継承し、これに佐幕諸藩の接収領を加えたものである。朝藩体制とは、天皇のもと府藩県の三治一体と称する組織である。京都・江戸をはじめ諸国の旧天領を統治するため府県をおき地方官をこれに配置し、諸藩はそのまとして朝廷政権の全般的統轄に服させた。ただしそれへの統制は次第に強化されてゆく。藩の体制は従来ののとはじめは同一であったが、その内部で自主的な改革も次第に行なわれる(4)。

そして、これは廃藩置県によって「絶対主義権力の完全な集中統治の体制を形成する(5)」とされているものなのである。

このようにみてくると、いうところの維新政権は、「幕藩体制―公武合体体制―朝藩体制―明治政権」の過程における過渡期の中の過渡の政権といいうるものなのである。

二　「世直し」の志向と維新政権の危機

では、この過渡期の中の過渡の政権を貫く支配の論理は何であったのか。そのことをみるためには、まず維新政権をとりまく社会的な矛盾の存在形態から分析を進めていかなければならない。

周知のように幕末明治初年は世直し一揆のピークをなす時点であり、とりわけ慶応二年（一八六六）はそれがもっともたかまった。この世直し一揆における「世直し」の思想は、「民衆が困苦せる生活の渦中で生みだす解放への幻想」であり、「民衆による独自の政治権力の構想が欠如していた」[6]ことも事実である。いや、だからこそ世直し一揆は「ええじゃないか」への屈折を示すともいえる。もしも世直し一揆に、「独自の政治権力の構想」があれば、「世直し」「世均し」の志向が「ええじゃないか」の民衆の集団乱舞に転化するはずはないし、慶応二年の会津信達一揆のように、一揆勢が飲食・衣服の饗応をうけるやたちまち「誠にミロクの世也けり」[7]と「世直し」＝理想世を幻想するはずはない。そこには明らかに民衆の「世直し」意識の限界がある。*

＊世直し一揆が「ええじゃないか」に転化するのはなぜか。諸説さまざまであり、私も長州藩天保大一揆の中にその内因を探った。[8]また、慶応二年の第二次征長における幕府の敗北は、従来考えられている以上に民衆にとっては決定的な影響を与えているのであり、民衆にとっての幕府イメージの崩壊は、実質的には慶応二年ではなかったのか。

もうひとつ、最近の一揆・打ちこわしの報告件数からは、慶応二年と三年とでは、これまでいわれたほど件数の減少はみられないから、世直し一揆と「ええじゃないか」の併存の意味を考えるべきだろう（本書第六章参照）。

しかし、たとえそのような屈折や限界があったにせよ、神仏の恵みを引き合いにだしながら、そこに「人間世界を一列」にみる思想や、「日本平で有難い」といった平等観念を秘めた民衆の「世直し」の志向は一貫していたから、(9)こうした「世直し」の志向を反映して、それに近い立場に自らをおこうとした知識人のつぎのような思考を生み出したといえよう。

すなわち、そのひとつは慶応二年（一八六六）八月の江戸小石川の「捨訴」であり、他のひとつは明治元年（一八六八）八月の「復古論」である。前者は仁政主義に立ちながらも自らを「安民大都督」（傍点田中、以下同）と称し、幕府の失政を責め、薩長をはじめとする諸大名をほろぼした上で、遊民や乞食が一人もいない平等で万民が平和な「自然の善政」を楽しむ世の中をつくり、外国貿易を盛んにして「日本国は世界第一の善国」(10)たらしめようと願望しているのである。後者は維新変革の原動力を「草莽」に求め、「草莽ヨリ勤王ノ論起リ、最初ハ浪士ヨリ始リテ、藩主ニ及ビ、藩士ヨリ大夫ニ至リ、大夫ヨリ君侯ニ及ヒ」(11)というのである。

もちろん、ここでの「草莽」概念はあいまいであるし、先にいう「世直し」の志向がそのままこの層に反映しているわけではない。いや、むしろ「世直しの状況」といわれていることからいえば、「草莽」層と「世直し」層との矛盾は激化しつつあったとみてよい。そうした矛盾を内包しつつ、しかもこの「草莽」に「上ノ思召」が規定されるとみるこの「復古論」の意義は大きい。ここでの「上ノ思召」＝天皇の意志はまさに支配階級のシンボルとしての意味をもち、「草莽」は被支配階級の総称としてとらえうるからである。

だから、この天皇＝王権が、それを規定した「草莽」の意に反した志向を示し、「御一新」への民衆の期待が幻想にすぎないことが明らかとなるや、「天下之人望以前ニ異リ、道路之浮言ニ候ヘ共、王政不㆑如㆓幕政㆒、薩長ハ徳川氏ニ劣候抔[12]」と、ふたたび明治初年には世直し一揆の昂揚となって、矛盾は被支配階級のもっとも深部から噴出するのである。ある探索書もそれを裏づけ、「当節之御政事向之事之様子、迚も此姿ニては治世無㆓覚束㆒、窮民共ノ立行も不㆑相㆑成候ニ付ては、矢張旧幕政事宜敷と申向七分、残リ三分ハ乍㆑恐御一新政道宜敷と申、右両様之論度々在㆑之候由[13]」と報告している。三分の民心しか収斂しえない政権にとっては、民心の動向は危機そのものを意味した。

こうした「世直し」の志向を基底に、重層的に反政府運動のエネルギーを供給していたものは「脱籍浮浪之徒」であった。それへの厳重な取締りはすでに明治元年三月に出されているが、維新変革のエネルギーをこの「脱籍浮浪之徒」が供給していたことは、維新政府とても認めざるをえなかった。それをどう統制するかが新政権の直面したはなはだ困難な課題であったのである。いまや彼らを「御一新」の名のもとに「夫々旧地へ復帰」させなければならない。「脱籍」や「浮浪」が「大ニ御政体ニ相背」くという理由においてである[14]。

この点について藤田省三は、「倒幕のエネルギーの組織化は旧藩への復帰を通じて行われたてんに維新の非革命的性格が表れていた[15]」と指摘しているが、そうしなければ岩倉具視がその「御沙汰書草案」（明治二年）にいうように、これらの「脱籍浮浪之徒」が、「傲然紛々之議論ヲ唱ヘ、公ヲ仮リ私ヲ済シ、却而朝政ヲ奉㆑碍、人心を煽惑致し、或ハ会賊残党等之勧誘を受ケ、浮浪之徒ト成リ、天下ニ落魄致候者も[16]」あったからである。

事実、あとでみる山口藩の脱隊騒動をはじめ参議横井小楠暗殺、兵部大輔大村益次郎襲撃事件、雲井竜雄事件、岡崎恭助らの東京襲撃計画、大楽源太郎らによる日田県での動向（以上、明治二〜三年）、右に応ずる久留米の蠢動、参議広沢真臣の暗殺、愛宕通旭事件（以上、明治四年）などの諸事件・反乱をみれば、それが単なる杞憂でなかったことは明らかだろう。そして、それはやがて征韓論の分裂を契機に連鎖反応を起こしていく。というよりも維新政権→明治政権への権力の集中と相関関係の中で、反政府運動も分散的なものからしだいに相互連関をもつものへと変化していったとみるべきであろう。

後藤靖はこの諸事件・反乱について、従来の支配的な見解は、「権力統一過程から脱落しようとする支配者層の不安と不満」のあらわれとしているがそれでは不十分だとして、これらが、(1)西南雄藩に集中していること、(2)反乱の指導＝組織者が中央・地方の統治諸機構のどこかに編入されていた人びとであることなどに着目して、むしろ基本的には、「支配的になりつつある政治理念」に対する「敗れつつある自己の政治理念の実現をせまる運動」としてとらえる視点を提起しているのである。[17] そうした視点に立つことによって後藤は、当時の「国民的課題」と諸反乱の位置づけ、さらに反乱の組織性について迫ろうと意図しているのだが、ここではそれ以上に深入りする必要はあるまい。

このような「脱籍浮浪之徒」→諸事件・反乱の動向を維新政府が感知すればするほど、政府はこれらの徒には重大な関心を払うとともに、つぎつぎにその取締りの布告を発した。[18] そして、さらにそれと併行して戸籍の編成を積極的に推進した。「むしろ『脱籍無産の徒取締り』のために、明治初期の戸籍は編立されたものであるといって差支えない」[19] とさえいわれているのである。

この「脱籍浮浪之徒」→諸事件・反乱の中に、新政府に対抗する「政治理念」をみるとしても、維新政府が感じとった現実の危機感は、さらにその反乱の深部にひそむ実体によってより深刻たらざるをえなかったものがあった。いまその実体の端的な例を、私は山口藩の脱隊騒動の中にみる。

この事件が幕末以来の長州の諸隊の「精選」→常備軍編成過程で惹起したことはすでに明らかにされている。[20] それは木戸孝允がいうように「長官と兵士の分裂」であった。その「分裂」とは、保守的封建的要素を色濃くまつわりつけながらも、戊辰戦争によって「尾大之弊」化した藩軍事力を、兵制改革→常備軍編成によって天皇制軍事力構築をめざす維新官僚と、それに反対する諸隊兵士→その〝民主的〟要求とが、明治二～三年の政治状況下で決定的に対立・激突したものであった。そしてこの反乱諸隊は、ときに昂まりつつあった農民一揆と結合し、あるいは一揆を支持して村政改革を申し渡し、一揆農民もまたこの反乱諸隊に一揆の要求を提出したりした。

諸隊が村政改革を宣言し、一揆農民がその要求するところを藩庁にではなく諸隊に提出しているとすれば、もはやそれは村落支配の実権、つまり政治権力の所在がどこに移ろうとしていたかは明らかであろう。諸隊の反乱、次々におこる一揆、そしてこの一揆農民と反乱諸隊との結合、しかも支配の実権が諸隊に移りつつある。かかる事態が拡大すれば、それがいかなる結果をもたらすかはすでに明白である(21)。

この事実からつぎのことを指摘しうる。

すなわち、第一に、権力の実権が否応なしに下降せしめられ、それはいまや権力の中央集権化をめざす維新政権の志向と真向から対立せざるをえない。

第二に、その実権は反乱諸隊と一揆農民との結合という実体から規定されるものであり、それがいうなれば「コンミューン」化しないとは誰も保障しえない。

しかもそれは第三に、「精選」という天皇制常備軍編成の枠をはみ出たものであり、軍事力の独占と正当性をめざす維新政権の本来的要求と敵対関係をもたざるをえないのである。

さらに第四に、これは一山口藩にとどまらず、まさにこれをきっかけとして全国的内乱に発展する可能性を秘めていた。だからこそ政府もいち早く「再ヒ天下一乱之端(22)」をそこに見出し、木戸孝允・井上馨らによる必死の鎮圧や、三府以下西日本一帯の戒厳態勢、さらに宣撫使の下向などの処置に狂奔するのである。維新政権の危機は深刻だったのである。

三　維新官僚の論理

――天皇と「公儀」――

これまでみてきた維新政権の危機的状況に対して、討幕派から成長し、藩士から「朝臣」へと転生・脱皮しつつ維新政権の主導権を握る維新官僚の論理はどのようなものであったのか。

討幕派が自己形成の過程で、支配の危機的状況、とりわけ民衆の「世直し」の志向により敏感であったことは、これまでの研究が明らかにしているところである。

ここであの「王政復古の大号令」を想起していただきたい。その一項目には、近年の物価騰貴はいかんともなし難く、「富者ハ益富ヲ累ネ、貧者ハ益窘急ニ至」りと述べ、それがこれまでの政治の「不正」によることを指摘し、「民ハ王者之大宝」とうたい、「百事御一新之折柄、旁被レ悩二宸衷一候」として天皇の意中とそれらを結びつけ、さらに、「智謀遠識救弊之策有レ之候者、無二誰彼一可二申出一候事」と述べている。[23]

「王政復古の大号令」には、(1)「諸事神武創業ノ始ニ原ツキ」という復古思想、(2)「至当ノ公議」をつくすという公議政体論思想、(3)民衆の反封建意識を反幕にかかわるかぎり代表しようとする思想がみられることが指摘されている。[24] 右はこの(3)の思想とみられているものだが、「民」を「王者之大宝」とし、それを天皇の意に結びつけ、しかも「智謀遠識救弊」の方策を「誰彼」となく求めているのは、民心に近づくのではなく、逆に民心を支配者の側からとらえ直そうとする権力者としての政治的リアリズムないしはマキャヴェリズムの一表現とみてよいであろう。そのかぎりではそれは「世直し」の志向に対応しつつそれを峻拒しているといえよう。

ところで、問題は、先の「王政復古の大号令」にみられた(1)(2)(3)の思想がどのように関連づけられて、維新官僚の論理となり、展開するかである。

まず(1)の思想については「王土王民思想」という形で民衆への浸透化がなされる。それは明治初年繰り返し出される「人民告諭」をみればわかる。そこでは「天子様」は「天照皇太神宮様」の子孫で、この世の始まりから「日本の主」であり、「誠に神さまよりも尊く、一尺の地も一人の民も、みな天子様のもの」であることが強調される。*

＊『明治文化全集』雑史篇参照。なお、鹿野政直は、維新政権成立期における「変革思想の天皇への収斂」にあたって、神武天皇↓現在の天皇というように政治支配者としての天皇像が強調される一方、とくに民衆に対しては天照大神↓現在の天皇という形で神聖な支配者としての天皇像の定着がなされたことを指摘し、この二つの線が「現在の天皇という一身において結合されて、かれは、政治的征服者であるとともに宗教的君臨者としての性格を賦与されることとなった」と興味ある叙述をしている。(25)

しかも、この天皇は、大久保利通が大阪遷都の建白書にからんでいみじくもいったように、天皇をして「玉簾ノ内」から引き出して民衆と直結させ、「一天ノ主ト申シ奉ルモノハ斯ク迄ニ有難キモノ、下蒼生トイヘルモノハ斯ク迄ニ頼モシキモノ、上下一貫天下万人感動涕泣」する関係を保ち、同時にその天皇の命令が「一タヒ下リテ天下慄動」しなければならない、と述べているのである。(26) 天皇の「車駕東行」が、衣冠・狩衣あるいは直垂に威儀を正した維新官僚・諸藩主を従え、長州・土佐はじめ六藩兵に警固させた総数二三〇〇人の大行列を仕立てながら、行幸の途次、農民・漁夫の作業をみ、沿道各地の孝子・節婦の褒賞、高齢者・困窮者の救恤を行ない、あるいは東京市民には「天盃頂戴」と称して酒肴を下すという演出がなされるゆえんである。

こうして民衆内部に浸透させられる天皇の神権的、絶対的権威は、先の(2)(3)の思想とからめられることによって、つぎのように操作可能となる。これも大久保の論理にもっとも明確である。

追討（第二次征長――田中注）之名義何れニ有レ之候哉。若、朝廷是を許し給候ハ、非義之勅命ニ而、朝廷之大事ヲ思、列藩一人も奉し候ハす、至当之筋を得天下万人御尤与奉レ存候而こそ勅命ト可レ申候得者、非義勅命ハ勅命ニ有らす候故不レ可レ奉所以ニ御坐候。(27)

ここでは勅命の絶対性は、もはや勅命それ自体としては成立しないことが宣言され、非義の勅命は勅命ではないとまで断言されている。

では勅命を非義となしうるゆえんは何か。そこに「至当之筋」＝「天下万人御尤」という判定軸が設定される。松本三之介はこれを「天皇を神聖化しその人格的権威を絶対化することによって、政治的行為の正統性の根拠を天皇の意志という形式性に求めようとする点に、勤王論や国体論の基本的な思考様式があるとするならば、大久保のこの思考方法は、『勅命』の実質的な正統性（『至当之筋』）を問題としている点で、『勤王』よりはむしろ『輿論』や『人心』を指向する性格を示していると言ってよかろう(28)」と述べる。もちろん、大久保とても長州再征の阻止を朝議に求めようとするかぎりでは、勤王論的正統性を同時に指向していることを松本は認めての上である。

私もこの大久保の論理によって、「勅命」＝天皇に絶対化を求める勤王論的発想が、「至当之筋」＝「天下万人御尤」といういわゆる「公議」に正統性を求める論理とセット化されていることに注目したい。つまり、ここには〝集中〟と〝拡大〟のセット化の論理があり、そのことによって天皇シンボルが操作可能たらしめられているのである。当時天皇が志士たちの陰語で「玉」と表現されていたことは周知のことだが、それは「ギョク」としての絶対的権威と、「タマ」としての政治的利用性とを併せもつシンボルとしてなのであり、この二つの側面を操作可能ならしめるテコとして「公議」の判定軸が設定されたのである。*

＊ このことは「維新の精神」を海防策にではなく、「処士横議」や「浪士横行」という志士の横断的結合に求め、「そうした横の交流

を曲りなりにも統合して国民国家を建築しえたのは、『天皇』の象徴的価値が『横結』の士によって信仰せられていたからではなかった。まさに逆に、維新国家のステイツメンが、伝統的価値としての『天皇』シンボルの絡みつきから内面的に解放されていたが故にこそ、この伝統的価値すなわち『玉』を自由に操り、そこに国家建築が可能となったのである」[29]という藤田省三の指摘とも関連するのである。

ちなみに藤田は、維新前後の「公議」思想＝「立憲主義」は三方向に機能したとして、(1)封建諸侯との妥協、(2)「草莽」ないし、「人材」の機構への吸収、(3)底辺における新権力の微恩的定着、をあげている。[30]

では、この天皇―「公議」の論理はどのような操作過程を経るのか。たとえば岩倉具視のつぎの文章をみよ。これは明治元年一月、岩倉が朝議に付そうとして三条実美あてに提出した意見書の「議事院ノ事」について述べた一節である。

将来ニ於テモ議事院ヲ設置シ、施政ノ法度ハ衆議ニ附シタル上廟議一決シ、宸裁ヲ経テ施行セハ、縦令異論百出スルモ容易ニ之ヲ変更スルコトヲ得ス。此ノ如クナレハ朝権自ラ重ク、億兆之ヲ信シ、朝令暮改ノ誹謗ハ自然ニ弭止スヘシ。[31]

つまり、「衆議」に付することは、「異論百出」をおさえて「朝権」を重くするためのものなのである。すでに大久保は慶応二年、「衆議」と「公論」を峻別し、「衆議」から「公論」を抽出し、その「公論」によって「大政ヲ議スルニ決ス」としたが、その場合、「公論ヲ採ルニ法アリ」と述べた。[32]いまやそれは「議事院」での衆議→廟議→宸裁→施行という過程で、岩倉のいうように操作されるのである。明治初年の公議所や集議院はその現実化にほかならなかった。

これと対応して権力の担い手も、「公議」や「輿論」が標榜されるごとに、公卿・諸侯から参議・大輔に任ぜられた藩士へとしだいに下降し、「然もその藩士たるや、薩長二藩を主とし、土肥二藩を従とし、他は二三が辛うじて地位を保つのみ。公議輿論は、単に人心を収攬すべく便宜的に標榜せられたのみで、その実は有司専制であった[33]」といわれているのである。

このようなことは、維新政権下とくに藩政改革の過程で「四民平均」「自由」「平等」などが強調された意味と相通じている。すなわち、ここでの「四民平均」や「自由」や「平等」は、木戸孝允が三条実美あてに述べたように[34]、従来の人民の束縛解除→人民自由の権→朝廷政治の自然独出→諸藩旧習の打破→朝廷への付和＝権力の集中という論理の中に位置づけられるのである。だから人民への「自由之権」の付与は、創出されようとする天皇制と相反するものではなく、むしろ新政府と人民との間に介在する藩体制を打破・解消するために必要とされたのである。

したがってその実効があがるや、たちまち「自由之権」は人民から奪われていく。それは先の「公議輿論」が、版籍奉還・廃藩置県などによる権力集中の進行とともに姿を消していくのと時期を一にしている。前述の集議院が廃藩置県の後形骸化し、やがて廃止（明治六年六月）されたことを思いあわすがよい（ただし、一旦付与されたこの「自由之権」はやがて一人歩きをし、自由民権運動へと連なる）。

さらに、この天皇―「公議」の論理の貫徹を容易ならしめたものは「万国対峙」の強調であった。前にふれた大久保の大阪遷都論も、その究極のところを「皇威ヲ海外ニ輝シ、万国ニ御対立アラセラレ候」ためと述べていた。この「万国対峙」＝「富国強兵」化＝統一国家の形成が不可避の国際的契機によって至上の課題とされ、これが天皇―「公議」の論理と重ね合わされることによって、維新官僚の支配の論理は二重に操作可能となったのである。そして、万国に対峙する統一国家創出の集約点に天皇がおかれ、「公議」をナショナルな幻想によって粉飾しつつ、それが天皇と結びつけられていったのである。

次節以下にみる統一国家の形成過程はその操作貫徹のプロセスといえるのである。

四　統一国家の形成(一)
——戊辰戦争と関連して——

戊辰戦争をどうみるかについては、すでに周知の論争がある。[35]

遠山茂樹が封建支配者内部の戦争とみて、この戦争の意義を新政権の軍事的優越の樹立と封建的諸勢力の妥協とを背中あわせでとらえたのに対し、[36]井上清は、この「大内乱」によって日本は半植民地化の危機から脱する基礎をつくり、日本民族の統一・独立・自由の第一歩を与えられた、とした。[37]

この井上説をうけて原口清は、この戊辰戦争は「絶対主義の国家統一戦争である」とみたが、それは列藩同盟的権力（個別の領有権の連合方式）と絶対主義権力（前者の否定および天皇への統合）との闘争であって、遠山説のような封建領主相互の戦争と同一視できず、また、戦後の服部修正説のように絶対主義をめざす二つの権力の戦争でもない、とした。[38]

これに対し石井孝は、基本的には服部修正説を継承しながら、原口説を批判し、戊辰戦争を「将来の絶対主義的全国政権を争う、天皇政府と徳川政府の戦争」とみる第一段階、江戸開城後の中央政権としての面目を備えた天皇政府と、「封建領主のルースな連合体であって、なんら将来の絶対主義権力となりうるような客観的条件を備えていない」地方政権としての奥羽越列藩同盟との戦争である第二段階、蝦夷動乱を中心とする「士族反乱の先駆的形態」としての第三段階とに分け、この第一段階を本格的な戦争とみて、第二段階にあたるものを本格的戦争とみる原口説とは、

本質規定も時期もちがうことを強調した。[39]＊

＊ ちなみに、原口は右のいわゆる第二段階に日本の半植民地化の危険性がもっとも深刻であったとするのに対し、石井は、イギリスの「小英国主義」をもち出し、「内乱の段階においてイギリスに主導される欧米資本主義列強が日本に求めたのは、統一であって分裂ではなかった」[40]として、原口説を事実に反すると退けている。

かつて、私もこの論争を整理すべく、(I)絶対主義的勢力（A）、(イ)討幕派（Aa）、(ロ)旧幕府派（Ab）、(II)公議政体派（B）、(III)封建領主勢力（C）と分類し、戊辰戦争は「原口氏の場合はAa対Bとなり、石井氏の場合は、Aa対AbおよびAa対Cということになる。だが、石井氏の場合、東北諸藩をあまりにも保守的側面でとらえすぎていはしないだろうか」といい、「戊辰戦争は、(1)Aa対Abおよび(2)その勝者としてのAa対Bの対立・抗争となるであろう」[41]と仮説を述べた。この(1)がAa対BかAa対Abであるかは、結局、慶応幕政改革以来の幕府の政治路線を絶対主義的なものと規定するかどうか、あるいは土佐藩の坂本竜馬および後藤象二郎の大政奉還路線をそれぞれどうとらえ、かつ、それが幕府路線、討幕派路線とどう関わるとみるかによって分かれるのであるが、私はやはりAa対Ab（Cも参加）が基本だと考える。[42](2)においてはBの位置づけが不十分であり、それとAaやAbとの関係、あるいはCの存在も事実であるから、この点を史実にそって再検討しなければならない。

この戊辰戦争の研究は、一方では戊辰戦争それ自体の分析を必要とするが、他方においては、原口もいうように、この「戦争のもつ意義を深部において」[43]とらえなければならないだろう。

そこで再び遠山説と井上説の対立が浮び上がる。遠山が井上説とまったく対照的に戊辰戦争をあくまで「封建支配者内部の内乱」とみ、ヨーロッパの絶対主義形成期のそれに較べて、「局地的かつ短期に終わった、終わらざるをえなかった。それでも廃藩置県にもっていけたという点を重視」し、「むしろ、内乱がいかに小さくおさまっ」[44]たかというところに意味を見出しているのはなぜなのか。

これは単に戊辰戦争に局限された問題ではあるまい。それは明らかに明治維新史の全構想にからんでいる。井上説では、先述した「世直し」の志向が戊辰戦争に貫いているとみているからこそ（だから民衆の動向が決定的要素となる）、それを民族の統一、独立・自由の第一歩とみているのに対し、遠山説の場合は、幕末期に「農民戦争段階の前夜」の状況をみながらも、羽仁五郎のいう「農民革命の挫折！」[45]をその決定的瞬間に見出し、「下からの革命」の成熟の速度をはるかに追いこした「上からの改革」によって、それは利用・歪曲され、ついに抑圧されるとみる維新史の構想の上に戊辰戦争が位置づけられているからである[46]。

戊辰戦争には「世直し」の志向は拒否されているとみられているのである。だからこそ逆に、「世直し」への危機感が戊辰戦争の遂行者たちをとらえて離さなかった、と遠山はみる。「倒幕派指導者の眼は、日和見藩の藩主の意向よりも、一揆の波のなかで軍をすすめることの重大さにそそがれていた[47]」と。そこに戊辰戦争がヨーロッパ史に比べて局地的かつ短期に終わらざるをえなかった理由があり、ひいては廃藩にいたる統一国家の形成が、急速にまた世界史的に異例の現象として実現する原因があると、かつてみずから提出した課題にひとつの解答を与えているように私には思える。

「世直し」の志向が戊辰戦争に貫いているのか、きびしく拒否されているのか――そこに両説の決定的な分岐点があり、ひいては維新史の評価の相違が生み出されてくるゆえんがある。その意味で戊辰戦争は、維新の性格規定を決定づける位置にあるといえるが、ただ以下の諸点についてはほぼ公約数的な結果が出ているように思う。

その第一は、戊辰戦争という二つの政治勢力の〝武力〟対決は、それを挑発した討幕派の意図すらはるかにふみこえた客観的結果をもたらせた、ということである。恐らくこの戦争がなかったならば、旧幕府勢力がかくも徹底的に打破されることはなかったであろうし、討幕派→維新官僚の意図がかくも急速に貫徹することはありえなかったであろう。

その意味では明治四年十二月十四日、サンフランシスコにおける岩倉大使一行の歓迎会で、日本の「封建制度の打破」が「一箇の弾丸を放たず、一滴の血を流さず」と、あたかも戊辰戦争の事実を忘却のかなたにやったかのような伊藤博文の演説(48)よりも、桑名藩に生まれ、「賊兵」として鳥羽や北越の戦いに参加した岡本武雄が、「日本の一大政変を成したるも此戦争なり。旧来の門閥政治を破りたるも此戦争なり。廃藩置県の挙を行ひ得たるも武士の常職を解きたるも皆此戦争に因したるものにして、これを概言すれば日本の文明を促がして今日あるに至らしめしものは此戦争の賜なり(49)」と述べている方が、戊辰戦争の客観的なとらえ方を示しているといえよう。

第二に、右のように戊辰戦争がその意図をこえて急速に大きな影響を及ぼしたことは、変革の政治的主体の形成が、その客観的変動の速度と情勢に追いつけない結果をもたらした。

維新政権の主導権を握った維新官僚は、幕末の薩長を中心とした討幕派の転生・脱皮した、あるいは脱皮しつつあったものであったが、彼らはその片足を出身藩におき、他面では「朝臣」として上昇しつつある存在であった。だから、そこでは個々の出身藩の実情に牽制されつつも、藩の枠をこえた維新政権内の利害によって新たな結びつきを示しはじめていた。しかし、変動の速度がはやければはやいだけに、この二つの側面による矛盾は維新官僚を規定し、人的結合の流動性や意見の不一致、試行錯誤する機構改革を生み出した。

この人的結合の流動性や意見の不一致は、岩倉具視や三条実美、あるいは木戸孝允や大久保利通の日記・書翰の随所に見出しうる。「政府五官一として一致協力規律法度被二相立一候処無レ之、各疑惑を懐き其職を担当して任するの気無く、瓦解土崩難レ保之情態なり(50)」という輔相三条の嘆きは、その実情の反映であった。また、諸研究が明らかにしている民蔵分離問題も、右の実情とつぎの機構改革の問題とからんだ象徴的な事件といえよう。

試行錯誤する機構改革は、「王政復古の大号令」以来、明治元年一月十七日の三職七科制、二月三日の三職八局制、閏四月二十一日の政体書公布による太政官に七官をおく官制改革と、わずか五ヵ月間で三度も機構の変改が行なわれ、さらに明治二年七月の職員令および明治四年七月の太政官職制へと連なるのである。

この機構改革は同時に勢力配置の変化でもあった。「王政復古の大号令」当時は、尾・越・芸・土・薩の五藩勢力と公家勢力の連合的形態であったが、相つぐ改革過程で薩長土肥を中心とした藩士層の進出が目立ち、「無定員」の徴士や、大藩三・中藩二・小藩一の定員を定めた貢士の選出によって有能な人材が中央に吸収され、彼らを「朝臣」化させた。そして、流動する機構の中で公家・藩主層はしだいに排除され、維新官僚としての能力をもつもののみが残り、彼らの手中に主導権は落ちていったのである。(51)

こうした相つぐ機構改革は、それが試行錯誤なるがゆえにひとつの改革が意図をこえた反応を生み、その反応がつぎの改革を導き出すという過程を辿りつつ、維新官僚の論理を急速に定着させるという結果をもたらした。

明治元年一月の三職七科制では、総裁が政治の「万機ヲ総裁シ、一切ノ事務ヲ決ス」とされたが、閏四月の政体書では「天下ノ権力総テ太政官ニ帰ス」とされ、ついで明治二年七月の職員令では、その太政官に、天皇の補佐、大政の総理、官事の総判権がうたわれ、廃藩置県直後の「太政官職制並事務章程」によって天皇が親臨して「万機ヲ総判」することが明確にされたのである。

この天皇親臨・万機総判の機構の創出こそが維新官僚のねらいであった。それは岩倉のいう「明天子賢宰相ノ出ツルヲ待タストモ自ラ国家ヲ保持スルニ足ルノ制度(52)」の第一歩にほかならないが、それがかくも急速な廃藩の実現によって現出するとは、維新官僚自身も予測できなかったことだったのである。明治四年（一八七一）二月の親兵一万のである。

設置すらも、その数ヵ月後の廃藩断行のために計画されたものではないといわれているのは、そのひとつのあらわれである。*

* この親兵設置をふくめて維新政権の軍事力創出の問題について当然ふれなければならないが、ここではとりあえず下山三郎「近代天皇制研究序説」(四)(53)をあげておこう。

そこで特徴的なことは、当初維新政権は独自の軍事力をもたず、もっぱら各藩兵に依存——それもなるべく各藩に「等距離」的な形で——する方式をとっており、明治三年十一月に至って徴兵規則の制定によって独自の軍事力を創出する方向をとっていることである。

下山三郎はその背景に、当初の農民一揆は旧幕政の攻撃を主眼とし、新政府との意識的対決は表面に出ておらず、それが明治三年末〜明治四年初めに政府の政策そのものへの攻撃に変わること、政治的反政府的運動がその頃から当初の分散的傾向より、諸階層・諸地域の連繫に変化し、テロリズムから政府顚覆の暴動に化したこと、これらの反政府運動と直轄領農民との関連が生まれてきたことをあげている。

しかし、こうした農民一揆をはじめとする危機の構造からいえば、すでに第二節でみたように明治三年末〜明治四年初めを画期とすることは必ずしも説得的ではない。むしろ、私は維新政権が当初独自の軍事力をもちえなかったのは、天皇中心の権力形態をめざしつつも、実質的には諸藩連合政権にすぎなかった新政府の性格から必然化したものであり、明治三年末〜明治四年初め頃から独自の軍事力編成が可能になるのは、前述したような権力の天皇への集中が機構的にも整備されてきたことと対応していると思う。それはすでにみた山口藩脱隊騒動のような「精選」(藩軍事力—「精選」—常備軍編成は、天皇制軍隊創出には不可避の過程である)が全国的規模で実行可能となる条件を、版籍奉還・藩政改革(→廃藩置県)などによって維新政権が整えてきたことを意味する。

五　統一国家の形成㈡
――その基盤および外圧と関連して――

さらに、崩れつつあった藩体制に戊辰戦争が経済的にも決定的な楔をうちこむ結果になったことは諸研究が明らかにしている。

「藩債輯録」などによれば、二七七藩の内国債のうち、明治元年から明治五年までの藩の負債である「新債」が、物価上昇を考慮にいれても、短期間にかかわらずそれ以前の藩債の合計（旧債・官債・古債など）に比べてきわめて大きい比重（約四割）を示していること、外国債四〇〇万円余の債務藩は三七藩に及び、その多くは戊辰戦争の時期のものであること、あるいは藩札と藩債額との合計が藩実収を上まわるものは、藩札発行額のわかる一四四藩中一三四藩（九三パーセント）にのぼっていることなどの諸事実が明らかにされていることを指摘するだけで十分であろう。これは同時に藩体制の基盤がいかに内外商人資本に蚕食されているかを物語っている。明治初年に大問題となる藩札の濫発や贋金問題はそうした矛盾の別の表現にほかならない。

維新政権はこうした藩体制の矛盾の中に、「藩治職制」（明治元年十月二十八日）以下の一連の藩政改革令を打ちこんだ。門閥世襲の家老制度は執政・参政・公議人へと切りかえられ、人材登用のみでなく、それらをとおして中央政府が藩の動向を掌握・規制した。藩の行政と藩主の家政との分離、議事制度の勧奨などがなされ、版籍奉還後はいちだんと藩政改革が進展せしめられた。石高により大中小藩の区分がなされ、藩高の十分の一を知事の家禄とし、残高を軍事費・藩庁費・士卒の俸禄へ割りあて、藩士の禄制改革がすすめられ、藩の歳出入の明細を中央政府へ報告せしめるなど、枚挙に遑がない。

実情は各藩によって異なったが、藩の自主権は大幅に規制され、逆に維新政権の支配力は強化された。ここでも「公議」「公論」がふりかざされ、「万国対峙」が強調された。それが強調されるごとに藩権力が中央に吸収される下地ができ、維新政権の統一支配の基盤がつくられていった。明治二・三年をピークに、貢租減免などをふくむ収奪反対、凶作・米価騰貴などによる経済的困窮の救済、政権転換にともなう政治的要求・不満、村役人その他村政などへの批判をかかげ、東海・東山地帯を頂点に全国的なひろがりをもって昂揚した農民一揆がそれに拍車をかけたことはいうまでもない。確かにそれは廃藩への客観的条件が成熟しつつあったことを示していた（本書第七章表17・表18・表19、参照）。

こうした中で維新政権の経済的基盤はどうであったのか。

維新当初、戊辰戦争を遂行するにあたって新政府は三〇〇万両の会計基立金を、「富饒之者」「国内富有之もの」から徴募した[54]。再三の強制によって、京阪をふくむ畿内周辺から七五・三パーセント、江戸をふくめたその他の地域から二四・七パーセントが応募し、応募金額計二八五万五千余両のうち、三井・小野・島田の為替方三家をふくむ三都商人が七四・三パーセント、堺・長浜・彦根・松阪などの地方商人が九・二パーセント（小計八三・五パーセント）、農村在住の商人三・九パーセント、村役人をふくむ農民の応募が一〇・四パーセント、その他（寺社など）が二・二パーセントであったことが報告されている[55]。応募者が特権商人層を中心としていたことは明らかである。

この会計基立金は戊辰戦争という緊急事態の中での措置であったが、基本的には維新政権はいまだ幕藩領主的土地所有を基礎にしており、直接的には主として旧幕府および旗本領の一部を継承したにすぎず（全国三〇〇〇万石のうち七〜八〇〇万石の直轄府県からの収奪貢租がその主たる財源だった）。そうした維新政権の財政的不安定を右記のような特権商人層で補っていたのである。

そして、三都や開港場など当時の全国商品流通および外国貿易の要をその支配下におくことによって、基盤をいっそう拡大しようとしていた。

会計基立金についで、商法大意の布告、商法司・通商司の設置、各地の通商・為替会社の設立などから考えれば、三都をはじめとする特権商人を基軸として、各地域の地主化しつつあった豪農商の組みこみを意図しつつ、国内産業と外国貿易を主として流通過程で掌握しようとしていたことがわかる。それは一面では幕府の慶応改革や幕末の「国益会所」「国産会所」方式の延長線上のものであったが、もちろん政策実行の主体は維新官僚に変っていた。

しかし、これらはやがて外圧と国内情勢の変化のために、それまでの流通主義的な政策から保護主義による近代産業移植政策へと転換される。そして、その過程で「明治政府は旧特権的商業資本への一様な依存と保護の体制を廃して、新しい政策基調に対応しうる『政商』との結合を強化してゆく[56]」のである。

この間の事情を地租改正・秩禄処分を見とおしながら、国際的契機の導入によってもっとも明確に述べたのが丹羽邦男の『明治維新の土地変革』であった。丹羽は「明治政府」（ここでいう維新政権）は、薩長土肥の雄藩によって擁立された「連合政権」で、国内的には旧幕領を支配する一封建領主の実質にとどまるが、対外的には唯一の主権者であり、国内開港場および旧来の領主的全国商品流通網を握っている、とした。この二面的性格がこの期の「明治政府」を規定し、先進列強との接触がこの矛盾を激化させ、外圧→流通面→生産面という形で経済政策の転換が要求され、「全国統一的な形での領有制廃棄[57]」（傍点原文）を必要とさせ、それが廃藩置県としてあらわれた、という。そして、この廃藩置県推進者の、主導権掌握過程が、絶対主義官僚の形成過程だとし、彼らは対外的関係に促されて大都市特権商人の活動を誘導しつつ、やがて地主の階級的利益を擁護する立場をとるにいたる、というのである。

これは維新変革を地主的土地所有の発展から解こうとする自説をもふくめての従来の説に批判を加え、外圧＝国際的契機を維新変革に大きくもちこんだ問題提起であったが、これに対して原口清は詳細な反論を展開し(58)、やがてそれは原口の『日本近代国家の形成』へと結実する。

ここではその多くの論点を省略せざるをえないが、その中で原口は、維新政権は国内的にも対外的にも「唯一最高の主権者」であり、「残存する幕藩的分権的要素と、統一的支配者としての新政府がもつ中央集権的要素との矛盾」をもつが、「この矛盾の主導的側面は後者にあ」り、「この内部矛盾が、強力な資本主義列国との対立という条件下において、一層はげしさをもってくる(59)」ととらえなければならない、と主張する。だから、廃藩置県＝個別領有制への統合は、「流通面」だけからでなく、「内政面」＝農民支配と租税徴収それ自体のなかからも起こってくる、とみているのである。

そして、原口は従来の「維新政府の社会的支柱から封建領主階級を除外する見解」に対して、「維新政府は、封建領主階級と大商人・高利貸に依拠しながら、これらに対して相対的に高度の独自性をもった専制官僚に指導され、廃藩置県と中央・地方の官制改革のなかで自己を確立するのである(60)」と述べる。私もその限りでは基本的にはこの説を肯定する。

ただし、これまでみてきたところからわかるように、その「封建領主階級」が政権の支柱たりうるのは、外圧下で維新官僚のめざす天皇制統一国家形成を阻害しないかぎりにおいてであり（したがって、その切り捨て・転生がのちの徴兵令・秩禄処分となる）、「大商人・高利貸」は三都特権商人に比重がかけられつつも、「富饒之者」「国内富有のもの」という広範な層を包みこもうとする意図は捨ててはいないのである（それが地租改正へと連なる）*。

＊　この場合、農民の「私的土地所有権」を法認した地租改正と、日本坑法に示された「鉱山王有制」の確認は、「相対立する原理で

はなくて、まさに、相互依存＝相互規定の関係にあった(61)」という指摘は注目してよい。

また、木戸が「建国の大法」は「デスポチック」でなければならないというのは、内容もさることながら、その制定方法を指すとみるべきだろう。「兵制」と「教育一般」をとくにあげ、それが「国民皆兵」「義務教育制」をそれぞれ、たてまえとして実施しようとしていることをあわせ想起すべきである。

維新政権は、外圧下、それまでの封建的幕藩権力を王土王民論のもとに吸収・集中した国家権力であり、そのかぎりでは封建支配一般を昇華した形で自己の中に体現した絶対主義的権力にほかならない。そして、そこでは維新官僚が内的外的条件のからみあう中で、その相対的独自性をフルに発揮した。

さらに敷衍すれば、維新政権は幕藩体制の内的矛盾と外圧という不可避の外的矛盾の交錯する中で、「世直し」志向の危機感と外圧に対する対外的共同体＝「皇国」への幻想を最大限に利用しつつ構築された統一権力であった。そこで相対的独自性を高度に発揮する維新官僚は明治政権の基礎をつくり出す条件を準備する存在であった。と同時にこの維新官僚はそのことを通じてしだいに彼ら自身も一定の変容を遂げていったのである。維新政権を「過渡期の中の過渡の政権」と最初に述べたゆえんである。

だが、その過渡的性格のゆえに維新官僚は、やがて至上課題であった統一国家形成の内実化を図る徴兵令・学制改革・地租改正などの諸政策の実施過程で、外圧の実情と諸列強の国家体制を現地で見聞した岩倉使節団のメンバー、いわゆる内治優先派と、征韓を統一国家形成のテコにしようとする留守政府の征韓派とに分裂する。ここにかつての討幕派↓維新官僚は、大久保政権に連なる官僚派とそれに対抗する下野勢力（この下野勢力は士族反乱にはしる士族派と民権運動の主体となる民権派に分かれる）とに分岐し、この時点から明治政権による「上からのブルジョア革命」と、「世直し」志向の発展線上にある「ブルジョア革命運動」の二重の過程が対立・激突しながら複合過程として展開する。そ

れは新たな政治的季節の開幕を意味した。(補注)

注

(1) 下山三郎「近代天皇制研究の意義と方法」(『歴史学研究』三一四号)。なお、下山三郎『近代天皇制研究序説』および同『明治維新研究史論』参照。
(2) 遠山茂樹「版籍奉還の一考察」(伊東多三郎編『国民生活史研究』Ⅰ、二九七〜二九八頁)。
(3) 大久保利謙「幕末政治と政権委任問題」(『大久保利謙歴史著作集』1、三〜四頁)。
(4) 福島正夫『地租改正』五七〜五八頁。
(5) 右同、八四頁。
(6) 安丸良夫・ひろたまさき「『世直し』の論理の系譜」(『日本史研究』八五・八六号)。
(7) 庄司吉之助『史料東北諸藩百姓一揆の研究』四四六頁。なお宮田登『ミロク信仰の研究』参照。
(8) 拙著『未完の明治維新』一九頁、同『幕末の藩政改革』参照。
(9) 藤谷俊雄『「おかげまいり」と「ええじゃないか」』ほか本書第六章注(34)の諸文献参照。
(10) 明治文化研究会『新聞薈叢』二七〇頁。
(11) 「復古論」(『明治文化全集』雑史篇、五四四頁)。
この「復古論」ではつぎのようにいう。

「元弘ノ復古ハ　上ノ思召ヨリ出来タル事ニテ、下万民ノ心ヨリ起リシニ非ズ。此故ニ　上ノ思召聊動キテ、忽チ武家ノ政道トナレリ。然ルニ今度ノ復古ハ、右ニ反シ、万民元弘ノ覆轍ヲ恐レ居ルガ上ニ、草莽ヨリ勤　王ノ論起リ、最初ハ浪士ヨリ始リテ、藩士ニ及ビ、藩士ヨリ大夫ニ至リ、大夫ヨリ君侯ニ及ヒ、終ニ草莽ノ発起尽力ヨリ、日々ニ盛大ニナリ、自然ニ復古シタルナレバ、万カ一モ上ノ思召ハ変スルトモ、万民ノ心ガ変セサレバ、武家ニ政道ノ戻ルベキ道理ナシ」(同上、五四四頁)。
(12) 『奇兵隊日記』第四、二七〇頁。
(13) 明治三年六月二十三日「乍恐口上」(『中御門家文書』下巻、二九七頁)。
(14) 藤田省三『天皇制国家の支配原理』七九頁所引の明治元年八月十四日各藩への達「旧来脱藩等ノ輩旧地へ復セシム」(『太政類

典』第一編第七九巻）。
(15) 右同、七九頁、傍点原文。
(16) 『岩倉具視関係文書』二、一五六頁。
(17) 後藤靖『士族反乱の研究』一七頁。
(18) 下山三郎「近代天皇制研究序説」六―一・二（『東京経大学会誌』六五・六六）、同『近代天皇制研究序説』参照。
(19) 山主政幸「明治戸籍法の一機能」（福島正夫編『戸籍制度と「家」制度』一七三頁）。
(20) 本書第七章および拙著『高杉晋作と奇兵隊』参照。
(21) 本書第七章二七九頁。
(22) 明治三年一月二十六日、岩倉具視より大久保利通宛（『大久保利通関係文書』一、二四四頁）。
(23) 『復古記』第一冊、二三七〜二三八頁。
(24) 遠山茂樹「近代史概説」（『岩波講座　日本歴史』近代1、『遠山茂樹著作集』第四巻、一七〜一八頁）。
(25) 鹿野政直『資本主義形成期の秩序意識』一六九頁。
(26) 明治元年正月二十三日（『大久保利通文書』二、一九一〜一九五頁）。
(27) 慶応元年九月二十三日、大久保利通より西郷吉之助宛（『大久保利通文書』一、三一〇〜三一一頁）。
(28) 松本三之介『天皇制国家と政治思想』一二三〜一二四頁。傍点原文。
(29) 藤田省三『維新の精神』二六頁。
(30) 藤田省三『天皇制国家の支配原理』九〇〜九一頁。
(31) 『岩倉公実記』中巻、六八八頁。
(32) 『大久保利通文書』一、四四二頁。
(33) 藤井甚太郎・森谷秀亮『綜合日本史大系(12)明治時代』二五六頁。
(34) 明治三年八月二十日（『木戸孝允文書』四、一〇四頁）。
(35) 鎌田永吉「戊辰戦争」（日本歴史学会編『日本史の問題点』）参照。

(36) 遠山茂樹『明治維新』(旧版)二三一〜二三二頁。(『遠山茂樹著作集』第一巻、一三六〜一三七頁)。
(37) 井上清『日本現代史Ⅰ　明治維新』三一三〜三一四頁。
(38) 原口清『戊辰戦争』参照。
(39) 石井孝『維新の内乱』二五二〜二五三頁。
(40) 石井前掲書、二六九頁。
(41) 拙稿「書評『戊辰戦争』」(『歴史学研究』二八一号)。
(42) 船津功「『大政奉還』をめぐる政権構想の再検討」(『歴史学研究』三七五号)参照。
(43) 原口前掲書、二六八頁。
(44) 『シンポジウム日本歴史15　明治維新』一八八〜一八九頁。
なお遠山茂樹『明治維新と現代』は、「王政復古が、戊辰戦争という局部的かつ一時の内戦をともなっただけで、比較的に混乱なしに成就したのは、尊王思想が普及していたためではない。六七年正月伊藤博文は、木戸孝允あて書翰で「全体天下の人心、勤王に傾く者少く、勢の強弱に随て方向を定む」となげいたが、それがいつわらぬ実情であった。この日和見主義のびまんが、封建支配者内部の対立抗争を最少限にし、イギリス絶対主義成立期に見るバラ戦争(三〇年つづいた)のような全国的かつ長期の内乱をおこさせなかった」(一五五頁)という。
(45) 羽仁五郎「幕末に於ける社会経済状態、階級関係及び階級闘争」(『羽仁五郎歴史論著作集』第三巻、三六八頁)。
(46) 拙稿「遠山茂樹『明治維新』」(歴史科学協議会編『歴史の名著』〈日本人篇〉参照。
(47) 遠山『明治維新と現代』一五六頁。
(48) 『伊藤博文伝』中巻、六二六頁(一〇一三〜一〇一七頁には英文所収)。
(49) 岡本武雄『王政復古戊辰始末』一(一八八一年)上「序」六頁。
(50) 明治二年四月六日、三条実美より岩倉具視宛(『岩倉公実記』中巻、七〇六頁)。
(51) 遠山茂樹「有司専制の成立」(堀江英一・遠山茂樹編『自由民権期の研究』第一巻)。
(52) 明治二年一月二十五日(『岩倉公実記』中巻、六八五頁)。

(53) 下山三郎「近代天皇制研究序説」四（『東京経大学会誌』六三）、同『近代天皇制研究序説』参照。
(54) 沢田章『明治財政の基礎的研究』二九〜三〇頁。
(55) 中井信彦「商人地主の諸問題」（歴史学研究会編『明治維新と地主制』）。
(56) 新保博『日本近代信用制度史論』二〇四頁。加藤幸三郎「政商資本の形成」（『日本経済史大系』5近代上）参照。
(57) 丹羽邦男『明治維新の土地変革』一三七頁。
(58) 原口清「明治初年の国家権力」（『法経論集』一六）。
(59) 原口前掲論文「明治初年の国家権力」。
(60) 原口『日本近代国家の形成』九〇頁。
(61) 加藤幸三郎「明治初年における領有制解体過程の特質」（『専修経済学論集』八）。
(補注) 最近の諸研究を踏まえ、明治維新をどう位置づけるかは、十分な検討を要するが、一応「一九世紀後半の世界史のなかの東アジアにおける、近代的変革（「革命」）の一型態」としておこう（田中彰編『明治維新』〈近代日本の軌跡1〉一九九四年）。そこでは「『断絶』と『連続性』、『革命』と『改革』の共存・癒着」を内包した「複合変革」ないし「複合革命」という語を使用したが、なお今後の検討にまたなければならない（拙稿「明治維新」〈北海道大学文学部『人文学論集』第一四号、一九七七年〉所収および同「岩倉使節団とその歴史的意義」〈『思想』七〇九号、一九八三年七月、所収〉等参照）。

参考文献

〔未刊史料〕

○山口県文書館（毛利家文庫等を含む〈順不同〉）

薩長交易関係史料（中野家文書写）

「薩長取組記録」「産物方諸記録」「薩州御交易記録」「御交易其外御用物控」「越荷方産物方薩州御交易諸記録」「越荷方産物方其外諸記録」「越荷方産物方其外公事諸記録」「交易物産其外合併諸記録」「交易物産其外公用諸記録」「中野半左衛門日記」等

「防長田畠十丁余所持之名前」「高杉晋作履歴抜書」「白石正一郎日記摘要」「高杉日記」「忠正公伝」「忠愛公伝」「忠正公一代編年史」「年度別書翰集」「防長藩治職制」「本県布令達」「万控」（民政局）「改正調印」「改正奉伺録」「議政局日載」「御改正一件」「御改正詮議草按」「財政史料」「脱隊暴動一件紀事材料」等

○下関市立長府博物館

白石家関係文書等

○山口県厚狭町太田資磨氏所蔵文書

「御本藩百姓壱岐一件ニ付御役人様御出銀諸控」

○東大史料編纂所

島津家文書「斉彬公史料」「忠義公史料」等

○国立国会図書館憲政資料室

「石室秘稿」等

○鹿児島県立鹿児島図書館
「薩摩貿易史料」等
○京都大学文学部
名倉予何人文書
「海外日録」「滬城筆話」「滬城筆話拾遺」「支那聞見録」等

〔刊行史料〕（発行年順）

久米邦武編修『特命全権大使米欧回覧実記』（全一〇〇巻五編五冊、一八七八年〈岩波文庫版五冊、一九七七〜八二年〉）
岡本武雄『王政復古戊辰始末』一（上・中・下）・二（金港堂蔵版、一八八八年）
『贈従一位島津斉彬公略伝』（鹿児島新聞第二七七二号附録、一八九一年）
竹越与三郎『新日本史』上・中（民友社、一八九一〜九二年）
福地源一郎『幕府衰亡論』民友社、一八九二年（改版 一九二六年）
――『懐往事談』（民友社、一八九四年）
田辺太一『幕末外交談』（冨山房、一八九八年）
福地源一郎『幕末政治家』（民友社、一九〇〇年）
北原雅長『七年史』上巻・下巻（啓成社、一九〇四年）
桜木章『側面観幕末史』（啓成社、一九〇五年）
渡辺修二郎『阿部正弘事蹟』（私家版、一九一〇年）
菊地悟郎『南部史要』（私家版、一九一一年）
瑞山会編『維新土佐勤王史』（同会、一九一二年）

維新史料編纂会『講演速記録』第二輯・第五輯（同会、一九一二・一三年）
『官武通紀』第一・二（国書刊行会、一九一三年）
中村孝也『中牟田倉之助伝』（私家版、一九一五年）
東行先生五十年祭記念会編『東行先生遺文』（民友社、一九一六年）
平野顕彰会編『平野国臣伝記及遺稿』（博文社、一九一六年）
渋沢栄一編『徳川慶喜公伝』全八冊（竜門社、一九一八年）
中野礼四郎『鍋島直正公伝』第五編　侯爵鍋島家編纂所　一九二〇年
末松謙澄『修訂　防長回天史』全一二巻（一九二一年、マツノ書店復刻版、総合索引付、一九九一年）
『大日本古文書』幕末開国関係文書之十五（東京大学史料編纂所、一九二二年）
大西郷全集刊行会編『大西郷全集』一〜三（同会、一九二六〜二七年）
小松緑編『伊藤公全集』第一巻（伊藤公全集刊行会、一九二七年）
木戸公伝記編纂所『松菊木戸公伝』上・下（明治書院、一九二七年）
『岩倉公実記』三冊（岩倉公旧蹟保存会、一九二七年）
海舟全集刊行会『海舟全集』第七巻〜第十巻（改造社、一九二八〜二九年）
公爵島津家編輯所編『薩藩海軍史』中巻（同刊行会、一九二八年）
佐伯仲蔵著『梅田雲浜遺稿並伝』（有朋堂書房、一九二九年）
春山育次郎『平野国臣伝』（平凡社、一九二九年）
アルフレッド・ルサン著、安藤徳器・大井征共訳『英米仏蘭聯合艦隊幕末海戦記』（平凡社、一九三〇年）
太政官編、東京帝国大学蔵版『復古記』第一冊（内外書籍株式会社、一九三〇年）
澤宣一・望月茂『生野義挙止其同志』（春川会、一九三二年）

侯爵細川家編纂所編『改訂　肥後藩国事史料』巻一～一〇（同所、一九三二年）
徳富猪一郎編述『公爵山県有朋伝』上（山県有朋公記念事業会、一九三三年）
五代龍作『五代友厚伝』（私家版、一九三三年）
『世外井上公伝』第一巻（内外書籍株式会社、一九三三年）
明治文化研究会『新聞薈叢』（岩波書店、一九三四年）
中村助四郎『学圃杉先生伝』（松陰研究会、一九三五年）
山内修一『葛城彦一伝』（葛城彦一伝編輯所、一九三五年）
『続徳川実記』第四篇（国史大系刊行会、一九三六年）
中野邦一『中野方蔵先生』（私家版、一九三六年）
平泉澄・寺田剛共編『大橋訥菴先生全集』上・中・下（至文堂、一九三八～四三年）
『松平春嶽全集』三冊（三秀社、一九三九～四二年）
山口県教育会編『吉田松陰全集』〔普及版〕第八巻（岩波書店、一九三九年）
妻木忠太『来原良蔵伝』上・下（私家版、一九四〇年）
春畝公追頌会『伊藤博文伝』上巻（春畝公追頌会、一九四〇年）
樋口弘『本邦糖業史』（新版『日本糖業史』）（内外経済社、一九四〇年〈新版一九五六年〉）
由利正通編『子爵由利公正伝』（岩波書店、一九四〇年）
正親町季董『明治維新の先駆者天誅組中山忠光』（第一書房、一九四一年）
鹿児島県『鹿児島県史』第二巻・第三巻（鹿児島県、一九四一年）
山崎正董『横井小楠遺稿』（日新書院、一九四二年）
栗本瀬兵衛編『栗本鋤雲遺稿』（鎌倉書房、一九四三年）

景岳会『橋本景岳全集』上巻（畝傍書房、一九四三年）
小笠原壱岐守長行編纂会編『小笠原壱岐守長行』（同編纂会、一九四三年）
東方学術協会『文久二年上海日記』（全国書房、一九四六年）
山口県文化史編纂委員会『山口県文化史』通史編（山口県、一九五一年）
森　鷗外『鷗外全集』著作篇、第一一巻（岩波書店、一九五三年）
横浜市『横浜市史』第二巻・第三巻上（横浜市、一九五九～六一年）
アーネスト・サトウ著、坂田精一訳『一外交官の見た明治維新』上・下（岩波書店〈岩波文庫〉、一九六〇年）
大久保利謙編『西周全集』第二巻（西周記念会、一九六一年）
オールコック著・山口光朔訳『大君の都』上・中・下（岩波書店〈岩波文庫〉、一九六二年）
『大日本維新史料　井伊家史料』類纂之部（東京大学出版会、一九六三年）
中川努・山口修訳『アメリカ彦蔵自伝』1・2（平凡社〈東洋文庫〉、一九六四年）
立教大学日本史研究室編『大久保利通関係文書』一～五（吉川弘文館、一九六五～七一年）
明治文学全集77『明治史論集㈠』（筑摩書房、一九六五年）
早稲田大学社会科研究所編『中御門文書』下巻（同研究所、一九六五年）
青木虹二『百姓一揆の年次的研究』（新生社、一九六六年）
『改訂維新日誌』第一～一〇巻（名著刊行会、一九六六年）
渋沢栄一編・大久保利謙校訂『昔夢会筆記』（平凡社〈東洋文庫〉、一九六六年）
宮内庁版『孝明天皇紀』第三・四・五（平安神宮、一九六七～六九年）
明治文化研究会『明治文化全集、雑史篇』（日本評論社、第二版、一九六七年）
『蒼龍館文庫目録』（金沢市立図書館、一九六八年）

『白石家文書』（下関市教育委員会、一九六八年）
日本思想大系58『民衆運動の思想』（岩波書店、一九七〇年）
『新北海道史』第二巻通説一（北海道、一九七〇年）
青木虹二『百姓一揆総合年表』（三一書房、一九七一年）
茨城県史編さん幕末維新史部会編『茨城県史料』幕末編Ⅰ（茨城県、一九七一年）
日本思想大系53『水戸学』（岩波書店、一九七三年）
大久保利謙編『森有礼全集』第二巻（宣文館書店、一九七二年）
野史台『維新史料叢書』二論策〔復刻版〕（東京大学出版会、一九七三年）
日本経営史研究所編『五代友厚伝記史料』第四巻（東洋経済新報社、一九七四年）
川合小梅著、志賀裕春・村田静子校注『小梅日記』1（平凡社〈東洋文庫〉、一九七四年）
日本思想大系66『西洋見聞集』（岩波書店、一九七四年）
日本思想大系56『幕末政治論集』（岩波書店、一九七六年）
吉田祥朔『増補近世防長人名事典』（マツノ書店、一九七六年）
宮地正人編『幕末維新風雲通信』（東京大学出版会、一九七八年）
石川卓美・田中彰編『奇兵隊反乱史料脱隊騒動一件紀事材料』（マツノ書店、一九八一年）
『防長風土注進案』二二冊別編一〔復刻版〕（マツノ書店、一九八三年）
金井圓訳『ペリー日本遠征日記』（雄松堂出版、一九八五年）
色川三中・中井信彦校注『片葉日記』（慶友社、一九八六年）
『白石家文書補遺』（下関市教育委員会、一九八七年）
『寺島宗則関係資料集』上巻（示人社、一九八七年）

小西四郎他編『坂本龍馬事典』（新人物往来社、一九八八年）
『外国新聞に見る日本』第一巻〈一八五二―一八七三年〉本編・原文編（毎日コミュニケーションズ、一九八九年）
日本近代思想大系9『憲法構想』（岩波書店、一九八九年）
津上悦五郎著・高田茂廣校注『見聞略記』（海鳥社、一九八九年）
川澄哲夫編『中浜万次郎集成』（小学館、一九九〇年）
函館市史編さん室『函館市史』通説編第二巻（函館市、一九九〇年）
日本近代思想大系1『開国』（岩波書店、一九九一年）
日本近代思想大系13『歴史認識』（岩波書店、一九九一年）
日本史籍協会叢書『再夢紀事』『続再夢紀事』『維新日乗纂輯』『連城紀聞』『淀稲葉家文書』『大久保利通文書』『鳥取池田家文書』『岩倉具視関係文書』『木戸孝允文書』『徳川昭武滞欧記録』『奇兵隊日記』『広沢真臣日記』『楫取家文書』等

〔研究文献〕（編著者五十音順）
青木美智男他編『一揆』（全五巻、東京大学出版会、一九八一年）
青木美智男・河内八郎編『開国』（『講座日本近世史』7、有斐閣、一九八四年）
浅井　清『明治維新と郡縣思想』（巌南堂書店、一九三九年）
朝日新聞社編『明治維新のころ』（同新聞社、一九六八年）
荒野泰典『近世日本と東アジア』（東京大学出版会、一九八八年）
飯田　鼎『英国外交官の見た幕末日本』（吉川弘文館、一九九五年）
池田敬正『坂本龍馬』（中央公論社〈中公新書〉、一九六五年）
池田敬正他『シンポジウム日本歴史15　明治維新』（学生社、一九六九年）

石井寛治・関口尚志編『世界市場と幕末開港』（東京大学出版会、一九八二年）
石井寛治『近代日本とイギリス資本』（東京大学出版会、一九八四年）
石井　孝『幕末貿易史の研究』（日本評論社、一九四四年）
――――『明治維新の国際的環境』（旧版　吉川弘文館、一九五七年）
――――『学説批判明治維新論』（吉川弘文館、一九六一年）
――――『増訂　明治維新の国際的環境』（吉川弘文館、一九六六年）
――――『維新の内乱』（至誠堂、一九六八年）
――――『日本開国史』（吉川弘文館、一九七二年）
――――編『図説日本の歴史』13（集英社、一九七六年）
――――『戊辰戦争論』（吉川弘文館、一九八四年）
――――『幕末開港期経済史研究』（有隣堂、一九八七年）
――――『明治維新と外圧』（吉川弘文館、一九九三年）
石井良助『天皇』（弘文堂、一九五〇年）
石塚裕道『日本資本主義成立史研究』（吉川弘文館、一九七三年）
石附　実『近代日本の海外留学史』（中央公論社〈中公文庫〉、一九九二年）
維新史料編纂事務局『維新史』全五巻・付録（同事務局、一九三九～四一年〈復刻版　吉川弘文館、一九八三年〉）
伊東多三郎編『国民生活史研究』Ⅰ（吉川弘文館、一九五七年）
稲田正次編『明治国家形成過程の研究』（御茶の水書房、一九六六年）
井上　勲『王政復古』（中央公論社〈中公新書〉、一九九一年）
井上勝生『幕末維新政治史の研究』（塙書房、一九九四年）

井上　清『日本現代史Ⅰ　明治維新』（東京大学出版会、一九五一年）
――『日本の軍国主義』Ⅰ（東京大学出版会、一九五三年）
井上光貞・永原慶二編『日本史研究入門』ⅢⅣ（東京大学出版会、一九六九・七五年）
井上光貞他『日本歴史大系』4　近代1（山川出版社、一九八七年）
井野辺茂雄『幕末史概説』（紀元社、一九二七年）
――『維新前史の研究』（中文館、一九三五年）
上杉　聰『明治維新と賤民廃止令』（解放出版社、一九九〇年）
梅渓　昇『明治前期政治史の研究』（未来社、一九六三年）
衛藤瀋吉『近代中国政治史研究』（東京大学出版会、一九八一年）
榎森　進『北海道近世史の研究』（北海道出版企画センター、一九八二年）
大江志乃夫『明治国家の成立』（ミネルヴァ書房、一九五九年）
大久保利謙編『岩倉使節の研究』（宗高書房、一九七六年）
大久保利謙『明治維新の政治過程』（『大久保利謙歴史著作集』第一巻、吉川弘文館、一九八六年）
大熊良一『異国船琉球来航史の研究』（鹿島研究所出版会、一九八七年）
大阪人権資料館『明治維新と「解放令」』（同館、一九九一年）
大塚武松『幕末外交史の研究』（宝文館、一九五二年）
大山敷太郎『農兵論』（東洋堂、一九四二年）
岡　義武『黎明期の明治日本』（未来社、一九六四年）
幼方直吉・遠山茂樹・田中正俊編『歴史像再構成の課題』（御茶の水書房、一九六六年）
尾佐竹猛『国際法より観たる幕末外交物語』（邦光社、一九二〇年）

尾佐竹猛『近世日本の国際観念の発達』（共立社、一九三二年）
――『明治維新』上・中・下ノ一・二、四冊（白揚社、一九三四～四九年）
――『日本憲政史大綱』上巻（日本評論社、一九三八年）
――『維新前後に於ける立憲思想』（『尾佐竹猛全集』第一巻、実業之日本社、一九四八年）
――『幕末遣外使節物語』（講談社〈学術文庫〉、一九八九年）
小野正雄『幕藩権力解体過程の研究』（校倉書房、一九九三年）
楫西光速編『日本経済史大系』5　近代（東京大学出版会、一九六五年）
勝俣鎮夫『一揆』（岩波書店〈岩波新書〉、一九八二年）
加藤栄一・山田忠雄編『鎖国』（『講座日本近世史』2、有斐閣、一九八一年）
加藤祐三『黒船前後の世界』（岩波書店、一九八五年）
――『黒船異変』（岩波書店〈岩波新書〉、一九八八年）
金沢誠他編『華族』（講談社、一九六八年）
鹿野政直『資本主義形成期の秩序意識』（筑摩書房、一九六九年）
鹿野政直・高木俊輔編『維新変革における在村的潮流』（三一書房、一九七二年）
鹿野政直・金原左門・松永昌三『近代日本の民衆運動と思想』（有斐閣〈有斐閣選書〉、一九七七年）
河野健二編『近代革命とアジア』（名古屋大学出版会、一九八七年）
北島正元『梅田雲浜』（地人書館、一九四三年）
京都大学人文科学研究所『一九世紀日本の情報と社会変動』（同所、一九八五年）
久保田辰彦『いわゆる天誅組大和義挙の研究』（大阪毎日新聞社、一九四一年）
黒正　巌『百姓一揆の研究（続編）』（ミネルヴァ書房、一九五九年）

小島晋治『アジアからみた近代日本』(亜紀書房、一九七八年)
小西四郎編『最後の将軍徳川慶喜のすべて』(新人物往来社、一九八四年)
小林　茂『長州藩明治維新史研究』(未来社、一九六八年)
――『封建社会解体期の研究』(明石書院、一九九二年)
後藤　靖『士族反乱の研究』(青木書店、一九六七年)
後藤陽一・小林茂編『近世中国被差別部落史研究』(明石書房、一九八六年)
坂田吉雄『天皇親政』(思文閣出版、一九八四年)
佐々木潤之介『幕末社会論』(塙書房〈塙選書〉、一九六九年)
――編『村方騒動と世直し』上・下(青木書店、一九七三年)
――『世直し』(岩波書店〈岩波新書〉、一九七九年)
佐藤昌介『洋学史研究序説』(岩波書店、一九六四年)
――『洋学史の研究』(中央公論社、一九八〇年)
佐藤三郎『近代日中交渉史の研究』(吉川弘文館、一九八四年)
佐藤誠朗『幕末・維新の政治構造』(校倉書房、一九八〇年)
――『近代天皇制形成期の研究』(三一書房、一九八七年)
沢田　章『明治財政の基礎的研究』(一九三四年)(柏書房〈復刻版〉、一九六六年)
重藤威夫『長崎居留地と外国商人』(風間書房、一九六七年)
――『長崎居留地』(講談社〈現代新書〉、一九六八年)
信夫清三郎『マニュファクチュア論』(河出書房、一九四九年)
芝原拓自『明治維新の権力基盤』(御茶の水書房、一九六五年)

芝原拓自『日本近代化の世界史的位置』(岩波書店、一九八一年)
下山三郎『明治維新研究史論』(御茶の水書房、一九六六年)
――『近代天皇制研究序説』(岩波書店、一九七六年)
――『近代天皇制の形成過程』(岩波書店、一九八九年)
庄司吉之助『世直し一揆の研究』(校倉書房、一九七〇年)
――『史料東北諸藩百姓一揆の研究』(御茶の水書房、一九六九年)
新保　博『日本近代信用制度史論』(有斐閣、一九六八年)
関順也『藩政改革と明治維新』(有斐閣、一九五六年)
千田稔・松尾正人『明治維新研究序説』(開明書院、一九七七年)
千田　稔『維新政権の直属軍隊』(開明書院、一九七八年)
高木俊輔『明治維新草莽運動史』(勁草書房、一九七四年)
――『ええじゃないか』(教育社〈歴史新書〉、一九七九年)
高倉新一郎監修『北海道の研究』3・4〔近世編Ⅰ・Ⅱ〕(清文堂出版、一九八二・八三年)
高野義祐『長州諸隊』上下(山口民報社、一九七七年)
田中　彰『幕末の長州』(中央公論社〈中公新書〉、一九五六年)
――『明治維新政治史研究』(青木書店、一九六三年)
――『幕末の藩政改革』(塙書房〈塙選書〉、一九六五年)
――『体系日本歴史5　明治国家』(日本評論社、一九六七年)
――『日本の歴史24　明治維新』(小学館、一九七六年)
――『近代天皇制への道程』(吉川弘文館、一九七七年)

――編『日本史(6)近代1』(有斐閣〈有斐閣選書〉、一九七七年)
――『明治維新の敗者と勝者』(日本放送出版協会〈NHKブックス〉、一九八〇年)
――『高杉晋作と奇兵隊』(岩波書店〈岩波新書〉、一九八五年〈特装版、一九九三年〉)
――『明治維新観の研究』(北海道大学図書刊行会、一九八七年)
――『開国と倒幕』(『日本の歴史』15、集英社、一九九二年)
――『明治維新と天皇制』(吉川弘文館、一九九二年)
――編『明治維新』(近代日本の軌跡1、吉川弘文館、一九九四年)
――『岩倉使節団『米欧回覧実記』』(岩波書店〈同時代ライブラリー〉、一九九四年)
――編『日本の近世18　近代国家への志向』(中央公論社、一九九四年)
田中正俊『中国近代経済史研究序説』(東京大学出版会、一九七三年)
田保橋潔『近代日本外国関係史』(刀江書院、一九三〇年〈増補版、一九四三年〉)
田村栄太郎『近代日本農民運動史論』(月曜書房、一九四八年)
――『世直し』(雄山閣、一九六〇年)
田村貞雄『ええじゃないか始まる』(青木書店、一九八七年)
近盛晴嘉『クリスチャン・ジョセフ彦』(星雲社、一九八五年)
――『ジョセフ・ヒコ』(吉川弘文館〈人物叢書〉、一九八六年)
土屋喬雄『封建社会崩壊過程の研究』(弘文堂、一九二七年)
土屋喬雄・小野道雄『明治初年農民騒擾録』(南北書院、一九三一年)
土屋喬雄『日本社会経済史の諸問題』(平凡社、一九四七年)
遠山茂樹『明治維新』(岩波書店〈岩波全書〉、一九五一年〈改版一九七二年〉)

遠山茂樹『明治維新と現代』（岩波書店〈岩波新書〉、一九六八年）
――『日本近代史Ⅰ』（岩波書店〈岩波全書〉、一九七五年）
――編『近代天皇制の成立』（岩波書店、一九八七年）
――『明治維新と天皇』（岩波書店、一九九一年）
――『遠山茂樹著作集』第一巻〜第四巻（岩波書店、一九九一〜九二年）
徳富猪一郎『近世日本国民史　久世安藤執権時代』（民友社、一九三四年）
永井道雄、M・ウルティア編『明治維新』（国際連合大学、一九八六年）
永井秀夫『明治国家形成期の外交と内政』（北海道大学図書刊行会、一九九〇年）
長崎暢子『インド大反乱一八五七年』（中央公論社〈中公新書〉、一九八一年）
長野　暹『明治国家初期財政政策と地域社会』（九州大学出版会、一九九二年）
中浜　明『中浜万次郎の生涯』（冨山房、一九七〇年）
中村　哲『明治維新の基礎構造』（未来社、一九六八年）
――『日本初期資本主義史論』（ミネルヴァ書房、一九九一年）
――『明治維新』（『日本の歴史』16、集英社、一九九二年）
中村政則編『日本の近代と資本主義』（東京大学出版会、一九九二年）
――『経済発展と民主主義』（岩波書店、一九九三年）
奈良本辰也『改訂増補　近世封建社会史論』（要書房、一九五二年）
西垣晴次『ええじゃないか』（新人物往来社、一九七三年）
日本歴史学会編『日本史の問題点』（吉川弘文館、一九六五年）
丹羽邦男『明治維新の土地変革』（御茶の水書房、一九六二年）

布引敏雄『長州藩部落解放史研究』（三一書房、一九八〇年）
『日本外交の危機認識』（年報・近代日本研究　七、山川出版社、一九八八年）
『近代日本研究の検討と課題』（年報・近代日本研究　十、山川出版社、一九八八年）
『近代日本と情報』（年報・近代日本研究　十二、山川出版社、一九九〇年）
『明治維新の革新と連続』（年報・近代日本研究　十四、山川出版社、一九九二年）
E・H・ノーマン著、大窪愿二編訳『ハーバード・ノーマン全集』第一〜四巻（岩波書店、一九七七〜七八年）
――『クリオの顔』（岩波書店〈岩波文庫〉、一九八六年）
野村兼太郎『維新前後』（日本評論社、一九四一年）
服部之総『黒船前後・志士と経済』（岩波書店〈岩波文庫〉、一九八一年）
羽仁五郎『羽仁五郎歴史論著作集』第三巻（青木書店、一九六七年）
原　剛『幕末海防史の研究』（名著出版、一九八八年）
原口　清『戊辰戦争』（塙書房、一九六三年）
――『日本近代国家の形成』（岩波書店、一九六八年）
――『明治前期地方政治史研究』上（塙書房、一九七二年）
坂野潤治・宮地正人編『日本近代史における転換期の研究』（山川出版社、一九八四年）
坂野正高『近代中国政治外交史』（東京大学出版会、一九七三年）
比嘉春潮『新稿　沖縄の歴史』（三一書房、一九七〇年）
尾藤正英『江戸時代とはなにか』（岩波書店、一九九二年）
日野清三郎・長正統編『幕末における対馬と英露』（東京大学出版会、一九六八年）
深谷克己『増補改訂版　百姓一揆の歴史的構造』（校倉書店、一九八六年）

福島正夫編『戸籍制度と「家」制度』（東京大学出版会、一九五九年）
福島正夫『地租改正』（吉川弘文館、一九六八年）
藤井甚太郎・森谷秀亮『綜合日本史大系第十二巻　明治時代史』（内外書籍株式会社、一九三四年）
藤田　覚『幕藩制国家の政治史的研究』（校倉書房、一九八七年）
藤田省三『天皇制国家の支配原理』（未来社、一九六六年）
――『維新の精神』（みすず書房、一九六七年）
藤谷俊雄『「おかげまいり」と「ええじゃないか」』（岩波書店〈岩波新書〉、一九六八年）
洞　富雄『幕末維新期の外圧と抵抗』（校倉書房、一九七七年）
堀江英一編『藩政改革の研究』（御茶の水書房、一九五五年）
堀江英一・遠山茂樹編『自由民権期の研究』第一巻（有斐閣、一九五九年）
本庄栄治郎『増訂　幕末の新政策』（有斐閣、一九四〇年）
前嶋雅光『幕末生野義挙の研究』（明石書店、一九九二年）
増田　毅『幕末期の英国人』（有斐閣、一九八〇年）
升味準之輔『日本政党史』第一巻（東京大学出版会、一九六五年）
松浦　玲『徳川慶喜』（中央公論社〈中公新書〉、一九七五年）
松尾正人『廃藩置県』（中央公論社〈中公新書〉、一九八六年）
――『維新政権』（吉川弘文館、一九九五年）
松沢弘陽『近代日本の形成と西洋体験』（岩波書店、一九九三年）
松本三之介『天皇制国家と政治思想』（未来社、一九六九年）
丸山真男『日本政治思想史研究』（東京大学出版会、一九五二年）

三坂圭治『萩藩の財政と撫育』（春秋社松柏館、一九四四年〈復刻版、マツノ書店、一九七七年〉）
三宅紹宣『幕末・維新期長州藩の政治構造』（校倉書房、一九九三年）
宮田　登『ミロク信仰の研究』（未来社、一九七〇年〈新訂版　一九七五年〉）
宮地正人『天皇制の政治史的研究』（校倉書房、一九八一年）
――――他編『日本近現代史1　維新変革と近代日本』（岩波書店、一九九三年）
――――『幕末維新期の文化と情報』（名著刊行会、一九九四年）
マサオ・ミヨシ著、佳知晃子監訳、飯野正子訳『我ら見しままに』（中央公論社、一九八四年）
溝部英章他『近代日本の意味を問う』（木鐸社、一九九二年）
明治維新史学会編『幕藩権力と明治維新』（吉川弘文館、一九九二年）
――――編『明治維新の政治と権力』（吉川弘文館、一九九二年）
――――編『明治維新の人物と思想』（吉川弘文館、一九九五年）
明治史料研究連絡会編『明治政権の確立過程』（御茶の水書房、一九五七年）
毛利敏彦『明治維新政治史序説』（未来社、一九六七年）
――――『明治維新の再発見』（吉川弘文館、一九九三年）
山口吉一『阿波え、ぢゃないか』（初版一九三一年）（名著出版〈復刻版〉、一九七一年）
山口和雄『幕末貿易史』（中央公論社、一九四三年）
山口啓二『鎖国と開国』（岩波書店、一九九三年）
山本四郎編『近代日本の政党と官僚』（東京創元社、一九九　年）
横浜開港資料館他編『一九世紀の世界と横浜』（山川出版社、一九九三年）
吉田常吉『井伊直弼』（吉川弘文館〈人物叢書〉、一九六三年）

吉田常吉『安政の大獄』(吉川弘文館、一九九一年)
歴史科学協議会編『歴史の名著』(日本人篇)(校倉書房、一九七〇年)
――編『日本のおける封建制から資本制へ』下(歴史科学大系8、校倉書房、一九七五年)
歴史学研究会編『明治維新と地主制』(岩波書店、一九五六年)
――編『明治維新史研究講座』第三巻(平凡社、一九五八年)
歴史学研究会・日本史研究会編『講座日本史5　明治維新』(東京大学出版会、一九七〇年)
歴史学研究会編『歴史における民族の形成』(一九七五年度大会報告)(岩波書店、一九七五年)
呂　万　和『明治維新と中国』(六興出版、一九八八年)
和歌森太郎他編『日本の歴史10　明治維新』(読売新聞社、一九五九年)
和歌森太郎先生還暦記念論文集編集委員会『明治国家の展開と民衆生活』(弘文堂、一九七五年)

あとがき

まず本書所収論文の初出一覧を掲げておこう。

(1)「幕末の政治情勢」(『岩波講座　日本歴史14　近代1』岩波書店、一九六二年)――第一章。
(2)「幕末期の危機意識」(『田中彰編『日本の近世18　近代国家への志向』中央公論社、一九九四年)――第二章。
(3)「薩長交易の研究」(『史学雑誌』第六九編第三号・第四号、山川出版社、一九六〇年)――第三章。
(4)「幕府の倒壊」(『岩波講座　日本歴史13　近世5』岩波書店、一九七七年)――第四章。
(5)「新たな統一国家への模索」(前掲『日本の近世18　近代国家への志向』)――第五章。
(6)「幕末の社会と思想」(『日本歴史大系4　近代1』山川出版社、一九八七年)――第六章。
(7)「明治藩政改革と維新官僚」(稲田正次編『明治国家形成過程の研究』御茶の水書房、一九六六年)――第七章。
(8)「維新政権論」(『講座日本史5　明治維新』東京大学出版会、一九七〇年)――第八章。

一見してわかるように、本書を構成する各論稿には、一九六〇年代から一九九〇年代まで、三十有余年という時間差がある。この間の問題意識は、後述するように多少の変化はあるにしても、私なりの視座に立って貫いているつもりである。第二章と第三章は原題をわずかに修正したが、他の章は初出の原題のままである。

本書をまとめるに当たって、表記はなるべく統一し、重複はできるだけ避けるよう試みた。しかし、それぞれの論稿を収めた著作ないし学術雑誌の性格、あるいは個々の論文の文脈上の必要性などもあって、重複や若干の表記の不統一、ないし異同のあることは否めない。ご寛恕いただきたい。

ただ文章の不十分なところは多少の加除をして理解を容易ならしめたが、論旨に関してはとくに断ったところ（例えば、第一章第三節1では、「反主流」を「非主流」に改めた。本書六六頁補注、参照）以外は変えてはいない。注には新しい史料をわずかに補い、最小限の文献をつけ加えたところがある。

序章は新たに書下ろし、各論文初掲出の時間差の欠を補うと同時に、現在までの研究状況における各章の位置づけをし、本書の課題を明確にするよう心がけた（前掲田中彰編『日本の近世18　近代国家への志向』所収の拙稿「『開国』から『維新』へ」の一部を使用したところがある）。

本文中の文献表記は、巻末に参考文献を付したので簡略にしたが、序章や研究史にからむところは、刊行年を記入した。

さて、本書はかつての拙著『明治維新政治史研究』（青木書店、一九六三年）の延長線上のものである。

しかし、前著と本書とでは、その軸足の置き方が異なっている。つまり、前著が倒幕運動とその政治的主体の形成過程を主として分析の対象としたのに対し、本書は、基本的には幕末の幕府の政治的主体、つまり実力派吏僚層の形成をはじめ幕府側の分析に力点をおいている。

長州藩研究から明治維新史研究に入った私が、幕府側に視点をおいて論文を書いたのは、「幕末の政治情勢」（本書第一章）からである。これは『岩波講座　日本歴史』（一九六二年）の分担執筆だった。そのとき、同講座の編集委員だった遠山茂樹先生の編集のお手伝いをしていた私に、幕府を中心とした幕末史を書くように指示されたのは先生であった。それまでの私の西南雄藩側の視座を幕府側へも広げよ、という配慮だった、と思う。

この論稿の一部は、さきの私の最初の著作『明治維新政治史研究』の最終章に組み入れてあるから、本書と部分的に重なるところがある。

ということは、本書は右の論文を起点として、倒幕運動を進める西南雄藩、つまり前著にみた薩長側の問題のさらなる追跡を折り込みながら、久世・安藤政権以降の動向を、幕府側を中心にみようとした、ということになる。その意味で、第一章の論文は、私にとってはひとつの転機になったものといってよい。かくして幕府側へと関心を広げた私の前には、大久保利謙先生の長年にわたる幕末維新史の研究があった。

以来、私は、大久保・遠山両先生の巨大な業績に学びつつ、遅々たる研究を続けてきた。* 両先生から受けた学恩ははかり知れない。この機会をかりて両先生に深甚なる謝意を表したい。

＊私は『大久保利謙歴史著作集』(全八巻、吉川弘文館、一九八六〜九三年)の編集に参加し、第七巻「日本近代史学の成立」の解説を担当した。『遠山茂樹著作集』(全九巻、岩波書店、一九九一〜九二年)では、その第二巻「維新変革の諸相」の解説を担当した。

なお、本書ではふれることができなかった開国およびそれをめぐる内外の情勢、その後の全体的状況などについては、拙著『日本の歴史15　開国と倒幕』(集英社、一九九二年)を参照していただきたい。

本書を読み返しつつ、両先生はいうまでもなく、学窓を巣立って以来、公私にわたってお世話になった諸先生・諸先学、あるいは多くの友人および職場の人たちに、ここに改めて感謝してやまない。

また、本書の各論文の執筆にあたっては、貴重な史料を利用させて頂いた数多くの国公私立の諸機関ならびに関係者に負うところが大きい。この場を借りて深謝したい。

さらに、各論文の本書収録に際し、快くそれをお許しいただいた論文初出の著作・掲載誌・講座等の出版社ならびに関係各位にお礼を申しあげたい。

最後に、本書の刊行に当たって、何年も前から執筆を促し、かつ私の怠慢から延び延びになった成稿を、忍耐強く待っていただいた吉川弘文館と同編集部の永滝稔氏をはじめ、校正・印刷・製本・装幀など、本書の公刊に協力して下さった方々に、心から謝意を表して筆を擱く。

本書をまとめるに当たり、一九九三年度の札幌学院大学研究奨励金および一九九五年度同大学後援会の出版助成金の交付を受けたことを謝意と共にここに付記する。

一九九五年十二月二十五日

田中　彰

索　引

1)項目は、人名と事項の二つに分類し、五十音順に配列した。
2)事項には、注の引用論文名も含まれる。

〈人　名〉

あ　行

か　行

さ　行

た　行

な 行

は 行

ま　行

や　行

ら　行

わ　行

〈事　　項〉

あ　行

か　行

さ 行

な 行

は 行

ま　行

や　行

ら　行

著者略歴

一九二八年　山口県に生まれる
一九五三年　東京教育大学文学部史学科卒業
一九五九年　東京教育大学大学院博士課程修了
北海道大学教授（停年退官、同大学名誉教授）を経て、現在札幌学院大学教授

〔主要著書〕
『明治維新政治史研究』（青木書店、一九六三年）
『明治維新観の研究』（北海道大学図書刊行会、一九八七年）
『岩倉使節団『米欧回覧実記』』（岩波書店、一九九四年）

幕末維新史の研究

平成八年三月一日　第一刷発行

著者　田《た》中《なか》彰《あきら》

発行者　吉川圭三

発行所　株式会社　吉川弘文館
郵便番号　一一三
東京都文京区本郷七丁目二番八号
電話〇三―三八一三―九一五一〈代〉
振替口座〇〇一〇〇―五―二四四番

印刷＝藤原印刷・製本＝誠製本

日本史学研究叢書

『日本史学研究叢書』刊行の辞

戦後、日本史の研究は急速に進展し、各分野にわたって、すぐれた成果があげられています。けれども、その成果を刊行して学界の共有財産とすることは、なかなか容易ではありません。学者の苦心の労作が、空しく筐底に蔵されて、日の目を見ないでいることは、まことに残念のことと申さねばなりません。

吉川弘文館は、古くより日本史関係の出版を業としており、今日においてもそれに全力を傾注しておりますが、このたび万難を排して、それらの研究成果のうち、とくに優秀なものをえらんで刊行し、不朽に伝える書物としたいと存じます。この叢書は、あらかじめ冊数を定めてもいず、刊行の期日を急いでもおりません。成るにしたがって、つぎつぎと出版し、やがて大きな叢書にする抱負をもっております。

かくは申すものの、この出版にはきわめて多くの困難が予想されます。ひとえに日本の歴史を愛し、学術を解する大方の御支援を得なければ、事業は達成できまいと思います。なにとぞ、小社の微意をおくみとり下され、御援助のほどをお願い申します。

昭和三十四年一月

〈日本史学研究叢書〉
幕末維新史の研究（オンデマンド版）

2017年10月1日　発行

著　者　田中《たなか》　彰《あきら》

発行者　吉川道郎

発行所　株式会社 吉川弘文館
〒113-0033 東京都文京区本郷7丁目2番8号
TEL 03(3813)9151(代表)
URL http://www.yoshikawa-k.co.jp/

印刷・製本　株式会社 デジタルパブリッシングサービス
URL http://www.d-pub.co.jp/

田中　彰（1928～2011）
ISBN978-4-642-73660-2